北朝、辽金考古研究

王银田 著

暨南大学"广东省高水平大学特色学科（中国史）建设"经费
资助出版

王银田

1957年生,山西大同市人,1982年毕业于山西大学历史系考古专业,曾先后就职于大同市博物馆、山西大学考古系;现任暨南大学历史系教授、博士生导师,暨南大学考古与文化遗产研究所所长。主要从事魏晋南北朝考古、辽金考古以及博物馆学的教学与研究。编著有《大同南郊北魏墓群》《北魏平城考古研究——公元五世纪中国都城的演变》《北朝艺术研究院藏品图录:砖瓦 瓦当》等,并在《文物》《考古》《考古学报》《中国史研究》《敦煌研究》《中国国家博物馆馆刊》《华夏考古》等期刊以及日本、韩国、德国发表考古报告、论文、译文多篇。

目 录

壹　人物　1

1. 拓跋鲜卑在平城　3
2. 北魏｜元淑、高琨、王遇、丹阳王　13
3. 东魏｜穆瑜及夫人陆氏　35
4. 北齐｜马头　45
5. 辽代｜许从赟　50

　　附录1　清代｜李殿林　58

贰　名物　73

6. 鍮石　75
7. 石雕　84
8. 瓦当与瓦文　97
9. 金银铜器　132
10. 玻璃器　137
11. 金银币　141
12. 旖旎首饰　145
13. 铺首衔环　148
14. 下颌托　171

15 巴旦杏　　　　　　　　　　　　　　　　　　177
　　　附录2　大同南郊北魏墓群的外来文化因素　　　188

叁　城址、佛寺及墓葬　　　　　　　　　　　　　　　195
　　　16 丝绸之路上的北魏平城　　　　　　　　　　197
　　　17 北魏平城｜明堂、操场城建筑遗址、佛寺　　216
　　　18 辽代大同｜壁画墓、华严寺　　　　　　　　269

　　　附录3　山西汉代城址　　　　　　　　　　　　287

参考文献　　　　　　　　　　　　　　　　　　　　310

插图、插表索引　　　　　　　　　　　　　　　　　326

后记　　　　　　　　　　　　　　　　　　　　　　330

人物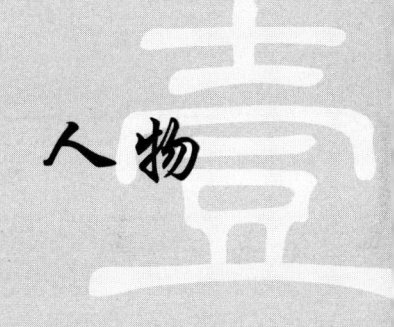

1

拓跋鲜卑在平城

1988年秋冬之际，山西省考古研究所与大同市博物馆在大同市区南部发掘北魏墓葬167座，出土各类文物1 000余件，是为北魏考古的重大成果，正式发掘报告已经出版[1]。在编写报告的过程中，笔者对这批资料进行了研究，并通过墓葬制度、出土器物以及相关文献对该墓地的族属进行了初步探讨。

（一）文献记载的平城人口

大同历史上最早设置的行政区划为战国赵武灵王所设的雁门郡，秦因之不改。两汉时期，今大同地区分属雁门郡与代郡管辖，现大同市区隶属于雁门郡的平城县。雁门郡是当时中原汉王朝设在北方的郡，人口较多，地当抗击匈奴的前线，汉东部都尉治也设于此，汉初"白登之战"即发生于此。东汉以后，北方游牧民族纷纷南下寻找新的发展机遇，当匈奴人在南北夹击下被迫西迁时，鲜卑人乘势而进，据《后汉书·鲜卑传》记载："和帝永元（89～105）中，大将军窦宪遣右校尉耿夔击破匈奴，北单于逃走，鲜卑因此转徙据其地。匈奴余种留者尚有十余万落，皆自号鲜卑，鲜卑由此渐盛。"[2]《广雅·释诂》"落，亦聚也"[3]，即"室"或"户"，则匈奴十余万落，人口当在50万～60万。至桓帝时，檀石槐已经是"兵马甚盛，东西部大人皆归焉。因南抄缘边，北拒丁零，东却夫余，西击乌孙，尽据匈奴故地，东西万四千余里，南北七千余里，网罗山川

---

[1] 山西大学历史文化学院等：《大同南郊北魏墓群》，北京：科学出版社，2006年。
[2] 《后汉书》卷九〇。
[3] （清）王念孙著，钟宇讯点校：《广雅疏证》卷二上，北京：中华书局，1983年。

水泽盐池"[1]。"乃自分其地为三部,从右北平以东至辽东,接夫余、濊貊二十余邑为东部,从右北平以西至上谷十余邑为中部,从上谷以西至敦煌、乌孙二十余邑为西部,各置大人主领之,皆属檀石槐。"[2]《元和郡县图志·河东道》记载,"汉末大乱,匈奴侵边。自定襄已西尽云中、雁门、西河之间遂空。建安中,曹公纠率散亡,立新兴郡,晋末陷刘元海"[3],治所在今雁门关以南的忻州市,皆属侨置,由此可见晋北汉人此时已经大量南迁到今雁门关以南的忻定盆地。曹魏、西晋时期,中原王朝的统治力量只及雁门关以南,"魏黄初元年(220),复置并州,自陉岭(即句注山,今称雁门关)以北并弃之。至晋因而不改"[4]。当始祖神元皇帝八年(曹魏太和元年,227),被羁留在洛阳的沙漠汗回国时,诸部大人曾到阴馆迎接,说明桑干河流域已经是鲜卑人的势力范围。穆皇帝三年(晋永嘉四年,310),晋将陉岭以北五县割让,"晋怀帝进帝大单于,封代公。帝以封邑去国悬远,民不相接,乃从琨求句注、陉北之地。琨自以托附,闻之大喜。乃徙马邑、阴馆、楼烦、繁畤、崞五县之民于陉南,更立城邑,尽献其地,东接代郡,西连西河、朔方,方数百里。帝乃徙十万家以充之"[5],大概此前陉岭以北五县已有不少鲜卑人进入此地,造成胡汉相杂的局面,于是晋怀帝不得已割让陉北五县。鲜卑人之所以如此,是因为他们看到了这里在军事上的重要性。但十万家,近五六十万鲜卑人(当然也包括匈奴等其他杂胡)落户陉北五县,这里的主要居民已为鲜卑人无疑。穆皇帝六年(晋永嘉七年,313),"城盛乐以为北都,修故平城以为南都。帝登平城西山,观望地势,乃更南百里,于灅水之阳黄瓜堆筑新平城,晋人谓之小平城,使长子六修镇之,统领南部"[6],显然是在扼守陉岭,以对抗岭南的西晋军事力量。此时陉岭以北至大同盆地北端已尽为鲜卑人所有。此后,后赵石勒、前燕慕容俊、前秦苻坚先后占据平城,但时间都很短暂。即使是在前秦军队将昭成帝所部赶往阴山的情况下,鲜卑人仍然大量滞留在黄河东、西两侧,苻坚曾将这些拓跋部鲜卑人一分为二,黄河以东属刘库仁,黄河以西属刘卫辰管辖[7]。

乌桓先于鲜卑南下,也先于鲜卑进入桑干河流域。据《后汉书·乌桓传》载,后汉"安帝永初三年(109)夏,渔阳乌桓与右北平胡千余寇代郡、上谷。秋,雁门乌桓率众王无何,与鲜卑大人丘伦等,及南匈奴骨都侯,合七千骑寇五原,与太守战于九原高渠

---

[1]《后汉书》卷九〇。
[2]《后汉书》卷九〇。
[3](唐)李吉甫,贺次君点校:《元和郡县图志》卷一四,北京:中华书局,1983年。
[4]《晋书》卷一四。
[5]《魏书》卷一。
[6]《魏书》卷一。
[7]《魏书》卷二三。

谷"[1]。据日本学者前田正名先生考证，自3世纪初期至4世纪末期，乌桓居住较多的地区已不再是壶流河流域和桑干河中游一带，而是位于上述地区以西的平城所在的大同盆地[2]。晋太元五年（380），苻坚"移乌丸府于代郡之平城"[3]，这时距离北魏建都平城仅18年，拓跋珪迁都平城后，这里的乌丸人看来也不在少数。但因文献不足，难以确认确切人数。

定都平城前后，北魏王朝从全国各地迁来大量人口。这些迁徙活动始于天兴元年（398）春正月定都平城前夕，终于太和五年（481）二月，其中拓跋珪朝五次；拓跋嗣朝二次；拓跋焘朝最多，达九次，约四十四万人；拓跋弘与拓跋宏时各一次，共计十八次，约七十五万人，其中有未计人数者，估计数量不足千人，这里也忽略未计，故估计总人数略高于七十五万，而整个平城及近畿地区的移民则多达一百余万[4]。徙出的地点包括太行山以东六州、辽西、凉州、统万城、幽州、长安、南朝、漠南等地。迁来平城的人口包括了汉、高丽、高车、匈奴、柔然、丁零、东部鲜卑等多个民族。建都平城初期，平城中应是鲜卑人口占多数；随着太武帝拓跋焘时期大量移民的迁入，民族结构趋于复杂，汉族人口所占比例逐渐加大，并最终与鲜卑人一起成为这个多民族聚集的大都市中的主要人群。

（二）墓葬遗存所反映的族属

本墓地167座墓葬可分为五种类型，这些不同类型的墓葬所反映的是墓主人生前社会地位的区别和年代的早晚差异，虽然本墓地出土文物中发现了鄂尔多斯青铜器、南朝青瓷甚或西亚等域外器物，但纵观整个墓地，出土器物无论是普通陶器、釉陶器，还是金属装饰件、石质器物，其形制、装饰技法与装饰风格以及葬具、葬俗都是一致的，这显示了墓主人生前民族背景的同一性，即使是出土鄂尔多斯青铜器、南朝青瓷和西亚玻璃器、银器的墓葬，其墓葬形制和同墓出土的陶器特征也与整个墓地是一致的。

整个墓地遗存可概括出如下特征：

1. 陶器器物组合以平沿罐、矮颈盘口罐和细颈壶为主，有的墓葬随葬直沿大口罐

---

[1]《后汉书》卷九〇。
[2]（日）前田正名著，李凭等译：《平城历史地理学研究》，北京：书目文献出版社，1994年。
[3]《晋书》卷一一三。
[4] 宿白先生考证，拓跋鲜卑共向平城及其附近迁徙人口一百余万，这里所说的"附近"包括了近畿等周边地区，见宿白：《平城实力的集聚和"云冈模式"的形成与发展》，云冈石窟文物保管所编：《中国石窟·云冈石窟》，北京：文物出版社、东京：平凡社，1991年。另，文献记载的"高丽杂夷三十六万"（《魏书·太祖纪》），"百工技巧十万余家"（《魏书·食货志》）的错误已经唐长孺、宿白二位先辈订正，兹不赘述。见唐长孺：《魏书·太祖纪》校勘记九，及宿白先生上文。

或大口瓮。矮颈盘口罐可分为两类，一类为夹砂陶，沿下或肩部有一周或二周戳刺纹，器物外表常常附着烟炱，这类器物或制作粗糙，或器型矮小，可见并非实用器而是明器，由此判断，器物外表的烟炱不是在使用过程中形成的。这种烟炱或反映了一种在丧葬过程中使用火的古老葬俗。在大兴安岭以东的东部鲜卑早期遗存——位于黑龙江省泰来县的平洋墓葬[1]和位于吉林省榆树县的老河深遗存中层墓葬[2]，都发现了用火的现象，平洋墓葬的年代为东周时期，榆树老河深中层墓葬的年代为西汉晚期到东汉早期。另据《魏书·文明皇后冯氏传》记载："高宗崩，故事：国有大丧，三日之后，御服器物一以烧焚，百官及中宫皆号泣而临之。后（冯氏）悲叫自投火中，左右救之，良久乃苏。"[3]可见鲜卑拓跋部确有在丧礼中使用火的习俗；另一类器型与装饰方法同前者，泥质灰陶，外表不见烟炱，胎质细腻光滑，与第一类器物形成鲜明反差。除釉陶器外，普通陶器外表多饰以暗纹，其装饰部位与装饰方法具有一定规律。

2. 重装饰，墓主人常戴指环和臂钏，少数墓主人戴耳环。

3. 除一例瓮棺葬外，其余有木棺者全部作大头小尾式的梯形棺。

4. 普遍随葬牛、马、羊、狗头骨。本墓地共有75座墓葬随葬牛、马、羊、狗等动物骨骼，占整个墓地墓葬总数的44.6%。

目前已发表的有文字记载的拓跋鲜卑遗存并不多，其中能提供可资对比资料的遗存主要有四处，即位于内蒙古自治区鄂伦春自治旗境内的嘎仙洞[4]、大同东郊永平元年（508）元淑墓[5]、洛阳邙山延昌四年（515）宣武帝景陵[6]、偃师杏园熙平元年（516）元睿墓[7]。剔除这些遗存中的汉文化因素，它们都具有十分明显的拓跋鲜卑文化的共同特点：大头小尾式的棺木，陶器外表独特的暗纹装饰，夹砂大口罐、细颈壶、钵的陶器组合等等。东北、华北、西北各省已陆续发现鲜卑墓葬或遗址达五十余处，其中位于内蒙古的部分墓葬已被确认为拓跋鲜卑遗存，如拉布达林[8]、扎赉诺尔[9]、兴和县叭沟村

---

[1] 黑龙江省文物考古研究所：《平洋墓葬》，北京：文物出版社，1990年。
[2] 吉林省文物考古研究所：《榆树老河深》，北京：文物出版社，1987年。
[3] 《魏书》卷一三。
[4] 米文平：《鲜卑石室的发现与初步研究》，《文物》1981年第2期。
[5] 大同市博物馆：《大同东郊北魏元淑墓》，《文物》1989年第8期。
[6] 中国社会科学院考古研究所洛阳汉魏故城队等：《北魏宣武帝景陵发掘报告》，《考古》1994年第9期。
[7] 中国社会科学院考古研究所河南二队：《河南偃师县杏园村的四座北魏墓》，《考古》1991年第9期。
[8] 赵越：《内蒙古额右旗拉布达林发现鲜卑墓》，《考古》1990年第10期；内蒙古文物考古研究所等：《额尔古纳右旗拉布达林鲜卑墓群发掘简报》，《内蒙古文物考古文集》第1辑，北京：中国大百科全书出版社，1994年。
[9] 郑隆：《内蒙古扎赉诺尔古墓群调查记》，《文物》1961年第9期；内蒙古文物工作队：《内蒙古扎赉诺尔古墓群发掘简报》，《考古》1961年第12期；王成：《扎赉诺尔圈河古墓清理简报》，《北方文物》1987年第3期；内蒙古文物考古研究所：《扎赉诺尔古墓群1986年清理发掘报告》，《内蒙古文物考古文集》第1辑，北京：中国大百科全书出版社，1994年。

鲜卑墓[1]、和林格尔西沟子村北魏墓[2]、呼和浩特美岱村北魏墓[3]等。这些墓葬集中位于大兴安岭西侧与内蒙古南部。以目前所见最早的两处与拓跋鲜卑关系密切的墓葬——拉布达林与扎赉诺尔墓群来看，凡棺木尚存者，皆呈大头小尾式。这两处墓葬位于大兴安岭以西，是鲜卑人走出大兴安岭，向西进入草原后发现的第一个栖息地，这两处墓地理应是保存鲜卑文化最多的文化遗存。其后在内蒙古南部发现的拓跋鲜卑墓葬也保留了这一习俗。已被确认为北魏建都平城时期的宁夏固原漆棺墓[4]，虽然棺木不存，但从残存的棺盖板漆皮和棺侧板漆皮都呈前宽后窄的形状分析，此棺也应该是大头小尾式。前述北魏平城镇将元淑墓棺木即为大头小尾式。元淑乃昭成皇帝后裔，常山王遵之子，属拓跋氏，因孝文帝改姓氏而称元氏[5]，葬于永平元年（508）。洛阳发现的迁洛以后的北魏石棺也都呈大头小尾式[6]。这种葬具同样也在东部鲜卑[7]墓葬中广泛存在，依田立坤先生《三燕文化墓葬的类型与分期》所列资料统计，目前已发表资料，形制清楚、出土遗物明确的三燕文化墓葬共计60座，其中尚存部分棺木者43座，全部为大头小尾式；棺木不存者，其中部分的平面形状也呈大头小尾式；长方形棺仅为个别案例[8]，说明大头小尾式棺木葬具是整个鲜卑丧葬文化的共同特征。这种葬具不仅在汉魏、十六国及北朝十分流行，此后竟为南北各地所广泛使用，直至今日，由此可见鲜卑文化对整个中华民族文化的深远影响。

　　大同南郊北魏墓群所出土的陶器与以上拓跋鲜卑遗址或墓葬出土的陶器具有明显的传承关系。目前已知的早期拓跋鲜卑[9]文化遗存见于嘎仙洞口所挖探沟中的第二文化层，发掘报告确定为战国早期。该文化层发现的Ⅰ式敞口罐共5件，特征为手制，夹粗砂，敞口，深腹，通体施竖向不规则的暗条纹，器表有烟炱，圆饼底[10]，扎赉诺尔敞口罐即是这一器型的延续，而后者口沿外侧的戳刺纹特征则与嘎仙洞第二文化层出土的夹细砂敞口罐相同。嘎仙洞的这种夹细砂敞口罐仅存口沿部分，其口沿外侧施戳刺纹一

---

[1] 兴和县文物普查队：《兴和县叭沟村鲜卑墓葬》，《内蒙古文物考古》1990年第1、2集。
[2] 乌兰察布盟文物工作站：《内蒙古和林格尔西沟子村北魏墓》，《文物》1992年第8期。
[3] 内蒙古文物工作队：《内蒙古呼和浩特美岱村北魏墓》，《考古》1962年第2期。
[4] 宁夏固原博物馆：《固原北魏墓漆棺画》，银川：宁夏人民出版社，1988年。
[5] 王银田：《元淑墓志考释——附北魏高琨墓志考》，《文物》1989年第8期。
[6] 黄明兰：《洛阳北魏世俗石刻线画集》，北京：人民美术出版社，1987年。
[7] "东部鲜卑"的概念是由马长寿先生在《乌桓与鲜卑》一书中首先提出的，得到学术界的普遍认可，但近年林沄先生对此提出质疑，见魏坚：《内蒙古地区鲜卑墓葬的发现与研究·序》，北京：科学出版社，2004年。
[8] 田立坤：《三燕文化墓葬的类型与分期》，载巫鸿：《汉唐之间文化艺术的互动与交融》，北京：文物出版社，2001年。
[9] 马长寿先生认为只有早期鲜卑到达漠南，与南匈奴融合后才可称之为拓跋鲜卑，见马长寿：《乌桓与鲜卑》，上海：上海人民出版社，1962年。这里为了与所谓"东部鲜卑"区分，姑且如此称之。
[10] 米文平：《鄂伦春自治旗嘎仙洞遗址1980年清理简报》，《鲜卑史研究》，郑州：中州古籍出版社，1994年。

周,分为三式,除Ⅰ式的方唇、卷沿在之后消失外,Ⅱ式与Ⅲ式的盘口或近盘口、口沿外施一周凸弦纹的风格都被继承了下来,并见于扎赉诺尔[1]、南杨家营子[2]、叭沟村[3]等各处鲜卑遗存,而至大同南郊北魏墓则更为多见,口沿外侧的凸弦纹变为二周或三周。作者曾亲赴内蒙古自治区博物馆考察扎赉诺尔出土陶器[4],所见器物亦多为手制,在造型、装饰、工艺诸方面都保留了拓跋鲜卑早期的部分特征,这些特征在大同南郊北魏墓群中也有较多的遗留。源自嘎仙洞第二文化层的敞口罐演变为盘口,二型多式,但肩部或口沿外侧的戳刺纹,夹砂与泥质两种质地器物的并行发展,夹砂器外表的烟炱等特征仍然存在。此外,发端于建都盛乐时期的美岱村的细颈暗纹陶壶,至平城期大盛,成为该期墓葬器物组合中的常见器型。器物外表所饰暗纹,从颈部、肩部至腹部分为三段;大多数器物制作都十分精致,但流行于早期、常见于拓跋鲜卑与东部鲜卑各处遗址的双耳罐基本消失。我们对大同南郊北魏墓地出土的739件(17件已经破碎的陶器未计)陶器都逐一进行了考察,在690件普通陶器中,手制器物682件,占98.84%,轮制器物8件,占1.16%;在682件手制器物中,采用圆饼底工艺成型的有90件,占13.2%;在49件釉陶器中,手制器物41件,占83.67%,轮制釉陶器8件,占16.33%。大同以往发掘的汉墓以及处于大同盆地南部的平朔地区发掘的2 000多座汉墓,都以轮制陶器为主,罕见手制陶器[5],由此证明手制陶器非本地传统。因此可以说,在已经掌握了轮制技术的前提下,陶器制作仍然以手制为主,这是拓跋鲜卑陶器工艺的一大特色,也是他们的一贯传统。装饰暗纹的器物有419件,占整个墓地出土陶器总数的61.44%;在发掘的167座北魏墓葬中,有153座墓葬中随葬有暗纹陶器,占已发掘墓葬总数的91.6%。我们也看到,具有东部鲜卑文化特征的器物,如敞口斜腹碗、小口罐、小口壶等,在大同南郊墓中基本不见,因此,我们认为本墓地所显示的文化内涵主要属拓跋鲜卑文化范畴。

棺板画的发现是这次考古发掘的重要收获之一。M229下层棺板画内容为狩猎图,人

---

[1] 郑隆:《内蒙古扎赉诺尔古墓群调查记》,《文物》1961年第9期;内蒙古文物工作队:《内蒙古扎赉诺尔古墓群发掘简报》,《考古》1961年第12期;王成:《扎赉诺尔圈河古墓清理简报》,《北方文物》1987年第3期;内蒙古文物考古研究所:《扎赉诺尔古墓群1986年清理发掘报告》,《内蒙古文物考古文集》第1辑,北京:中国大百科全书出版社,1994年。
[2] 中国社会科学院考古研究所内蒙古工作队:《内蒙古巴林左旗南杨家营子的遗址和墓葬》,《考古》1964年第1期。
[3] 兴和县文物普查队:《兴和县叭沟村鲜卑墓葬》,《内蒙古文物考古》1990年第1、2集。
[4] 此次考察得到内蒙古自治区博物馆邵清隆馆长、付宁副馆长、黄雪寅和肖志华女士以及赵爱军、丁勇等先生的热情支持,特此致谢。
[5] 大同市区发掘的汉墓资料皆未发表。朔州汉墓资料见平朔考古队:《山西朔县秦汉墓发掘简报》,《文物》1987年第6期;李文杰:《山西平朔秦汉墓随葬陶器制作工艺的研究》,《中国古代制陶工艺研究》,北京:科学出版社,1996年。

物所着服饰，"垂裙皂帽"[1]，垂裙飞扬，圆领、窄袖、腰束带，下着裤褶，黑靴。或身背箭囊，弯弓射箭；或手持长枪，飞马追赶猎物。被猎的动物有羊、虎、豹等。人物装束应是典型的拓跋鲜卑装束，相同的形象资料已见于云冈石窟6窟、9窟、10窟、11窟、16窟、17窟等云冈一、二期石雕的供养人[2]，以及太和八年（484）吏部尚书司马金龙夫妇墓出土的釉陶俑[3]、宁夏固原漆棺板画[4]、大同智家堡北魏墓石椁壁画和棺板画[5]、大同城东寺儿村北魏墓出土的石雕供养龛[6]、大同市博物馆收藏的北魏石造像[7]和大同东郊太和元年（477）宋绍祖墓陶俑[8]等，对此笔者曾有论述[9]，兹不赘述。这种身着鲜卑服装、骑马射箭的绘画资料是以往所罕见的，它形象地反映了拓跋鲜卑的民族风貌。

与棺板画上的狩猎画面相呼应的另一类重要资料是本墓地发现的殉牲现象。在全部167座墓葬中，见有殉牲的墓葬有75座，占本墓地墓葬总数的44.9%。殉牲现象在以往发现的拓跋鲜卑与东部鲜卑墓葬中常见，尤以汉魏时期的早期鲜卑墓葬为多，以后逐渐减少，平城期墓葬仍部分保留了这一习俗，这与鲜卑人的草原文化背景有关，与当时的经济形态也是吻合的。众所周知，魏晋北朝时期，一方面是内迁北方游牧民族的汉化，另一方面是部分北方汉人的胡化，十六国时期的冯素弗[10]、崔遹[11]本是汉人，但其墓葬却显示出慕容鲜卑的文化特征就是明证。位于大同城东古白登山南的司马金龙墓[12]与敦煌公宋绍祖墓[13]皆是太和前期墓葬，二人都是汉人，墓中各出1件陶器，均为盘口暗纹灰陶罐，也为鲜卑风格。尽管在司马金龙墓中出土了画有《列女传》与舜帝内容的木板漆画，在宋绍祖墓中出土了石构单檐悬山式殿堂建筑等代表汉民族文化的遗物，而大量不同类型的陶俑群却都身着鲜卑服饰，可见当时平城汉人在日常生活层面上的胡化也是一个不容忽视的现象，而且已经对当时平城的葬俗产生了广泛的影响。所以我们说本墓地的文化特征是拓跋鲜卑式的，墓主人自然以拓跋鲜卑人为主，但并不能排除因长期接触鲜卑人而已经不同程度地鲜卑化了的汉族人。

---

[1] 《魏书》卷四五。
[2] 云冈石窟文物保管所：《中国石窟·云冈石窟》，北京：文物出版社、东京：平凡社，1991年。
[3] 大同市博物馆等：《山西大同石家寨北魏司马金龙墓》，《文物》1972年第3期。
[4] 宁夏固原博物馆：《固原北魏墓漆棺画》，银川：宁夏人民出版社，1988年。
[5] 刘俊喜、高峰：《大同智家堡北魏墓棺板画》，《文物》2004年第12期。
[6] 王银田、曹臣明：《北魏石雕三品》，《文物》2004年第6期。
[7] 曹彦玲：《大同市博物馆藏三件北魏石造像》，《文物》2002年第5期。
[8] 山西省考古研究所、大同市考古研究所：《大同市北魏宋绍祖墓发掘简报》，《文物》2001年第7期。
[9] 王银田、刘俊喜：《大同智家堡北魏墓石椁壁画》，《文物》2001年第7期。
[10] 黎瑶渤：《辽宁北票县西官营子北燕冯素弗墓》，《文物》1973年第3期。
[11] 陈大为等：《辽宁省朝阳后燕崔遹墓的发现》，《考古》1982年第3期。
[12] 大同市博物馆等：《山西大同石家寨北魏司马金龙墓》，《文物》1972年第3期。
[13] 山西省考古研究所、大同市考古研究所：《大同市北魏宋绍祖墓发掘简报》，《文物》2001年第7期。

（三）墓葬人骨的种族特征

在考古发掘报告的前期整理过程中，我们邀请了中国科学院古脊椎动物与古人类研究所张振标研究员，对墓地采集的代表94个个体的骨骼遗骸逐一进行了观测、研究。经对颅骨进行分析，大同"北魏组颅骨的各项测量均值都落在蒙古人种的同项测量均值的变异范围内。但是，从亚洲蒙古人种的地区类型的比较来看，北魏组大多数项目的均值（如颅长、颅宽、颧宽、上面高、总面角、垂直颅面指数、额最小宽、鼻根指数、上面指数等）落在东北亚组或北亚组，而只有少数项目的均值（如额最小宽、鼻颧角两项）落在南亚类型的蒙古人种同项均值的变异范围。这个粗略的分析表明，北魏组颅骨特征，基本上更接近于亚洲北部和东北部的颅骨种族类型"[1]。

为讨论北魏组与亚洲各地区人群之间的关系，张振标先生选择了20个亚洲历史时期和近代颅骨组的11项颅面部测量项目的均值，计算了各组之间的距离系数，得到树状图如下（图1-1）。

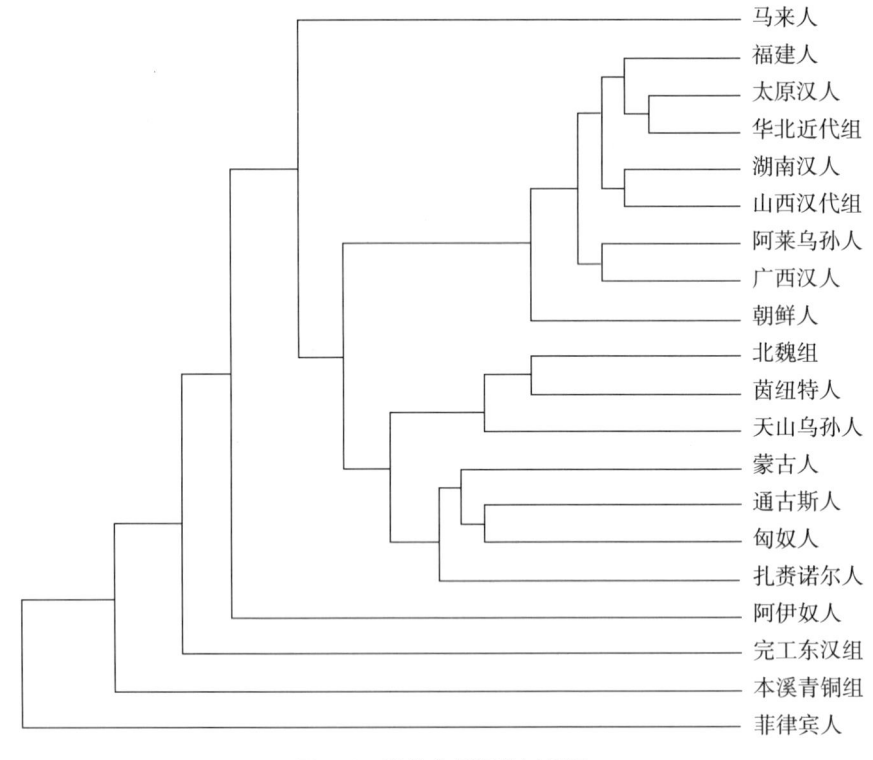

图1-1 聚类分析所得树状图

---

[1] 张振标：《大同南郊北魏墓葬人骨的种族特征》，载山西大学历史文化学院等：《大同南郊北魏墓群》，北京：科学出版社，2006年。

由聚类分析树状图可以看出，大同北魏组的颅骨特征总体上与茵纽特人（爱斯基摩人）和天山乌孙组（早期乌孙人）最为接近，除乌孙组的颅长较短、鼻高略低之外，其余特征基本相似：颅形高而宽、面形高而中等宽、鼻高略偏高，鼻宽除乌孙早期偏窄之外，北魏组和其他组略偏宽。这一小聚群与以通古斯组、匈奴组、蒙古组和扎赉诺尔组所组成的小聚群最为接近。两者组成一个较大的聚群，这一聚群在颅面部特征上基本相似，而且他们的地理分布也比较一致，均分布在北纬40°以北地区，与我国北纬40°以南各地汉族的颅骨特征相比，差异较明显。

大同北魏组颅骨特征的种族类型与华北地区以北的古代或近代居民，如西伯利亚东南部的茵纽特人、通古斯人，我国东北部的扎赉诺尔人、蒙古人，外贝加尔的匈奴人等的关系最为密切，基本上属同一个种族类型。这个类型的体质特征基本上以具有蒙古人种特征的东北亚类型为主体，但多少杂入带有欧洲人种特征的乌孙人类型的种族特征，明显有别于汉族的颅骨特征。

大同北魏组与蒙古近代组、西伯利亚近代组、东南亚近代组、近代中国人各比较组之间的总偏差值比较表明，大同北魏组的颅骨非测量特征（即外观特征）与近代西伯利亚组最为相似，不仅与东南亚地区居民的颅骨外观特征差异较大，而且与蒙古近代组和近代中国人的颅骨外观特征也存在较大的差距。

在与匈奴组、乌孙组、通古斯组和扎赉诺尔组的 Dik 值比较中可以看到，北魏组与扎赉诺尔人最接近。二者均显示出如下的相似性：颅型短而宽，额部较宽，颅底较长；上面部高而中等宽，面底长偏长；眶型偏低、偏窄等[1]，这些都暗示了他们同属一个民族的颅骨特征类型，这一结论与考古学文化的研究结果是一致的。

大同地处黄土高原东北部，位于东经112°34′~114°31′、北纬39°04′~40°43′之间，境内的大同盆地海拔1 000~1 100米，气候类型具有大陆性季风气候区的特点，属温带半干旱气候区，具有温带灌丛和半干旱草原的植被类型，野生植物以适合发展畜牧业的禾本科、豆科草类为主[2]。晋北地区独特的地理、气候条件，决定了它处于我国北方农业区与畜牧区的交错地带，其文化特征亦表明这里是农业文化圈与游牧文化圈的重叠区，文化面貌具有中原汉民族文化与北方游牧民族文化的双重性。地区文化特征的显现往往与南、北双方经济、军事实力的消长密切相关，从东周以来以至辽、金、元、明各代无不如此。这种自然条件与南迁途中的拓跋鲜卑的经济形态恰相吻合，加之这里亦

---

[1] 张振标：《大同南郊北魏墓葬人骨的种族特征》，载山西大学历史文化学院等：《大同南郊北魏墓群》，北京：科学出版社，2006年。
[2] 山西省地方志编纂委员会办公室：《山西概况》，太原：山西人民出版社，1985年。

背靠大漠，面临中原，进可南下中土，退可重返草原，又可满足拓跋鲜卑南图中原的意愿。清顾祖禹《读史方舆纪要》评说大同军事地理时说：大同"府东连上谷，南达并、恒，西界黄河，北控沙漠，居边隅之要害，为京师（今北京）之藩屏。……据天下之脊，自昔用武地也"[1]，因此，大同成为拓跋鲜卑南进途中的一块根据地。在此地，他们在创造自身历史的过程中，也为后人留下了灿烂的文化。

---

[1]（清）顾祖禹撰，贺次君、施和金点校：《读史方舆纪要》卷四四，北京：中华书局，2005年。

2 / 北 魏
元淑、高琨、王遇、丹阳王

一、元 淑

1984年4月，大同市博物馆在大同东郊一座北魏墓中，清理出了元淑墓志（图2-1）[1]。本文就墓志涉及的有关问题略作考释。

（一）元淑的家世、籍贯与谥号

根据墓志可以推知，元淑曾祖父为北魏昭成皇帝什翼犍第五子寿鸠，其祖父及父亲在《魏书·昭成子孙列传》《北史·魏诸宗室列传》中均有传。祖父常山王遵，史载其"少而壮勇，不拘小节。太武初，有佐命勋，赐爵略阳公。……及博陵、勃海群盗起，遵讨平之。迁州牧，封常山王"[2]。父常山康王素，即元昭墓志所载之"连"[3]，元伴墓志所载之"素连"[4]。素袭父爵，史载"素有威怀之略，拜假节、征西大将军。……素宗属之懿，又年老，帝每引入，访以治国政事。……雅性方正，居官五十载，终始如一，时论贤之。薨，谥曰康，陪葬金陵"。《北史》载素子六人，而墓志记载淑乃素第二十五子，其他诸子当因早亡或者官位较低而未载于史。现依《魏书》与《北史》，结合出土墓志，将元素谱系列表于下（见表2-1，名右加·的为史书未载，依墓志所补者）[5]。

---

[1] 大同市博物馆：《大同东郊北魏元淑墓》，《文物》1989年第8期。
[2] 《魏书》卷一五。
[3] 赵万里：《汉魏南北朝墓志集释》图版四九之二，北京：科学出版社，1956年。
[4] 赵万里：《汉魏南北朝墓志集释》图版五四之二，北京：科学出版社，1956年。
[5] 晖，《魏书》记载为忠之子；《北史》记载则为德之子，悝之弟；元晖墓志记载"父冀州刺史河间简公"，其父当为德。

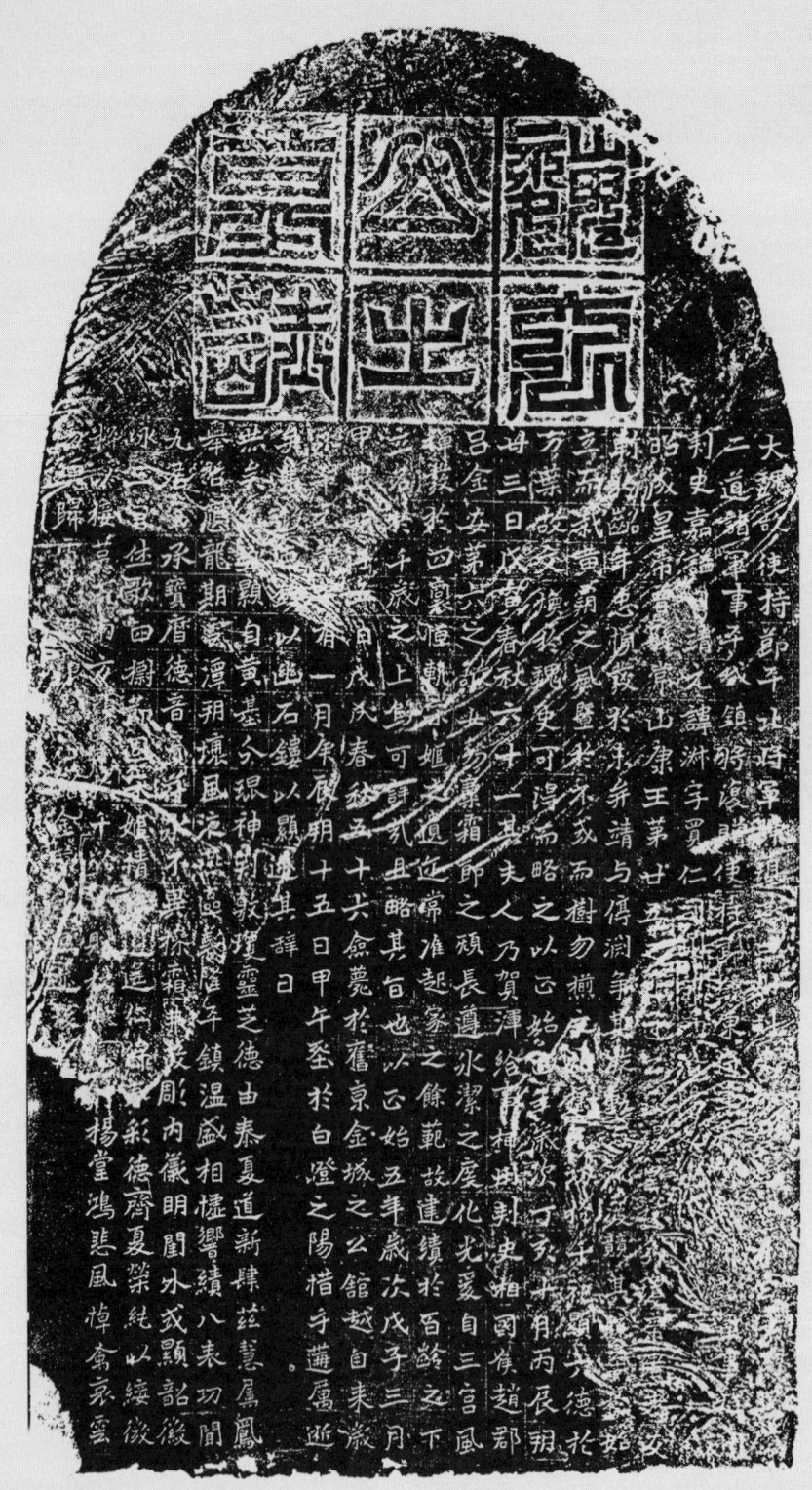

图 2-1　元淑墓志

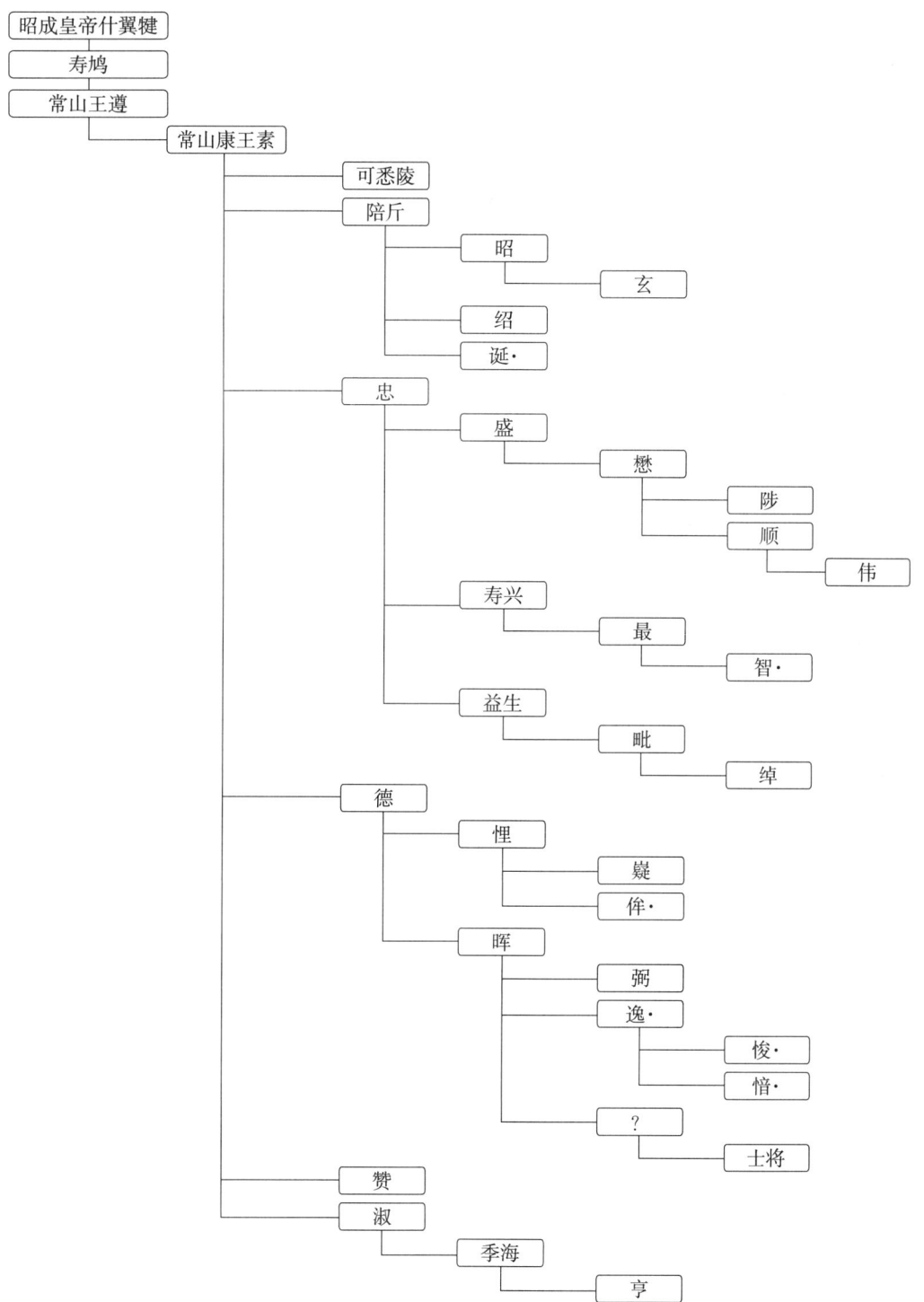

表 2-1 元素谱系表

人物｜北魏｜元淑、高琨、王遇、丹阳王

元淑家族世居塞上，祖孙几代或任职宫中，居平城；或在藩于外，居塞外各地。墓志不谈元淑祖居塞上，是因为孝文帝迁洛之初，曾于太和十九年（495）"诏迁洛之民，死葬河南，不得还北，于是代人南迁者，悉为河南洛阳人"[1]。元淑因任平城镇将而留居平城，但墓志仍称其为"洛阳人"，这说明北魏迁都洛阳后，整个拓跋氏部族不论南迁与否，都以洛阳为籍。

《北史》卷一五记载，元淑死后，"谥曰静"[2]，墓志则曰"嘉谥曰靖"，谥号用字不同。《左传·昭公二十五年》（前517）有"靖以待命犹可，动必忧"[3]句，墓志有"靖与停渊争其凝，动与流波竞其骇"句，说明靖、静相通，传文所载当不为误。

（二）元淑的官职与生平

据墓志可知，元淑卒年61岁，当生于太平真君八年（447）。一生历太武帝、文成帝、献文帝、孝文帝、宣武帝数朝，而主要活动年代应在孝文帝及宣武帝时。《北史》卷一五记载他曾任"河东太守"及"平城镇将"[4]，墓志记载元淑官至"使持节平北将军肆朔燕三州刺史都督□□□□□□二道诸军事平城镇将"，并赠官"使持节镇东将军都督相州诸军事相州刺史"，未载其任过河东太守，志文所载可略补史阙。

《北史》卷一五记载，元淑任河东太守时，"河东俗多商贾，罕事农桑，人至有年三十不识耒耜。淑下车劝课，躬往教示，二年间，家给人足。为之谣曰'泰州河东，杼柚代舂。元公至止，田畴始理'"。自西晋至北魏的200多年间，中原地区战争频繁，农业生产遭到严重破坏。世家大族庄园经济的发展加速了土地的兼并，中小土地所有者或沦为依附农民，或成为无土地的自由民。这些自由民为生存计，只有从事工匠与商贾之类的"贱业"。家庭手工业与商业比农业生产周期短，这在动乱的社会环境中比从事农业方便一些。而河东古擅盐池之利，官方于此时禁时废，又为商贾的活动提供了某些机遇。于是河东出现了"俗多商贾，罕事农桑"的现象。元淑于河东太守任上鼓励农耕，传授农技，对发展农业无疑是十分有益的。但这种弃商治农的转变绝非元淑一人之力所能达到，而与当时孝文帝推行的政策有着直接的关系。延兴二年（472），孝文帝下诏"工商杂役，尽听赴农"[5]，改变了过去商人子孙必须世袭父业的规定；太和九年（485）孝文帝又颁布均田令，使农民以及"赴农"的"工商杂役"有了较为稳定的可耕

---

[1]《魏书》卷七下。
[2]《北史》卷一五。
[3] 杨伯峻编著：《春秋左传注》，北京：中华书局，1981年。
[4]《北史》卷一五。
[5]《魏书》卷七上。

之地；并搜刮荫户，增加了编户齐民，加之这时社会也较为安定，农业经济逐渐得到了恢复和发展。据"元公至止"之语可知，史料所谈当是太和末年之事（孝文帝改姓氏是在太和二十年，496），这从一个侧面反映了孝文帝改革的进步意义。

（三）金城与白登山

志文称元淑夫妇"薨于旧京金城之公馆""葬于白登之阳"。"旧京"指故都平城当无异议，但金城之说却不见记载。笔者推测有两种可能。一是指平城。《汉书·蒯通传》"皆为金城汤池，不可攻也"[1]，《魏书·皮豹子传》亦有"虽有金城汤池，无粮不守"[2]的记载。称平城为金城，取意与洛阳金墉城同，喻其坚不可摧。但从语法上讲，"旧京金城"似嫌重复。二是指平城中的皇城。孝文帝迁洛后，平城皇宫除皇帝偶然北巡小住以外，长期闲置，那么身为平城镇将的元淑完全有可能居于原皇城之内。孝文帝以前北魏帝陵通称金陵，取金之尊贵以喻皇室。把皇城称为金城，笔者认为这种可能性更大。"公馆"在此应指元氏私宅，如北魏元暐墓志也有"以孝昌三年十月薨于长安之公馆"[3]的记载。

白登山，郦道元《水经注·㶟水》称白登山与白登台，今合称马铺山，位于今大同城东北4公里处，南距元淑墓9.75公里。主峰海拔1305.5米，相对高度约200米。主峰周围环绕有连绵起伏的丘陵。汉初"白登之围"发生于此。北魏都平城后，这里曾屡建宫室，设立祖庙，诸皇帝也常在这里祭祀祖宗、观降民、数军实，是北魏帝王在平城近郊活动较多的地点之一。但《辽史·地理志》误将白登山移至京（西京大同府）东北一百一十里处，即现阳高县境内；金元两代沿袭其谬，造成史料上的混乱。对此，清乾隆时所修《大同府志》及近人都曾做过考证[4]。需要指出的是，志文中"白登之阳"的记载，比以往任何史料都更为确切无疑地证明了白登山之所在。这对于正确认识《水经注·㶟水》中有关平城的记载，以及考察北魏平城都是很有意义的。

二、高琨

我们发掘元淑墓时，在附近的小南头村发现了高琨墓志。据说此志发现于该村北面被称为"三皇墓"的墓葬中（"三皇墓"为东西并列的三座墓，封土规模相当，排列整

---

[1]《汉书》卷四五。
[2]《魏书》卷五一。
[3] 赵万里：《汉魏南北朝墓志集释》图版七四，北京：科学出版社，1956年。
[4] 张畅耕、解廷琦：《白登考》，《晋阳学刊》1981年第4期。

图 2-2 高琨墓志

齐）。墓葬为砖室墓，出土有牛、马头骨。志盖方形，盝顶，边长 53.5、厚 17 厘米。志石方形，边长 64、厚 12 厘米。志文楷书 12 行，126 字。因出土日久并遭人为破坏，现志石表面剥落严重，字迹多有漫漶（图 2-2）。笔者初次见得此墓志时所录志文如下：

魏故使持节都督冀瀛相幽平｜五州诸军事镇东大将军冀州｜刺史勃海郡开国公墓志铭｜延昌三年岁次甲午冬十月丙｜子朔廿二日丁酉冀州勃海郡｜脩县崇仁乡孝义里使持节都｜督冀瀛相幽平五州诸军事镇｜东大将军冀州刺史勃海郡开｜国公高琨字伯玉｜夫人钜鹿□氏｜父飏左光禄大夫勃海郡开国｜公　母汝南□氏

高琨及其家族成员，在《魏书》及《北史》的《外戚传》中有内容相同的记载。对照传文与志文，则略有不同。《高肇传》称其"自云本勃海蓨人"[1]，志文则记其原籍为"勃海郡脩县崇仁乡孝义里"。《魏书·地形志上》记载勃海郡属冀州，领四县，即南皮、

---

[1]《魏书》卷八三下；《北史》卷八〇。

东光、脩县、安陵，据《魏书·地形志上》校勘记三一，條与脩、蓨相通，墓志所记之條县，为《高肇传》所称"勃海蓨人"之"蓨"县[1]。

墓志有关高琨及其父飏的官职的记载与《高肇传》相同，唯传中"勃海公""勃海郡公"，志文为"勃海郡开国公"。《高肇传》云："飏卒。景明初，……录尚书事、北海王详等奏'飏宜赠左光禄大夫，赐爵勃海公'，……诏可。"景明初追赠高飏封爵时高琨已死，所以高琨爵位也是死后追封的。《高肇传》记载，在景明初年为高飏追赠官爵后，宣武帝又下诏为高琨子高猛、高琨弟高肇、高显封爵，"三人同日受封"，但未提高琨，可见高琨当时已不在人世。

墓志中"延昌三年岁次甲午冬十月丙子朔廿二日丁酉"一句，当是《高肇传》中所载"改瘗""迁葬"的时间，而并非高琨死亡时间。《高肇传》云："父兄封赠虽久，竟不改瘗。（延昌）三年，乃诏令迁葬。肇不自临赴，唯遣其兄子猛改服诣代，迁葬于乡。"可知，小南头村北的高琨墓，是延昌三年（514）遵宣武帝诏令由故乡勃海郡脩县迁来的。墓志当为迁葬时所刻。而这时高肇位居司徒，贵登台鼎。但为何将其父兄迁葬平城而不迁葬洛阳，尚无法解释。

三、王　遇[2]

近读《书法丛刊》，得见新近出土的北魏王遇墓志铭[3]，再略作考释一二。因该刊论文厘定铭文稍有欠妥之处，故笔者在此对铭文重加标点并列之于下，以便后面的进一步考证[4]。

  魏故安西将军泰州刺史澄城公之少子使持节镇｜西将军侍中吏部尚书太府卿光禄大夫皇枸都将｜领将作大匠雍华二州刺史宕昌恭公霸城王遇之｜墓志。○○公其先周灵之苗，子晋之胤。氏族之起，始｜于伊南。远祖逃秦垄右，避渗西戎，改姓钳耳，仍居羌｜氏。逮正始之初，被○○诏还姓，裡复王门。公远禀玄｜流之庆，近资华岳之灵，始著龙仪，历位清衢。绸缪皇｜幄，屡进说

---

[1]《魏书》卷一〇六上。
[2] 本节写作过程中得到了西安碑林博物馆刘东平先生、张婷女士，西北大学文博学院刘斌先生的大力支持，在此谨表谢意。
[3] 赵君平：《北魏〈王遇墓志〉释略》，《书法丛刊》2013年第5期。
[4] 同一行文字间空格以"○"代替，行末标以"｜"。后同。

言。枢机左右，历奉三帝。出董岳牧，入综玑｜衡。清派九流，绩畅万里。皇京徒历，洛食延休，经趾天｜居，昭综唯公。铨德与能，方授端右。而上灵茫昧，不永｜颐龄。遘疾弥留，春秋六十有二，薨于洛阳乘轩之里。｜归葬于首阳之右，朝乡之里。府长史薛欢、别驾魏顺｜等，详载景行，志扬不朽。其词曰：｜

  远日难辗，哀暑易流。宿草一变，千载长秋。荣留人藉｜，仪暧松丘。敢凭幽石，敬播兰猷。｜

  维大魏正始元年岁次实沉，月旅应钟，廿四日造。｜

王遇事迹见《魏书·王遇传》（以下简称《王遇传》）与《北史·恩幸传》，而以前者较详。"王遇，字庆时，本名他恶，冯翊李润镇羌也。与雷、党、不蒙俱为羌中强族。自云其先姓王，后改氏钳耳，世宗时复改为王焉。自晋世已来，恒为渠长。"[1]志文称："公其先周灵之苗，子晋之胤。氏族之起，始于伊南。远祖逃秦垄右，避渗西戎，改姓钳耳，仍居羌氏。"学界一般认为王遇是羌人，假若其祖上是避渗西戎而居羌的汉人，则不大可能世代为渠长，成为当地羌人首领且为"羌中强族"，周室后人之说更无从考证。《魏书》记载王遇姓氏时着意写道"自云其先姓王，后改氏钳耳"，"自云"二字当有所指，且明确说其为"冯翊李润镇羌也"。《魏书》与王遇墓志记载其改姓王氏的时间在世宗朝，墓志甚至明确为"正始之初，被诏还姓，禋复王门"，然而早于该墓志十六年的太和十二年（488）《大代宕昌公晖福寺碑》（以下简称《晖福寺碑》）正文中就已出现"宕昌公王庆时"[2]，碑阴记载王遇父兄等姓名皆记为王某某[3]，这一年代上的冲突至今尚无人深究。《晖福寺碑》碑阳记"太和十二年（488）岁在戊辰七月己卯朔一日建"，文字位置在碑左端末行，此为立碑时间当无疑问。细查碑体实物发现，"宕昌公王庆时"六字中，"王"字前空一格，空格处明显下凹，"王"字的笔画也明显比其他文字刻得更深，且此"王"字书法风格也与碑文其他文字完全不同，其他文字的横笔皆于右端上挑，而此"王"字三横笔皆规矩平直（图2-3），据此可以判断碑文"王庆时"是由原碑文"钳耳庆时"改刻而成的，即把"钳耳"二字铲去，保留一个空格后补刻"王"字。碑阴文字也与碑阳文字明显不同，书写与刊刻皆十分草率，应是后来改姓王氏后补刻的。《魏书》记载王遇改姓氏在世宗时，王遇墓志记载为"正始之初"，该墓志立于正

---

[1]《魏书》卷九四。
[2] 武树善：《陕西金石志》卷六，民国二十三年（1934）。（清）毛凤枝：《关中石刻文字新编》卷一《碑碣类》，《续修四库全书》第909册，上海：上海古籍出版社，2002年；赵一德：《晖福寺碑赏析（并注）》，载云冈石窟研究院：《2005年云冈国际学术研讨会论文集·研究卷》，北京：文物出版社，2006年。
[3]（清）毛凤枝：《关中石刻文字新编》卷一《碑碣类》；刘东平："晖福寺碑"相关问题蠡测，《文博》2013年第5期。

始元年（504），改姓氏当发生在这一年。

王遇家人名氏全部刻于碑阴，此外还有制文与刊文者的职官与名氏。碑阴文字的刊刻时间有两种可能，一是与碑阳文字同时刻成，二是后刻。后刻也有两种可能，其一是碑阴原无文字，改姓氏后刊刻；其二是改姓氏后将太和十二年（488）原碑文铲掉而补刻，若是这种情况势必要将整个碑阴重新铲平，铲除的厚度至少要达到原刻文的深度，从碑额后部圭形区域仍然凸起于周边的龙纹来看，整个碑阴十分平整，铲除后补刻的可能性不大，故笔者倾向于第二种中的前一种，即碑阴原本无文字，改姓氏后刊刻。

图 2-3　晖福寺碑局部

姚薇元《北朝胡姓考·羌族诸姓·王氏》根据《魏书·王遇传》称世宗时改王姓，认为"此氏不在太和诏改之列，故《官氏志》不见"[1]。据《通鉴》，孝文帝改姓氏在太和二十年（496），"魏主下诏，以为'……诸功臣旧族自代来者，姓或重复，皆改之'。于是始改拔拔氏为长孙氏，达奚氏为奚氏，乙旃氏为叔孙氏，丘穆陵氏为穆氏，步六孤氏为陆氏，贺赖氏为贺氏，独孤氏为刘氏，贺楼氏为楼氏，勿忸于氏为于氏，尉迟氏为尉氏；其余所改，不可胜纪"[2]。这一姓氏改革似乎没有涉及羌人钳耳氏，王遇改姓只是个别行为。此后隋唐仍不乏钳耳氏的记载，如《隋书》萧琮嫁从父妹于钳耳氏，唐《广异记》有竺山县丞钳耳含光，《旧唐书》有钳耳大福等等，可为证。

北魏建国初期，冯翊和杏城的羌豪纷纷投降北魏，但王遇家族入魏时间不明。《魏书》与王遇墓志对王遇先人记载甚略，只知"晋世已来，恒为渠长"，祖上名讳失载，志文甚至不见王遇父亲和祖父名讳。《魏书》载遇父"守贵"，《晖福寺碑》碑阴载遇父为"王□隆"，曾任郡功曹[3]。据马长寿先生研究，遇父所任"郡功曹"系北魏前官秩，"疑即赫连夏或姚秦时之冯翊郡功曹"，王遇家人入魏估计是在太武帝平定杏城盖吴起义之后，太平真君七年（446）跟随盖吴起义的李润羌被太武帝一并镇压，王遇家人

---

[1]　姚薇元：《北朝胡姓考》(修订本)，北京：中华书局，1962年。
[2]　《资治通鉴》卷一四〇。
[3]　刘东平：《"晖福寺碑"相关问题蠡测》，《文博》2013年第5期。

于是被徙入魏[1]。这种推测是颇有道理的，《王遇传》记载"遇坐事腐刑"，其子为"养弟子"，估计在成年前已受阉刑，《魏书·文成文明皇后冯氏传》记载王遇"拔自微阉"亦可为明证[2]。墓志载王遇卒年62岁，但薨于何年则未提及，志文落款为正始元年（504）十月，若以此年去世计，王遇当生于太平真君四年（443），幼年被没入宫，又惨遭阉刑，与高力士身世何其相像！

遇父职位不高，祖上亦当官位不显，故多失载。《魏书》记载王遇显贵之后，其父被"追赠安西将军、秦州刺史、澄城公"，此与《晖福寺碑》记载一致，而志文载为"安西将军、泰州刺史、澄城公"，一为"秦州"，一为"泰州"。《魏书·地形志》有秦州而无泰州，但北朝文献多有"泰州"的记载，北魏时确有泰州当无疑义，王仲荦先生曾有论述，认为"秦""泰"二字字形相近，史书常有错讹[3]。依《魏书·地形志》关中东北部包括王遇祖籍地李润镇一带北魏时曾属秦州，而泰州则在河东，追赠遇父守贵为秦州刺史的可能性似乎更大些。

《晖福寺碑》碑阴载王遇家族八人，按原碑文称谓与顺序分别为：父王□隆，安西将军、秦州刺史、澄城公，此即《王遇传》所记守贵，守贵应是其字，按《王遇传》：其官爵为王遇发迹后之"追赠"，此处所记官爵除"秦""泰"之别外，与《王遇传》和王遇墓志一致。兄王何韬，华州主簿。兄王□明，宁远将军、澄城太守、雍州刺史、澄城侯。兄王□桃，宁朔将军、河东太守、澄城子、澄城太守。《关中石刻文字新编》（以下简称《新编》）作"宁朔将军"，新近发表的刘东平《"晖福寺碑"相关问题蠡测》（以下简称《蠡测》）作"宁翔将军"[4]，按：北魏无"宁翔将军"而有"宁朔将军"，经对碑文的辨认，为"朔"字无疑。《蠡测》"澄城子"，《新编》误作"澄州子"，北朝无澄州而有澄城。兄子□□□，本郡功曹、威远太守、澄城太守。兄子王元雍、鹰扬将军、华州□将。世子王道训，内行内小，《新编》作"内行内小"，《蠡测》作"内行尚小"，按：北魏无"内行尚小"，"内行内小"为拓跋职官，屡见于北朝碑刻，如《文成帝南巡碑》[5]《封魔奴墓志》《丘哲墓志》[6]，近经刘东平先生核对，原碑确为"内行内小"。另，道训，《新编》作"道训"，《蠡测》误作"道谕"。第二子王□□，中书□生。《王遇传》仅载其父守贵、王遇本人和其养子厉三人；王遇墓志称遇为"少子"，与《晖福寺碑》记载有三位兄长吻合，应是四子中最小者。"遇养弟子厉，本郡太守，稍迁至右军将军，

---

[1] 马长寿：《碑铭所见前秦至隋初的关中部族》，桂林：广西师范大学出版社，2006年。
[2] 《魏书》卷一三。
[3] 王仲荦：《北周地理志》卷九，北京：中华书局，1980年。
[4] 刘东平："晖福寺碑"相关问题蠡测，《文博》2013年第5期。
[5] 张庆捷、郭春梅：《北魏文成帝〈南巡碑〉所见拓跋职官初探》，《中国史研究》1999年第2期。
[6] 赵超：《汉魏南北朝墓志汇编》，天津：天津古籍出版社，1992年。

袭爵宕昌侯。产业有过于遇时"[1]，厉也应是字，当属以上二子中的一位。

据墓志可知，王遇家居洛阳乘轩里。乘轩里早在战国时期的洛阳即已存在，据《战国策·赵策》记载，苏秦即乘轩里人，"苏秦说李兑曰：'雒阳乘轩里苏秦，家贫亲老，无罢车驽马'"[2]。另据北魏熙平二年（517）《魏故侍中太保领司徒公广平王元怀墓志》，元怀乃"河南洛阳乘轩里人"[3]。按，乘轩里当为战国时期洛阳富贵人家所居，苏秦昔日家贫，故有是言。北魏乘轩里当沿袭前代名称而来，但具体位置似难详查。

较之墓志，《魏书·王遇传》对其事迹的记载更为具体。志文言王遇"历奉三帝"，应即献文帝、孝文帝和宣武帝三朝，《魏书》只记载仕孝文与宣武时事。王遇初仕于献文，时及弱冠，资历尚浅，至孝文初王遇已至而立，此后直至宣武，虽宦途多舛，几度起落，然终至位高权重，尽享恩宠。《魏书》载王遇曾"为中散，迁内行令、中曹给事中，加员外散骑常侍、右将军，赐爵富平子。迁散骑常侍、安西将军，进爵宕昌公。拜尚书，转吏部尚书，仍常侍。例降为侯。出为安西将军、华州刺史，加散骑常侍"。世宗初，又兼将作大匠，拜光禄大夫，死后赠使持节、镇西将军、雍州刺史[4]。与墓志文记载大体相同。按《晖福寺碑》载，太和十二年（488）时王遇已任散骑常侍、安西将军、吏部内行尚书，爵位宕昌公。墓志记载王遇官职中有"皇构都将"一职，按："都将"一职最早设置于北魏，文献记载担任此职者甚多，唯北朝史乘尚不见"皇构都将"一职。孝文帝《吊殷比干墓文》有："唯皇构迁中之元载，岁御次乎阉茂，望舒会于星纪，十有四日，日唯甲申。"[5]"皇构"显然指都城，北朝时期有"营构都将"[6]"营构东宫都将"[7]，则此"皇构都将"应是管理都城的官职，王遇担任此职或许与其任职将作大匠、营建平城和洛阳有关。

营建两京当属王遇在任期间的重要功绩。《王遇传》记载，早在平城时期，王遇就"为文明太后所宠，前后赐以奴婢数百人，马牛羊他物称是，二人俱号富室"。他具有突出的城市规划与建筑设计才能，"遇性巧，强于部分。北都方山灵泉道俗居宇及文明太后陵庙，洛京东郊马射坛殿，修广文昭太后墓园，太极殿及东西两堂、内外诸门制度，皆遇监作"。两京大量重要工程皆由王遇负责，尤其是"世宗初，兼将作大匠"，主持洛阳最重要的建筑太极殿和内外城门的工程，遇"虽年在耆老，朝夕不倦，跨鞍驱驰，与

---

[1]《魏书》卷九四。
[2] 缪文远：《战国策新校注》卷一八，成都：巴蜀书社，1987年。
[3] 赵超：《汉魏南北朝墓志汇编》，天津：天津古籍出版社，1992年。
[4]《魏书》卷九四。
[5]《全后魏文》卷七，（清）严可均校辑：《全上古三代秦汉三国六朝文》，北京：中华书局，1965年。
[6] 姜俭父昭"卒于营构都将"（《魏书》卷四五）。东魏兴和三年《鲁孔子庙碑》载李仲璇曾任营构都将，见《全后魏文》卷五一八，（清）严可均校辑：《全上古三代秦汉三国六朝文》，北京：中华书局，1965年。
[7]《魏书》卷七六。《魏书·卢同传》载卢同任"营构东宫都将"。

少壮者均其劳逸"[1]，为新都洛阳的营建作出了巨大贡献。

王遇一生信佛，不仅在故乡创建了晖福寺，而且在京都平城修建了武州山石窟寺（云冈石窟）中的崇教寺。据《大金西京武州山重修大石窟寺碑》记载，金代寺中尚存石刻文字，一在护国，"一在崇教，小而完，其略曰：安西大将军散骑常侍吏部内行尚书宕昌（公）钳耳庆时镌岩开寺……盖庆时为国祈福之所建也"。宿白先生推定此崇教寺即今云冈石窟第9、第10一组双窟，规模宏大壮丽[2]。另据《水经注》记载，他在平城东郭外还建了佛寺祇洹舍，"东郭外，太和中，阉人宕昌公钳耳庆时立祇洹舍于东皋，橡瓦梁栋，台壁棂陛，尊容圣像，及床坐轩帐，悉青石也。图制可观，所恨惟列壁合石，疏而不密。庭中有《祇洹碑》，碑题大篆，非佳耳。然京邑帝里，佛法丰盛，神图妙塔，桀峙相望，法轮东转，兹为上矣"[3]。凡遇所建皆雕饰巧丽，极尽奢华。

实沉或作实沈，《左传·昭公元年》："昔高辛氏有二子，伯曰阏伯，季曰实沈，居于旷林，不相能也，日寻干戈，以相征讨。"[4]《晋书·天文志》："自毕十二度至东井十五度为实沉，于辰在申。"[5]用以指代十二星次之一，在十二辰为申。南朝释僧佑《出三藏记集·善见律毗婆沙记》："齐永明十年，岁次实沉……以十一年，岁次大梁，四月十日得律还都，顶礼执读。"[6]北魏正始元年为甲申年。应钟为乐律名称，十二律之一。《淮南子·天文训》："主三月，下生应钟。应钟之数四十二，主十月，上生蕤宾。"[7]古人以十二律与十二月相配，每月以一律应之。南梁《锦带书》"应钟十月"[8]，南北朝时期墓志中常以之纪年月，如《魏故平东将军济州刺史长宁穆公之墓志铭》："维大魏熙平元年岁次实沉夏四月，公遘疾不愈，薨于京师。"《魏故使持节征东将军仪同三司都督青州诸军事青州刺史元使君墓志铭》："大魏建义元年岁次实沈月在夷则丙辰朔十八日癸酉造。"《魏博陵元公故李夫人墓志铭》："以兴和三年大梁之岁应钟之月二日庚子卒于家，于黄钟之月十七日乙酉□窆于邺城之西北十有五里。"[9]王遇当安葬于正始元年十月廿四日。

---

[1]《魏书》卷九四。
[2] 宿白：《〈大金西京武州山重修大石窟寺碑〉校注——新发现的大同云冈石窟寺历史材料的初步整理》，《北京大学学报（人文科学版）》1956年第1期。
[3]（北魏）郦道元注，（民国）杨守敬、熊会贞疏，段熙仲点校，陈桥驿复校：《水经注疏》卷一三《漯水》，南京：江苏古籍出版社，1989年。
[4]《左传·昭公元年》，见杨伯峻编著：《春秋左传注》，北京：中华书局，1981年。
[5]《晋书》卷一一《天文志上》。
[6]（梁）释僧佑撰，苏晋仁、萧炼子点校：《出三藏记集》卷一一，北京：中华书局，1995年。
[7] 何宁：《淮南子集释》卷三，北京：中华书局，1998年。
[8]（梁）萧统：《锦带书》，《丛书集成初编》本，北京：中华书局，1985年。
[9] 赵超：《汉魏南北朝墓志汇编》，天津：天津古籍出版社，1992年。

四、丹扬王[1]

丹扬王墓位于山西省北部怀仁县北七里村附近，这里地处大同盆地中部偏北，北距北魏平城遗址不足 30 公里[2]。该墓在桑干河北岸，桑干河在南面东北流，最近处相距不足 6 公里。墓葬为大型砖砌多室墓，由前室、后室以及左右侧室组成，规模巨大，为北朝墓葬中所罕见，已被列为山西省重点文物保护单位。墓室采用模印画像砖和花纹砖铺砌，并有砖铭"丹扬王墓砖"，纹饰有宝相花、忍冬、瑞兽、龙凤、人物等共计十多种。据光绪三十二年修订《怀仁县新志·古迹》记载，该墓葬于"光绪元年（1875）七月塌出"[3]，同书《艺文》载石声扬文《丹阳王墓并序》，称该墓葬为"同治十三年（1874）土人耕地塌土"，"邑侯闻之，验后复封"，将该墓称为"丹阳王墓"，并略作考证[4]。从石氏文中"竖砖上刻'丹阳王墓砖'五字"而非"丹扬王墓砖"的叙述分析，作者并未见到该墓砖。由于墓葬中没有发现墓志等能够确认墓主人姓名的资料，墓主姓氏仍是悬而未决的问题。本文从墓葬遗存出发，结合文献，对墓主作些考证，或许会使我们的认识向前迈进一步。

（一）墓葬遗存

丹扬王墓坐北朝南，前设斜坡墓道，各墓室四壁皆呈弧形外凸，甬道和墓室四壁用二层平砖与一层立丁砖相间垒砌，这些都是北魏平城时代墓葬的典型特征，不仅一般砖室墓如此，甚至永固陵也不例外。迁都洛阳后的平城墓葬仍然保留这些特点，如封和突墓[5]、元淑墓[6]等。丹扬王墓地近京都，属畿内，因此，从墓葬形制考察，丹扬王墓为北魏墓葬无疑。

该墓基本不见随葬品，但大量模印砖为我们了解墓葬时代提供了重要线索。这些砖全部为模印阳文图案，构图、内容、风格也具有典型的北魏平城时代的特征，这里试举几例。

人物纹砖 人物细部虽不十分清晰，但仍能看出其头戴帽，帽后有垂裙飘起，双手拢于胸前，身着长度及膝的窄袖长袍，腰系带，显然是鲜卑服饰，在迁都洛阳前的

---

[1] 本节写作过程中，曾得到朔州市博物馆馆长赵达先生、怀仁县文管所所长张永涛和前所长安孝文先生的热情帮助，谨致谢意。
[2] 怀仁县文管所：《怀仁北魏丹扬王墓及花纹砖》，《文物》2010 年第 5 期。
[3] 怀仁县志编纂办公室：《怀仁县新志》卷二，周子君、杨尚文注释，1988 年（内部发行）。
[4] 怀仁县志编纂办公室：《怀仁县新志》卷九，周子君、杨尚文注释，1988 年（内部发行）。
[5] 大同市博物馆　马玉基：《大同市小站村花圪塔台北魏墓清理简报》，《文物》1983 年第 8 期。
[6] 大同市博物馆：《大同东郊北魏元淑墓》，《文物》1989 年第 8 期。

北魏平城时期遗存中屡见，如宁夏固原雷祖庙北魏漆棺画[1]，大同南郊北魏墓群 M229、M253 出土的棺板画[2]，大同智家堡北魏石椁墓壁画[3]以及这一时期的佛教石刻造像[4]，尤以云冈石窟所见最多，如第 11 窟西壁第 3 层和南壁明窗西侧，第 13 窟东壁第 3 层中部，第 18 窟窟门东侧中层等处造像，皆以供养人的身份出现，而且这些身着鲜卑服饰的供养人像大多呈侧身站立姿势，双手也都拢在胸前，所不同的只是丹扬王墓砖的鲜卑人物袍衫略短而已。固原雷祖庙北魏墓和大同智家堡石椁壁画墓的年代接近，都是太和前期遗存，云冈石窟所见鲜卑供养人形象基本上也属于这一时期。

画像砖墓主要流行于六朝时期的长江中下游地区，尤以南京所见最多，其中除大型拼贴壁画外，在两晋、南朝墓葬中也发现大量花纹砖和画像砖。画像砖常见男女侍者形象，或呈浅浮雕效果，或为阳文线画，一砖一画，一画一人，形成南朝画像砖的显著特点。如南京油坊桥南朝墓，墓室通体由花纹砖和画像砖砌成，花纹与画像种类较多，均为模印制作，花纹有忍冬、莲花、供花、供果等，画像主要是男女侍者，且人物全部在砖的端头，一人一砖，作站立状[5]，与丹扬王墓所见人物画像砖相同（图 2-4）[6]。新近报道的南京雨花台区姚家山东晋墓[7]、雨花台区华为软件园南朝中晚期画像砖墓[8]、江宁区胡村南朝晚期墓[9]，墓砖侧面或端面既有画像人物，也有忍冬、花草或几何纹样。其中姚家山东晋墓 M3 与胡村南朝墓都发现有男女侍者的画像砖，模印在砖的端面，每砖一人，拱手站立，为正面造型，与丹扬王墓画像砖相同，皆为侍者。

双凤忍冬纹砖 主图案是两只飞舞的凤鸟，两端各装饰四朵相连的忍冬，其外侧构图与大同雁北师院 5 号墓石椁东壁北椁板中层铺首兽面头顶的忍冬纹一致[10]，内侧构图与雁北师院 5 号墓石椁北壁中椁板中层铺首兽面头顶的忍冬纹一致[11]。雁北师院 5 号墓石椁顶部铭刻"太和元年"（477）铭文，据墓中出土铭文砖可知墓主人为敦煌公宋绍

---

[1] 宁夏固原博物馆：《固原北魏漆棺画》，银川：宁夏人民出版社，1988 年。
[2] 山西大学历史文化学院等：《大同南郊北魏墓群》，北京：科学出版社，2006 年。
[3] 王银田、刘俊喜：《大同智家堡北魏墓石椁壁画》，《文物》2001 年第 7 期。
[4] 金申：《中国历代纪年佛像图典》，北京：文物出版社，1994 年；曹彦玲：《大同市博物馆藏三件北魏石造像》，《文物》2002 年第 5 期；王银田、曹臣明：《北魏石雕三品》，《文物》2004 年第 6 期。笔者在《大同智家堡北魏墓石椁壁画》一文中曾对鲜卑服饰有过论述，近来德国慕尼黑大学东方研究所的宋馨博士对此问题作了较多的研究，见宋馨：《北魏平城期的鲜卑服》，载张庆捷等：《4～6 世纪的北中国与欧亚大陆》，北京：科学出版社，2006 年。
[5] 南京市博物馆：《南京油坊桥发现一座南朝画像砖墓》，《考古》1990 年第 10 期。
[6] 南京市博物馆：《六朝风采》图版 284，北京：文物出版社，2004 年。
[7] 南京市博物馆、雨花台区文化广播电视局：《南京市雨花台区姚家山东晋墓》，《考古》2008 年第 6 期。
[8] 南京市博物馆、雨花台区文化广播电视局：《南京市雨花台区南朝画像砖墓》，《考古》2008 年第 6 期。
[9] 南京市博物馆：《南京市江宁区胡村南朝墓》，《考古》2008 年第 6 期。
[10] 大同市考古所等：《大同雁北师院北魏墓群》图 111，北京：文物出版社，2008 年。
[11] 大同市考古所等：《大同雁北师院北魏墓群》图 116，北京：文物出版社，2008 年。

图 2-4 南京油坊桥南朝墓出土画像砖拓片

祖。另一相同例证是阳高县强家营村出土的延兴六年（476）陈永夫妇墓铭文砖端侧的模印花纹（图 2-5）[1]。凤鸟线条纤细，飞舞灵动，颇具浪漫色彩，与同时期南朝美术的风格一致。

因受中、西亚文化影响，在欧亚草原文化地带曾流行对马、对鸟甚至对人等两两相对的图案，这类装饰纹样在东周以后直至隋唐时期曾长期影响我国，如河北燕下都战国墓出土的动物纹金牌饰[2]、新疆吐鲁番阿斯塔那 177 号墓出土的北凉时期青地禽兽纹锦[3]、固原北魏漆棺画，长江中下游地区出土的六朝铜镜上也曾流行对鸟纹，但与北朝

---

[1] 该墓葬资料未发表。《陈永夫妇墓铭》："维大代延兴六年岁次丙辰六月」己未朔七日乙丑，元雍州河北郡」安戎县民，尚书令史陈永并命妇」刘夫人之铭记。"该志出土于阳高县马家皂乡强家营村，现存阳高县文管所。延兴六年即承明元年（476）。孝文帝延兴六年"六月……壬申，大赦，改年"为承明元年，该墓葬出土的砖志纪年为该年"六月己未朔七日乙丑"，改元在此后七天，故有延兴六年的记载。

[2] 河北省文物研究所：《燕下都》，北京：文物出版社，1996 年。NHK 大阪放送局：《正倉院の故郷—中国の金・銀・ガラス展》图版 8，东京：日本写真印刷株式会社，1992 年。

[3] 罗宗真：《魏晋南北朝文化》第 8 章，图版 25，北京：学林出版社、上海：上海科技教育出版社，2000 年。

图 2-5　阳高县延兴六年陈永墓砖模印花纹

时期的对鸟纹可能渊源不同。联珠与成对的鸟兽图案的组合曾经是萨珊波斯工艺品的特有风格[1]，这类纹饰在北魏的流行时间在献文帝和孝文帝迁都以前，云冈石窟中部的多数窟群和固原漆棺画恰处于这一时段。后者右侧棺板中层画面，在联珠龟背忍冬纹的每一个圆环中都有两两相对的图案，有对人、对鸟、对兽[2]；类似的图案还有敦煌莫高窟277窟龛口的环形联珠忍冬对马纹；新疆克孜尔第60窟发现的环形联珠鸭纹则将对鸭分别绘制在两个环形联珠纹内，鸭颈部饰有飘带，具有典型的萨珊波斯风格，时代应该在北朝晚期[3]。环形联珠对鸟纹直到宋代在我国西北地区仍偶有发现，如出土于青海阿拉尔的联珠鸟纹锦[4]。在北魏时期，这类图案与联珠龟背忍冬纹的融合使用应在平城时代的后期。

Ⅰ型忍冬纹砖　相同纹饰也见于太和八年（484）司马金龙墓出土的石雕棺床侧板上，位于主图案的四周，为带状装饰纹样（图2-6）；相同的图案在云冈石窟9窟后室西壁第4层南侧佛龛两侧的立柱上以及9窟后室南壁西侧拱形龛的立柱上都可见到[5]。

Ⅱ型1式忍冬纹　纹饰与云冈石窟9窟前室北壁外侧第3层东西两侧的佛龛底座边沿的图案[6]和10窟前室北壁西侧上层二佛对坐龛下的底座边沿的图案[7]皆相同。

Ⅱ型2式忍冬纹　1965年敦煌石窟在清理石窟地面时，在125～126窟前岩石裂

---

[1] 施安昌：《火坛与祭司鸟神》，北京：紫禁城出版社，2004年。
[2] 宁夏固原博物馆：《固原北魏墓漆棺画》，银川：宁夏人民出版社，1988年。
[3] 新疆文物管理委员会等：《中国石窟·克孜尔石窟》三，图188，北京：文物出版社，1997年。
[4] 李遇春：《阿拉尔发现木乃伊》，《文物参考资料》1957年第2期；赵丰等：《论青海阿拉尔出土的两件锦袍》，《文物》2008年第8期。
[5] 云冈石窟文物保管所：《中国石窟·云冈石窟》二，图版27、39，北京：文物出版社、东京：平凡社，1991年。
[6] 云冈石窟文物保管所：《中国石窟·云冈石窟》二，图版8、9，北京：文物出版社、东京：平凡社，1991年。
[7] 云冈石窟文物保管所：《中国石窟·云冈石窟》二，图版46，北京：文物出版社、东京：平凡社，1991年。

图 2-6　司马金龙墓出土石雕棺床纹饰（局部）

图 2-7　敦煌石窟发现的北魏刺绣供养人像

缝中发现了一幅珍贵的刺绣供养人像，人像身上装饰有两列环形忍冬纹（图 2-7），据考证该绣品的年代为北魏太和十一年（487），而且可能是从平城流向敦煌的[1]。但稍有不同的是，丹扬王墓环形忍冬内为 5 个叶片，敦煌所见刺绣则是 3 个叶片。环形忍冬在云冈石窟中并不鲜见，如 10 窟前室北壁外侧窟门处门簪上方就雕有一排[2]。据宿白先生研究，该窟开凿于太和八年（484）至太和十三年（489）[3]。

双鸟莲花忍冬纹砖　这是丹扬王墓出土花纹砖中最接近同一时期南朝纹样的一款，其中央的主图案在河南邓县学庄画像砖墓的墓门券上也曾见到。该券门共有四组雕刻花纹，雕有八个相同的方形图案[4]。

忍冬纹是南北朝时期诸多装饰纹样中极为重要的一类，尤其是在北魏，此类纹饰具有重要的断代意义和很高的观赏性，

---
[1] 敦煌文物研究所：《新发现的北魏刺绣》，《文物》1972 年第 2 期。
[2] 云冈石窟文物保管所：《中国石窟·云冈石窟》二，图版 49，北京：文物出版社、东京：平凡社，1991 年。
[3] 宿白：《〈大金西京武州山重修大石窟寺碑〉校注——新发现的大同云冈石窟寺历史材料的初步整理》，《北京大学学报（人文科学版）》1956 年第 1 期。
[4] 河南省文化局文物工作队：《邓县彩色画像砖墓》，北京：文物出版社，1958 年。

在石窟中广泛分布，尤以云冈石窟现存忍冬纹最为丰富，其发展演变颇有规律。云冈石窟一期（文成帝和平年间，460~465）石雕中忍冬纹较少，装饰部位也较单一，主要见于佛像的背光，呈独立的三瓣式样，构图简洁；二期前段（太和初年以前）忍冬纹明显增多，见于佛像背光、花朵、佛座及不同图案单位之间的间隔等，多为二方连续的带状装饰图案，三瓣或四瓣式样，纹饰趋于复杂，并杂以人物与动物图案；二期后段（太和中~494）是忍冬纹的使用最为丰富的时期，石窟壁面大量使用，且与环形联珠纹、龟背纹、伎乐、动物等纹饰组合，变幻出如龟背忍冬、环形忍冬、水波状忍冬等不同图案。丹扬王墓所见各种流畅优美、富于变化的忍冬纹，与云冈石窟二期，尤其是二期后段忍冬纹的总体特征是吻合的。迁洛以后的云冈石窟三期造像中，忍冬纹的数量和种类都急剧减少，再次趋于简单。在洛阳发现的北魏世俗石刻线画中，忍冬纹叶片丰腴，线条繁复，附加的其他纹饰急剧增多[1]，而作为带状装饰的忍冬纹则较少见到，并且与平城时代简洁、流畅的风格截然不同。从以上的资料对比中我们不难看出，丹扬王墓的时代应该在北魏孝文帝建都平城时期。此外，平城期北魏墓葬，一般前期多东西方向，后期多南北方向[2]，墓葬形制的演变规律也与以上的判断相吻合。

丹扬王墓是目前已知北魏墓葬中规模最大的，也是唯一的有四个墓室的北魏墓葬[3]，墓室面积甚至大于已经发掘的两座北魏陵墓——冯太后永固陵和宣武帝元恪的景陵，也大于孝文帝为自己营建的方山虚宫万年堂，这是历代墓葬制度中所罕见的。试选择几座较大的北魏墓葬略作比较：大同湖东北魏1号墓，有两个弧边方形墓室，前室14.5平方米，后室17.6平方米[4]。大同太和元年（477）敦煌公宋绍祖墓，长斜坡墓道单室砖墓，墓室面积约17.4平方米[5]。大同太和八年（484）吏部尚书琅琊王司马金龙墓是北魏墓葬中罕见的三室墓，前、后室和左侧室的面积分别为20.2、36.7、8.2平方米[6]。固原北魏漆棺墓为砖砌单室墓，方形墓室边长3.8米，面积约14.4平方米[7]，该墓葬年代为太和十四年（490）。建成于太和八年（484）的冯太后永固陵为前后两室墓，前室约16.2平方米，后室约43平方米[8]。太和十五年（491）修建的孝文帝万年堂规模小于永固陵，有前、后两墓室，前室面积不明，后室面积约32平方米，从永固陵的墓

---

[1] 黄明兰：《洛阳北魏世俗石刻线画集》，北京：人民美术出版社，1987年。
[2] 山西大学历史文化学院等：《大同南郊北魏墓群》，北京：科学出版社，2006年。
[3] 丹扬王墓的发掘报告至今尚未发表，据当时任怀仁县文管所所长并参与发掘的安孝文先生说，四个墓室的总面积大约为110平方米。
[4] 大同市考古研究所：《大同湖东北魏一号墓》，《文物》2004年第12期。
[5] 大同市考古所等：《大同雁北师院北魏墓群》，北京：文物出版社，2008年。
[6] 大同市博物馆等：《山西大同石家寨北魏司马金龙墓》，《文物》1972年第3期。
[7] 宁夏固原博物馆：《固原北魏漆棺画》，银川：宁夏人民出版社，1988年。
[8] 大同市博物馆等：《大同方山北魏永固陵》，《文物》1978年第7期。

室布局分析，万年堂的前室当也小于后室[1]。洛阳期的北魏墓已形成一定的规制，全部为单室墓，如大同永平元年（508）平城镇将元淑墓，单室、砖砌，墓室面积约38平方米[2]。洛阳延昌四年（515）宣武帝景陵，单室、砖砌，墓室面积46平方米[3]。洛阳孝昌二年（526）尚书令冀州刺史江阳王元乂墓，单室、砖砌，墓室面积约52平方米[4]。洛阳建义元年（528）常山王元邵墓，为长斜坡墓道单室土洞墓，墓室面积近16平方米[5]。洛阳孟县永平四年（511）豫州刺史司马悦墓为砖砌单室墓，墓室面积45.6平方米[6]。如此看来，丹扬王墓规模之大实属特例。

多室墓流行于东汉。东汉末年，北方战乱，中原人士纷纷南迁，多室墓被移植江南；同时代的北方游牧民族则流行较为简单的单室墓，十六国、北朝皆如此。北魏平城时期的另一座大型多室墓是司马金龙墓。该墓墓室周壁全用模印有"琅琊王司马金龙墓寿砖"的文字砖砌筑，这一习俗可能来源于长江下游。司马金龙墓和丹扬王墓可能是效仿同时代的南朝墓葬修建的[7]，显示了鲜卑统治集团对南来投化客的礼遇。

据《魏书·崔玄伯传》载：显祖时曾"徙青齐士望共道固守城者数百家于桑干"[8]，又据《魏书·王慧龙传》："南人入国者，皆葬桑干"[9]，按：据《水经注》，平城南有桑干郡，桑干水穿流其间[10]，丹扬王墓位于桑干之阳。

（二）文献记载

"丹扬王"为墓主爵位，北朝文献中不见"丹扬王"，而有"丹阳王"或"丹杨王"。中国古代爵位制度起源于商周，成熟于秦汉，一般来说爵号前均以其封地为名号，如汉高祖刘邦封韩信为代王，陈平被封曲逆侯，"代"和"曲逆"都是封国食邑所在地名，赐爵或无食邑，但名号多因惯例用地名。循此，则"丹扬"应属地名，但南北朝均无"丹扬"，而有"丹阳"和"丹杨"，疑"丹扬"即"丹杨"，实指"丹阳"。"扬""杨"音同而形似，"杨"与"阳"则在六朝时期常可通用。汉唐时期别字甚多，南北朝分裂

---

[1] 大同市博物馆等：《大同方山北魏永固陵》，《文物》1978年第7期。
[2] 大同市博物馆：《大同东郊北魏元淑墓》，《文物》1989年第8期。
[3] 中国社会科学院考古研究所洛阳汉魏城队等：《北魏宣武帝景陵发掘报告》，《考古》1994年第9期。
[4] 洛阳博物馆：《河南洛阳北魏元乂墓调查》，《文物》1974年第12期。
[5] 洛阳博物馆：《洛阳北魏元邵墓》，《考古》1973年第4期。
[6] 孟县人民文化馆：《河南省孟县出土北魏司马悦墓志》，《考古》1983年第3期。
[7] 南京大学历史系考古专业等：《鄂城六朝墓》，北京：科学出版社，2007年。
[8] 《魏书》卷二四。
[9] 《魏书》卷三八。
[10] （北魏）郦道元注，（民国）杨守敬、熊会贞疏，段熙仲点校，陈桥驿复校：《水经注疏》卷一三《漯水》，南京：江苏古籍出版社，1989年。

时期尤以北朝为甚[1]。文献中如丹阳尹，也作丹杨尹，东晋太兴元年（318）改丹杨内史为丹杨尹，为京师所在丹阳郡主官，治建康（今南京）。南朝宋、齐、梁、陈皆沿置，"丹杨"即"丹阳"。北朝四史各版本中，既作"丹阳王"又作"丹杨王"者多人，足见"杨"通"阳"。《齐故监余杭县刘府君墓志铭》"始创坟茔于扬州丹扬郡勾容县南乡糜里龙窟山北"[2]，丹扬郡即丹阳郡。《汉书·地理志》载："丹扬郡，故鄣郡。属江都。武帝元封二年更名丹扬。属扬州。……县十七……丹阳，楚之先熊绎所封。"[3]显然"丹扬"即"丹阳"，"扬"亦通"阳"，则"扬""杨""阳"三字皆可通，"丹扬王"也可称为"丹阳王"或"丹杨王"。

丹阳之名始于战国，秦楚曾大战于此。丹阳位于古丹水之阳，约在今陕西东南部近湖北处。汉末时丹阳郡设治于宛陵县，即今安徽宣城；六朝时，丹阳郡移治建业，即今南京。另，北魏也曾置丹阳，北齐时废，故治在今河南项城县东北。

丹阳（杨）王见诸文献者共八人，即高仁直、高祖勋、萧赞、元太毗、叔孙建、李崶、慕容买得、刘昶，主要见于《魏书》《北史》《北齐书》等文献。八人中，高仁直[4]与李祖勋[5]皆为北齐人，叔孙建则死于太武帝太延三年（437），且葬于金陵[6]，皆无可能是此墓墓主。

萧赞为萧宝卷之子，于肃宗元诩时由梁入魏，永安三年（530）尔朱兆入洛，赞家破人亡，时年31岁[7]，"普泰初（531），迎其丧，以王礼与公主合葬嵩山。元象初，吴人盗其丧还江东，梁武犹以为子，祔葬萧氏墓焉。赞，江南有子，在魏无后"[8]。萧赞生于宣武帝景明元年（500）或孝文帝太和二十三年（499），其生平亦当与平城无涉。

慕容买得曾侍后燕慕容宝，在皇始元年（396）道武帝与慕容宝的大战中被俘，后降魏[9]，时"帝初拓中原，留心慰纳，诸士大夫诣军门者，无少长，皆引入赐见，存问周悉，人得自尽，苟有微能，咸蒙叙用。己未，诏辅国将军奚牧略地晋川，获慕容宝丹阳王买得等于平陶城"[10]。显然买得是作为道武帝"蒙叙用"的人才而留用的，估计至少已是成年，以此年龄推测，距我们前面推算的墓葬年代相去尚远，且此人在文献中不

---

[1] 秦公：《碑别字新编》，北京：文物出版社，1985年。
[2] 赵超：《汉魏南北朝墓志汇编》，天津：天津古籍出版社，1992年。
[3] 《汉书》卷二八。
[4] 《北史》卷五二。
[5] 《北齐书》卷四八。
[6] 《北史》卷二十。
[7] 《魏书》卷五九。
[8] 《北史》卷二九。
[9] 《魏书》卷二。
[10] 《魏书》卷二。

见其他记载，或早已离世，或无所作为，都与墓葬显示的相关信息不符。

元太毗的记载同样稀少，只知他曾在太武帝时任将军[1]，基于同样的理由，我们认为此人也不是丹扬王墓主的合适人选。

从时间与人物身份来看，李嶷是可能性较大的人选之一。他从刘宋投奔北魏，"（李）峻与五弟诞、嶷、雅、白、永等前后归京师……雅、嶷、诞等皆封公位显"[2]。李嶷入魏时间，《北史·刘藻传》记载为太安年间（455~459），《魏书·刘藻传》记载在永安（528~530）中，按：永安为孝庄帝元子攸年号，显然应以太安为是，和平六年（465）封丹阳王[3]。然李嶷的记载仅此而已，据此我们很难做出进一步的判断。

刘昶，字休道，宋文帝刘义隆第九子。刘昶侄子业即位后，疑刘昶有异志，刘昶遂于和平六年（465）携妾降魏，任侍中、征南将军、驸马都尉，封丹阳王。太和初任仪同三司，领仪曹尚书、中书监。太和十八年（494），除使持节、都督吴越楚彭城诸军事、大将军。死后赠官假黄钺、太傅、领扬州刺史。刘昶在宋廷就贵为皇子、皇叔[4]；降魏后，献文帝与孝文帝对其礼遇有加，刘昶先娶武邑公主，岁余公主薨，又尚建兴长公主，公主复薨，更尚平阳长公主，先后娶了三位公主为妻。文献虽未详载武邑公主和建兴长公主的死亡时间，但从有关记载的语境分析，应该是在献文帝时期，即死于平城。太和十八年（494）刘昶镇徐州，举军南伐，高祖亲自饯行，"命百僚赋诗赠昶，又以其《文集》一部赐昶。高祖因以所制文笔示之，谓昶曰：'时契胜残，事钟文业，虽则不学，欲罢不能。脱思一见，故以相示。虽无足味，聊复为笑耳。'"魏收甚至赞叹："其重昶如是。"[5]宋明帝曾"以金千两赎昶于魏，不获"[6]。从刘昶家族的婚姻关系中也能看出其在北魏的地位非同一般：刘昶子承绪娶高祖妹彭城长公主，为驸马都尉；次子辉尚世宗第二姊兰陵长公主，拜员外常侍[7]。刘昶降魏时，徐州彭城尚属刘宋，后入

---

[1] 据《魏书·世祖纪》载，太武帝始光四年（427）"夏四月……治兵讲武，分诸军……将军元太毗步兵三万为后继"，太武帝神䴥三年（430）"六月，诏平南大将军、假丹阳王太毗屯于河上"。《魏书》卷四上。
[2]《魏书》卷八三上。
[3]《魏书》卷六。
[4]《宋书》卷七二载："晋熙王昶字休道，文帝第九子也。元嘉二十二年，年十岁，封义阳王，食邑二千户。二十七年，为辅国将军、南彭城下邳二郡太守。元凶弑立，加散骑常侍。世祖践阼，迁太常，出为东中郎将、会稽太守，寻监会稽、东阳、临海、永嘉、新安五郡诸军事。孝建元年，立东扬州，拜昶为刺史，东中郎将如故，进号后将军。大明元年，征为秘书监，领骁骑将军，加散骑常侍，迁中军将军、南彭城下邳二郡太守。又出为都督江州郢州之西阳豫州之新蔡晋熙三郡诸军事、前将军、江州刺史。三年，征为护军将军，给鼓吹一部，增邑千户。转中书令、中军将军，寻以本号开府仪同三司，加散骑常侍，太常。……前废帝即位，出为使持节、都督徐兖南兖青冀幽六州豫州之梁郡诸军事、征北将军、徐州刺史，加散骑常侍，开府如故。"
[5]《魏书》卷五九。
[6]《南史》卷一四。
[7]《魏书》卷五九。

北魏版图，成为拓跋魏南侵萧齐的前线。久别故里的刘昶大事修缮故居山池，"预营墓于彭城西南，与三公主同茔而异穴〔1〕。发石累之，坟崩，压杀十余人"〔2〕。刘昶于太和二十一年（497）薨于彭城，年62岁。"高祖为之举哀，给温明秘器，钱百万，布五百匹，蜡三百斤，朝服一具，衣一袭，赠假黄钺、太傅、领扬州刺史，加以殊礼，备九锡，给前后部羽葆鼓吹，依晋琅邪武王伷故事，谥曰明"〔3〕。

根据相关文献，我们认为丹扬王墓主就是刘昶及诸位夫人。刘昶出身南朝皇族，奢侈成习，入魏后又深得文成和孝文青睐，墓葬的超常规格也与其身份吻合，在其生前曾有大规模营造墓葬的举动。该墓不见人骨，又无随葬器物，说明该墓未曾使用，盖因迁洛后有"死葬河南，不得还北"的规定〔4〕，遂废弃不用。

---

〔1〕"同茔异穴"当可作两种解释：1.同一个墓地而不同的墓葬；2.同一个墓葬设置多个墓室。盖因"茔"字既可释作"墓"，也可释作"墓地"。《汉书·哀帝纪》："太皇太后诏外家王氏田非冢茔，皆以赋贫民"，颜师古注："茔，冢域也"。《说文》："茔，墓也。"西汉时期施行皇帝、皇后合葬，但同茔异穴，各有其独立的陵园。《史记》卷四九《外戚》："高后崩，合葬长陵。"《关中记》曰："高祖陵在西，吕后陵在东。汉帝后同茔，则为合葬，不合陵也。诸陵皆如此。"汉阳陵即由帝陵陵园和后陵陵园等部分组成。从中原历代汉人墓葬发现来看，夫妻合葬一般都是在同一墓葬中合葬，在魏晋南北朝时期使用不同墓葬并列合葬的情况仅偶然发现于北方游牧民族之中，如鲜卑、夫余等，且数量极少。
〔2〕《魏书》卷五九；《北史》卷二九。
〔3〕《魏书》卷五九。
〔4〕《魏书》卷七下。

3 / 东 魏
穆瑜及夫人陆氏[1]

穆瑜墓志一盒，青石制成。志盖近正方形，长67厘米，宽65厘米，盝顶，阴刻隶书"魏故瀛州穆使君之铭"九字（图3-1，以下简称《穆瑜墓志》）。志盖两侧各有一枚铁环，今仅存右侧铁环。志石与志盖同大，志文隶书略带楷意，有棋子格，阴文32行，满行32字，共计981字。墓志保存较好，除第31行最后一字，末行第19、20、23字及最后5字漫漶，其余均清晰可辨（图3-2）。

穆瑜妻陆氏墓志一盒亦青石制成。志盖近正方形，长46厘米，宽45厘米，盝顶，顶面刻"井"字形格，内刻阳文篆书"魏故瀛洲陆夫人墓铭"九字（图3-3，以下简称《陆氏墓志》）。志石同大。志文隶书略带楷意，阴文22行，满行22字，共计461字（图3-4）。以上两方墓志均藏于大同北朝艺术博物馆。

（一）穆瑜的家世

穆瑜其人见于《魏书·穆崇传》，记为"子琳"。由墓志可知，子琳为其字。《魏书·穆崇传》对穆瑜的家世有比较详细的介绍：穆瑜初祖丑善，"太祖初，率部归附，与崇同心勠力，御侮左右。从征窟咄、刘显，破平之。又从击贺兰部，平库莫奚。拜天部大人，居于东蕃。卒"[2]。北魏太祖拓跋珪征窟咄事在登国元年（386）十月，这一年年初拓跋珪即代王位，四月改国号为"魏"，可知穆氏宗族中丑善所领部落在拓跋珪建立北魏政权前后归附，并跟随拓跋珪南征北战，由此进入北魏统治集团。丑善被封为天

---

[1] 合著者：李旲。
[2]《魏书》卷二七。

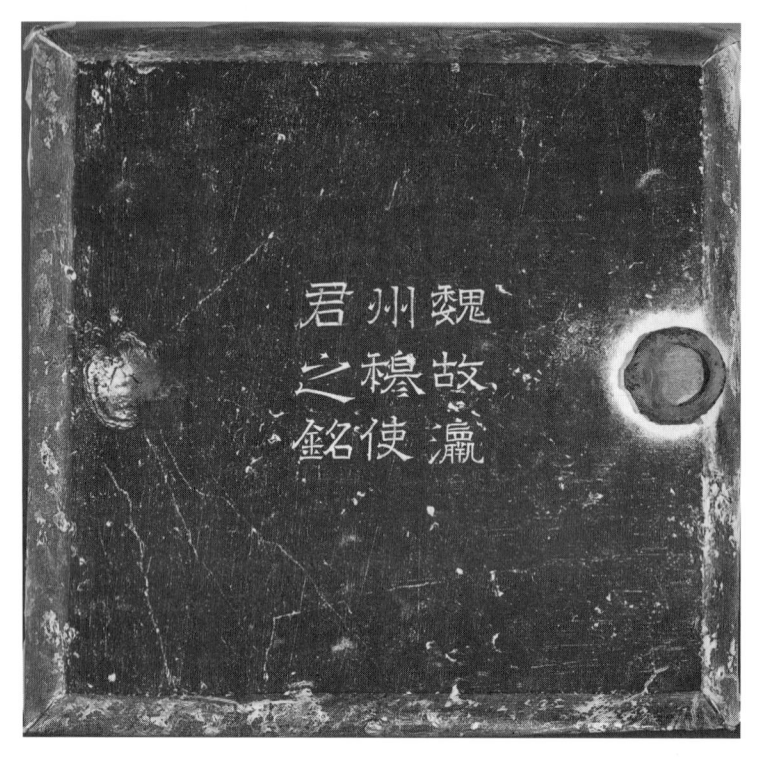

图 3-1　穆瑜墓志盖

部大人。穆瑜祖"镔，历东宫庶子、汲郡太守。世宗时，为怀朔镇将，东、北中郎将，豳、幽、凉三州刺史。肃宗世，除平北将军、并州刺史、金紫光禄大夫。在公以威猛见称。卒时年七十四，赠散骑常侍、征东将军、相州刺史，谥曰安"[1]。父"显业，卒于散骑侍郎"[2]。《魏书》所记穆瑜祖、父名及官位与墓志皆合。现依据《魏书》及墓志将丑善谱系列表于下：

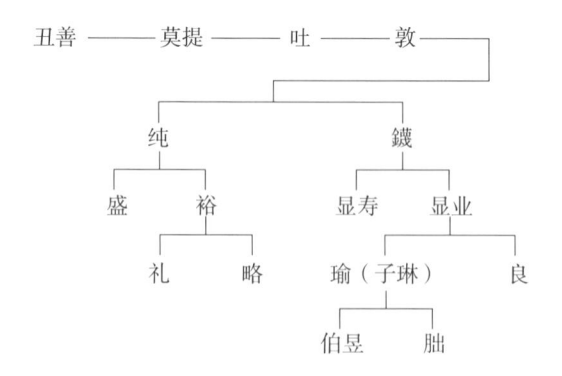

```
丑善 ── 莫提 ── 吐 ── 敦
                       ├── 纯
                       │    ├── 盛
                       │    └── 裕
                       │         ├── 礼
                       │         └── 略
                       └── 镔
                            ├── 显寿
                            └── 显业
                                 ├── 瑜（子琳）
                                 │    ├── 伯昱
                                 │    └── 胐
                                 └── 良
```

---

[1]《魏书》卷二七。
[2]《魏书》卷二七。

图 3-2 穆瑜墓志

图 3-3　穆瑜妻陆氏墓志盖

据《穆瑜墓志》，穆瑜卒于武定五年（547），卒时54岁，《魏书》载其"卒时年五十三"[1]，今以墓志为准，可推定穆瑜当生于太和十八年（494）。此时恰逢北魏由平城迁都洛阳，太和十九年（495），孝文帝"诏迁洛之民，死葬河南，不得还北，于是代人南迁者悉为河南洛阳人"[2]。穆氏从丑善开始辅佐北魏皇室，至穆瑜卒时已到东魏，其间北魏王朝经历了盛乐时期、平城时期和洛阳时期。穆瑜出生前后，北魏进入了洛阳时期，且随孝文帝迁都之人都以洛阳为籍贯，故墓志称其为河南洛阳人。墓志将穆瑜远祖追溯到穆天子，多为附会。太和十八年（494）的孝文帝《吊殷比干墓文》碑阴记载了孝文帝吊比干随行官员的姓名，其中有丘目陵亮、丘目陵纯、丘目陵惠三人。孝文帝《吊殷比干墓文》载丘目陵亮官爵为"使持节、司空公、太子太傅、长乐公"，丘目陵纯官爵为"员外散骑常侍、光禄勋少卿、黄平子"[3]，二人官爵与《魏书》《北史》所记穆亮与穆纯官爵基本可对应，故丘目陵亮即穆亮，丘目陵纯即穆纯。据《魏书·穆崇传》，

---

[1]《魏书》卷二七。
[2]《魏书》卷七。
[3]（清）王昶：《金石萃编》卷二七，《石刻史料新编》（一），台北：新文丰出版公司，1977年。

图 3-4　穆瑜妻陆氏墓志

丑善为穆崇宗人，且穆亮与穆纯分别为崇与丑善之玄孙，知穆崇与穆丑善亦可称丘目陵崇、丘目陵丑善。《魏书·官氏志》载："丘穆陵氏，后改为穆氏。"[1] "目"与"穆"同音，只是音译的写法不同而已，所以穆瑜之"穆"由鲜卑族丘穆陵（亦可写作"丘目陵"）氏改姓而来当无疑问。不过将本族附会于上古圣王后裔的行为在中国很常见，即使是史书谈到族源问题时也多采用这种办法。如《史记·匈奴列传》载："匈奴，其先祖夏后氏之苗裔也，曰淳维。"[2]《魏书》开篇便称鲜卑拓跋氏为黄帝后代，"黄帝以土

---

[1]《魏书》卷一一三。
[2]《史记》卷一一〇。

人物｜东魏｜穆瑜及夫人陆氏　39

德王，北俗谓土为托，谓后为跋，故以为氏"[1]。这体现出古代中国史家视中原以外的民族为自己远亲，在他们的观念中并未将华夷严格区分开来。《穆瑜墓志》曰"君姓于魏为氏族之首"，意在表明穆姓的尊贵地位。据《元和姓纂》对河南穆氏的记载："代人，本姓丘穆陵氏，代为部落大人，为北人八族之首。"[2]穆氏在鲜卑统治集团中确实占有重要地位。

《穆瑜墓志》中"同枌社于旧乡，宅戚里于京邑"一句，按上下文意，主语应为穆瑜之先祖。"枌社"为"枌榆社"简称，《史记·封禅书》载："高祖初起，祷丰枌榆社。"[3]南宋王应麟《玉海》收录了各家对"枌榆社"的解释："郑氏曰：'枌榆，乡名也，社在枌榆。'晋灼曰：'枌，白榆也，社在丰东北十五里。'师古曰：'以此树为社神，因立名。'《史记正义》曰：'高祖里社也。'"[4]可知枌榆社为汉高祖刘邦故乡的土地庙。后以"枌榆"或"枌社"为家乡的代称，如张衡《西京赋》："岂伊不虔思于天衢，岂伊不怀归于枌榆。"[5]穆瑜先祖创业于代北，所以"旧乡"应指平城。"戚里"为帝王外戚所居之里。司马贞《史记索隐》引颜师古曰："于上有姻戚者皆居之，故名其里为戚里。"[6]古时都城中皆有戚里，"京邑"与"旧乡"相对，笔者认为应指洛阳，即此句中的"戚里"为洛阳戚里。洛阳戚里的方位不甚明了，但是墓主及其先祖住在戚里确实显示了其身份的尊贵。此外，"同枌社于旧乡"之"同"字也说明了北魏平城时期，鲜卑族的居住方式仍是同一氏族聚居，等级分化还不明显。

（二）陆脩容的家世

穆瑜之妻陆脩容于史无传。《魏书·官氏志》载"步六孤氏，后改为陆氏"[7]，知陆氏与穆氏一样，也是鲜卑改姓而来。据《陆氏墓志》，脩容卒于北齐天保六年（555），卒年38岁，据此陆氏当生于北魏熙平三年（518）。她16岁嫁给穆瑜，29岁时穆瑜卒，时为武定五年（547），与《穆瑜墓志》所记穆瑜卒年相同。脩容出生时北魏已迁都洛阳二十余年，故脩容亦为河南洛阳人。据墓志，脩容曾祖为北魏东平成王，《魏书》有东平成王陆俟传，疑此陆俟即脩容之曾祖。《魏书·陆俟传》对陆俟家族有详细

---

[1]《魏书》卷一。
[2]（唐）林宝撰，岑仲勉校记：《元和姓纂》卷一〇，北京：中华书局，1994年。
[3]《史记》卷二八。
[4]（宋）王应麟：《玉海》，《影印文渊阁四库全书》，台北：台湾商务印书馆，1986年。
[5]（梁）萧统编，（唐）李善注：《文选注》卷二，《影印文渊阁四库全书》第1329册，台北：台湾商务印书馆，1986年。
[6]《史记》卷一〇三。
[7]《魏书》卷一一三。

记载，陆俟"父突，太祖时率部民随从征伐，数有战功，拜厉威将军、离石镇将。天兴（398～403）中，为上党太守，关内侯"[1]。陆俟功勋更加卓著，曾平定盖吴、卢水胡刘超等叛乱，太武帝时，官至长安镇大将、外都大官、散骑常侍。"高宗践祚，以子丽有册立之勋，拜俟征西大将军，进爵东平王。太安四年（458）薨，年六十七，谥曰成。"[2]墓志对脩容之祖、父职位、名字皆未介绍，只记"乃祖乃父，且王且公"。查史料，其祖辈被封为王或公的有平原王丽、乐安公龙成，其父辈被封为王或公的有东郡王定国、平原王叡、乐安公昶，但从这些人的生卒年看，都不可能是脩容的祖或父。陆俟有子十二人，脩容的祖父只能是陆俟年龄较小的儿子，史书中并无记载，墓志也未介绍，推测脩容祖与父职位并不高，所以"乃祖乃父，且王且公"只是在表明脩容为功臣之后，彰显其祖上功德罢了。

（三）穆瑜的人生经历

《魏书》载："（显业）子子琳，举秀才，为安戎令，颇有吏干。"[3]与墓志所记"弱冠，州举茂才，对策高第，解巾为安戎令。政治清静，吏民怀之"对应。"秀才"即"茂才"，为察举制的一种，东汉时为避光武帝刘秀讳而改为茂才，东汉后两者皆可称。墓志补充了穆瑜出仕的时间为"弱冠"，即20岁时成为安戎县（今甘肃清水县）令，据其生年推测，事应在宣武帝景明末年。"颇有吏干"与"政治清静，吏民怀之"对应，文献与墓志都赞扬了穆瑜当安戎县令时的业绩，说明他确实年轻有为。

《魏书·穆崇传》与墓志都记载了穆瑜后被任命为尚书屯田郎中，但墓志并未交代原因，只是表示穆瑜"才学冠群，允应其选"。《魏书》记载其被任命为尚书屯田郎中的原因是"随长孙稚征蜀有功"。长孙稚其实并未去过四川，《魏书·孝明本纪》载："（孝昌二年）六月……绛蜀陈双炽聚众反，自号始建王。……诏假镇西将军、都督长孙稚讨双炽，平之。"[4]据《北齐书·薛修义传》："绛蜀贼陈双炽等聚汾曲，诏修义为大都督，与行台长孙稚共讨之。修义以双炽是其乡人，遂轻诣垒下，晓以利害，炽等遂降。"[5]曹魏平蜀后将大量蜀民迁至中原，这些移民来自蜀地，冠以迁入地名，即某蜀，南北朝至隋唐时期在中国历史上十分活跃，故"绛蜀"指迁居绛的蜀人[6]。双炽先祖即为蜀

---

[1]《魏书》卷四〇。
[2]《魏书》卷四〇。
[3]《魏书》卷二七。
[4]《魏书》卷九。
[5]《北齐书》卷二〇。
[6] "绛"为山西地名，北魏太和年间置南绛县、北绛县，南绛县治所在今山西绛县南八里，北绛县治所在今山西翼城县东南二十里。"绛蜀"之"绛"应为一大概的地理区域，而非正式的行政区划，大约在汾河下游今新绛县以东的浍水两岸。

人,所以长孙稚这次出征仍称"征蜀",事在孝昌二年(526),故穆瑜以战功在孝明帝末年被任命为尚书屯田郎中。至于墓志不记此事,可能因为长孙稚后随孝武帝西投宇文泰,成了东魏叛将,刻意回避所致。

《魏书·穆崇传》记穆瑜"出帝即位,以摄仪曹事,封高唐县开国男,邑二百户"[1]。志文载:"永熙之初,预功定策,封高唐县开国男,食邑三百户。……帝嘉其能,转仪曹郎中,寻兼吏部郎。"孝武帝元脩即位之初,穆瑜被任命为仪曹郎中,封爵为高唐县开国男。只是二者所记食邑户数有出入,《魏书》中所载县开国男食邑大多为二百户,疑墓志所记三百户有误,或者此后又因功加封一百户亦未可知。墓志记载穆瑜官至仪曹郎中后,又很快兼任吏部侍郎。孝武帝即位后,其升官颇速,墓志说明了原因:"预功定策。"高欢入洛阳后,先后废杀了元恭与元朗,立元脩为皇帝,即孝武帝(或称"出帝")。"预功定策"表明穆瑜在此废立过程中出了力,据此可推断穆瑜在此前已依附于高欢。高欢作为北魏及东魏的实际统治者,官员的升降任免权都掌握在他手中,穆瑜作为其党羽当然会得到重用,这在穆瑜以后的经历中也有体现。

孝武帝出奔关中后,北魏分裂为东、西魏。东魏孝静帝迁都于邺(今河北临漳)。据《魏书·穆崇传》记载,穆瑜"孝静初,镇东将军、司州别驾。以占夺民田,免官爵"[2]。而墓志与文献出入颇多,墓志载:"迁中军将军、司州别驾。纲纪皇州,实有声誉。"根据墓志后文,穆瑜被拜为镇东将军不在此时,所以穆瑜在孝静初应为中军将军、司州别驾,墓志与文献相符。但是在评价为官的表现时,墓志曰"纲纪皇州,实有声誉";《魏书》载"以占夺民田,免官爵"。根据墓志后文"复为魏郡中正",司州别驾为司州刺史最重要的佐官,权力极大,然而在这之后却仅为魏郡中正,不升反降,可见穆瑜在司州别驾任内确实被免了官爵,后来才又依靠高欢,复出而为魏郡中正。故推测《魏书》记载更为可信。墓志文对墓主生前污点避而不谈的行为由来已久,杨衒之《洛阳伽蓝记·城东》借赵逸之口对此种行为有过绝好的讽刺:"逸曰:'生时中庸之人耳,及其死也,碑文墓志,莫不穷天地之大德,尽生民之能事,为君共尧舜连衡,为臣与伊皋等迹。牧民之官,浮虎慕其清尘;执法之吏,埋轮谢其梗直。所谓生为盗跖,死为夷齐,妄言伤正,华辞损实。'当时构文之士,惭逸此言。"[3]足见墓志不可尽信。

《魏书·废出三帝纪》载:中兴元年(531)十月,(元朗)"以齐献武王(高欢)为侍中、丞相、都督中外诸军事、大将军、录尚书事、大行台,增邑三万户"[4]。据墓志,

---

[1]《魏书》卷二七。
[2]《魏书》卷二七。
[3](魏)杨衒之撰,周祖谟校释:《洛阳伽蓝记校释》卷二,北京:中华书局,1963年。
[4]《魏书》卷一一。

在魏郡中正后，穆瑜又被封为镇东将军，任大行台郎中。所以穆瑜所任大行台郎中实际是高欢的属官。高欢居晋阳（今山西太原）遥控邺城，此时穆瑜也应居于晋阳。这应该是天平至兴和（534~542）之间的事情。

墓志又言："高车主覆罗去宾举其部落，万里来王，皇上嘉焉，用酬高秩，除为肆州刺史。去宾戎人，未闲政务，以君器曰瑚琏，才称桢干，除其长史，委以州事。"覆罗去宾奔东魏之事在《魏书·高车传》中有比较详细的记载："兴和（539~542）中……越居子去宾自蠕蠕来奔，齐献武王欲招纳远人，上言封去宾为高车王，拜安北将军、肆州刺史。"[1]覆罗去宾奔东魏，高欢为了招纳北方游牧民族归附，封其为高车王、肆州刺史。但去宾乃戎人，对中国的政事不熟悉。高欢认为穆瑜有很强的政务能力，所以"表子琳为去宾长史，复其前封"[2]。穆瑜在成为覆罗去宾长史的同时，又恢复了高唐县开国男的爵位。

覆罗去宾奔东魏后不久病亡，当然他的高车王开府也就不存在了，故墓志继而又言穆瑜"府解来归，……还为相国渤海王第三子永安公开府长史"。普泰元年（531）三月，节闵帝元恭曾封高欢为渤海王。大概在武定元年（543）前后，穆瑜回到晋阳，成了高欢第三子永安公开府长史，《魏书》记载此事为"寻迁仪同开府长史"[3]。高欢第三子为高浚，"元象中（538），封永安郡公，……天保初，进爵为王"[4]。天保末年，因劝谏北齐文宣帝高洋而被烧死于笼中。穆瑜当了高浚的开府长史，自然也辅佐高欢，墓志曰："相王属心铁石，骐骥必乘，乃以君为司马。"说明高欢确实很信任穆瑜，对他委以重任。

穆瑜的历官过程可分为依附高欢前与依附高欢后，后期任职于晋阳霸府，直接辅佐高欢。《陆氏墓志》评价穆瑜为"匡翼霸朝，参赞谋谟"。武定五年（547），穆瑜因"沉疴忽遘"，卒于晋阳，时年54岁。《穆瑜墓志》载："大将军嗟惜，遣参军崔士文营护丧事，送致邺都。赠使持节都督瀛州诸军事、骠骑大将军、瀛州刺史、度支尚书。"是高欢对他的最后嘉奖。《穆瑜墓志》所载事迹通过穆瑜本人的经历，生动反映了从北魏末到东魏政局的变化过程与特点，对穆瑜各阶段官职的记载也可补史阙。

（四）野马岗与西门豹祠

《陆氏墓志》曰陆脩容死后"祔葬于瀛州史君之旧茔"，两人合葬。《穆瑜墓志》载穆瑜葬在"西门豹祠西南之野马岗"；《陆氏墓志》则更为详细，"在邺西南野马岗之

---

[1]《魏书》卷一〇三。
[2]《魏书》卷二七。
[3]《魏书》卷二七。
[4]《北史》卷五一。

东，去城廿五里"。从文献看，"野马岗"一词最早见于北朝，永熙元年（532）高欢在韩陵山之战中大败尔朱氏，"高季式以七骑追奔，度野马岗，与兆遇"[1]。此外，元朗被高欢废杀后，"永熙二年（533），葬于邺西南野马岗"[2]。此后，"野马岗"只零星见于文献，对其定位也比较模糊。《大清一统志·彰德府》曰："野马冈在安阳县北三十三里。"[3]这也只是大概的位置。东魏、北齐墓志提到野马岗时，很多都以西门豹祠作为参照，所以探求野马岗的位置，"西门豹祠"是绕不开的。兴和三年（541）《李挺墓志》载："葬于邺城之西南七里、豹祠之东南二里半。"[4]据此可知西门豹祠在邺城的西南方。武平五年（574）《魏懿墓志》载："窆于邺漳之阴、西门豹祠之西南。"[5]"漳之阴"即漳河之南，可知西门豹祠在漳河以南。西门豹祠有二：一处位于河南安阳市安阳县安丰乡北丰村，另一处位于河北省临漳县西南仁寿村。其中前者既满足在邺城之西南，又满足在漳河之南。许作民在《丰乐镇西门豹祠考》[6]一文中运用文献与考古资料，对北丰村的西门豹祠进行了考证，认为其最晚建于东汉，至1924年毁于战火，是比较可信的。北丰村的西门豹祠基本可判定为东魏、北齐墓志中提到的西门豹祠。天保十年（559）《徐彻墓志》载，"葬于邺西南野马岗之东，去城廿里"[7]；武平二年（571）《梁子彦墓志》载，"葬于野马岗，北去王城廿里"[8]；穆瑜墓距邺城二十五里，可得出野马岗距古邺城的距离在10公里左右。野马岗之"岗"表明此处应为低山丘陵地区，古邺城以西由北向南分布有大片丘陵，是太行山之余脉，野马岗就在其中。《穆瑜墓志》指示了野马岗在西门豹祠之西南，西门豹祠位于邺城西南的漳河南岸，漳河自西向东流，表明野马岗最东到西门豹祠附近，最北到漳河南岸。综合附近的考古发现，判定野马岗南界应在安阳县洪河屯乡。至此，基本确定了野马岗的具体位置。古邺城西面的低山丘陵为东魏、北齐墓葬区。以漳河为界，以北为帝陵和勋贵墓地，以南为一般贵族墓地，西门豹祠和野马岗都处于这个范围内，构成了邺西南墓地的主体。野马岗和西门豹祠墓群也反映了邺城在历史上的兴衰。

---

[1]《北齐书》卷一。
[2]《北史》卷五。
[3]（清）和珅等：《大清一统志》，《影印文渊阁四库全书》第477册，台北：台湾商务印书馆，1986年。
[4] 赵超：《汉魏南北朝墓志汇编》，天津：天津古籍出版社，1992年。
[5] 赵超：《汉魏南北朝墓志汇编》，天津：天津古籍出版社，1992年。
[6] 许作民：《安阳古今地名考》，郑州：中州古籍出版社，1992年。
[7] 赵超：《汉魏南北朝墓志汇编》，天津：天津古籍出版社，1992年。
[8] 赵超：《汉魏南北朝墓志汇编》，天津：天津古籍出版社，1992年。

4 北齐

马头[1]

北齐马头墓志，出土时间、地点不详，今藏于大同北朝艺术博物馆。墓志无盖，青石质，长55.6厘米，宽55.2厘米，近正方形。志文楷隶，有棋子格，刻阴文22行，满行21字，全文共440字。墓志保存较好，除首行第四字漫漶不清，最后一字缺损外，铭文基本清晰（图4-1）。

（一）马头的身份与籍贯

志文载"夫人讳□，字马头"，通篇未记载其姓氏，名讳残损，仅知墓主人为女性，字马头。南北朝文献中未见有以"马头"为字的女性，但见有以"马头"为地名者。《魏书·地形志》："马头郡，领县二：蕲、平预。"[2] 马头郡在今安徽省蚌埠市西郊涂山一带，距离当时南防重镇钟离县仅百里之遥。南北朝交界处的钟离县（今凤阳县临淮镇）—马头郡一带，南北交战频繁，仅《魏书》记载就有三次：

《魏书·世祖纪》：（太和）十一年……冬十月……萧斌之弃济州，退保历城。乃命诸将分道并进：使征西大将军、永昌王仁自洛阳出寿春，尚书长孙真趋马头，楚王建趋钟离，高凉王那自青州趋下邳。[3]

《魏书·高祖纪》：（太和）十八年……十有二月……己巳，诏寿阳、钟离、马头之

---

[1]《魏书》卷一〇六。
[2]《魏书》卷四下。
[3]《魏书》卷七下。

图4-1 北齐马头墓志

师，所获男女之口，皆放还南。[1]

《魏书·萧道成传》：于是高祖诏梁郡王嘉督二将出淮阴，陇西公元琛三将出广陵，河东公薛虎子三将出寿春以讨之。元琛等攻其马头戍，克之。[2]

南北朝战事频仍，马头郡虽为北朝南防重地，也曾短时期归属过南朝。《魏书·高

---

[1]《魏书》卷七下。
[2]《魏书》卷九八。

祖纪》："（太和）四年春正月癸卯，乾象六合殿成。洮阳羌叛，枹罕镇将讨平之。陇西公元琛等攻克萧道成马头戍。"[1]《魏书·孟表传》："孟表，字武达，济北蛇丘人也。自云本属北地，号索里诸孟。青徐内属后，表因事南渡，仕萧鸾为马头太守。太和十八年（494），表据郡归诚，除辅国将军、南兖州刺史，领马头太守，赐爵谯县侯，镇涡阳。"[2]墓主人与马头郡有无联系，目前尚无从推测。

据墓志记载，马头乃"黎阳顿丘人也"。《魏书·地形志》记载："黎阳郡，孝昌中分汲郡置，治黎阳城。领县三……顿丘，二汉属东郡，晋属顿丘，太和十八年属汲，后属。"[3]北齐时顿丘县省，隋开皇六年复置，属武阳郡[4]。顿丘县位于淇水以南，今河南浚县西北一带。《水经注·淇水注》："淇水又北屈而西转，迳顿丘北。"[5]

（二）马头的家世

依墓志"昔苍精御厝李下，降□人之灵火"，苍精者，为古主南方之神，《毛诗注疏》："苍精之帝，礼南方，以立夏。"[6]古时家族在追溯祖先时，为表明自身为华夏正统，族史长久，常溯至古神圣王。中古时期，这种溯古传统经常反映在墓志中，颇为常见，如《北魏元遂墓志》："其先轩黄之苗裔，爰自伊虞，世袭缨笏……"[7]又如唐代《郑太子寿墓碑》："若夫苍精授邑，栽杼西邻之际；赤乌告祥，方崇北面之尊。"[8]

依墓志"曾祖诞，太傅、陈留贞王"，太傅之职，周代始设，为辅天子之任，春秋时演变成掌管礼法的制定和颁行，秦废，西汉复置，后历代沿用，但多用为大官加衔，无实职。马头生活在北魏末年，以三十年一代计，其曾祖父诞应生活在5世纪上半叶，北魏还处于平城时期。《魏书》记皇始元年（396）拓跋珪"始建曹省，备置百官，封拜五等"[9]，封爵制度开始形成，这种封爵制度直到太和十六年（492）孝文帝爵位改革时，才有所变动。在这约一百年的时间里，北魏共封授近百位王[10]。墓志记诞为陈留贞王，而文献无任何记载，或许与王爵多为加衔追赠无实职有很大关系。宋人马端临按

---

[1]《魏书》卷七上。
[2]《魏书》卷六一。
[3]《魏书》卷一〇六上。
[4] 王仲荦：《北周地理志》，北京：中华书局，1980年。
[5]（北魏）郦道元注，（民国）杨守敬、熊会贞疏，段熙仲点校，陈桥驿复校：《水经注疏》卷九，南京：江苏古籍出版社，1989年。
[6]（汉）毛苌、郑玄注，（唐）孔颖达疏：《毛诗注疏》卷二六，上海：上海古籍出版社，2013年。
[7] 赵超：《汉魏南北朝墓志汇编》，天津：天津古籍出版社，1992年。
[8] 王汝意、张海英：《翼城唐代〈郑太子寿墓碑〉》，《文物天地》2011年第2期。
[9]《魏书》卷一一三。
[10] 张鹤泉：《北魏前期诸王虚封地改封考》，《古代文明》2011年第5卷第1期。

云："其时虽有受封之名，而未尝与之食邑……可见当时五等之爵，多为虚封。"[1]

依墓志"祖悦，太常卿、豫州刺史"，太常卿，掌管礼乐社稷、宇宙仪礼，位列诸卿之首，汉景帝中元六年（前144）始置太常，北魏始称太常卿。《魏书》《梁书》中有"豫州刺史赵祖悦"[2]其人，正史无传。其历任南朝梁征虏将军、左游击将军、豫州刺史等职，常与北魏交战于南北交界的寿春一带[3]，鲜有胜绩。其中发生于北魏延昌四年（515）的硖石之战[4]，对南北政局产生过深远影响。《魏书·李平传》记载："先是，萧衍遣其左游击将军赵祖悦偷据西硖石，众至数万，以逼寿春。镇南崔亮攻之，未克……李崇勒水军击其东面……贼之将士相率归附，祖悦率其余众固保南城，通夜攻守，至明乃降。斩祖悦，送首于洛，俘获其众。"[5]从以上记载可以看出，赵祖悦硖石战败，虽有投降之意，但并未被北魏接受，而是被斩首，首级送至洛阳。因此，赵祖悦不可能在北魏任职，更不可能尊有太常卿这样的荣衔。除此以外，文献中尚未发现有任豫州刺史而名为"悦"者。

按墓志"父修礼，通直散骑常侍，金紫光禄大夫"，通直散骑常侍，起源于曹魏文帝常设的散骑常侍，晋武帝时设员外散骑，与散骑常侍轮流值班。《魏书·官氏志》："太和十二年……又置散骑常侍、侍郎，员各四人；通直散骑常侍、侍郎，员外散骑常侍、侍郎，各六人。"[6]金紫光禄大夫的前身是汉武帝设的光禄大夫，掌顾问应对，隶属于光禄勋，魏晋以后无定员，成为加官及褒赠之职，加金章紫绶者，称金紫光禄大夫，从正二品。北朝文献有鲜于修礼其人，散见于零星记载，但史书无传。《北史·魏本纪》载："（孝昌）二年正月庚戌……鲜于修礼反于定州，年号鲁兴……（八月）癸巳，贼帅元洪业斩鲜于修礼请降，为贼党葛荣所杀。"[7]鲜于修礼于孝昌二年（526）领导"六镇降户"在定州左人城（今河北唐县）起义，建号鲁兴。据马头墓志"天统三年五月九日卒于宣范行谭延寔里舍，时年卅四"，马头卒于北齐天统三年（567），时年34岁，据此马头当生于北魏永熙三年（534），而《魏书》记载鲜于修礼于孝昌二年（526）

---

[1]（宋）马端临：《文献通考》卷二七三，北京：中华书局，1986年。
[2]《魏书》卷九："熙平元年春正月……乙丑，镇南崔亮、镇军李平等克硖石，斩衍豫州刺史赵祖悦，传首京师，尽俘其众。"
[3] 魏晋南北朝时期，淮南寿春是南北争战的热点区域之一，双方经常利用当地水文条件克敌制胜。宋杰：《东晋南朝时期寿春地区的水战》，《首都师范大学学报（社会科学版）》2011年第3期。
[4]《元和郡县图志》卷八："下蔡县……硖石山，在县西南六十里，淮水经硖石中，对岸山上筑二城，以防津要。今按：淮水以中流分界，在西岸者属下蔡，在东岸者属寿阳。"（唐）李吉甫著，贺次君点校：《元和郡县图志》，北京：中华书局，1983年。
[5]《魏书》卷六五。
[6]《魏书》卷一一三。
[7]《北史》卷四。

被部将元洪业所杀，早于马头生年八年之久。再则，马头为黎阳顿丘人，而鲜于修礼为五原人[1]，因此，我们认为马头之父"修礼"并非领导六镇起义的鲜于修礼。

（三）马头的卒葬地

墓志记载马头"卒于宣范行谭延寔里舍……葬于邺西南十里"。里坊是中国古代城市规划中的基本单位，魏晋南北朝时里坊制走向成熟，邺城是这一时期的重要代表。据王仲荦《北周地理志》考证，北齐邺南城见于史载碑志的有十余里坊，即永康、允忠、敷教、修正、清风、中坛、修义、信义、德游、东明、嵩宁、征海、富平行等13个里和土台、义井、元子思、天宫、东夏、石桥6坊[2]。近年出土墓志中出现的邺城里坊名远不止如此，还有如修人里、遵明里、永福里、清风里、孝德里等[3]，且邺城有很多里坊与洛阳里坊同名，北齐扩建邺城时，模仿洛阳城甚多，照搬里坊名即是其一[4]。至于"宣范行"，此类名称也见于同时期的其他墓志中，如宣化行、宣平行等[5]。邺城周边分布有大量墓葬群，今考古发掘证明，古邺城西北为北齐皇陵、元氏及异姓勋贵墓地所在，其范围在漳河以西、西岗东坡以东、滏阳河以南、讲武堂以北的地域之内[6]。与邺城西北相对应，在邺城西南、漳河南岸也有巨大的墓葬区，《新出魏晋南北朝墓志疏证》记有北徐州刺史薛怀儁葬于邺城西南廿里、东徐州诸军事和绍隆妻元华葬于邺西南十五里等[7]。《新见北魏墓志集释》中有魏故左将军郭肇葬于邺西南十五里、魏故征东将军阴宝葬于邺城西南、征虏将军间详葬于邺城西南十五里等[8]。由此可见，邺城西南一带应是前朝故臣与世家大族葬地所在，马头能葬于此，应和其夫王氏有关，正与其"佩刀遗庆，相门旧烈"的身份相吻合。

---

[1] 北朝文献记有官职者时，常将官衔置于姓名前，以示身份。而无官职者多以籍贯为前缀，如《魏书》记有"沃野人破六韩拔陵""秦州城人莫折大提""五原鲜于修礼"等。五原郡，"春秋戎狄居地"，秦置郡，汉魏因之，北齐省，今内蒙古五原县境。
[2] 王仲荦：《北周地理志》，北京：中华书局，1980年。
[3] 赵超：《汉魏南北朝墓志汇编》，天津：天津古籍出版社，1992年。
[4] 罗新、叶炜：《新出魏晋南北朝墓志疏证》，北京：中华书局，2005年。
[5] 赵超：《汉魏南北朝墓志汇编》，天津：天津古籍出版社，1992年。
[6] 马忠理：《磁县北朝墓群——东魏北齐陵墓兆域考》，载刘心长、马忠理主编：《邺城暨北朝史研究》，石家庄：河北人民出版社，1991年。
[7] 罗新、叶炜：《新出魏晋南北朝墓志疏证》，北京：中华书局，2005年。
[8] 王连龙：《新见北魏墓志集释》，北京：中国书籍出版社，2013年。

5 / 辽代
许从赟 [1]

辽大同军节度使许从赟夫妇壁画墓为山西省重点文物保护单位，发现于1984年，位于大同市西南近郊新添堡村南部，东北距离明清大同府城南墙约6.5公里。这一带是大同市文物埋藏较为丰富的地区之一，曾先后发现唐、辽、金、元历代古墓群，出土大批珍贵文物。

该墓出土墓志一合（图5-1、2）。志石长62.5厘米，宽58厘米，厚19.2厘米。志盖中央线刻双凤图案，双凤上下分别线刻九游九星与北斗七星图案，外围环以连续的曲尺纹。盖为盝顶，在四杀收分处线刻十二生肖图，以顺时针方向为序，每面刻三个，等距离分布。生肖图为人形，着交领长袍，双手执笏，头顶生肖，为唐代以来流行的生肖形象。志盖下面的四个立面刻团花和曲尺纹，盖厚17.3厘米。铭文楷书，刻字30行，每行字数不等，满行36字，共计1 015字 [2]。

录文如下：

> 大契丹国故大同军节度管［内］观察处置等使、特进、检校太保、右领军卫上将军兼御史大夫、［上］柱国、高阳县开国男、食邑三百户、赠太傅许公洎夫人康氏墓志铭○并序。」公讳从赟，字温毅，其先炎帝之胤。太岳佐尧而有功，文叔事周而封许，因以命氏焉。」皇祖讳景亮，摄怀州别驾。○○王父讳廷秀，摄宪州长史。○○烈考讳昭胤，照州都押」衙。爰董牙璋，克扬仁望，果诞英子，尤大吾门。○○公即都衙之长子也，气禀五行之秀，神」融万物之精。

---

[1] 合著者：曹彦玲。
[2] 王银田、解廷琦、周雪松：《山西大同市辽代军节度使许从赟夫妇壁画墓》，《考古》2005年第8期。

图 5-1 辽许从赟墓志盖

图 5-2 辽许从赟墓志

骨貌多奇，幼狀穴中之虎；胸襟有变，长侔水上之蛟。唐清泰初，事云州元帅」沙公，遂补为马步使。典疑难之狱，明且绝私；惩暴恶之徒，刚而能断。奏为内外巡检斩斫使、银」青崇禄大夫兼监察御史、武骑尉。会○○嗣圣皇帝提虎旅而越雁门，翦唐师而解晋难，」公遂率身而归焉，乃授大同军节度副使、尚书右仆射、御史大夫，上柱国。声猷允洽，○睿渥益」隆，加检校司空。既嗣晋渝盟，王师震讨，及中原大定，乃异数遒，加授建雄军节度使。旋值○」圣上升遐，群方溃命，洎○○天授皇帝出绍丕基，特旌勋旧，授大同军节度使、检校司徒，由是安」民和众，吐惠含仁，抑豪豪而恤鳏寡，重刑罚而轻赋役。期月之间，政成事立；三年之内，家给人足。才解」殿邦，尤资卫社，授右领军卫上将军、特进、检校太保。方佐周龄之运，忽钟杞国之忧。○○天顺皇帝」缵登大宝，甫拔将材，权侍卫步军都指挥使。陈师鞠旅，正图战伐之勋；泰始否终，遽染膏肓之疾。以」应历八年（958）九月六日薨于燕京肃慎坊之私第，享年五十七。○○圣君垂悼，优赠迥加。」夫人长沙康氏，故云州都指挥使敬习之女也。姿容端丽，词气柔顺，在室以女德传芳，故备六仪而」归于我；殒天以妇道哭昼，乃感四时而成其疾。以保宁八年（976）三月五日薨于云州丰稔坊之私第，享年」六十五。以乾亨四年（982）十月二十七日取○○公之神榇于燕，与○○夫人灵柩合葬于云中县权宝里，并二」子附于坟，成○○公之先志也。有男七人：长曰守伦，衙内都指挥使。次曰守贞，西头供奉官，并早卒。次」曰守节，安众银冶都监、右千牛卫将军、银青崇禄大夫、检校工部尚书兼御史大夫、上柱国，郁有父风，必」隆家道。次曰守忠、守素、守恒、守筠，谅承余庆，即趋亨衢。侄一人彦琼，都知兵马使，早卒。有女」七人：长适前艾耩子银冶都监程光胤，次适推官陈讽，次适教练王恕，次出家曰妙净，次早卒，次」适虞部员外郎房修巳，次在室。孙男一十四人皆幼，孙女九人皆幼。○○公风仪瑰伟，度量弘」雅，洎豹变之后，鹰扬已来，宣化一方，美事旋腾，于人□□戎（?）□载，大（六?）星忽堕于营门，嗟夫！谅绵」茅土之荣，可以足矣；遽奄龟鹤之寿，不知何也。嗣子□冲□□营大葬。弥怀罔极之恩，不刊」贞珉；虑泯平生之迹，固兹见托。是可摭实，乃为□□」：

卓哉许公，挺神如虎。奋武隆家，竭诚致上。仗节拥旌，陈师鞠旅」。

遽谢遐年，泊晞朝露。懿哉夫人，维容□□。妇德无加，母仪有度」。

暗萚蕣花，忽坠星婺。生则同室，□□同墓。骨掩玄堂，魂归冥路」。

庶万古千秋兮，记大葬于此处。

据志文记载，许从赟卒于辽应历八年，当公元958年，时年57岁，以此推之，许从赟当生于晚唐时期的昭宗天复二年，即公元902年。由墓志可知，许氏一族世代为官，任职多在山西及其邻近地区。志文"皇祖"当为"皇曾祖"，误脱"曾"字，或误将"曾"刻为"皇"，显然指曾祖父，名景亮，曾任怀州别驾。怀州始置于北魏，治野王，即今河南沁阳，位于沁水下游的黄河北岸。唐代曾于济原西南柏崖城置怀州，寻东移治野王城，唐灭之后梁、唐、晋、汉、周五代政权皆设怀州。辽应历八年（958），当后周柴荣显德五年，许从赟时年57岁，以此推之，曾祖父景亮任怀州别驾的时间应在唐末。别驾一职始置于汉，为州刺史的佐吏。魏晋南北朝时期诸州置别驾如汉制，职权甚重。唐初改郡丞为别驾，高宗又改别驾为长史，另以皇族为别驾，后废置不常，五代时期各政权多设此职，但检索文献，不见许景亮的任何记载。

宋辽时期墓志常称祖父为王父，如《全辽文》载统和九年（991）《韩瑜墓志铭》："王父讳知古，临潢府留守。……列考燕京统军使。……公讳瑜。"[1]重熙二十二年（1053）《张俭墓志铭》："王讳俭，字仲宝。其先清河人。……曾王父讳礼，皇左散骑常侍。王父讳正，……父讳雍。"[2]许从赟祖父廷秀任宪州长史。宪州治楼烦，在今太原市所辖娄烦县境，位于太原市区西北。长史一职始置于战国末年的秦国，李斯就曾任此官。汉之长史为掾属之长，秩千石，丞相长史职权尤重。边郡太守也有长史，掌兵马，亦助太守掌兵。魏、晋与两汉略同。南北朝带将军号开府的刺史，属官也有长史，且多兼首郡太守。王府也有长史，诸王幼年出就藩国，州府之事即由长史代行。唐代州刺史下亦设长史，为刺史佐官。唐亲王府、都护府、都督府、将帅（诸卫与出征将帅，不包括节度使）、州府（限于上、中州）设长史。品级高下视所属机构而异，从三品至七品不等。李唐灭亡之后，宪州在晋王李存勖的统治之下，继之后唐、后晋、后汉，以及与后周对峙的北汉皆置宪州，考许从赟之生卒年，推测许廷秀任宪州长史当在唐末至晋王李存勖统治时期。

许从赟父讳昭胤，任隰州都押衙。隰州治今山西西南部吕梁山区的隰县。隰州汉唐时期皆有设置。仍以许从赟之生卒年考，许昭胤任此职的时间当在晋王李存勖至后唐、后晋时期。

据墓志记载，墓主人许从赟，字温毅，曾于五代后唐"清泰（934~936）初事云州元帅沙公"，历任马步使、内外巡检斩斫使、银青崇禄大夫兼监察御史、武骑尉等职。云州始置于北魏正光年间，治盛乐（今内蒙古和林格尔县），唐、五代初至辽代的云州

---

[1] 陈述辑校：《全辽文》卷五，北京：中华书局，1982年。
[2] 陈述辑校：《全辽文》卷六，北京：中华书局，1982年。

位于今山西大同。许从赟所任既有银青崇禄大夫这样品级很高的职位，也有监察御史、武骑尉这样品级较低的官衔，这与五代时期特殊的社会政治环境不无关系。志文称"嗣圣皇帝提虎旅而越雁门，翦唐师而解晋难，公遂率身而归焉"，许从赟可能于此期间被俘并投降契丹，即志文所谓"归焉"。嗣圣皇帝是辽太宗耶律德光尊号，"雁门"应即代州雁门，即今山西省山阴县与代县之间的雁门关一带，是山西北部通往山西中南部的重要关隘。这里曾设雁门节度使，战略地位十分重要，历来为兵家必争之地。后唐末帝即位后，时任北京（太原）留守、河东节度使的石敬瑭据晋阳叛唐，末帝以张敬达为都部署讨伐，筑长围以困晋阳。据《辽史·太宗本纪》记载，天显十一年（936）"唐河东节度使石敬瑭为其主所讨，遣赵莹因西南路招讨卢不姑求救。……河东复遣桑维翰来告急"，在石敬瑭的一再请求下，久已虎视中原的耶律德光"遂许兴师"，八月亲自带兵五万"以援敬瑭"，"九月癸巳，有飞鹜自坠而死，南府夷离堇曷鲁恩得之以献。卜之，吉。上曰：'此从珂（后唐末帝李从珂）自灭之兆也！'丁酉，入雁门。戊戌，次忻州（今忻州），祀天地。己亥，次太原（今太原）""冬十月甲子，封敬瑭为晋王"[1]。契丹骑兵势如破竹，后唐王朝土崩瓦解，耶律德光册封石敬瑭为大晋皇帝，于是"执手约为父子"。次年春正月，孤军奋战的后唐大同军节度判官吴峦闭城坚守云中，但在崔廷勋围攻之下无奈投降，云州失守。随后，石敬瑭"遣户部尚书聂延祚等请上尊号，及归雁门以北与幽、蓟之地，仍岁贡帛三十万匹"。"会同元年……晋复遣赵莹奉表来贺，以幽、蓟、瀛、莫、涿、檀、顺、妫、儒、新、武、云、应、朔、寰、蔚十六州并图籍来献"[2]，燕云十六州正式划入契丹版图。辽朝据有燕云十六州，军事前沿急剧南移，这里成为他们南侵的根据地，对中原形成巨大威慑，对此后五代后期直至宋代历史都产生了很大的影响。

入辽后许从赟官至大同军节度使、检校司徒、上将军兼御史大夫，食邑三百户，作为南面朝官在燕京（今北京）任职，死后赠官太傅。作为方镇，大同军始设于唐，大足元年（701）以平狄军改名置，治所即今山西朔州东北马邑，后废。再后屡有改易，乾符五年（878）升为节度使，治云州（大同）。五代仍有设置，后随燕云十六州并入辽，因云州地处辽国南部边境，备受历朝辽帝重视，重熙十三年（1044）升为西京。从许从赟投降辽后契丹人对其的任用，也可窥见契丹在建国初期的用人方略。

许从赟于应历八年（958）病逝于燕京（今北京）肃慎坊的家中。唐幽州城就有肃慎坊，北京阜成门外铁旗杆庙附近出土的《幽州大都督府录事参军蓟州刺史陆日岘妻王

---

[1]《辽史》卷三。
[2]《辽史》卷四。

氏墓志铭》云：陆日岘妻王氏"以元和九年（814）四月二十六日遘疾，终于肃慎坊私第。"《光绪顺天府志》载《幽州大都督府兵曹参军陈（立行）君墓志铭》云：大中十一年（857）"夏四月甲戌，陈君浸于府城之肃慎里"，府城即幽州城。辽南京城是在唐幽州城的基础上发展而来的[1]，唐代幽州城里坊之名称也有部分保留至辽金，许从赟墓志即为一证。

许从赟《辽史》无传，仅有的记载见《辽史·穆宗本纪》。契丹与北汉政权交好，有时应北汉之约南侵后周，应历四年（954）"夏五月乙亥，忻、代二州叛汉，遣南院大王挞烈助敌禄讨之。丁酉，挞烈败周将符彦卿于忻口。……九月丙申，汉为周人所侵，遣使来告。冬十一月，彰国军节度使萧敌烈、太保许从赟奏忻、代二州捷"[2]，许从赟可能参与了这次战役。

宋代社会世俗文化昌盛的同时，巫术、迷信同样盛行，且对燕云地区有很大影响，许从赟墓志盖中央线刻"九游九星"与"北斗七星"图案正是这一现实的直观反映。《史记正义》曰："九游九星，在玉井西南，天子之兵旗，所以导军进退，亦领州列邦。并不欲摇动，摇动则九州分散，人民失业，信命一不通，于中国忧。以金、火守之，乱起也。"[3]《宋史·天文志》："九游九星，……主天下兵旗，又曰天子之旗也。太白、荧惑犯之，兵骑满野。客星犯，诸侯兵起，禽兽多疾。"[4]许从赟作为大同军节度使，尤其是处在兵荒马乱的五代十国时期，偃武息兵恐为头等要务，刻九游九星应具有厌胜的作用，用以祈求太平。

中国历来重视北斗七星的作用。古人认为星象不仅会对自然界和社会产生影响，而且强调其对个人生命的决定作用，所以有"七星在人为七瑞"的说法。丹波康赖《医心方》："北斗七星，主知一切死生之命。"[5]宋许洞《虎钤经·占星统论》："凡诸星宿中外罗列周天，盖隐见变化，下应人事，七曜往来，以为经纬，灾变之作，实在于兹。"[6]《宋史·天文志》："北斗七星在太微北，杓携龙角，衡殷南斗，魁枕参首，是为帝车，运于中央，临制四海，以建四时、均五行、移节度、定诸纪，乃七政之枢机，阴阳之元本也。"[7]《汉书·息夫躬列传》载："（息夫）躬归国，未有第宅，寄居丘亭。奸人以为侯家富，常夜守之。躬邑人河内掾贾惠往过躬，教以祝盗方：以桑东南指枝为

---

[1] 鲁晓帆：《唐幽州诸坊考》，《北京文博》2005年第2期。
[2] 《辽史》卷六。
[3] 《史记》卷二七。
[4] 《宋史》卷五一。
[5] （日）丹波康赖撰，赵明山等注释：《医心方》卷廿五，沈阳：辽宁科学技术出版社，1996年。
[6] 许洞：《虎钤经》卷一四，《中国兵书集成》第6册，北京：解放军出版社、沈阳：辽沈书社，1992年。
[7] 《宋史》卷四九。

匕，画北斗七星其上。躬夜自被发，立中庭，向北斗，持匕招指祝盗。人有上书言躬怀怨恨，非笑朝廷所进，候星宿，视天子吉凶，与巫同祝诅。上遣侍御史、廷尉监逮躬，系雒阳诏狱。欲掠问，躬仰天大呼，因僵仆。吏就问，云咽已绝，血从鼻耳出。食顷，死。党友谋议相连下狱百余人。"[1]这出封建专制下的冤案，起因正是人们对于北斗七星的认可，宋代以后此类故事流传甚广，以为北斗七星可求福避祸。宋周密《癸辛杂识续集·观堂二石》云："徐子方云：向到故内观堂，有黑漆厨内龛二石，高数尺。其一有南斗六星，隐起石上，刻金书'南极呈祥'。其阴有北斗七星，亦隐起而色白，刻曰'北斗降瑞'。"[2]据近来媒体报道，广西上思县广元村发现一座明代三合土棺夫妇合葬墓，其中一具小棺底板发现七个直径2厘米的小孔，呈北斗七星状排列，小孔之间有线条相连[3]。北斗七星一直被民间所崇拜。

---

[1]《汉书》卷四五。
[2]（宋）周密撰，吴企明点校：《癸辛杂识》，北京：中华书局，1988年。
[3]《广西发现巨棺续：黑色内棺底板现北斗七星》(记者：袁莺、秦丽云)，《南国早报》2008年12月22日。

附录1 清代 李殿林[1]

当前史学界有关李殿林的研究著述甚少。山西省史志研究院编写的《山西通志·人物志》有李殿林传，但该传存在着行文内容简略且无出处、欠缺史学书写的基本规范等问题[2]；苏全有《清末邮传部研究》一书中有李殿林就职邮传部时的情况[3]，但并未对李殿林生平及其他涉及晚清政局的内容进行具体研究。因此，本文将以新近面世的李殿林墓志为基础材料，就李殿林的生平以及墓志当中所涉及的有关晚清政治方面的内容分别进行考释。

（一）李殿林生平与传略

李殿林墓位于晋北大同县册田乡大王村北，背靠恒山余脉六棱山。墓葬于"文革"期间惨遭红卫兵盗掘，墓志遭抛弃，后被李氏家人收藏，近年捐赠大同西京文化博物馆，后转赠大同市博物馆。墓志共两块，尺寸相同，均为长方形，长63厘米，宽40.4厘米，厚约5厘米。全文60行，共1426字，以行楷书写。墓志保存状况较好，除第二块的第1列第20字及第17列第1字出现漫漶，其余皆清晰可见（附录 图1-1、2）。

现录志文如下：

> 清故光禄大夫、建威将军、协办大学士、吏部尚书、正丨黄旗满洲都统，李文僖公墓志铭丨

---

[1] 合著者：谭嘉伟。
[2] 山西省史志研究院编：《山西通志》卷四八，北京：中华书局，2001年。
[3] 苏全有：《清末邮传部研究》，华中师范大学2005年博士学位论文。

附录 图1-1 李殿林墓志1

附录 图1-2 李殿林墓志2

聊城邹道沂撰并书。」

清协办大学士、吏部尚书、谥文僖李公者,山西大同」人也。讳殿林,字荫墀。曾祖广寿,祖沼,父增新,本生父」增桂。三世皆以公贵,赠如其官,妣皆封夫人。公生而」凝重,风度闳伟,识者早卜为公辅器。弱冠举于乡。乙」丑(1865),考取觉罗官学教习。丙寅(1866),以中书到阁行走,父忧」服阕。辛未(1871),成进士,翰林院庶吉士。散馆,授职编修。累」迁詹事府赞善、中允、洗马、左右春坊庶子、翰林院侍」讲、侍读学士。充〇国史馆纂修、〇咸安宫总裁、日讲起居注官。总裁武会试者一、顺天乡试会试同考」官者二。以文学侍从回翔馆阁四十余年,历试有炜,」无几微愆失叠,荷〇上方珍物,书画、文绮之赐。乙酉(1885),」视学广西,端士习,甄人才。土司亦喁喁慕化,中间丁」母太夫人忧。癸巳(1893),回京,洊升阁学,历署工、兵两部侍」郎,旋授兵部左侍郎,〇朝廷于是知公可大任,骎骎」响用矣。当庚子(1900)典试广东途次,闻〇两宫西狩,乃间」关数千里,冒险随扈赴陕〇行在,授吏部左侍郎。戎」马仓皇之际,铨政驰紊。公佐理部务,澄叙秩然。复拜」视学江苏之〇命。辛丑(1901),〇车驾还京师,下诏厉行新」政。三吴为人文渊薮,公提倡教育以中学为本,以西」学为辅。在职三年,士论大欢。还朝,署邮传部尚书,调」任正黄旗满洲都统,旋授吏部尚书,〇赏头品顶戴,」充〇经筵讲官,参预政务大臣。凡殿廷阁试,皇华使命,靡岁无之。宣统庚戌(1910),遂以吏部尚书协办大学士。」辛亥(1911),补授典礼院掌院学士,〇赐紫禁城骑马、西苑」门内乘坐二人肩舆,异数也。公在邮部,爬梳积弊,综」核名实,一日而弹劾数十百员。营私渎职者,望风引」去。部事以饬,岁入骤增,然未尝位置一私人。掌吏部」时,继定兴鹿文端公之后,一切慎守成法,问遗无所」受,请寄无所听。每遇中外大政,密勿献替,动关安□。」至计疏上,则削牍焚草,即家人子弟有莫及知者矣。」欧风东煽,海外留学之士盛倡平民主义,谓可以救」中国危亡。势已岌岌矣,而当国者以九年预备立宪,」涂饰观听,其所用人、理财、练兵,益皆窳赢蔽,不足惬」服天下人之志。公乃私忧窃叹,以谓祸正未有艾也。」逮武昌事起,全国绎骚,〇孝定景皇后敬体〇德宗」救国救民之遗志,不忍以一姓之尊荣,致亿兆之涂」炭,下诏以统治权公诸全国。比南北之解决,定优待」之条件成,而公已累疏乞归,谢绝人事。诗有之:维此」老成,瞻言百里。有以也夫?有以也夫。道沂曩岁入都,」曾侍公于座隅。民国四年(1915),以雁门分辖,移驻大同。询」公里居近状:往往黄冠野服,涸迹渔樵。仿唐司空图,」自营生圹,饰巾待尽。见者不知其为旧日参知政事」也。民国六年（1917）一月，偶示疾，戒勿延医、勿进药，越日遂」卒。享年七十有四。时则丙辰年十二月初七日也。遗」□入〇大清皇帝震悼，易名赐祭，礼逾常等。民国政」府暨数百执事闻公之卒，知与不知，无不咨嗟太息，」以为清室之耆旧尽矣。公元配李夫人，继室康夫人，」安夫人、杨夫人均前卒。女子子二。无子，以兄子垣祐」为主后。将于丁巳年（1917）闰二月十四日，卜葬于村北之」筠地自营生圹，诸夫人祔从，公志也。垣祐累然服丧，」来有请曰："先公千秋，赖吾丈矣。"乃撮其大节，以谂异」日治国闻者，系之以铭曰：」

云中雄峙，山川郁盘。翳有耆硕，笃生其间。早值承明，」晚参大政。翼亮登洪，岳岳守正。在亥之季，国圮而危。」亲贵鼎剧，海水群飞。时异唐虞，政嬗共和。悬车落日，」隐痛挥戈。王官之谷，大旺之村。后先辉映，尘外桃源。」太岁司辰，日月告凶。不愁遗老，一节始终。峣峣恒岳，」浩浩桑干。我铭幽石，百世不刊。」

据碑文记载，李殿林，字荫墀，生于山西大同县，卒于民国六年（1917），享年74岁，由此推知李殿林当生于道光二十三年（1843）。20岁时考取举人，同治四年（1865）考取觉罗官学教习，五年（1866）任内阁中书，十年（1871）获进士，后被选为庶吉士，"散馆"后任翰林院编修一职，之后正式开始其个人的仕宦生涯，并于翰林院与詹事府内迁转。光绪十一年（1885），李殿林被清廷放为广西学政，十九年（1893）晋升为内阁学士，历署工、兵两部侍郎。庚子事难（1900），李殿林以兵部右侍郎任广东乡试主考官，在由京赴粤途中闻知两宫逃难，遂赴陕西行在护驾有功，由兵部右侍郎转为吏部左侍郎。后以吏部左侍郎出任江苏学政，于当地推行教育改革，在任内取得了不错的成绩。光绪二十九年（1903），李殿林吏部左侍郎裁缺后离职，调任正黄旗满洲都统[1]、署邮传部尚书。宣统元年（1909），李殿林任吏部尚书，其后得简协办大学士。宣统三年（1911）任典礼院掌院学士，年内因辛亥革命兴起乞归回乡，度过晚年。

有清一代，人物传记的撰述种类固多，为数尤夥。例如《碑传集》《续碑传集》《碑传集补》《大清畿辅先哲传》《清代学者象传》《中兴将帅别传》《国朝先正事略》《国朝耆献类征》等，内容广泛，颇具参考价值。私家著述，固不待论，即官修传记，更是汗牛充栋[2]。而能囊括有清一代人物传记的史料，又以《清史稿》及《清史列传》为首要。

---

[1] 此处应为"正白旗汉军副都统"，笔者将在下文对其进行具体考释。
[2] 庄吉发：《清代史料论述》（二），台北：文史哲出版社，1980年。

然以上史料，均不见李殿林其人之踪迹。

笔者认为，李殿林身为清末重臣，官至枢垣，见证了晚清时期中央及地方政治的重要变迁，是我们考察晚清政治时不得不提的一位人物，史官或撰者在编写史书时出于各种原因对其视而不见的可能性甚小；而编撰之失误以及资料之散佚，应当是李殿林其人失传之最大因由。

《清史稿》编纂始于1914年，成稿于1927年，以赵尔巽为总纂。因时局动荡，国史馆曾一度因张勋事变而被迫关闭。其书成之速，质量之低劣，更为时人所诟病。庄吉发先生认为，《清史稿》列传，或袭国史本传旧文，或采私家撰述，间有佳传，惟各传体例紊乱，叙次无法，同名异译，表传不合，内容简陋，率尔操觚[1]。戴逸先生认为，《清史稿》的立传体例不明，标准不一，存在着相当一部分应立传而不立传者，如翁方纲、朱筠、吕留良、谭钟麟等[2]。因此，李殿林之所以失传于《清史稿》，很有可能与《清史稿》在编纂过程中出现的混乱无序的现象有关。

《清史列传》于1928年由中华书局印行，未署编纂者姓名。相对于《清史稿》的粗糙，《清史列传》的质量相对较优，体例较严。因此，学界常使用《清史列传》以校正《清史稿》的人物传部分。据王钟翰先生研究，《清史列传》的稿本来源大致有三：1. 出于《原国史馆纂修的大臣列传稿本》；2. 抄自《满汉名臣传》；3. 取《国朝耆献类征》[3]。就《原国史馆纂修的大臣列传稿本》而言，据庄吉发先生研究，自乾隆年间以降迄光绪末年，国史馆纂辑列传始终不曾间断。现藏清代国史馆的列传，包括乾隆年间以降陆续进呈的朱丝栏写本以及传包所存的各种稿本，其数量极可观。就所谓朱丝栏写本而言，现存约一千六百余册，较《清史列传》所载人物多达一倍以上[4]；至于《满汉名臣传》以及《国朝耆献类征》，所载人物最晚不会超过道光年间，因此与同治末年出仕的李殿林无涉。因此，李殿林之所以失传于《清史列传》，很有可能与原国史馆资料（特别是大臣列传）的散佚有关。

清代流传下来的有关人物传记的史料，主要有《满汉名臣传》《国史列传》《国朝先正事略》《国朝耆献类征》《碑传集》《续碑传集》《碑传集补》《碑传集三编》等。《满汉名臣传》，刊行于乾隆末嘉庆初；《国史列传》，即《满汉大臣传》，所收人物多为乾嘉年间的大臣；《国朝先正事略》，成书于同治五年（1866）；《国朝耆献类征》，如前所述，所载人物主要为清开国至道光年间之满汉官僚。因此，上述四种史料，均与同治末年才

---

[1] 庄吉发：《清代史料论述》（二），台北：文史哲出版社，1980年。
[2] 戴逸：《〈清史稿〉的纂修及其缺陷》，《清史研究》2002年第1期。
[3] 王钟翰：《清史新考》，沈阳：辽宁大学出版社，1990年。
[4] 庄吉发：《清代史料论述》（二），台北：文史哲出版社，1980年。

登上政治舞台的李殿林无关。《碑传集》《续碑传集》《碑传集补》《碑传集三编》取材以墓志为主，亦多掺杂地方志、家传，皆编撰于1938年之前。但由于李殿林墓志出土于"文革"时期，因此上述四种"碑传集"里未见李殿林的相关记述。

（二）从南菁书院到南菁学堂

光绪二十六年（1900）九月十日，李殿林就任江苏学政[1]。光绪二十七年（1901），清廷谕示各省、府、直隶州及各州、县，分别将书院改为大中小学堂。由于此举属草创，各地政府未有成例可遵，对此上谕多持观望态度，直至袁世凯所拟的《山东学堂章程》出台，才令地方官员有章可循。因此清廷顺水推舟，将袁世凯所奏山东学堂章程及试办章程通行各省仿照举办。

显然，碑文上"三吴为人文渊薮，公提倡教育以中学为本，以西学为辅"，指的便是李殿林在江苏学政期内，遵清廷上谕，于"三吴"地区仿《山东学堂章程》推行教育改革一事。

据民国《江阴县续志》城内学堂条，

> 城内学堂：南菁高等文科。第一类学堂。光绪二十四年（1898），江苏学政瞿鸿禨，任内奏请照省城书院例，以南菁书院改办高等学堂，并请就院管横沙未围之滩地，试办农学，为几政复旧，但留学堂之名，农学之议亦罢。二十六年（1900），李殿林继任。是时学堂风气大开，李乃奏请实行《高等学堂章程》。额设学生百名，即以课生充之。堂内设政艺两科，以总教习主管教务，别延分教习数人，学生分专斋头班二班，正斋头班，及备斋头班二班，及备斋之五班，用积分升斋。[2]

我们可以发现，清末江阴县的南菁学堂得以由原南菁书院改办，正是得于李殿林之力。

对此，我们可以在光绪二十七年（1901）李殿林所奏的关于《江苏学政李殿林奏南菁书院遵改学堂并拟章程折》得到详细的了解，亦可以此窥探李殿林担任江苏学政期间的活动。

---

[1] 魏秀梅编：《清季职官表》，台北：中研院近代史研究所，1977年。
[2] 民国《江阴县续志》卷六《城内学堂》，《中国地方志集成·江苏府县志辑》，南京：江苏古籍出版社，1991年。

> 臣查：江苏书院在江宁、苏州两省城者，已由督抚臣分别改办。惟江阴南菁书院，自前学臣黄休芳创设后，以经古考课通省士子，通才硕学多出其中。院中事宜归学臣管理。光绪二十四年（1898）诏改书院为学堂。经前学臣瞿鸿禨奏以南菁虽隶县治，而入院肄业者为通省人才所萃，请照省会书之例作为高等学堂，当邀恩准。今又迭承明训，改定教规，自应照省设大学堂章程办理。臣惟山东章程，学生分斋督课，其次第则先办备斋、正斋，后办专斋，此自为风气未开，宜循序渐进起见。江苏为人文渊薮，年来讲求中西实学颇不乏人，即南菁诸生平日所肄习者，如经史、政治、舆地、天算、格致各学，皆门径已通，可期深造。若非径立专斋，俾资精进，恐无以鼓舞高材及时备勉之心。臣谨拟专斋、正斋、备斋同时并立章程，于明年正月先行试办，由臣延请在籍绅士之学通中西、士林翕服者为总教习，又分延天算、格致、测算、东文、西文各艺学教习，俾得陶成多士，启迪新机，以仰副皇上求治作人之至意。[1]

前文所引民国《江阴县续志》史料，出处应来自上文。由此可见，李殿林于江苏学政任内所推行的教育改革措施，基本上遵循了袁世凯《山东学堂章程》的精神，以讲求中西实学为要，且考虑到南菁书院的实际情况，不仅提出以县级书院遵省制改为大学堂之建言，更对南菁学堂实行比袁氏《山东学堂章程》更为激进的主张，即以同时设立备斋、正斋、专斋的作法取代袁氏章程先办备斋、正斋，后办专斋之举。显然，深受通商开埠、西学东渐影响的苏省，以及出众的当地文士，给予了李殿林相当的底气。当然，李殿林也因推行教育新政而导致学堂经费不足，感到了巨大的困扰，故一并向清廷具折说明。清廷对李殿林之奏表示首肯。

接替李殿林担任江苏学政的是同为同治十年（1871）进士出身的唐景崇。从唐景崇所上的有关南菁学堂的咨文，我们可从中窥见南菁学堂于清末教育新政时代的发展情况。

> 南菁学堂，本系前大学士两江总督部堂左，会同前学使黄，奏请设立南菁书院，助赀开办。嗣于光绪二十六年（1900），经前任学使李，奏改高等学堂。查该学堂常年经费，向以川沙厅属横沙田田租为岁入大宗。近年改办学堂，常年用费增巨，用支不敷，经本部院咨商调任抚部院端，在苏州铜元局项下，奏明每年协助银一万二千两。本年铜元利减，协拨未能足数，已形支绌。讵横沙

---

[1]（清）李殿林：《江苏学政李殿林奏南菁书院遵改学堂并拙章程折》，《中国书院史资料》（下册），杭州：浙江教育出版社，1998年。

骤被潮灾，田亩民庐，盡遭淹没。该学堂向以本年之租，作次年之用，今既被灾收成□生，明岁学堂开办之资，实在无从筹措。素仰贵部堂关怀大局，畛域不分，间复旦学堂，尚沾大泽。而南菁士子，同系部民，且为文襄公所创设。贵部堂提振学务全局，必能极意维持，与湘阴相国相辉映，则已成之学舍，不至中堕；垂就之人才，不虞坐废。费惟本部院所依赖，亦全省学子之感戴不忘者也。为此咨请贵部堂，饬司筹拨的款，以期常年接济，盼且实行。[1]

南菁学堂的办学经费，向以川沙厅属横沙田田租为岁入大宗。但由于自南菁书院经李殿林奏改为高等学堂后，因推行新学学堂支出骤增，原有田租已不足用，需请调苏州铜元局协银才能勉强维持。值得注意的是，南菁学堂的前身南菁书院系前两江总督清廷重臣左宗棠所创，学堂所享之特殊地位可见一斑。但即便如此，南菁学堂在清末教育新政推行之际，亦面临资金严重不足的问题，其他书院或学堂之教育改制之困难，亦不难想象。

（三）汉族大臣与八旗都统

笔者认为，碑文当中，"调任正黄旗满洲都统"一语不确。《清实录》中清廷有关李殿林的都统授职记录为：

> 以裁缺吏部左侍郎李殿林为正白旗汉军副都统；[2]
> 调正白旗副都统李殿林为正红旗满洲副都统；[3]
> 以正红旗满洲副都统李殿林为正黄旗汉军都统；[4]
> 以正黄旗汉军都统李殿林兼署镶黄旗汉军都统。[5]

文献与碑文有出入。

另外，现中国第一历史档案馆存有部分清末八旗都统的相关履历资料。该资料由学者丁进军整理并刊出，我们可以利用该资料，与碑文进行互校。

---

[1]（清）唐景崇：《唐景崇为筹措南菁高等学堂经费事咨文》，《近代史所藏清代名人稿本抄本》第一辑，郑州：大象出版社，2014年。
[2]《清德宗实录》卷五六四，光绪三十二年九月二十二日。
[3]《清德宗实录》卷五七三，光绪三十三年五月十一日。
[4]《清德宗实录》卷五七九，光绪三十三年九月九日。
[5]《清德宗实录》卷五九六，光绪三十四年九月二十四日。

二十九年（1903），（李殿林）差竣回京供职。三十二年（1906）九月，补正白旗汉军副都统。三十三年（1907）五月，转正红旗满洲副都统。九月初九日，补正黄旗汉军都统，并无降罚一切处分。合并声明。[1]

因此，此处应是调任"正白旗汉军副都统"。碑文开头处"正黄旗满洲都统"，应为"正黄旗汉军都统"。

八旗都统，清贵显职，历任多为满族王公，一般来说，汉族大臣并不能出任此职。但在清朝的最后十年，情况有变。如冯国璋、段祺瑞、李国杰等汉族大臣均有担任八旗都统之经历。光绪三十二年（1906），慈禧颁布上谕，以均平满汉事宜，其中有提及"我朝以仁厚开基，迄今二百余年，满汉臣民从无歧视。近来任用大小臣工，即将军、都统已不分满汉"等语，因从表层来看，李殿林以汉人之躯可任都统，实与清廷在徐锡麟刺杀巡抚恩铭，满汉矛盾激化的背景下，用"化除满汉畛域"的方式，消弭民族矛盾，以对抗动荡时局的努力有关。

然而，所谓的"化除满汉畛域"，只是清廷为了增强满族官僚势力的一个政治借口。实际上，汉族官僚并没有因此得到任何的好处。

御史江春霖认为：

然则化除畛域，更无他术，谕旨一秉大公四字尽之矣。今将军、都统亦皆不分满汉，畴谓非公，而将军仅一赵尔巽，都统则著名清苦，较新设各衙门之处尊养优，不啻有朱儒臣朔之叹。兼以举办新政，摊还赔款，多出汉人，而中外美缺，满员又占多数，能禁谋为不轨者之不援以借口乎？[2]

如江春霖所述，清廷实行"化除满汉畛域"，地位颇高的"将军"和"都统"均已允许汉人担任。但值得注意的是，被允许担任"将军"的汉族官僚仅赵尔巽一人；都统一职，虽具名望，然却清苦而无实权。这意味着，"都统"的汉族限制虽已放开，但由于"都统"在此时因八旗制度的崩溃沦为仅管杂务的职位，因此允许汉人官僚担任并没有体现"化除满汉畛域"的意义。讽刺的是，掌握实权的新设各部衙门却难以见到汉人官僚的身影。清廷的满汉融合政策因此受到了质疑，甚至为奉行"汉族中心论"的革命

---

[1] 丁进军：《清末部分八旗都统履历》，《历史档案》1989年第4期。
[2] （清）江春霖：《御史江春霖奏化除满汉畛域为治标之术请勿轻听群议折》，《清末筹备立宪档案史料》下册，《近代中国史料丛刊续编》第八十一辑，台北：文海出版社，1981年。

党人提供了事实依据。

李殿林是本次"满汉融合"政治风潮的受害者之一。自清廷决定实行"立宪",于光绪三十二年(1906)进行官制厘定,并推行"满汉融合"以来,包括李殿林在内的一众以翰林出身为主的汉族官僚职位受到冲击,大量满族亲贵却借门第而起,纷纷登上政治舞台。如前面《清实录》所引,李殿林以裁缺吏部左侍郎的身份,才得以被清廷授予并无实权只管杂务的八旗都统一职。从殿林之遭遇我们可以看出,清廷允汉族大臣任八旗都统,不过是为其排斥汉族官僚势力、提拔满族官僚势力搪塞的一种政治借口。对此,时人胡思敬曾在《国闻备乘》一书中作出了精辟的论述:

> 资格破而词林衰,吾于丙午裁卿贰见之;保荐开而世族盛,吾于丁未设丞见之。当丙午厘定官制诏下,汉大臣同时失职者十一人:工部尚书陆润庠、兵部尚书吕海寰、吏部左侍郎李殿林、右侍郎张英麟、户部右侍郎柯逢时、礼部左侍郎李绂藻、兵部左侍郎秦绶章、工部右侍郎刘永亨、都察院左副都御史陈兆文、大理寺卿管廷鹗,皆翰林也。唯葛宝华以部曹进。盖自詹事府、国子监次第裁撤,废科举,罢督学典试使差,各部设、参,九卿多用异途,编检别为风气,清望顿减,极盛而衰,亦其变也。丞、参不分满汉,满员同时用十一人,皆借门望以起,民政部左参议裕厚为学部尚书荣庆胞叔,礼部左丞英绵为大学士麟书子,右参议良揆为大学士荣禄子,商部左丞耆龄为江宁将军诚勋子,邮传部左参议那晋为大学士那桐弟,吏部右丞宝铭为署度支部侍郎宝熙弟,右参议毓善为大学士福润子,陆军部右参议庆蕃为礼部尚书贵恒子。其初俱由各部堂官指名请简,嗣经廷臣弹奏,乃先保荐后请旨,列名在前者恒得之,其弊视魏晋九品中正殆有甚焉。[1]

因而,允李殿林等汉族大臣获八旗都统一职,我们实可看出清廷欲依靠满族实力以排斥汉族实力从而巩固统治集团本身的真正用意。

(四)从邮传部到吏部:贪腐与政争交织的困局

李殿林曾有署理邮传部尚书的经历。任期为宣统元年(1909)正月至四月[2]。按碑文,李殿林在署理邮传部尚书之时为官颇为清廉,在整顿部务、裁汰冗员、振兴纲纪方

---

[1] (清)胡思敬撰:《国闻备乘》,上海:上海书店出版社,1997年。
[2] 苏全有:《清末邮传部研究》,华中师范大学2005年博士学位论文。

面有相当的建树。在《京报》有关宣统元年（1909）正月至四月邮传部的政务记录中，我们发现李殿林在裁汰冗员、核减部务方面，的确是作出了不少的努力[1]。

然而，李殿林整顿邮传部部务的举动，实为清廷中央政局发生变动之反映，并不是偶然的。在李殿林之前，担任邮传部尚书的是陈璧。陈璧之去任，实与御史谢远涵奏参其涉贪有关。据《宣统政纪》所录，我们可以发现陈璧的罪名是"开支用款颇多糜费，前后所调各员不免冒滥"[2]。李殿林之整顿部务，实则是顺应时势，因循陈璧被开去之罪名而"对症下药"的。对此，当时的媒体《大公报》亦有相关报道[3]。

显然，陈璧参案不仅掀起了中央政局相当的波澜，更成就了李殿林的部务整顿之举。但清廷似乎并无将李殿林由暂署改为实授之意，因为在揭晓李殿林得署理邮传部尚书一职消息后的第二天，清廷即将邮传部尚书一职实授东督徐世昌[4]。《申报》方面对此事也表达了相应的看法：

> 窃有虑用人不拘资格之弊，诚有如今日邮部司员之滥冒者。然其弊而必欲拘牵其资格，则亦有用违其长之意。今李之才学，未有卓卓表现于世，唯其资格足以相当。记者关于此次李殿林简署邮尚之举，证以十七日《嗣后各部员奉督抚奏调咨调人员有吏部切实考核之谕》。摄政王是否有鉴于前此用人之流弊，而欲力矫之乎？[5]

《申报》认为，李殿林得益于摄政王载沣力纠破格用人弊端之意图，才能够以资历相当获署理邮传部尚书一职。因此，作为此次陈璧参案政治风潮的过渡式人物，李殿林实则没有办法如碑文所述一般，能够在署理邮传部尚书短短三个月任期内完成更多的政绩。

继署理邮传部尚书之后，李殿林成为清廷最后一任的吏部尚书。按碑文，撰者邹道沂对李殿林在吏部尚书任内的政绩称颂有加。但事实上，李殿林在尚书任内却一度深陷黄祖诒贿买难荫知县一案的泥潭而几乎引咎退职，结束政治生命。

黄祖诒贿买难荫知县案系清廷于宣统二年（1910）发生的一次较大的政治丑闻。湖南巡检黄祖诒企图通过贿赂吏部司员而递补从他人处非法购得的难荫知县资格。此事经

---

[1]《邮传部谨奏为核减电局经费用恭折仰祈圣鉴事》，《京报（邸报）》第一五八册，北京：全国图书馆文献缩微复制中心，2003年。
[2] 佚名辑：《宣统政纪》卷七，《近代中国史料丛刊》三编·第一七九册，台北：文海出版社，1989年。
[3]《李尚书甄汰部员》，《大公报》1909年2月21日。
[4] 苏全有：《清末邮传部研究》，华中师范大学2005年博士学位论文。
[5]《陈璧之革职·李殿林之署理邮尚》，《申报》1909年2月10日。

御史赵炳麟参劾后持续发酵,牵连者甚众:以文选司郎中王宪章为首的吏部司员七人被处以极刑,另有郎中荣厚等人受到处分,以尚书李殿林为首的吏部堂官被着交都察院严加议处[1]。

此案于当时的政局而言影响颇为深远。摄政王载沣自上台后一直致力于吏部的裁撤事宜。吏部早因百弊丛生,不容于立宪新制,早为时人所诟病。此次吏部案发,更成为载沣推动吏部裁撤难得的契机[2]。事实上,此案亦系摄政王载沣自执政以来不断强化台谏权力的结果,参奏揭发此案的御史赵炳麟及胡思敬均受到载沣褒奖[3]。吏部文选司郎中王宪章,更因其与军机大臣鹿传霖的关系,受其保举而获陵工大臣差,并随鹿氏赴绥远城参与查办贻谷案[4],其特殊身份备受时人关注[5]。在法部尚书廷杰及林绍年查办此案的过程中,吏部尚书李殿林与吏部文选司掌印刘华对王宪章的袒护更引起舆论的一片大哗[6]。

吏部案发后,李殿林作为吏部尚书本有失察之责,外间更一度有其引咎退职的传闻。自鹿传霖病亡出缺,与其关系密切之贻谷案及吏部案迎来结案良机,本被着交都察院严加议处的李殿林竟获以吏部尚书兼协办大学士的职位;而曾极力袒护王宪章的吏部文选司掌印刘华亦有简放长沙知府一缺之政令,事态蹊跷若此,种种猜测纷迭出:

《大公报》认为,刘华之所以能够免于罪罚,且获外放知府,极有可能为当朝势家大力盘护之故:

>……吏部郎中刘华,为黄祖诒案交都察院严加议处之员。乃忽于奏覆之日,竟简刘华为湖南长沙知府。岂郎中放知府,即是应得之罪耶……[7]

《申报》亦持同样观点,认为李殿林之获以吏部尚书兼协办大学士,刘华之简放长沙知府,实为当朝有力者操纵的结果:

>……以奉旨交严加议处之刘华,而忽得简放湖南遣缺知府;以奉旨交议之

---

[1] 佚名辑:《宣统政纪》卷四一,《近代中国史料丛刊》三编·第一七九册,台北:文海出版社,1989年。
[2] 《监国王特召枢臣之密议》,《大公报》1910年7月5日。
[3] 《监国王面谕奖励赵侍郎》,《大公报》1910年10月2日;《胡思敬有副都御史之望》,《大公报》1910年10月13日。
[4] 张世明:《清末贻谷参案研究》,《中国人民大学学报》2014年第4期。
[5] 《鹿故相与两参案之关系》,《大公报》1910年9月25日。
[6] 《今日之刚正清廉者》,《申报》1910年7月5日;《吏部司员得贿案九志》,《申报》1910年7月17日。
[7] 《闲评二》,《大公报》1910年10月7日。

吏部失察堂官，而忽奉命晋阶协办大学士。吾以是知枢授之不可不固，吾更以是知天眷之不可不隆……[1]

上述两者，并未敢于明言所谓的"有力者"是谁。但种种迹象表明，"有力者"极有可能是以庆亲王奕劻为代表的势力。在黄祖诒贿买难荫知县一案案发前，外间曾传出消息，谓李殿林得庆亲王奕劻力保，有入职军机之望[2]。但案发后，李殿林竟然能够在"交都察院严加议处"的背景下得晋协办大学士。鉴于庆亲王与吏部千丝万缕之关系[3]，李殿林极有可能借用庆亲王的势力，而为自己的贪腐事实开脱。尽管清宣统二年（1910）的黄祖诒贿买难荫知县案，最后在王宪章被处死后被草草了结，但我们仍可从中窥探出以李殿林为代表的吏部堂官、庆亲王、摄政王及鹿传霖各方势力在晚清朝廷中的互动。

因此，通过上述以李殿林在邮传部及吏部任内活动为中心的探讨，我们实可借此厘清晚清中央朝廷的利益纷争，从而加深对该时期政治局面的理解。

（五）小结

在过往的晚清史研究中，碍于史料汗牛充栋，及"考古不下宋元"的学术传统，学者对新出该时期墓志中所见史实的考释与探讨，一直未有充分的推进。然事实上，这些晚清时期政治人物墓志的出土，仍有值得我们去重新检视其史料价值的必要。以本文所着眼的李殿林墓志为例。其一，李殿林其人虽官至枢垣，但在各式传记中未见其迹。墓志当中关于他生平的反映，可充其人之传，补史阙之憾。其二，通过对墓志中史实的考述，可帮助我们在浩如烟海的史料中厘清晚清时期中央政局的发展脉络，进而从微观的角度为过往的晚清政治史提供另外一种面相。其三，我们可借墓志文本，考察大时代背景下作为普通个人的命运选择，继而充实晚清时期"从下而上"的政治史乃至社会史的研究。笔者以为，以新出晚清人物墓志为切入点，去反思该时期政治乃至社会的历史书写，是接下来我们应该关注和积极开展的研究方向之一。

---

[1]《呜呼吾国之官》，《申报》1910年10月10日。
[2]《庆邸力保李尚书之述闻》，《大公报》1910年6月15日。
[3]（清）许指严撰、张国英点校：《十叶野闻》，北京：中华书局，2007年。

贰 名物

6

鍮 石[1]

1957年，在山东胶县三里河地区龙山文化地层中发现了两段铜制锥形器[2]，经鉴定为黄铜质地[3]，含锌23.2%。20世纪70年代，在陕西临潼姜寨遗址中发现铜片和金属管状器[4]，也被测定为黄铜器[5]，其中管状器含锌32%。由于年代较早，所以这些铜器出现的原因以及使用状况，至今仍有很多争议。

在新石器时代之后的很长时间，所见较多的是青铜器，"黄铜"这一词汇最早出现在《南史》中，到宋代才有零星记载。我国的早期文献更多使用"鍮石"来标示铜锌合金。那么，新石器时代的黄铜器与"鍮石"之间是什么关系呢？在以往的认识中，中国传统制铜工业以青铜冶炼为主，黄铜则是比较晚才出现的一种合金，然而近年来的考古材料以及研究表明，人类对于铜锌合金的冶炼和使用都要比想象中的早。

黄铜冶炼技术最早可能产生于小亚细亚地区，当地人将碎铜片、木炭和菱锌矿放置于密封的坩埚内加热，使得菱锌矿石还原为锌蒸汽进入铜液中，进而冶炼出黄铜，这一技术在公元前10世纪左右被普遍运用。古罗马帝国至迟在公元前45年开始利用菱锌矿和红铜（纯铜）合炼制造黄铜钱币（铜71.1%、锌27.6%）[6]，这种钱币曾在罗马帝国全境流通。除了铸币之外，罗马人还用黄铜制造容器、盔甲、胸针等日用品和

---

[1] 合著者：饶晨。
[2] 吴汝祚：《山东胶县三里河遗址发掘简报》，《考古》1977年第4期。
[3] 孙淑芸、韩汝玢：《中国早期铜器的初步研究》，《考古学报》1981年第3期。
[4] 西安半坡博物馆等：《姜寨——新石器时代遗址发掘报告》，北京：文物出版社，1988年。
[5] 韩汝玢、柯俊：《姜寨第一期文化出土黄铜制品的鉴定报告》，载柯俊：《中国冶金史论文集》（二）(《北京科技大学学报》增刊)，北京：北京科技大学，1994年。
[6] 孙淑芸、韩汝玢：《中国早期铜器的初步研究》，《考古学报》1981年第3期。

装饰品[1]。或许是由于罗马帝国的版图扩展至两河流域揭露了波斯人黄铜冶炼的秘密，也可能是波斯人直接从小亚人那里学到了冶铸技术，黄铜冶炼技术进一步扩散。

事实上，鍮石在中国古代社会曾被广泛使用。关于其在我国的使用和冶炼，也曾引起学者的关注。但到目前为止，囿于考古材料等的局限，始终难以对鍮石展开更加全面、深入的研究。

（一）鍮石的来源

在中国古代文献中，早期对于鍮石来源的记录都与波斯有关。"波斯国……出金、银、鍮石、珊瑚……"[2]从字源来说，《说文解字》中无"鍮"字，汉语字书直到南北朝后才有"鍮石"一词，见梁顾野王《玉篇》："鍮，他侯切，鍮石似金也。"[3]直到明代，人们对于鍮石的认识仍然是舶来品，李时珍《本草纲目》记："真鍮石生波斯，如黄金，烧之赤而不黑。"[4]此外，《隋书》载："女国……出鍮石、朱砂、麝香。"[5]这里的"女国"又称"西女国"，通常是指位于青藏高原西北部葱岭以南的一个国家。《宋史》记载，今东南亚地区的丹眉流国"地出犀、象、鍮石"，并且在宋"咸平四年（1001），国主多须机遣使……来贡木香千斤、鍮镴各百斤"[6]，丹眉流即今泰国或马来半岛。《大唐西域记》曰："若其金、银、鍮石、白玉、火珠、风土所产，弥复盈积。奇珍杂宝，异类殊名，出自海隅，易以求贸。"[7]"北历十二种有婆罗吸摩补罗，最大种，绵地四千里，山周其外，土沃，产鍮、水精。北大雪山，即东女也。"[8]婆罗吸摩补罗国[9]根据考证约在今印度北部的迦尔瓦尔地区[10]。这些地区流通的鍮石是作为矿石原材料而被交换的。《太平寰宇记》提到鍮石出产地有三，分别是葱岭以南的女友、乌荼国以北的阿罗伊罗和大食国[11]。波斯、葱岭附近以及南亚地区有黄铜输入中国，或许在较晚时期鍮

---

[1]《简明不列颠百科全书》第五卷，北京／上海：中国大百科全书出版社，1986年。
[2]《魏书》卷一〇二。
[3]《宋本玉篇》，北京：中国书店，1983年。
[4]（明）李时珍：《本草纲目》（校点本）第九卷，北京：人民卫生出版社，1979年。
[5]《隋书》卷六七。
[6]《宋史》卷四八九。
[7]（唐）玄奘、辩机著，季羡林等校注：《大唐西域记校注》卷二，北京：中华书局，2000年。
[8]《新唐书》卷二二一下。
[9]《大唐西域记校注》卷四："婆罗吸摩补罗国，周四千余里，山周四境。国大都城周二十余里。居人殷盛，家室富饶。土地沃壤，稼穑时播。出鍮石、水精。"
[10] 冯承钧：《西域地名》，北京：中华书局，1980年。
[11]《洛氏中国伊兰卷金石译证》三《伊兰之矿物金属及宝石篇·鍮石》："《太平寰宇记》（卷一八六）谓出葱岭南女国，乌荼国北阿罗伊罗，及大食国。"章鸿钊：《洛氏中国伊兰卷金石译证（地质专报乙种第三号）》三《伊兰之矿物金属及宝石篇·鍮石》，北平：农商部地质调查所，1925年。

石流通的途径不仅仅来自陆上的丝绸古道，还很有可能来自海上的贸易。

从考古材料来看，1984年在西藏乃东普努沟古墓群中发现了吐蕃时期的饰片、带扣、钵等黄铜器物。在青海察汉乌苏河北岸布尔汗布达山东北隅的都兰，1983年发现唐代中晚期（8~9世纪）的吐蕃贵族墓葬，出土大量随葬品，其中有5件铜器，即铜条、勾饰、牛鼻圈、带环、带扣等被测定为黄铜制品[1]。与这些黄铜器一同出土的金银饰件具有很明显的西方特征，墓中还有1件带有波斯文字的纺织品[2]。这说明晚唐吐蕃时期（8~9世纪）黄铜已经进入了青藏高原，其在此地的流通很有可能是来自与西方的贸易。

1957年，吐鲁番阿斯塔那古墓群（273~772）M305中，出土了1件《随葬衣物疏》，记载"鍮□钗一双"。1975年吐鲁番哈拉和卓M90中出土了1件购物残账，记录了一个叫□归的人购买鍮石、波斯锦等物品的情况，墓中还有1件纪年为永康十七年（480）的文书。此外，还有《高昌内藏奏得称价钱帐》，是关于粟特商人贸易的账单，末尾记载"买香五百七十二斤，鍮石三十……"[3]敦煌出土文书中亦有鍮石的记载，当地常用鍮石制作佛像或装饰品，如"鍮石香宝子""鍮石莲花柄""鍮石瓶子""鍮石石越""鍮石金渡香炉"等[4]。由以上出土文书可以知道，鍮石在高昌时代主要还是由西方输入，并且作为宝石一类的商品在吐鲁番的市场上被贩卖的。

1995年，新疆文物考古研究所对营盘故址附近的墓葬进行了发掘。营盘位于新疆天山山脉东部的库鲁克塔格山南麓、孔雀河三角洲的西北缘，东距楼兰城址约200公里，是古丝路重镇。随葬品中除带有本地文化特征的木器、皮革制品外，还有来自中原地区的如漆器等物品，以及带有明显希腊、罗马、波斯风格的器物，其中铜器多为装饰品。经北京科技大学冶金史研究所对其中3件物品即环、手镯、戒指进行成分分析，均为铜锌合金的黄铜制品，含锌量都在20%以上。营盘墓地的年代被定为西汉中晚期至前凉时期，由于营盘位于丝绸古道的孔雀河至焉耆绿洲的"楼兰道"的重要位置，是吐鲁番盆地进入鄯善等国的必经之地，因此发掘者认为这些黄铜物品应该都是来自西方的舶来品[5]。同时应该指出的是，过去很少对汉晋时期的铜制品进行检测，很可能在营盘和其他汉晋时期的铜制品中黄铜是较常见的器物。

此外，1999~2006年在新疆伊犁河谷吉林台墓葬群的发掘中，也发现有外观类似

---

[1] 李秀辉、韩汝玢：《青海都兰吐蕃墓葬出土金属文物的研究》，《自然科学史研究》1992年第3期11卷。
[2] 北京大学考古文博学院等：《都兰吐蕃墓》，北京：科学出版社，2005年。
[3] 饶宗颐：《说鍮石——吐鲁番文书札记》，《饶宗颐史学论著选》，上海：上海古籍出版社，1993年。
[4] 姜伯勤：《敦煌吐鲁番文书与丝绸之路》，北京：文物出版社，1994年。
[5] 李文瑛：《新疆尉犁营盘墓地考古新发现及初步研究》，载殷晴：《吐鲁番学新论》，乌鲁木齐：新疆人民出版社，2006年。

输石的有色金属，呈暗金色，被切割成1立方厘米左右大小、规则的长方体状，并有穿孔，共有约50块，疑似成串。伴随这些金属块的还有很多的玛瑙、玻璃、骨等质地的串珠。吉林台墓葬群时代为战国，如果这些金属经过鉴定被确定为铜锌合金，输石在今中国版图内发现的年代将提前至汉代以前[1]。

文献中的记载表明，输石并非本土物产，而是来自西方的舶来品，其发源地很可能是波斯。以上的考古材料，根据年代推移以及地理位置可以判断，输石主要是通过丝绸之路上的贸易交往而传入中国的。

（二）输石在我国古代的使用状况

输石虽为舶来品，但是却在我国古代社会中被广泛使用。以下分别从官方和民间两个方面，对输石的使用状况进行描述。

1. 官方对于输石的使用情况

由于其金黄的色泽，输石多用来显示皇家庄严与气派。

官员的服饰：唐代曾几次统一官服。武德（618~626）初"四年八月敕：'三品已上，大科䌷绫及罗，其色紫，饰用玉……八品、九品输石'"。"贞观四年（630）又制，三品已上服紫，……八品、九品服以青，带以输石。"[2]宋代"政和议礼局更上群臣朝服之制：……三梁冠金涂铜革带，佩，黄狮子锦绶，输石环，余同四梁冠服"[3]。值得注意的是，输石在唐代一直被用作八、九品官员服饰上的饰品，所以输石在当时或许已经不能算作珍品，但其价值仍在铜、铁之上，似乎也非百姓所用物品。三梁冠在宋代为五品官员所用，宋初博士聂崇义于建隆二年（961）上《三礼图》，奏请重新制定服制。在之后的一百年间，这一体制不断地完善，"衣服递有等级，不敢略相陵躐"，并且相对于民间有诸多禁忌。由此可知，输石在唐宋已然成为官僚系统中区别官员身份的象征之一。

仪卫：唐制，"左右卫、左右威卫、左右武卫、左右骁卫、左右领军卫各三行，行二十人，每卫以主帅六人主之，皆豹文袍、冒，执输石装长刀""厢各主帅四人主之，皆黄袍、冒，执输石装长刀"[4]。金代参考唐、宋礼制，规定皇太后、皇后出行仪卫"领军卫前后狮子文袍、帽，余卫豹文袍、帽，各执输石装长刀。骑领，分前、后""平

---

[1] 此次发掘是由新疆维吾尔自治区文物考古研究所的刘学堂先生主持发掘的，材料尚未发表，文中引用的材料经过发掘者同意，在此向刘先生表示感谢。
[2]《旧唐书》卷四五。
[3]《宋史》卷一五二。
[4]《新唐书》卷二三下。

巾帻、绯衫、大口袴、被黄袍帽，执鍮石长刀，骑"[1]。

车具马具： 唐代"度支、户部、盐铁门官等服细葛布，无纹绫，绿暗银蓝铁带，鞍、辔、衔、镫以鍮石"[2]。宋代"象辂朱质，凡制度、装缀、名物并同金辂，饰以象及金涂银铜鍮石"[3]。无论被用作刀具，还是被用在车具上，都是因为鍮石金黄的色彩，可以显示皇家或者贵族的身份和品味。

印章： 除了用作皇家出行仪卫的装饰，鍮石还用在官印的制造上。宋初"别有三印：一曰'天下合同之印'，中书奏覆状，流内铨历任三代状用之；二曰'御前之印'，枢密院宣命及诸司奏状内用之；三曰'书诏之印'，翰林诏敕用之。皆铸以金，又以鍮石各铸其一。雍熙三年（986），并改为宝，别铸以金，旧六印皆毁之"[4]。鍮石所铸印似乎是作为金印的备份。

铸币： 明确记载使用黄铜铸币是明代嘉靖年，《明会典》载，嘉靖年间工部所属钱局已经大量使用倭铅铸造黄铜钱。国内的钱币研究学者普遍认为，我国最早的黄铜货币是明嘉靖年间铸造发行的"嘉靖通宝"[5]。

从宋代起就禁止私自冶炼鍮石。"天禧三年（1019），诏：犯铜、鍮石，悉免极刑。""大严私铸之令，民间所用鍮石器物，并官造鬻之，辄铸者依私有法加二等。"[6]宋代可能没有黄铜钱币，但鍮石本就是铜合金，从鍮石中亦可以提炼铜，如《宋史·食货志》载"京城之销金，衢、信[7]之鍮器，醴、泉之乐具，皆出于钱"[8]，因此将包括鍮石在内的铜铸造权收归中央。

金代黄铜冶炼技术发展迅速，出现了青铜与黄铜杂糅的货币。《金史》记载："焕奏曰：'钱宝纯用黄铜精治之，中濡以锡，若青铜可铸，历代无缘不用。自代州取二分与四六分，青黄杂糅，务省铜而功易就。由是，民间盗铸，陷罪者众，非朝廷意也。必欲为天下利，宜纯用黄铜，得数少而利远。其新钱已流行者，宜验数输纳准换。'从之。"[9]为了避免盗铸，政府规定"括民间铜鍮器，陕西、南京者输京兆，他路悉输中

---

[1]《金史》卷四二。
[2]《新唐书》卷二四。
[3]《宋史》卷一四九。
[4]《宋史》卷一五四。
[5] 戴志强：《中国古代黄铜铸钱历史的再验证——与麦克·考维尔等先生商榷》，《戴志强钱币学文集》，北京：中华书局，2006年。
[6]《宋史》卷一八〇。
[7] "衢""信"为今日安徽浙江一带的地区。
[8]《宋史》卷一八〇。
[9]《金史》卷一二八。

都"[1]。"大定间定制，民间应许存留铜输器物，若申卖入官，每斤给钱二百文"，"在都官局及外路造卖铜器价，令运司佐贰检校，镜每斤三百十四文，镀金御仙花腰带十七贯六百七十一文，五子荔支腰带十七贯九百七十一文，抬钑罗文束带八贯五百六十文，鱼袋二贯三百九文，钹钴饶磬每斤一贯九百二文，铃杵坐铜者二贯七百六十九文，鍮石者三贯六百四十六文"[2]。宋金时期的铜镜仍然以青铜为主，其中铜的含量在70%～80%之间，依据上面的记载，在当时官方定价的市场上，黄铜明显要比青铜贵上许多。"宰臣谓：'鼓铸未可速行，其铜冶听民煎炼，官为买之。凡寺观不及十人，不许畜法器。民间鍮铜器期以两月送官给价，匿者以私法坐，限外人告者，以知而不纠坐其官。寺观许童行告者赏。俟铜多，别具以闻。'"[3]目前虽难以确认此时有黄铜铸币流通，但政府三令五申禁止私铸鍮石并且由国家统一对鍮铜器定价，政府进行垄断生产，因此推测，鍮石也和金、银、铜一样，与当时的硬通货相关联。

2. 民间对于鍮石的使用情况

作为一种延展性良好的金色金属，在中国社会，鍮石除了用作宫廷的装饰以及佛教器物，还在日常生活中被广泛运用。

梁人宗懔《荆楚岁时记》载：七月七日为牵牛织女聚会之夜。是夕，人家妇女结彩缕，穿七孔针，或以金、银、鍮石为针。金、银、鍮都是硬度较软的金属，纯金、纯银不可能被用来制造针，因此这里所指的金、银、鍮应该是金合金、银合金和鍮合金。唐代诗人元稹在乐府诗《相和歌辞·估客乐》中有"鍮石打臂钏，糯米炊项璎。归来村中卖，敲作金玉声"[4]，描述民间妇人的日常打扮，鍮石被用来制作首饰。宋人王明清《挥麈录》中记有"高昌即西州也。……以银或鍮为筒贮水"[5]，说明到宋代，黄铜容器仍然在河西一带流行。

"鍮石，黄铜似金者，我明皇极殿顶名是风磨铜，更贵于金，一云即鍮石也。"[6]风磨石传说是宣德炉的制作原料。据《宣德鼎彝谱》载，明宣德年间大量使用锌配置黄铜，铸造鼎、彝等器物[7]。王琎对明清两朝铸币成分分析说明，嘉靖年间（1522～1566）直至清末，铜钱中的含锌量为17%～48%，而铅、锡含量与之相比则少得多[8]，明清时

---

[1]《金史》卷四八。
[2]《金史》卷四八。
[3]《金史》卷四八。
[4]《全唐诗》卷二一，北京：中华书局，1960年。
[5]（宋）王明清：《挥麈录》，《四部丛刊》本，上海：商务印书馆，1936年。
[6]（清）陈元龙：《格致镜原》卷三四引唐人所著《潜确类书》，上海：上海古籍出版社，1992年。
[7]（明）吕震等：《宣德鼎彝谱》，北京：中华书局，1985年。
[8] 王琎等：《中国古代金属化学及金丹术》，上海：中国科学图书仪器公司，1955年

期的铜合金以黄铜为主，应该是没有疑问的。

佛教：佛寺多用输石制作佛像和佛具，用同样是金黄色的金属输来代替黄金装饰佛像。梁代僧人僧佑《出三藏记集》中列有《林邑国献无量寿输石像记》[1]。林邑古称"瞻婆"，即今越南占城。《大唐西域记》中对于利用输石造佛像也有过多次记载。印度半岛及东南亚佛教徒供奉输石佛造像的风气亦随佛教的传播而风靡中国中原地区。据《寺塔记》载，长安城大同坊灵华寺有"于阗输石立像"，长安城常乐坊赵景公寺的华严院中有输石卢舍立像，高六尺，古样精巧[2]。

除了制造佛像之外，输石还被用来制作佛具。《续高僧传·宝海传》记："虽往返言晤，而执输鈲香炉。帝曰，法师虽断悭贪，香炉非输不执。"饶宗颐先生认为输石在当时必已大量入华，故才可用以制造香炉。由于缺少对于我国古铜像的成分分析数据，有的学者将金铜佛像和镀金黄铜佛像混同在一起讨论，所以得出的结论都有待更多的验证。

随着佛教的传播，输石制品也东传至海东诸国。日本寺院账簿中有关于输石的最早记载，天平年间（约8世纪）《大安寺伽蓝缘起并流记资财帐》与《法隆寺伽蓝缘起并流记资财帐》中记录了两家寺院用输制佛教用具。日本还有关于输石冶炼的传说，文禄年间（1592～1596），一位佛教徒在梦中遇见童子显灵，送他输石与风箱，之后这位佛教徒依靠冶炼输石而发迹，并成为输石匠的开祖。该传说的年代正处于日本战国时期到桃山时代之间，这个时期日本上层社会喜爱华丽的金黄色作为装饰，因此这也是输石能在日本广泛使用的原因。当时输器被社会大量需要，而主要的原料锌则来自中国。因此可以认为，日本在16世纪末时已经掌握了铜锌合金的冶炼技术[3]。输石在韩国的使用也多与佛教有关，日韩两国至今仍然使用输器，韩国还将输器制造列为非物质文化遗产进行保护。

丹药："外丹黄白术"就是点石成金术，是道家的一种技法，通过混炼各种药物及金属制成丹丸服用[4]。道教认为通过混炼而达到金色或黄色的丹丸即金丹，是益寿延年、羽化登仙最上乘的药物。金黄色的输石亦被众多的丹药书籍所提到，最早三国魏初人张楫《埤苍》记："输石似金而非金也。西域以药炼铜，所成有二种，输石善恶不等。恶者校白，为灰折；善者校黄，名为金折，亦名真输。俗云不博金是。"[5] 这里所说的

---

[1]（梁）释僧佑撰，苏晋仁、萧錬子点校：《出三藏记集》卷一二，北京：中华书局，1995年。
[2]（唐）段成式撰，曹中孚校点：《西阳杂俎》续集卷五《寺塔记》上，上海：上海古籍出版社，2012年。
[3]（日）中岛信久：《日本の亜鉛需給状況の歷史と変遷》，《金属资源レポート》，2006年。
[4] 陈国符：《中国外丹黄白法考》，上海：上海古籍出版社，1997年。
[5]（唐）释慧琳、（辽）释希麟：《正续一切经音义·续一切经音义》卷第五，上海：上海古籍出版社，1986年。

较白者是含有镍的黄铜矿，而较黄者则是较纯的黄铜矿。此外唐《黄帝九鼎神丹经诀》载录炼输石之法[1]。丹药术与医药学在汉唐间并行发展。孙思邈及其他唐人所撰的炼丹术著作中都常提到波斯输。金代《本草金石论》中记载"金二十种论：雄黄金、雌黄金……输石金"[2]，《本草纲目》则说："春秋运斗枢云：人君秉金德而生，则黄银见世。人以输石为黄银，非也。输石，即药成黄铜也。"[3] 输石在丹药学中是作为一种铜矿石而被混炼，并作为药物服用的。

（三）输石的冶炼

锌的提炼技术产生较晚，所以之前人们常认为作为铜锌合金的黄铜相较青铜是很晚才出现的铜合金。然而无论从文献中还是从实物材料中都可以看到，中国境内生活的居民可能很早就已经开始使用黄铜器具了，但最早被称作"输石"的物品却来自西方。据杜佑记载，大食国波斯街市上的输石商品，"四方辐辏，万货丰贱，锦绣珠贝，满于市肆。驼马驴骡，充于街巷……琉璃器皿，输石瓶钵，盖不可数算"[4]。至于中国什么时候掌握了黄铜的冶炼技术，开始自行生产黄铜，还是值得商榷的问题。关于黄铜冶炼的记录见宋洪迈《容斋随笔》，大中祥符年间"又于京师置局化铜为输、冶金薄、锻铁以给用"[5]。《续资治通鉴长编》也说大中祥符二年民间多熔钱点药以为输石[6]。明《天工开物·五金》中则更详细地记录了这一过程："凡红铜升黄色为锤锻用者，用自风煤炭……继入炉甘石六斤，坐于炉内，自然熔化。后人因炉甘石烟洪飞损，改用倭铅，每红铜六斤，入倭铅四斤，先后入罐熔化。冷定取出，即成黄铜，唯人打造。"[7] 倭铅即锌[8]。此时人们对从炉甘石中冶炼锌的技术有了认识，并且开始用炉甘石与铜矿合炼黄铜。从唐代开始，输就是和金、银、铜等金属一起被国家垄断禁止私铸的物品，宋代更明文规定："诸称禁物者权货同称权货者，谓盐、矾、茶、乳香、酒、曲、铜、铅、锡、铜矿、输石，诸违犯禁物，如被盗诈恐喝及因水火致彰露者，并同首原。"[9] 这些由中央政府所颁布的禁令，或许说明当时民间也会铸造黄铜。此外，从唐代开始，输石成为

---

[1] 张继禹主编：《中华道藏·太清金丹经·黄帝九鼎神丹经诀》卷十八、卷十九，北京：华夏出版社，2004年。
[2] 《道藏》卷四《铅汞甲庚至宝集成》，北京：文物出版社，上海：上海书店，天津：天津古籍出版社，1988年。
[3] （明）李时珍：《本草纲目》（校点本）第八卷，北京：人民卫生出版社，1979年。
[4] （唐）杜环著，张一纯笺注：《经行记笺注》，北京：中华书局，1963年。
[5] （宋）洪迈著，鲁同群、刘宏起点校：《容斋随笔·容斋三笔》卷一一，北京：中国世界语出版社，1995年。
[6] （宋）李焘：《续资治通鉴长编》卷七一，北京：中华书局，2004年。
[7] （明）宋应星著，钟广言注释：《天工开物》下卷，第十四卷，香港：中华书局，1978年。
[8] 章鸿钊：《中国用锌之起源》，《科学》1923年第8卷第3号；《再述中国用锌之起源》，《科学》1925年第9卷第9号。
[9] （清）薛允生等：《唐明律合编·宋刑统·庆元条法事类》卷二八，北京：中国书店，1990年。

朝廷礼仪中的必需品，推测用量不菲，仅靠进口恐怕难以满足需求，所以，唐代中国人可能已经掌握了黄铜的冶炼技术。章鸿钊先生以及一些钱币学家通过对早期钱币成分的考察认为，很可能在东汉或者魏晋时期中国就可以冶炼黄铜了，其判定主要依据来自这些铜币或铜器中锌的含量[1]。而早期钱币中有锌元素的存在主要有两种可能，一种是钱币由在含锌伴生矿中采集的铜矿进行冶炼铸造，另一种则是将进口的鍮石或成品鍮器加入钱币铸造中。因此，仅仅依靠铜币中锌的含量来论证我国在当时已经掌握铜锌合金冶炼方法，还是证据不足的。

（四）结论

迄今为止，在中国发现的最早的黄铜实物是龙山文化中的铜锥以及临潼发现的器物。多数学者认为，早期这些零星发现的铜器，多是采用了含锌的共生矿或混合矿冶炼而偶然得到的，并不意味着这些地方的居民对黄铜有了确切的认识，或者有能力生产黄铜[2]。最早的黄铜应该来自西方，随着丝绸之路的贸易而流入我国，并且成为丝绸之路上的重要货品。

关于"鍮石"这一称谓，据文献记载，是指从波斯进口的天然黄铜矿石。在我国境内开始自行冶炼黄铜的时候，"鍮石"所指代的物品发生了变化，可能指代专门冶炼的铜锌合金，因此出现了"真鍮"这一称谓，以表示天然黄铜矿石。现代日本语中仍沿用"真鍮"这一词汇。"黄铜"在我国史料中最早出现在《南史》中。"时人为之语曰：'欲向南，钱可贪；遂向东，为黄铜。'"[3]《新五代史》载：周世宗时，高丽王"昭遣使者贡黄铜五万斤"[4]。《宋史》中记："陕西复采仪州竹尖岭黄铜，置博济监铸大钱。"[5]这说明，鍮在中国广泛流通，其称谓上也渐渐本土化。

由于黄铜有很强的耐磨性和良好的延展性，且色泽鲜亮、金黄，所以在中国长期作为宫廷仪卫以及坊间生活用品的原料而广泛使用，宋代至清代，在铸造货币以及日常生活用器上，黄铜基本代替青铜，并且形成规模，甚至输出海外。

---

[1] 章鸿钊：《洛氏中国伊兰卷金石译证（地质专报乙种第三号）》三《伊兰之矿物金属及宝石篇·鍮石》，北平：农商部地质调查所，1925年；周卫荣：《我国古代黄铜铸钱考略》，《中国钱币论文集》(2)，北京：中国金融出版社，1992年。
[2] 孙淑云、韩汝玢：《甘肃早期铜器的发现与冶炼、制造技术的研究》，《文物》1997年第8期。
[3] 《南史》卷二三。
[4] 《新五代史》卷七四。
[5] 《宋史》卷一八〇。

7

石 雕

一、流散在日本的云冈石窟石雕[1]

1992年6月至9月，笔者参与"中国博物馆藏金银器、玻璃器文物展"随展团赴日本工作三个月，在日本各地参观了许多博物馆和美术馆，并与日本同行进行了学术交流。其间发现了一些流散在日本各地的云冈石窟雕像。由于客观条件所限，只收集了其中10件石雕像的照片，原物分别收藏于京都大学文学部、大阪市立美术馆和大原美术馆。回国后，承蒙日本友人的支持，又收集到部分石雕像的资料，今一并介绍于后。

1. 佛头，大阪市立美术馆藏（图7-1）。

砂岩，高浮雕。高29.4厘米，宽15厘米。有轻微风化。雕像隆起明显，肉髻，面相方圆，丰满，眉毛用阴刻线表现，细长弯曲。两眼半睁，嘴角略上翘，两耳下垂近颈部，面带微笑，神情安详。此像雕刻细腻，表面处理光滑，为云冈小型佛像中的精品。从头部特征观察，不像云冈一期作

图7-1 佛头

---

[1] 王雁卿女士代为翻译日文资料，谨表谢意。

品，应是云冈二期（465～494）的雕像。

2. 胁侍菩萨龛像，大阪市立美术馆藏（图7-2）。

砂岩，浮雕。高54.7厘米，宽22.9厘米。有轻微风化。龛作立长方形，菩萨像站立其中。头顶结肥大的高髻，溜肩，面带微笑，头发由额上中分，分于两鬓，垂至肩部。帔帛交叉，左臂下垂，似手提裙裾，右臂举起，抚于胸前。两腿分开，两脚呈外八字站立。该菩萨装已汉化，但帔帛交叉处并无穿璧。由此推测，此龛像应是云冈二期至三期前段的作品。这一时期云冈石窟的龛形主要有圆拱形龛、盝顶形龛和屋形龛三种。从此龛像上部的残痕观察，上面原来雕有一禅定坐佛。菩萨头部略向右侧，由此推测，此龛像原来应是某一佛龛左侧的胁侍菩萨像。

图7-2　胁侍菩萨龛像

3. 菩萨头像，大阪市立美术馆藏（图7-3）。

砂岩，高浮雕。高27.4厘米。保存较好。面形瘦长清秀，目微闭，发式同前述菩萨像，头顶高大的发髻，髻之正面雕成两个圆形与一个三角形组成的纹饰，也可能是冠。由圆形和三角形组成的几何纹饰，是云冈石窟装饰纹样中常见的一种。这种几何纹饰常常用于立壁上下两层佛龛之间，呈带状分布，起间隔、装饰作用。云冈二期的菩萨花冠也经常用三角形和圆形作为装饰，但此菩萨花冠式样，笔者在云冈石窟中尚未见到过完全相同的实例。北魏的发髻名目很多，如百花髻、归云髻、回心髻、归真髻、高髻等，但形象资料与文献能对应者极少。从以上特征看，此雕像的年代大约属云冈三期。

4. 佛头，大阪市立美术馆藏。

砂岩。高26.7厘米，宽13.5厘米。表面稍有风化。肉髻，面相瘦长，神情安详，应属云冈三期作品，无照片资料。笔者访问该馆时，在库房中亲见。

图7-3　菩萨头像

名物｜石雕　85

5. 罗汉头像，大原美术馆藏（图7-4）。

砂岩，高浮雕。高16.5厘米。应为弟子像。颅顶圆秃，面相方圆，丰满，面带微笑。雕刻洗练，传神，颇有几分童真。与云冈石窟第6窟的弟子像较为相似，属云冈二期作品。

6. 残千佛，京都大学文学部藏（图7-5）。

1926年入藏。砂岩。两个圆拱形龛内各雕一坐佛。风化严重，已面目全非。坐佛形象与云冈中部窟群窟外立壁所雕千佛相同，应是云冈三期作品。

7. 残坐佛，京都大学文学部藏（图7-6）。

图7-4 佛头

1926年入藏。砂岩。高14厘米。特征与上述残千佛同。风化亦较严重，颈部以上断裂，为云冈二、三期作品。

图7-5 残千佛 　　　　图7-6 残坐佛

8. 供养天头像，京都大学文学部藏（图7-7）。

1921年购入。砂岩，高浮雕。高29厘米。高髻，发髻上部呈三角形。面相丰满，神情安详，为一正面像。表面风化较严重，鼻头残损。造型与云冈石窟第8窟后室南壁拱门上侧供养天、第7窟后室南壁拱门上侧供养天及第6窟南壁上层西侧佛龛右侧供养天同，应是云冈二期的典型作品。云冈二期飞天也有与此头像特征相符者，如第8窟后室南壁拱门西壁鸠摩罗天上侧的飞天，但多为侧面或半侧面造像，正面雕像在云冈石窟很少。

9. 佛头，京都大学文学部藏（图7-8）。

1921年购入。砂岩，高浮雕。高38.5厘米。肉髻。面相方圆，面带微笑。表面略

图 7-7 供养天头像

图 7-8 佛头

图 7-9 胁侍菩萨头像

有风化，鼻尖部残损。酷似云冈石窟第 5 窟阁楼上层东侧坐佛，为云冈雕像中的精品，属云冈第二期。

10. 胁侍菩萨头像，京都大学文学部藏（图 7-9）。

1927 年入藏。砂岩。高 20 厘米。脸形瘦长，两眼微闭，头戴花冠。冠之正面雕有花纹：中心一圆珠，周以一圆环，环外围饰联珠纹一周九枚。其面目特征为云冈三期的典型，但此种花冠在云冈似不多见。

11. 禅定坐佛像，京都大学文学部藏（图 7-10）。

1926 年入藏。砂岩。高 13 厘米。坐佛一列共三身，造型及服饰相同。皆残，仅中间一尊保存膝以上部分。佛身着双领下垂袈裟，身后有椭圆形背光。值得注意的是，三尊坐佛并不处于同一水平线，而是呈一定的弧度分布。因此推测它应是背光或拱形龛楣的一部分。这类题材多见于云冈二、三期雕像中。如第 5 窟后室西侧立佛的背光分为四层，内层为莲瓣，外侧两层为火焰纹，

名物 | 石雕 87

图 7-10　禅定坐佛像

中间一层即为带背光的禅定坐佛；第 17 窟明窗东侧太和十三年龛为拱形龛，龛楣也是带背光的禅定坐佛，共七尊。云冈三期的例证如第 38 窟南壁西侧中层的龛楣等。但此禅定坐佛的特征更接近云冈二期。

12. 佛头，私人收藏品（图 7-11）。

砂岩。高 49.5 厘米。小肉髻，宽额头，面相方圆。眉毛用两条流畅的阴刻线表现，嘴角上翘，面带微笑，雕刻简洁、传神，为云冈二期作品中的精品。保存完好。

13. 佛头，私人收藏品（图 7-12）。

砂岩。高 38.5 厘米。肉髻，脸形比图 7-11 所示佛头略显清秀。耳细而长，鼻隆起，表情含蓄，与云冈石窟第 19 窟诸像相似，是云冈石窟早期的作品，应出自昙曜 5 窟。

14. 佛头，私人收藏品（图 7-13、14）。

砂岩。高 41.3 厘米。肉髻，脸形瘦长，耳朵不及图 7-11 和图 7-12 两佛头双耳那样细长，外眼角稍有下垂，保存完好。与云冈西部洞窟（20 窟以西的小型洞窟）雕像风格一致，是云冈三期作品，雕凿于迁洛之后。

15. 供养人头像，五岛美术馆藏（图 7-15）。

砂岩。高 21.2 厘米。供养人头戴帽，面相浑圆。在云冈石窟，佛龛的台座上常常刻有浅浮雕的胡服男女供养人，站立一排，如第 13 窟东壁盝形龛，第 11 窟东壁上层盝形龛等；也有着胡服、跪坐在佛龛旁边的供养人，如第 6 窟后室东壁南侧盝形龛一侧雕有六个胡服供养人，此类供养人往往为高浮雕。本尊供养人头像即属此类。因为其脸向右侧斜，所以应配置在佛像的左边。

16. 飞天，私人收藏（图 7-16）。

砂岩。长 24 厘米。略有风化。从梯形边框的形式看，应是一盝形龛龛额的一块。盝形龛云冈一期不见，流行于二、三期。用凸起的边框将图案分隔成若干块四边形，据

图 7-11 佛头 　　　　　　　　　图 7-12 佛头

图 7-13 佛头 　　　　图 7-14 佛头 　　　　图 7-15 供养人头像

图 7-16 飞天

笔者不完全统计，一般在 4 至 15 块之间，但绝大多数为 6 块，龛内多刻一佛或一佛二菩萨。6 块图案的分布是顶部正中两块，为上边较长的直角梯形；两边两块为菱形框，再外两侧为下边较长的直角梯形。其中 4 块或 8 块及 8 块以上的都不多见。内多浮雕飞天，有少量伎乐和花卉浮雕图案，三期还出现了禅定坐佛。此作品中的飞天面相方圆，耳朵细长，风格飘逸、流畅，应属云冈二期作品，其位置应在盝形龛顶的左上方（即龛内佛像的头顶右侧）。

17. 拱形龛侧的石虎，私人收藏品（图 7-17）。

砂岩，高浮雕。高 54.5 厘米。眼圆睁，口大张，脚下蹬束帛，作回头张望状。云冈石窟拱形龛两侧常雕虎、龙、鸟等动物，左右对称，两动物的身体后部上卷，形成龛楣，造型流畅优美。其中带束帛的造型主要流行于二期的中部窟群，三期多无束帛，或将兽头简化，因此该石雕应是二期作品。

图 7-17 拱形龛侧的石虎

图 7-18 佛头

图 7-19 佛头

图 7-20 佛头

18. 佛头，私人收藏品（图 7-18、19）。

砂岩。高 39.2 厘米。额头以上风化严重，并已有剥离。肉髻较大，宽额头，眼角与嘴角都上翘，两耳细长，为云冈二期作品特征。日本学者推测可能出自云冈石窟第 2 窟，其时代特征是吻合的，经实地测量，佛头的尺寸与残存的佛像比例也合适，极可能是第 2 窟东壁南侧第二龛（从北数第三龛）倚坐佛的头部。但因没有佛头侧面与背面的照片，似难断言。

19. 佛头，私人收藏品（图 7-20）。

砂岩。高 39 厘米。有部分剥离。肉髻较高，宽额长耳，眼角与嘴角都上翘，用阴刻线划出高挑的眉毛，面带微笑，神情安详、自信。属云冈二期作品。日本学者亦认为出自云冈石窟第 2 窟，不知所据。

名物｜石雕 91

20. 石雕手臂，正木美术馆藏（图 7-21）。

日本学者认为"相传是第 6 窟明窗左侧表现的菩萨半跏像的思惟手"。第 6 窟南壁有一明窗，其东西两壁各雕有一个盝形帷幕龛，各雕思惟菩萨一尊，头戴花冠，胸佩璎珞，半跏趺坐。西壁菩萨前雕一马，两龛表现白马离别时的情景。东壁菩萨像右臂断面平齐，与此石雕手臂断面一致，且手势也吻合，以上推测是有一定道理的。但因目前尚没有该菩萨像的具体尺寸，故难作准确的判断。

云冈石窟规模宏大，造像繁多，而流失海外者亦不少见。以上近 20 件石雕像，多属云冈石雕之精品，对研究云冈石窟的造像风格、艺术价值都是极好的参考资料。通过对比，我们可以获得许多对云冈石窟新的认识和启发，对深化云冈石窟的研究将是十分有益的。我们希望流散在国外的所有云冈石窟的文物都能公诸于世，为充实云冈研究作出努力。

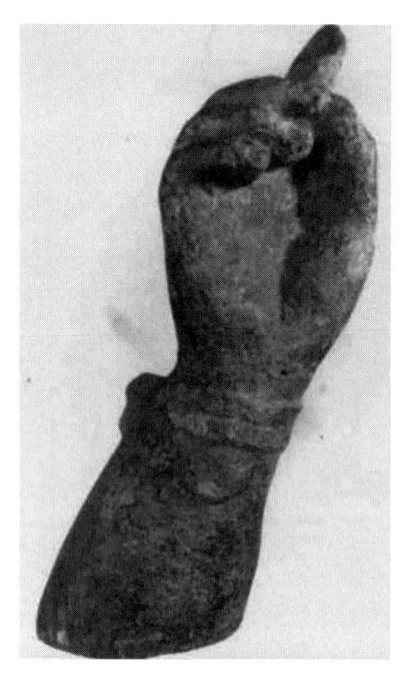

图 7-21　石雕手臂

二、北魏平城发现的石雕精品

北魏王朝都平城（今山西大同）百年间，曾从各地大量迁移人口充实京师。被迫徙出的地点包括山东六州、关中长安、河西凉州以及龙城和青齐等地，其中不乏各种人才，尤其是各类工匠[1]。他们为云冈石窟的开凿作出了不可磨灭的贡献。平城遗址以及平城周边地区历年来已发现多件北魏石雕精品[2]，这与云冈石窟的开凿是有密切联系的。

---

[1] 宿白：《平城实力的集聚和"云冈模式"的形成与发展》，云冈石窟文物保管所编：《中国石窟·云冈石窟》（一），北京：文物出版社、东京：平凡社，1991 年。
[2] 出土文物展览组：《"文化大革命"期间出土文物》第 1 辑，北京：文物出版社，1972 年；大同市博物馆等：《山西大同石家寨北魏司马金龙墓》，《文物》1972 年第 3 期；大同市博物馆等：《大同方山北魏永固陵》，《文物》1978 年第 7 期；山西省文物工作委员会编：《山西出土文物》，北京：文物出版社，1980 年；大同市博物馆：《大同东郊北魏元淑墓》，《文物》1989 年第 8 期；山西省考古研究所、大同市博物馆：《大同南郊北魏墓群发掘简报》，《文物》1992 年第 8 期；解廷琦、王银田：《云冈石窟窟前遗址》，《中国考古学年鉴 1993》，北京：文物出版社，1995 年；张丽：《大同近年发现的几件北魏石础》，《文物》1998 年第 4 期；山西省考古研究所、大同市考古研究所：《大同市北魏宋绍祖墓发掘简报》，《文物》2001 年第 7 期；曹彦玲：《大同市博物馆藏三件北魏石造像》，《文物》2002 年第 5 期。

大同市博物馆收藏的几件石雕艺术品，都先后出土于北魏平城周围，是研究北朝文化的重要资料。现介绍如下。

（一）孝文帝"万年堂"石雕门框

细砂岩质，长方体柱状，一侧立面刻有浅浮雕图案，其余三立面修整光平。全石残高164厘米，宽47厘米，厚35厘米。顶端中央凿卯眼，为一长方形凹坑，横长19厘米，宽7厘米，深4.5厘米。底端相应位置有一榫头，长4.5厘米，其横断面尺寸与顶端的卯眼相同。门框正面图案的右侧自上而下皆已残损，其面积占整个图案面积的三分之一强。图案主要刻一站立的武士，类似后世的门神，但并非北魏武士的真实形象。该武士光头而戴冠，瞋目肥耳，额头多皱，右手小臂肌肉隆起，手握类似棒一样的武器，该器下端较粗，上端较细，柄部已残缺。武士身着交领半臂袍衫，肩上飘带飞舞，垂裙飘然若动，下着裤，脚蹬圆口并前端隆起之履。武士头顶上方为一祥龙，惜仅存头部，可见卷曲的双角与一耳，后者与常见的北魏兽面铺首以及建于太和十五年（491）的平城明堂遗址出土的兽面瓦当上的兽耳相同[1]。龙回首向右，武士亦侧身向右，说明这是一件位于左侧的门框。该石雕是山西省文物工作委员会与大同市博物馆于1976年春在发掘冯太后永固陵时在附近调查获得的，是"文革"中有人盗掘万年堂时由墓中取出的。据实地勘察及村民回忆，它应是北魏孝文帝元宏的虚宫万年堂内前后室之间的甬道南口西侧的门框[2]（彩图1）。

武士手中所执的武器我们释为棒，执棒者在汉代画像石中多有发现[3]，常见于车骑出行图中位于主车之后的骑从。这里作为仪仗，直接由武器演化而来。但棒作为刑具的历史最长。北魏时棒不仅用作刑具，同时也是一种武器，故有"人马逼战，刀不如棒"的说法[4]。山东临朐发现的北齐崔芬壁画墓甬道两侧就有一手持棒、一手执盾的武士像，而原报告误将棒释为剑[5]。刀剑锐利，易于伤人，故其外皆套以鞘；而在剑首常结成绳套，用以悬挂棒。汉王充《论衡·订鬼篇》引《山海经》曰"门户画神荼、郁垒"[6]，故汉画像石中多见将神荼、郁垒刻于门柱上的形象。此俗于汉唐之间延续不断。

---

[1] 大同市博物馆：《山西大同南郊出土北魏鎏金铜器》，《考古》1983年第11期；王银田、曹臣明、韩生存：《山西大同市北魏平城明堂遗址1995年的发掘》，《考古》2001年第3期。
[2] 大同市博物馆等：《大同方山北魏永固陵》，《文物》1978年第7期。
[3] 孙文青：《南阳汉画像汇存》，南京：金陵大学文化研究所，1937年；文宥：《四川汉代画像选集》，北京：群联出版社，1955年。
[4] 《魏书》卷七四。
[5] 临朐县博物馆：《北齐崔芬壁画墓》，北京：文物出版社，2002年。
[6] 黄晖：《论衡校释（附刘盼遂集解）》卷二二，北京：中华书局，1990年。

北魏墓葬门神形象首见于朔州怀仁县丹阳王墓（资料尚在整理中）。万年堂的这件石雕上的武士应是门神郁垒。

《魏书·文成文明皇后冯氏传》载："初，高祖孝于太后，乃于永固陵东北里余，豫营寿宫，有终焉瞻望之志。及迁洛阳，乃自表瀍西以为山园之所，而方山虚宫至今犹存，号曰'万年堂'云。"[1] 按：《魏书·高祖纪》载，（太和十五年）"秋七月乙丑，谒永固陵，规建寿陵"[2]，则万年堂始建于太和十五年（491）秋，但文献没有其竣工（或停工）的记录。据考，孝文帝元宏最终下决心南迁，与太和十六年八月"大破柔然"一役有关[3]，《魏书》记太和十七年"六月丙戌，帝将南伐，诏造河桥"，准备战略物资，"八月……己丑，车驾发京师，南伐，步骑百余万"[4]，然以如此大规模的军事行动，其前期的准备工作没有半年时间是难以想象的。从时间上推算，决定南迁的日期至少在太和十六年年底以前，即战胜柔然之后不久，那么太和十六年年底就应该是万年堂的停工时间。由于这一虚宫后代破坏严重，现在已难以判断其是否竣工。

（二）石雕供养龛

整件器物由一整块砂岩雕凿而成，通高33.5厘米，总宽45.6厘米。底部为一长方形平台，宽44厘米，长23.5厘米，高3.7厘米。中部为一中空的大龛，呈长方体，宽26厘米，壁厚3~4.5厘米，龛内顶部呈拱形，上部为盝顶。龛内无内容，无底，且与前面中空的供桌相通。龛前立面和顶部较为光滑，其余部位布满凿痕，整个龛像未经打磨。龛两侧各有一位武士，站立于身前怪兽的臀部之上。两武士着装及姿态相同，皆头戴尖顶风帽，帽之垂裙至肩，身着下摆及膝的圆领长袍，下身着裤。两手虚握于身前，手中空，原来可能插有木质器械。龛左侧武士高21厘米，右侧武士高25厘米。武士身体内侧与龛石连在一起。武士脚下的怪兽一为人面兽身，一为兽面兽身，与同时期的镇墓兽类似。二兽皆匍匐于地，颈部鬃毛直立，尾梢呈三瓣忍冬式，伏贴于后背。二兽身长23.5厘米，高12厘米。龛前正中雕一长方形供桌，桌面下凹，桌前立面刻有浅浮雕图案，应该是一个供桌的立面图形。浅浮雕图案两侧各雕一个长颈壶，此类造型的陶壶多见于北魏平城期墓葬。供桌两侧各有一圆雕、站立的侍者，皆头戴垂裙至肩的鲜卑帽，身着交领左衽长袍，下身着裤，脚蹬靴，双手捧一钵状器皿，表情谦和，面带微笑。身体略向内侧，其身后下端与整个龛石连为一体。供桌左侧侍者高15.5厘米，右

---

[1]《魏书》卷一三。
[2]《魏书》卷七下。
[3] 王银田：《北魏平城明堂遗址研究》，《中国史研究》2000年第1期。
[4]《魏书》卷七下。

侧侍者高15厘米。龛前供桌台面宽10.5厘米，长12.8厘米，高10厘米。四个人物周身布满平刀竖向切割的痕迹（彩图2）。

这件石雕是1958年下半年在大同城东寺儿村古墓中出土的，发现时墓葬已毁坏，同出的器物还有石灯台1件，陶器4~5件，亦收藏于大同市博物馆。该龛像造型中，武士、侍者、供桌、拱形龛以及武士脚下类似镇墓兽的怪兽配置十分罕见。虽然北朝佛教造像常见各种龛形，但本龛像题材中并无佛教色彩，应该排除佛龛的可能性。二武士的造型与北魏太和八年（484）吏部尚书司马金龙墓出土的武士俑和骑马武士俑完全一致，而骑马武士俑的武士在外表涂以白色的宽带条，所骑铠马也涂有同样的条带，可见白色宽带条用以表示铠甲当无异议。由此，可以说，这种头戴尖顶风帽、身着圆领长袍者，无疑表示的就是北魏武士的形象。而二侍者的服装则是典型的鲜卑服饰，相同服装在司马金龙墓[1]、大同智家堡北魏石椁墓壁画[2]和固原漆棺画[3]中都能见到，是迁洛前鲜卑人经常穿着的传统服装，迁洛后因孝文帝禁胡服而日渐稀少。怪兽的配置则明显源于北朝流行的镇墓兽，供桌右侧的怪兽头部与建于太和五年至八年的冯太后永固陵中发现的虎头门墩相似。因此，我们推断，该供养龛的年代应在北魏孝文帝定都平城期间。

（三）石雕棺床

出土于大同市南郊智家堡村北砂场，细砂岩质。原为棺床前端的立面，整体呈长方形，宽194厘米，高44厘米，厚10.4厘米。背后上缘有凹槽，应是石棺床顶面石板与之相接处。正面浮雕三足及床沿花边。中央一足较宽，上刻一瞠目獠牙的兽面，头顶立二人，束发，裸上身，着短裤，两人相对，各手持一物，似莲蕾。下方雕刻两只回首相顾的猛虎，左面缺一条后腿，可能为遗漏所致，猛虎两侧各立一手摸虎耳却神情安详的人物，装束与上面的人物相同（图7-22）。

棺床左右两足各雕一金刚力士像，逆发（左边一人头上用细带交叉围裹），帔帛，上身裸袒，下身着短裤，裤中间系一条带（似"犊鼻裤"）。此外，棺床三足间的边缘处雕刻二方连续忍冬纹和水波纹。

该石雕棺床的形式及图案内容与大同东郊发现的北魏太和八年（484）司马金龙墓和太和元年（477）宋绍祖墓[4]中的石棺床近似。力士的形象不仅见于这两座墓的石棺床上，同时也见于云冈石窟第7窟后室帷幕下（云冈石窟第7窟的后室雕像属于云冈

---

[1] 大同市博物馆等：《山西大同石家寨北魏司马金龙墓》，《文物》1972年第3期。
[2] 王银田、刘俊喜：《大同智家堡北魏墓石椁壁画》，《文物》2001年第7期。
[3] 宁夏固原博物馆：《固原北魏墓漆棺画》，银川：宁夏人民出版社，1988年。
[4] 山西省考古研究所、大同市考古研究所：《大同市北魏宋绍祖墓发掘简报》，《文物》2001年第7期。

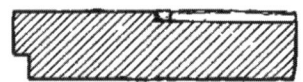

图 7-22　石雕棺床

二期即 465~494 年偏早时候）和第 9 窟前室西壁第二层，但后者已不着"犊鼻裤"，而为三角短裤，可见此石雕棺床的时代属于太和早期。石棺床中央的兽面形象常见于北魏的铺首，如大同南郊北魏遗址出土物[1]，与平城明堂遗址出土的兽面瓦当[2]及方山冯氏墓墓门前的螭首[3]也很相似，与太和元年（477）宋绍祖墓中的镇墓兽面部神态也相像。但是，北魏墓葬中反映现实生活场面的床榻上却无此形象，如大同智家堡北魏石棺墓[4]壁画上墓主夫妇并坐的床榻、山西榆社县北魏石刻画像石棺所刻床榻上[5]，均无兽面形象，但有水波纹。由此推测，兽面形象出现于墓中为避邪之用，与镇墓兽作用相同，也与铺首和建筑门前的螭首作用一致。这种将传统习俗、巫术与佛教教义（如力士）相结合的作法，是与北魏社会现实相符合的。

---

[1]　大同市博物馆：《山西大同南郊出土北魏鎏金铜器》，《考古》1983 年第 11 期。
[2]　王银田、曹臣明、韩生存：《山西大同市北魏平城明堂遗址 1995 年的发掘》，《考古》2001 年第 3 期。
[3]　大同市博物馆：《大同方山北魏永固陵》，《文物》1978 年第 7 期。
[4]　王银田、刘俊喜：《大同智家堡北魏墓石椁壁画》，《文物》2001 年第 7 期。
[5]　王太明：《榆社县发现一批石棺》，载山西省考古研究所等：《山西省考古学会论文集》（三），太原：山西古籍出版社，2000 年。

8

瓦当与瓦文

一、瓦　当[1]

瓦的发明是中国对世界文明的重要贡献之一。这种铺于建筑屋面的陶质器物，随着中华文明在亚洲的传播，广泛运用于东亚的日本、朝鲜半岛以及东南亚的越南、泰国、缅甸等地，形成了独具特色的建筑文化，成为人类重要的文化遗产。在中国，瓦的起源很早，2002年在山西襄汾县陶寺城址发掘出土的106件"陶板"有可能是最早的瓦[2]，距今已四千余年，郑州商城发现的商代早期板瓦则已得到学界的认可[3]；陕西岐山和扶风的西周建筑遗址也曾有瓦的出土；东周以后瓦的使用逐渐普及，至今延绵不断。在各式瓦类遗物中，瓦当最具特色，格外引人注目。因其当面装饰丰富多彩，历来为学界所重视。

（一）

《说文》："瓦，土器已烧之总名。象形。"[4]"当，田相值也。从田，尚声。"[5]段玉

---

[1] 说明：早年的考古材料照片不够清晰，多不配线图，文字描述不规范，这些都可能影响类型学研究。由于制作拓片技术不同，有些拓片没有将瓦当的细部反映出来，在对比同一件瓦当的照片和拓片时发现有的差距很大，所以单独刊发拓片而没有照片的资料，或许是因为该瓦当细部的表现并不准确，这也会影响类型学研究。部分瓦当碎片因无法还原瓦当全貌，故仅酌情采用。有的报告中的瓦当只有文字描述，既无拓片，也无照片，这类资料原则上不予采用。
[2] 中国社会科学院考古研究所山西队、山西省考古研究所、临汾市文物局：《山西襄汾陶寺城址2002年发掘报告》，《考古学报》2005年第3期。
[3] 河南省文物考古研究所：《郑州商城宫殿区商代板瓦发掘简报》，《华夏考古》2007年第3期。
[4]（汉）许慎著，徐铉等校：《说文解字》第一二下，上海：上海古籍出版社，2007年。
[5]（汉）许慎著，徐铉等校：《说文解字》第一三下，上海：上海古籍出版社，2007年。

裁注："值者，持也。"[1]《左传·文公四年》："天子当阳，诸侯用命也。"[2]天子南面而立，故曰当阳。"当"也有遮蔽、阻挡意。《字汇》："当，蔽也。"[3]《春秋公羊传·成公元年》："王者无敌，莫敢当也。"[4]《春秋左氏传·桓公传》：五年秋"王以诸侯伐郑，郑伯御之。王为中军，虢公林父将右军，蔡人、卫人属焉。周公黑肩将左军，陈人属焉。郑子元请为左拒，以当蔡人、卫人。为右拒，以当陈人"[5]。此"当"即"挡"意，"瓦当"者可挡檐头前端风雨侵蚀，以防其朽。汉瓦当多见自称"当"者。清钱泳《履园丛话二·秦汉瓦当》："瓦当者，宋李好文《长安志图》谓之瓦头，盖屋瓦皆仰，当两仰瓦之际，为半规之瓦以覆之，俗谓筒瓦是也。云当者，以瓦文中有兰池宫当、宗正官当、宜富贵当、八风寿存当，是秦、汉时本名。"[6]《长安志图》卷中："汉瓦形制古妙，工极精致，虽尘壤渍蚀，残缺漫漶，破之如新。人有得其瓦头者，皆作古篆，盘屈隐起以为华藻，其文有曰长乐未央，有曰长生无极……"[7]《类编长安志》卷十《石刻》："秦武王羽阳宫瓦铭，铭曰羽阳千岁，得于凤翔府宝鸡县，其状若今之筒瓦头。"[8]筒瓦头即瓦头，瓦当也。明高濂《遵生八笺·燕闲清赏笺·论研》："明石研、万州磁洞石研、相州铜雀瓦研、未央宫瓦头砚、柳州柳石砚，出龙壁下。"[9]清代以降皆称瓦当。

因瓦当称之为"当"，故连接"当"之筒瓦自然就可称之为"当瓦"。清陈元龙《格致镜原》卷六七《木类四·附竹》载《南征八郡志》曰："岭南有大竹，数围实中，任屋梁柱，覆用之则当瓦。"[10]唐孙思邈《备急千金要方》卷七六有"治蝎毒方"："凡蝎有雌雄，雄者痛止在一处，雌者痛牵诸处。若是雄者用井底泥涂之，温则易。雌者用当瓦屋沟下泥傅之。若值无雨，可用新汲水从屋上淋下取泥。"[11]明朱棣、滕硕等人所编《普济方》仍存此方，并见有"当瓦"[12]，朝鲜官修医方大典《医方类聚》之《养性门》和《诸虫门》也都有"当瓦"的记载[13]。

---

[1]（汉）许慎撰，（清）段玉裁注：《说文解字注》第一三下，上海：上海古籍出版社，1981年。
[2] 郭丹、程小青、李彬源译注：《左传·文公四年》，北京：中华书局，2012年。
[3]（明）梅膺祚：《字汇》午集，《续修四库全书》，上海：上海古籍出版社，2002年。
[4]（汉）何休撰：《春秋公羊传解诂》卷一七，台北：新兴书局，1964年。
[5] 郭丹、程小青、李彬源译注：《左传·桓公五年》，北京：中华书局，2012年。
[6]（清）钱泳著，张伟校点：《履园丛话二·秦汉瓦当》，北京：中华书局，1979年。
[7]（元）李好文：《长安志图》卷中，《文津阁四库全书》，北京：商务印书馆，2006年。
[8]（元）骆天骧：《类编长安志》卷一〇，《续修四库全书》，上海：上海古籍出版社，2002年。
[9]（明）高濂：《遵生八笺》卷一五，《文津阁四库全书》，北京：商务印书馆，2006年。
[10]（清）陈元龙：《格致镜原》卷六七，《文津阁四库全书》，北京：商务印书馆，2006年。
[11]（唐）孙思邈：《备急千金要方》卷七六，《文津阁四库全书》，北京：商务印书馆，2006年。
[12]（明）朱棣：《普济方》卷三〇七，《文津阁四库全书》，北京：商务印书馆，2006年。
[13] 浙江省中医研究所、湖州中医院校：《医方类聚》卷一六六，北京：人民卫生出版社，1981年。

（二）

目前考古发现最早的瓦当出土于陕西扶风、岐山西周中期建筑遗址中。至迟到战国时期，瓦当的使用已经在较高等级的建筑中普及，瓦当当面的图案多种多样，充分体现了东周社会开放、多元、包容的文化特质。这一时期产生的云纹瓦当广泛流行于两汉魏晋时期；而西汉时期出现并流行的文字瓦当至北魏平城时代犹若落日余晖，璀璨夺目；南北朝时期开始流行莲花纹瓦当和兽面纹瓦当，前者成为大唐气象的重要陪衬，后者后来居上，成为宋辽以后瓦当的主流[1]。文化的流转如汹涌的波涛，真可谓各领风骚数百年。

瓦当的研究肇始于北宋时期的金石学，由于瓦当文字的缘故很早就受到关注，宋王辟之《渑水燕谈录·事志》中有关于瓦当的最早记载，作者还对"羽阳千岁"瓦当铭文进行了研究[2]。此后历元明两代，研究者不乏其人。至清代则随着朴学的兴旺而几近极盛，诸如朱枫《秦汉瓦当图记》、程敦《秦汉瓦当文字》、毕沅《秦汉瓦当图》、陈介祺《陶斋藏古目》、王昶《金石萃编》、翁方纲《两汉金石记》等。民国时期则有罗振玉《秦汉瓦当文字》、日本学者下中弥三郎《书道全集》、关野贞《半瓦当之研究》等等[3]。自20世纪50年代以来，新中国的考古事业蓬勃发展，历代瓦当的出土日渐丰硕，中外学者的相关研究日新月异。战国、秦汉瓦当的研究历时久远，是瓦当研究领域的高地，成果卓著；魏晋南北朝及唐代瓦当的研究学者也多有涉猎，其中北朝瓦当的研究虽起步较晚，近年已有多项研究成果[4]，但专文论述北魏或北朝瓦当者至今尚属鲜见。

（三）

早在1925年美国弗利尔艺术馆的A.G.温莱考察平城北郊的方山时，一定见到过方

---

[1] 陈良伟：《洛阳出土隋唐至北宋瓦当的类型学研究》，《考古学报》2003年第3期。
[2] （宋）王辟之：《渑水燕谈录》卷八，《丛书集成初编》，北京：中华书局，1985年。
[3] 刘庆柱：《战国秦汉瓦当研究》，《汉唐与边疆考古研究》第1辑，北京：科学出版社，1994年。
[4] 钱国祥：《汉魏洛阳城出土瓦当的分期与研究》，《考古》1996年第10期；李梅：《中原地区莲花纹瓦当的类型与分期》，《文物春秋》2002年第2期；王雁卿：《北魏平城瓦当考略》，《文物世界》2003年第6期；王志高：《六朝瓦当的发现及初步研究》，《东南文化》2004年第4期；贺云翱：《六朝瓦当与六朝都城》，北京：文物出版社，2005年；（日）冈村秀典编：《云冈石窟·遗物篇》，日本朋友书店，2006年；申云艳：《中国古代瓦当研究》，北京：文物出版社，2006年；焦智勤：《邺城瓦当分期研究》，《殷都学刊》2007年第2期；（日）冈村秀典、向井佑介：《云冈石窟寺的考古学研究》，《日本东方学》第1辑，北京：中华书局，2007年；徐国栋：《北魏平城时代的砖瓦研究》，山西大学2009年硕士学位论文；万雄飞、白万田：《朝阳老城北大街出土的3—6世纪莲花瓦当初探》，《东北亚考古学论丛》，北京：科学出版社，2010年；徐洁：《北魏洛阳与南朝建康莲花纹瓦当特征初探》，《美术大观》2012年第9期。

山顶上随处可见的北魏瓦当，但在后来写成的文章中并未提及[1]。平城北魏瓦当最早引起学界关注在抗战初期，日人水野清一等人调查云冈石窟、北魏平城遗址和方山永固陵时曾有发现，并在20世纪50年代出版的多卷本《云冈石窟》中有所叙述[2]。现在我们能见到的绝大多数北魏瓦当都是20世纪50年代以来陆续发现的，主要出土于北魏都城遗址所在地大同和洛阳，此外内蒙古中南部和辽宁朝阳等地也有发现。

大同经正式发掘出土北魏瓦当的地点有多处。早在抗战期间，水野清一等人调查云冈石窟时曾在中部窟群窟前和三窟顶部与西部窟群山顶进行发掘，在第10窟前发现有"传祚无穷"瓦当[3]，在第20窟前发现有莲花纹瓦当，西部窟群山顶北魏寺庙遗址发现有莲花纹瓦当和"传祚无穷"瓦当[4]。近年京都大学人文科学研究所冈村秀典先生把早年水野清一等人调查所得云冈石窟等平城北魏遗物整理研究，编成《云冈石窟·遗物篇》出版，其中报道的北魏瓦当有第8窟前出土的"传祚无穷"瓦当；第9窟、第10窟前出土的六瓣宝装莲花纹瓦当、"传祚无穷"瓦当；第3窟顶部寺庙遗址出土的"传祚无穷"瓦当、莲花纹瓦当；西部石窟窟顶寺庙遗址出土的"传祚无穷"瓦当、七瓣宝装莲花纹瓦当；云冈石窟东约1公里处的"西梁废寺"发现的"传祚无穷"瓦当；另有出土地点不详的6件"传祚无穷"瓦当，冈村估计这些瓦当是在云冈周边采集的。此外还有水野进行考古调查所获的瓦当：在平城东部御河东岸古城村采集有六瓣宝装莲花纹瓦当；方山采集有宝装莲花佛像纹瓦当、六瓣宝装莲花纹瓦当，以及文字瓦当"万岁富贵""福□□□""□□□永""□流□□""□乐□□"瓦当；平城远郊位于今大同县册田水库南岸的西册田制陶遗址采集有"万岁富贵"瓦当和人面纹当勾瓦等[5]。笔者近年多次在该遗址调查，除"万岁富贵"瓦当和人面纹当勾外，还采集有"大代万岁"文字瓦当两种[6]。1992年云冈石窟第7窟到第20窟发掘的资料尚在整理中，曾出土忍冬纹瓦当和莲花纹瓦当，文字瓦当有"万岁富贵"和"传祚无穷"。1993年在第3窟窟前遗址发掘出土"万岁富贵""传祚无穷"两种文字瓦当[7]。近年云冈石窟窟顶进行了多次发掘，资料均未发表。

---

[1]（美）A.G. 温莱著，师焕英译：《文明太后与方山永固陵》未刊稿。
[2]（日）水野清一、长广敏雄编著：《云冈石窟》，日本写真印刷株式会社，1952~1956年。
[3]（日）水野清一、长广敏雄著，王银田译：《云冈发掘记一》，载山西省考古学会等：《山西省考古学会论文集（二）》，太原：山西人民出版社，1994年。
[4]（日）水野清一、长广敏雄著，曹臣明译：《云冈发掘记二》，载山西省考古学会等：《山西省考古学会论文集（二）》，太原：山西人民出版社，1994年。
[5]（日）冈村秀典编：《云冈石窟·遗物篇》，日本朋友书店，2006年。
[6] 王银田、宋建忠、殷宪：《山西大同北魏西册田制陶遗址调查简报》，《文物》2010年第5期。到目前为止，平城仅发现两处北魏制陶遗址，除西册田遗址外，另一处位于云冈石窟西部山顶上，是1939年水野等人调查发现的，他们称之为西湾瓦窑址。
[7] 云冈石窟文物研究所等：《云冈石窟第3窟遗址发掘简报》，《文物》2004年第6期。

位于平城南郊的明堂遗址曾经两次发掘，出土有兽面纹瓦当和六瓣宝装莲花纹瓦当两种[1]。方山思远佛寺遗址发掘曾经出土三种文字瓦当，即"万岁富贵""□贤永□"（"忠贤永贵"）"□流□□"瓦当[2]。近年来在今大同市区北部操场城的东北部发掘了三处北魏建筑遗址，分别命名为操场城北魏一号、二号和三号建筑遗址，其中一号遗址出土有文字瓦当"永□寿长""万岁富贵""皇□□岁"（"皇魏万岁"）"大代□□"以及十瓣宝装莲花佛像纹瓦当、莲花佛像纹瓦当、兽面纹瓦当、六瓣宝装莲纹瓦当[3]。操场城二号遗址出土有莲花纹瓦当，出土的文字瓦当有"万岁富贵""永昌长寿"和"皇祚永延"[4]。操场城三号遗址出土有莲花纹瓦当、莲花佛像纹瓦当、兽面纹瓦当，以及"富贵万岁""皇魏万岁""永昌长寿"瓦当[5]。位于市区南部的金属镁厂M5墓道填土中出土十一瓣宝装莲花佛像纹瓦当[6]。北京大学考古专业师生在平城东郊北魏佛寺遗址进行考古调查时，曾发现有六瓣宝装莲花纹瓦当、八瓣宝装莲花佛像纹瓦当[7]。

以上大同发现的北魏瓦当基本上是平城时代的。

内蒙古自治区发现北魏瓦当也较多，主要发现在几座北魏古城址中，遗物年代既有定都平城时期的，也有洛阳时代的。准格尔旗石子湾北魏古城有"万岁富贵"瓦当，且有菱形瓦钉和人面纹当勾[8]。包头市固阳县北魏怀朔镇寺庙遗址出土有外周装饰联珠纹的六瓣宝装莲花纹瓦当和宽缘八瓣宝装莲花纹瓦当[9]。托克托县云中古城与和林格尔土城子古城都出有"万岁富贵"瓦当[10]，呼和浩特坝口子村北魏古城出土有兽面纹瓦当和

---

[1] 王银田、曹臣明、韩生存：《山西大同市北魏平城明堂遗址1995年的发掘》，《考古》2001年第3期；刘俊喜、张志忠：《北魏明堂辟雍遗址南门发掘简报》，载山西省考古研究所等：《山西省考古学会论文集》（三），太原：山西古籍出版社，2000年。
[2] 大同市博物馆：《大同北魏方山思远佛寺遗址发掘报告》，《文物》2007年第4期。
[3] 山西省考古研究所、大同市考古研究所、大同市博物馆、山西大学考古系：《大同操场城北魏建筑遗址发掘报告》，《考古学报》2005年第4期。
[4] 张庆捷等：《大同操场城又发现北魏重要建筑遗址》，《中国文物报》2008年9月26日第5版；张庆捷：《大同操场城北魏太官粮储遗址初探》，《文物》2010年第4期。
[5] 徐国栋：《北魏平城时代的砖瓦研究》，山西大学2009年硕士学位论文。
[6] 韩生存、曹臣明、胡平：《大同城南金属镁厂北魏墓群》，《北朝研究》1996年第1期。
[7] （日）出光美术馆：《北京大学サックラー考古芸術博物館所蔵　中国の考古学展　北京大学考古学系発掘成果》，東京：平凡社，1995年。
[8] 盖山林：《内蒙古伊盟准格尔旗石子湾古城调查》，《考古》1965年第8期；内蒙古语文历史研究所　崔璿：《石子湾北魏古城的方位、文化遗存及其它》，《文物》1980年第8期。
[9] 内蒙古文物工作队、包头市文物管理所：《内蒙古白灵淖城圐圙北魏古城遗址调查与试掘》，《考古》1984年第2期；刘幻真：《北魏怀朔镇寺庙遗址》，《内蒙古社会科学》1986年第2期。
[10] 内蒙古自治区文物考古研究所、托克托县博物馆：《托克托县古城村古城遗址发掘简报》，《内蒙古文物考古文集》第3辑，北京：科学出版社，2004年；张郁：《内蒙古和林格尔土城子古城发掘报告》，《考古学集刊》第6期，北京：中国社会科学出版社，1989年。

莲花纹瓦当[1]，准格尔旗十二连城有"太和十六年造作成"井字格瓦当[2]，四子王旗乌兰花土城子古城（或认为即北魏抚冥镇）出有莲花纹瓦当和兽面纹瓦当，武川县乌兰不浪乡土城梁村古城（或认为即北魏武川镇）有"万岁富贵"瓦当，据传也曾出土兽面纹瓦当[3]。

辽宁朝阳出土北朝瓦当数量众多，北塔遗址包含有北魏思燕佛图遗址，出土北朝瓦当竟达205件，其中包括"万岁富贵"瓦当与多种单瓣莲花纹瓦当[4]。

以上瓦当多藏于各地文博机构，新近成立的大同北朝艺术博物馆现藏有北朝瓦当百余件，其中北魏时期的井字格四字瓦当如"长寿永昌""尽忠奉上""政和治穆""永覆群官""康乐永吉""延庆益祚""皇年万岁""安然长乐"都是以往所未见的，"皇魏万岁"和"忠贤永贵"两款瓦当也很罕见。

钱国祥先生在《汉魏洛阳城出土瓦当的分期与研究》一文中，已就洛阳出土北魏瓦当进行了深入研究[5]，结合近年来洛阳的考古新发现，洛阳北魏瓦当出土地点主要包括洛阳城南郊的一号房址[6]、永宁寺遗址[7]、建春门遗址[8]和阊阖门遗址[9]、北魏宫城二号建筑遗址[10]和三号建筑遗址[11]、津阳门内大道遗址[12]、灵台遗址[13]、明堂遗址[14]，以及北魏洛阳西郭内大市附近遗址和宫城内的太极殿遗址。其中仅永宁寺遗址就出土北魏瓦

---

[1] 内蒙古自治区文物考古研究所：《内蒙古出土瓦当》，北京：文物出版社，2003年。
[2] 呼和浩特市博物馆：《杨鲁安藏珍馆藏品菁华》，北京：文物出版社，2002年。
[3] 张郁：《内蒙古大青山后东汉、北魏古城遗址调查记》，《考古通讯》1958年第3期；（日）出光美术馆：《北京大学サックラ―考古芸術博物館所蔵 中国の考古学展 北京大学考古学系発掘成果》图116，東京：平凡社，1995年。
[4] 辽宁省文物考古研究所等：《朝阳北塔考古发掘与维修工程报告》，北京：文物出版社，2007年。
[5] 钱国祥：《汉魏洛阳城出土瓦当的分期与研究》，《考古》1996年第10期。
[6] 中国社会科学院考古研究所洛阳工作队：《汉魏洛阳城一号房址和出土的瓦文》，《考古》1973年第4期。
[7] 中国社会科学院考古研究所：《北魏洛阳永宁寺1979—1994年考古发掘报告》，北京：中国大百科全书出版社，1996年。
[8] 中国社会科学院考古研究所洛阳汉魏故城队：《汉魏洛阳城北魏建春门遗址的发掘》，《考古》1988年第9期。
[9] 中国社会科学院考古研究所洛阳汉魏故城队：《河南洛阳汉魏故城北魏宫城阊阖门遗址》，《考古》2003年第7期。
[10] 中国社会科学院考古研究所洛阳汉魏故城队：《河南洛阳市汉魏故城新发现北魏宫城二号建筑遗址》，《考古》2009年第5期。
[11] 中国社会科学院考古研究所洛阳汉魏故城队：《河南洛阳市汉魏故城发现北魏宫城三号建筑遗址》，《考古》2010年第6期。
[12] 中国社会科学院考古研究所洛阳工作队：《河南洛阳市北魏洛阳城津阳门内大道遗址发掘简报》，《考古》2009年第10期。
[13] 中国社会科学院考古研究所：《汉魏洛阳故城南郊礼制建筑遗址1962～1992年考古发掘报告》，北京：文物出版社，2010年。
[14] 中国社会科学院考古研究所：《汉魏洛阳故城南郊礼制建筑遗址1962～1992年考古发掘报告》，北京：文物出版社，2010年。

表 8-1　北朝瓦当类型表

	I式	II式	III式	IV式
B				
C	I式	II式	III式	IV式
D	I式	II式	III式	
E	I式	II式		
F				

莲花佛像纹瓦当

续表

类	型		式	
忍冬纹瓦当	a		Ⅰ式	Ⅱ式
	A	b	Ⅰ式	Ⅱ式
		c	Ⅰ式	Ⅱ式

当85件之多。除永宁寺遗址出土莲瓣佛像纹瓦当，太极殿遗址出土兽面纹瓦当外，其他皆宝装或单瓣的莲花纹瓦当。

北朝晚期瓦当主要出自太原晋阳古城遗址和河北临漳邺城遗址，包括东魏北齐遗物；发表的西魏北周资料甚少，缺乏完整的图像资料，故从略。晋阳古城遗址出土瓦当多未发表，太原北齐娄睿墓[1]和徐显秀墓曾出土单瓣莲花纹瓦当[2]，与晋阳古城出土瓦当基本一致。邺城出土瓦当主要发现于邺北城[3]和邺南城[4]及其附近，包括邺北城三台以东遗址[5]、邺南城正门朱明门遗址[6]，位于郭城南部的赵彭城佛寺遗址[7]等处。此外，发现于辽宁朝阳老城北大街的莲花纹瓦当也有属于这一时期的[8]。

（四）

以下对北朝瓦当进行类型学分析，资料涵盖北魏平城期与洛阳期，也包括邺城和太原出土的北齐瓦当，以便完整再现北朝瓦当的发现状况。北朝瓦当主要有文字瓦当和图案瓦当两大类，具体可分为乳钉纹×形格四字瓦当、乳钉纹井字格四字瓦当、乳钉纹井字格六字瓦当、乳钉纹井字格八字瓦当、兽面纹瓦当、莲花佛像纹瓦当、忍冬纹瓦当、莲花纹瓦当八种，部分瓦当又分为若干型与式[9]。

1. 乳钉纹×形格四字瓦当

呈斜十字交叉的×形格将中央和四周的五个乳钉连接起来，乳钉的空隙处即在当面的上下左右均匀分布四字。目前发现此类瓦当有三种文字，即"皇魏万岁""皇帝万年""皇年万岁"，分为三型四式。

---

[1] 山西省考古研究所等：《北齐东安王娄睿墓》，北京：文物出版社，2006年。
[2] 太原市文物考古研究所：《北齐徐显秀墓》，北京：文物出版社，2005年。
[3] 中国社会科学院考古研究所、河北省文物研究所邺城考古队：《河北临漳邺北城遗址勘探发掘简报》，《考古》1990年第7期。
[4] 中国社会科学院考古研究所、河北省文物研究所邺城考古队：《河北临漳县邺南城遗址勘探与发掘》，《考古》1997年第3期。
[5] 俞伟超：《邺城调查记》，《考古》1963年第1期。
[6] 中国社会科学院考古研究所、河北省文物研究所邺城考古队：《河北临漳县邺南城朱明门遗址的发掘》，《考古》1996年第1期。
[7] 中国社会科学院考古研究所、河北省文物研究所邺城考古队：《河北临漳县邺城遗址赵彭城北朝佛寺2010~2011年的发掘》，《考古》2013年第12期。
[8] 田立坤等：《朝阳市三燕至辽金时期城门遗址》，《中国考古学年鉴2005》，北京：文物出版社，2006年；万雄飞、白万田：《朝阳老城北大街出土的3—6世纪莲花瓦当初探》，《东北亚考古学论丛》，北京：科学出版社，2010年。
[9] 内蒙古和林格尔土城子出土1件"孩童摔跤游戏瓦当"，被认定为北魏遗物，但笔者认为此瓦当并无可明显确认的北魏因素，断代存在疑问，故以上分类不包括此瓦当。资料见王大方、刘刚：《活泼有趣的北魏"孩童摔跤游戏瓦当"》，《内蒙古文物考古》2006年第1期。

"皇魏万岁"瓦当

边轮内侧有凸弦纹一周，周围环绕五个乳钉，连接中央乳钉和外围乳钉的短线为三栏。除收藏于大同北朝艺术博物馆外，发掘出土的此类瓦当见于操场城一号和三号遗址，皆篆书。依中央乳钉外围装饰的区别分为二式。

Ⅰ式　中央乳钉外围凸弦纹为圆形。出土于操场城一号遗址，但文字仅存"皇""岁"二字；大同北朝艺术博物馆藏有完整的此型瓦当，为"皇魏万岁"。

Ⅱ式　中央乳钉外围凸弦纹为方形。藏于大同北朝艺术博物馆。

"皇帝万年"瓦当

边轮内侧无凸弦纹，乳钉以及连接乳钉的短线皆同"皇魏万岁"Ⅰ式瓦当，篆书，文字按顺时针方向排列。

"皇年万岁"瓦当

边轮内侧无凸弦纹，连接中央乳钉和外围乳钉的短线为双栏，中央乳钉外围的凸弦纹不甚规整，其余特征同"皇魏万岁"瓦当。仅发现一例，藏于大同北朝艺术博物馆。

以上"皇"字瓦当直径皆较小，制作粗率。

2. 乳钉纹井字格四字瓦当

此类瓦当按照当面文字不同可分为十三种，文字皆吉语或颂词。共同的特点是边轮较高，凸起的井字格将当面分成九个格，中央设大乳钉，上下左右分列四字，四维各有一枚小乳钉。瓦当表面多磨光黑色，制作规整。多为隶书，少量篆书。以下仅对发现较多的几种进行类型学分析。

"大代万岁"瓦当

边轮内侧施凸弦纹一周，当面和边轮经磨光处理，制作十分精致，字体为隶意楷书。仅有少量发现，主要是在大同西册田制陶遗址地表采集的，一件完整的瓦当据传发现于大同东关即平城遗址的东部。依乳钉装饰式样的不同分为二式。

Ⅰ式　五个乳钉皆环绕以凸弦纹。

Ⅱ式　四维的四个小乳钉外围无凸弦纹，当心部位外围一周凸弦纹与格界相切，中央凸起，六枚花瓣环绕一圆，外围一周凸弦纹，再外环绕一周宝装莲瓣。目前发现共两例，一例为西册田遗址采集，另一例藏于大同北朝艺术博物馆。

"忠贤永贵"瓦当

仅发现于方山，北朝艺术博物馆及大同民间也有少量收藏，有篆、隶两种书体。依据当面乳钉外围装饰和瓦当文字书写风格的不同分为二式。

Ⅰ式　边轮内侧及中央乳钉皆未环绕凸弦纹，四维小乳钉呈较小的三角形凸起，篆书，字体瘦劲。出土于方山思远佛寺遗址。

Ⅱ式　边轮内侧及五个乳钉皆环绕凸弦纹一周，隶书，体势宽扁，波磔明显。藏于大同北朝艺术博物馆。

"长寿永昌"瓦当

边轮内侧设凸弦纹一周，出土地点不明。藏于大同北朝艺术博物馆。依据当面乳钉外围装饰和瓦当文字书写风格的不同分为二式。

Ⅰ式　乳钉皆无凸弦纹环绕，文字较小，篆书，书体奇诡多变。

Ⅱ式　乳钉皆设凸弦纹环绕，文字较大，楷书，书体方正劲直。

"传祚无穷"瓦当

主要发现于云冈石窟。大同操场城北魏一号建筑遗址曾发现1件"传□□□"井字格瓦当，有可能是"传祚无穷"瓦当。文字内容显然与北魏人崇信佛教的期望有关。发现于云冈石窟者见于第3窟顶部和第33窟顶部（即水野清一所言"西部台上"）两处佛寺遗址以及第8窟前，发现数量较多，文字较大，隶书近楷，大多制作较精致。边轮有两种类型，一种边轮较高，边轮面平齐；另一种边轮较低，边轮面呈弧状。依乳钉外围是否有一周凸弦纹分为二式。

Ⅰ式　仅中央大乳钉环绕一周凸弦纹，周围的四枚小乳钉无凸弦纹。仅在云冈石窟第33窟顶部发现1件。今藏于云冈石窟研究院。

Ⅱ式　五乳钉皆有凸弦纹环绕，其余瓦当皆属此类。

"万岁富贵"瓦当

此类瓦当直径差异较大，是平城时代瓦当发现数量最多的一种，普遍见于大同西册田制陶遗址，方山永固陵陵园和思远佛寺遗址，云冈石窟第3窟窟前遗址，操场城一号、二号、三号遗址；内蒙古准格尔旗石子湾古城，武川县乌兰不浪乡土城梁村古城，托克托县云中古城；辽宁朝阳北塔遗址。偶见篆书，余多隶意楷书，或偏于隶，或偏于楷。发现于平城一带和朝阳北塔思燕佛寺遗址的瓦当明显比其他地方的瓦当制作更精致。依据当面乳钉外围装饰等因素分为三型七式。

A型　边轮内侧有一周凸弦纹，凸弦纹与边轮之间有一周三角纹，尖角朝外。小乳钉外环绕一周凸弦纹。仅发现1件残器，为西册田遗址采集品。下端保留"贵"字，左侧"岁"字仅存下半部，推测为"万岁富贵"，或可读作"富贵万岁"。

B型　根据凸弦纹的不同分作五式。

B型Ⅰ式　五个乳钉外围皆无凸弦纹。发现于大同方山南麓的思远佛寺遗址、朝阳北塔思燕佛寺遗址和内蒙古准格尔旗石子湾古城。

B型Ⅱ式　仅中央大乳钉环绕一周凸弦纹。发现于内蒙古托克托县云中古城和武川县土城梁古城。

B型Ⅲ式　五个乳钉外围皆施凸弦纹，边轮内侧无凸弦纹。发现于大同方山和内蒙古准格尔旗石子湾古城。

B型Ⅳ式　边轮内侧和四周小乳钉各施凸弦纹一周，中央大乳钉外围无凸弦纹。仅发现内蒙古武川县乌兰不浪乡土城梁村古城一例。

B型Ⅴ式　边轮内侧和五个乳钉皆施一周凸弦纹。此款瓦当是平城时代文字瓦当中发现数量最多的，分别发现于大同西册田制陶遗址、方山永固陵遗址、云冈石窟第3窟窟前遗址、操场城一号遗址，内蒙古准格尔旗石子湾古城，武川县乌兰不浪乡土城梁村古城。

C型　边轮内侧施一周凸弦纹，四周的小乳钉无凸弦纹，中心位置的装饰同"大代万岁"A型Ⅱ式。仅见4件，1件残缺，出自大同操场城北魏三号建筑遗址；另3件完整，收藏于大同北朝艺术博物馆。

3. 乳钉纹井字格六字瓦当

当面中央为一枚大乳钉，井字格上端为"太"字，左侧一格容"四年"二字，下端残字考为"安"，据考当面文字为"大魏太安四年"。当面设置同乳钉纹井字格四字瓦当。仅存1件残器，为山西阳高县城南郊采集[1]。

4. 乳钉纹井字格八字瓦当

至今见诸报道者仅1件，系藏家杨鲁安先生捐赠，现藏于呼和浩特市博物馆，据说出土于内蒙古准格尔旗十二连城。当面设井字格，中央有一枚大乳钉，乳钉与边轮间施一周凸弦纹，将当面分成内外区，外区周围八格各有一字，按顺时针方向读为"太和十六年造作成"，隶楷，略带篆意[2]。

5. 兽面纹瓦当

边轮较宽，当面图案是一个怪兽头部的正面形象，图案详细刻画了兽面的脸部，包括眼、耳、鼻、嘴和胡须。兽面双目圆睁，口大张，牙齿外露，尤其是四颗獠牙格外醒目，额头有皱纹。制作皆十分规整。根据口部的外形和额头的皱纹变化分为五型八式。

A型　眼睛为双圆圈式样，额头的皱纹呈"V"字形，夹角近90度，元宝形嘴，露出牙齿和舌头。根据獠牙的变化分为三式。

A型Ⅰ式　四枚獠牙皆竖直排列，上下交错，脸颊两侧各有三撮胡须。出土于大同操场城一号建筑遗址和平城明堂遗址。

A型Ⅱ式　四枚獠牙皆朝外撇，上面的两枚獠牙明显呈外八字形，下面的獠牙牙尖也略朝外。脸颊两侧各有三撮胡须，仅见于大同操场城一号建筑遗址。

---

[1] 张崇宁：《北魏六字纪年残瓦当》，《考古与文物》1990年第2期。
[2] 呼和浩特市博物馆：《杨鲁安藏珍馆藏品菁华》，北京：文物出版社，2002年。

A型Ⅲ式　略同于Ⅰ式，但额头的皱纹多一重，而且从拓片看脸颊两侧似乎没有胡须，出土于呼和浩特市坝口子北魏古城。

B型　额头四条波浪状皱纹，杏核式眼睛，三角形嘴，牙齿不明显，根据胡须的变化分为二式。

B型Ⅰ式　脸颊两侧各有三撮胡须，出土于洛阳北魏太极殿遗址、阊阖门遗址；洛阳一号房址所发材料不够清晰，似乎也属于此式；北大所藏瓦当也属此式。

B型Ⅱ式　无胡须，仅见于洛阳阊阖门遗址。

C型　额头四道波浪状皱纹，眼下垂，元宝形嘴，但两嘴角明显向上至颧骨处，比前几型更为夸张。只发现于洛阳永宁寺遗址。

D型　与以上各型皆不同，边轮较低平，由两道凸弦纹中间夹一周忍冬纹带组成。中央为兽面，口大张，露上排牙齿和舌头，有犄角，因尚未发现完整器物，兽面形象不甚明了。仅出土于云冈石窟第20窟窟前遗址。

E型　嘴形同C型，但眼向前视，且有二犄角，犄角末端向内弯曲，整个兽面似龙，兽面外围一周联珠纹。只发现于洛阳永宁寺遗址。

6. 莲花佛像纹瓦当

佛像为胸像或腰部以上正面像，位于瓦当中央或中央偏上处，周围施莲瓣等纹饰。根据当面外围装饰纹样的不同分为六型十五式。

A型　佛像外围多为宝装复瓣莲花纹，莲瓣纹外围无联珠纹，依佛像手印和佛装的区别可分为四式。

A型Ⅰ式　边轮较窄，十一瓣宝装复瓣莲花纹，佛像双手捧莲蕾在胸前，无项光。分别出自大同方山思远佛寺遗址、操场城一号建筑遗址。

A型Ⅱ式　边轮比Ⅰ式略宽，十瓣或十一瓣宝装复瓣莲花纹，佛像双手合十。考古发掘出土仅见1件，出自大同市区南部金属镁厂M5墓道填土中，大同北朝艺术博物馆藏有6件。

A型Ⅲ式　边轮较宽，八瓣宝装复瓣莲花纹，当心有莲蓬，佛像位置偏上，双手合十。洛阳永宁寺遗址出土。

A型Ⅳ式　佛像位置比Ⅲ式略偏下，且两者佛装稍有区别，其余特征一致。洛阳永宁寺遗址出土。

B型　宝装复瓣莲花纹，外有两周凸弦纹，间施绞索纹。大同方山思远佛寺遗址出土。

C型　边轮内侧有一周联珠纹，佛像双手合十，外围莲瓣。依莲瓣数量的不同分为四式。

C 型 I 式　宝装复瓣莲花纹，莲瓣数量较 II 式多，佛像身前有一个较大的莲瓣。大同操场城一号建筑遗址出土。

C 型 II 式　六瓣宝装复瓣莲花纹，边轮较宽，边轮与莲瓣之间有联珠纹和凸弦纹各一周。佛像位置偏上，双手合十，有项光，项光顶端圆秃。洛阳永宁寺遗址出土。

C 型 III 式　七瓣宝装复瓣莲花纹，边轮较 C 型 II 式略窄，无凸弦纹，佛像同 C 型 II 式，项光顶端较尖。仅 1 件，藏于大同北朝艺术博物馆。

C 型 IV 式　八瓣宝装复瓣莲花纹，边轮同 C 型 III 式，中央疑为着冠的菩萨像，凸起明显，双手合十，两臂环绕帔帛，无项光。仅 1 件，藏于大同北朝艺术博物馆。

D 型　边轮宽窄适中，宝装复瓣莲花纹，瓦当中央为凸起的佛像，佛像面部等细部特征较为模糊，外围一周联珠纹。根据莲瓣及佛像手势的区别分为三式。

D 型 I 式　佛像较小，双手合十，六瓣莲花纹。大同北朝艺术博物馆藏品。

D 型 II 式　佛像较 I 式略大，双手合十，十瓣莲花纹。大同北朝艺术博物馆藏品。

D 型 III 式　佛像较 I 式略大，佛像双手举璎珞，十一瓣莲花纹。大同北朝艺术博物馆藏品。

E 型　边轮较窄且与当面平齐，由两道凸弦纹中间夹一周联珠纹组成，中间的佛像双手持璎珞于胸前，凸起明显，周围十一瓣复瓣莲花纹，莲瓣呈桃形，皆出自托克托县云中古城，依头饰不同分作二式。

E 型 I 式　佛像头顶肉髻。

E 型 II 式　着冠，为菩萨像。

F 型　无明显边轮。当面外围边轮处环绕三周凸弦纹，内侧两周凸弦纹之间夹一周联珠纹，中央佛像结跏趺坐于莲台之上，左手置腹前，右手持物高举，佛身两侧各有一支忍冬纹，佛像凸起十分明显。仅发现 1 件，藏于大同北朝艺术博物馆，据传出土于云冈石窟附近。

7. 忍冬纹瓦当

纹饰由内而外分三重布局，当面中心为复瓣莲花纹，外围忍冬纹，最外一周为变形水波纹。公开发表的资料仅见于洛阳永宁寺遗址，共计 30 件。北魏时期瓦当中出现忍冬纹，最早见于上文莲花佛像纹瓦当 F 型，但主图案为忍冬纹的仅见于洛阳永宁寺遗址，根据主图案忍冬纹的变化分为二式。

I 式　当面中心莲花纹为六瓣式，外围是由六个忍冬叶和六支流苏相间组成的图案。

II 式　当面中心莲花纹为八瓣式，外围列十六个三瓣式忍冬叶，最外加饰一周点状纹饰，与 I 式的变形水波纹稍有不同。

8. 莲花纹瓦当

莲花纹瓦当是北魏瓦当中种类最丰富的一种，发现的数量也较多。依莲瓣的形状以及构成当面图案的几种要素的不同组合关系，分为九型三十六式。

A 型　当面中央为一枚大乳钉，周围一圈凸弦纹，外围宝装莲花纹，莲瓣有六、七、八瓣三种，边轮较宽。主要出自大同与内蒙古中南部地区。分为单层莲瓣、复瓣等三个亚型共六式。

Aa 型　单层莲瓣，根据乳钉的细部差别分为二式。

Aa 型 Ⅰ 式　中心乳钉外围一周凸弦纹，六或七个莲瓣。出自云冈石窟西部台上遗址和方山思远佛寺遗址。

Aa 型 Ⅱ 式　中心乳钉中心下凹，且外围无凸弦纹，八个莲瓣，边轮比Ⅰ式宽。出自内蒙古包头市固阳县北魏怀朔镇寺庙遗址。

北大收藏的一枚瓦当中心部位缺失，莲花纹同 Aa 型Ⅰ式。采集自平城东部北魏佛寺遗址。

Ab 型　中心乳钉外围皆有一周凸弦纹，内为复瓣莲花纹。莲瓣纹或凸起，或较平，故分为二式。

Ab 型Ⅰ式　莲瓣为六瓣或八瓣，凸起明显。出自大同方山思远佛寺遗址、平城明堂遗址、内蒙古托克托县云中古城遗址。

Ab 型Ⅱ式　莲瓣为八瓣，较平。出自托克托县云中古城遗址。

Ac 型　中心乳钉外围环绕三条凸弦纹，凸弦纹间装饰两周联珠纹，外围复瓣莲花纹，边轮较前两型窄。仅发现于内蒙古托克托县云中古城遗址。根据乳钉的大小分为两式。

Ac 型Ⅰ式　中央乳钉较大，莲瓣外围一周凸弦纹。

Ac 型Ⅱ式　中央乳钉较小，莲瓣外围无凸弦纹，边轮比Ⅰ式更窄，下层莲瓣简化为点状装饰。

B 型　中央乳钉较大多数 A 型瓦当小，乳钉环绕一周联珠纹，有的乳钉外围为双重凸弦纹。外围宝装复瓣莲花纹，下层莲瓣多已简化，多数为六瓣，有的瓦当残缺不全，或许是七瓣。边轮较窄，边轮内有一周联珠纹和凸弦纹。依边轮和乳钉的不同分为五式。

B 型Ⅰ式　乳钉外围设双重凸弦纹，边轮较窄，内有联珠纹和凸弦纹各一周。出自内蒙古固阳县怀朔镇遗址。

B 型Ⅱ式　中央乳钉外围一周联珠纹，个别瓦当边轮稍宽，大多较窄，边轮同Ⅰ式，个别瓦当边轮内侧无凸弦纹。出自云冈石窟第 9、10 窟窟前遗址，内蒙古和林格尔土城子遗址。此外，方山顶部、方山思远佛寺遗址出土部分残瓦当可能也属此式。

B 型Ⅲ式　当面基本特征同Ⅱ式，但边轮较窄，下层莲瓣简化，形似箭镞。出自洛阳城西郭内大市附近遗址。

B 型Ⅳ式　中央乳钉外围一周联珠纹不像前两式为圆形的凸起，而是凸起的短斜线，下层莲瓣同Ⅲ式。仅见于北魏洛阳阊阖门遗址和洛阳城西郭内大市附近遗址。

B 型Ⅴ式　当心形似旋转的风车，由四个状似蝌蚪的漩涡状纹样组成，其余部分同Ⅲ式。大同北朝艺术博物馆收藏有 2 件。

C 型　中央乳钉较小，外围一周联珠纹，内为宝装莲花纹，有五、六、七、八瓣几种。边轮宽窄不同，有复瓣和单层莲瓣两种，分作两个亚型共五式。

Ca 型Ⅰ式　六瓣复瓣宝装莲花纹，下层莲瓣仅在靠近边轮内侧两个莲瓣间有象征性的简单凸起。出自大同操场城一号遗址、云冈石窟第 33 窟顶部佛寺遗址、洛阳一号房址、洛阳阊阖门遗址和西郭内大市附近遗址。

Ca 型Ⅱ式　八瓣复瓣宝装莲花纹，中央乳钉外围一周联珠纹，再外环绕一周凸弦纹，边轮很窄，整个当面纹饰较平。仅出自内蒙古托克托县云中古城遗址。

Ca 型Ⅲ式　六瓣复瓣宝装莲花纹，中央大乳钉外围一周联珠纹。藏于大同北朝艺术博物馆。

Ca 型Ⅳ式　七瓣复瓣宝装莲花纹，中央乳钉外围的联珠纹同 B 型Ⅳ式。仅见于北魏洛阳西郭内大市附近遗址。

Cb 型　单层五瓣宝装莲花纹。仅见于北魏洛阳城建春门遗址。

D 型　瓦当中央为凸起的乳钉，比 A 型的乳钉明显小些，乳钉外围一周凸弦纹。可分为复瓣莲花纹和单层莲瓣纹两个亚型共四式。

Da 型　复瓣莲花纹，下层莲瓣简化，即在两个莲瓣间饰以很小的∧形装饰。窄边轮。出自内蒙古托克托县云中古城遗址、四子王旗乌兰花土城子古城遗址。

Db 型　单瓣莲花造型短而窄，莲瓣间以钉形间隔，边轮较宽且低平，边轮与莲瓣间有凸弦纹一周。根据莲瓣的外形不同分为三式。

Db 型Ⅰ式　莲瓣呈椭圆形，钉形间隔的外侧较宽，中央乳钉外围的凸弦纹也较宽。出自辽宁朝阳北塔北魏思燕佛寺遗址，瓦当已残，估计莲瓣为八瓣。

Db 型Ⅱ式　十瓣莲花纹，莲瓣近菱形，钉形间隔同Ⅰ式。出自内蒙古和林格尔土城子遗址。

Db 型Ⅲ式　莲瓣很窄，钉形间隔也比前两式窄。出自内蒙古和林格尔土城子遗址，皆残器，估计莲瓣为十瓣。

E 型　瓦当中央为凸起的圆形平台即莲蓬，其上装饰数量不等的莲子，多为七颗，也有更多的。外围单瓣莲花纹，莲瓣间有装饰物间隔，边轮较宽。此型瓦当极少见于平城。以间隔物的形状不同分为两个亚型共十式。

Ea 型　10 个莲瓣，莲瓣间以一条直立的短线间隔。仅见 1 件，出自内蒙古武川县坝口子北魏古城遗址。

Eb 型 Ⅰ 式　莲瓣间的间隔物近银锭形，但向内的一端较窄。十个瘦长型莲瓣。边轮靠内一侧有一道凹弦纹。仅见于内蒙古和林格尔土城子古城遗址。

Eb 型 Ⅱ 式　莲瓣间的间隔物近三角形，八至十个莲瓣。出自洛阳一号房址、阊阖门遗址、永宁寺遗址。

Eb 型 Ⅲ 式　莲瓣间的间隔物呈粗短的钉形，八或九个莲瓣。出自云冈石窟第 3 窟窟前遗址（资料未发表，今藏云冈石窟研究院）和辽宁朝阳北塔北魏思燕佛寺遗址。

Eb 型 Ⅳ 式　莲瓣间的间隔物呈细长的钉形，顶端似伞状。八个莲瓣。出自北魏洛阳西郭内大市附近遗址。

Eb 型 Ⅴ 式　莲瓣间的间隔物呈细长的楔形，顶端平齐，向内一侧尖细如锥。十个窄长型莲瓣。出自北魏洛阳西郭内大市附近遗址。

Eb 型 Ⅵ 式　莲瓣间的间隔物呈细长的镞形，顶端尖锐，尾部细长。十个窄长型莲瓣。出自北魏洛阳西郭内大市附近遗址。

Eb 型 Ⅶ 式　椭圆形莲瓣同 Eb 型 Ⅱ 式，间隔物类似 Eb 型 Ⅴ 式但略短，八至十个莲瓣。出自朝阳老城北大街、太原娄睿墓和徐显秀墓。

Eb 型 Ⅷ 式　莲瓣间的间隔物呈细长的钉形，顶端平齐或内凹，向内一侧尖细如锥，似 T 形。九或十个莲瓣。出自邺南城朱明门遗址和邺城赵彭城北朝佛寺遗址。

Eb 型 Ⅸ 式　莲瓣间的间隔物似树杈形，十个窄长型莲瓣。出自邺南城朱明门遗址。

F 型　中央乳钉纹，外围一周凸弦纹，单瓣莲瓣纹呈水滴形，莲瓣内外各有一周稀疏且较大的联珠纹，边轮较窄。仅见于辽宁朝阳北塔北魏思燕佛寺遗址。

G 型　当心为莲蓬，周围施一周联珠纹，外围十二枚单瓣莲瓣，莲瓣间的间隔物为椭圆形的小凸点。边轮较窄。出自北魏洛阳西郭内大市附近遗址。

H 型　当心为莲蓬，边轮内侧一周凸弦纹，单瓣莲瓣，莲瓣间的间隔物呈钉形。出土于辽宁朝阳老城北大街。

I 型　当心为莲蓬，边轮内侧一周联珠纹，可分为宝装与单瓣两式。

I 型 Ⅰ 式　八瓣宝装莲花纹。出自洛阳永宁寺遗址。

I 型 Ⅱ 式　单瓣莲花纹，莲瓣间的间隔物呈钉形，遗物残，估计为十瓣。出自邺南城朱明门遗址和邺城赵彭城北朝佛寺遗址。

除以上各式瓦当外，还有多款乳钉纹井字格四字瓦当，包括"尽忠奉上""政和治穆""康乐永吉""永覆群官""延庆益祚""忠贤永贵""安然长乐""永□寿长""乾坤齐量""福□□□""□乐□□""□流□□"（大同方山思远佛寺遗址出土，大同本地藏家有"万富长流"瓦当）等等，文字皆隶书，书法端庄大气，布局严整，制作精致，大多与"大代万岁"类似，多藏于大同北朝艺术博物馆，据传为大同本地所出。此外，近年大同市新荣区文管所在方山采集到少量石雕"万岁富贵"残"瓦当"和"福□□□"残"瓦当"，特征和规格与平城常见的乳钉纹井字格四字瓦当相同。以上瓦当因出土不多，且特征与同时期陶质瓦当一致，故不再列入类型学分析。

（五）

北朝瓦当可分为三期，即一期北魏平城时代，二期北魏洛阳时代，三期东魏北齐时期。三期的划分不仅仅是简单按照历史朝代的更迭划分的，而是因瓦当的演变自成规律，恰与朝代的更迭相一致。

除2件北魏纪年瓦当外，出土北朝瓦当遗址的地点有的是有年代记载的，如大同方山永固陵及其附属建筑，年代为太和三年至太和十五年（479～491），但主要工程是在太和三年至太和八年进行的；平城明堂遗址建成于太和十五年（491）[1]。云冈石窟出土瓦当的窟前遗址如第3、9、10窟分别开凿于和平年间和太和中期，也具有一定的参考价值。已经公布资料的操场城一号遗址情况可能要复杂些，北魏平城宫殿建筑有的历经重建，建筑材料可能不是同一时间的。洛阳永宁寺建于孝明帝熙平元年（516）至神龟二年（519）间；另一些无确切年代但可判定为迁洛初期的建筑如建春门、太极殿、西郭内大市，多始建于太和十八年迁都洛阳初期，完成于宣武帝景明之前。邺城的考古调查与发掘已历经三十余年，发掘调查东魏北齐遗址多处，出土大量同时期的瓦当，特征与邻近的东魏北齐响堂山石窟相关遗存一致[2]。山西太原曾发掘北齐武平元年（570）娄睿墓[3]和武平二年（571）徐显秀墓[4]，两墓都曾出土瓦当，可作为标型器。

一期瓦当以文字瓦当为主、莲花纹瓦当为辅，后者皆为宝装莲瓣纹，此外其他类型瓦当数量较少，但佛像纹瓦当是过去未曾发现的；兽面纹瓦当虽然在东晋早期长江流域[5]和5世纪初的高句丽已经出现，但平城时代的兽面纹瓦当却是中原较早出现的类型；忍冬纹瓦当最早也出现于5世纪初的高句丽，但中原地区以平城时代出现较早。

乳钉纹×形格界四字瓦当是汉代瓦当的常见类型，大同发现的此类瓦当依"皇魏万

---

[1] 王银田：《北魏平城明堂遗址研究》，《中国史研究》2000年第1期。
[2] 中国社会科学院考古研究所等：《邺城考古发现与研究》，北京：文物出版社，2014年。
[3] 山西省考古研究所等：《北齐东安王娄睿墓》，北京：文物出版社，2006年。
[4] 太原市文物考古研究所：《北齐徐显秀墓》，北京：文物出版社，2005年。
[5] 贺云翱：《六朝瓦当与六朝都城》，北京：文物出版社，2005年。

岁"可以确认为北魏瓦当无疑。此类瓦当平城时代发现很少，明确的出土地点只有大同操场城北魏一号和三号遗址，而方山陵园遗址、思远佛寺遗址、明堂遗址和云冈石窟都不见此类瓦当，北魏洛阳城址也未曾发现，说明此类瓦当并非平城时代瓦当的主流形态，使用时间较短，且很可能比以上平城建筑年代要早，即早于云冈石窟的开窟时间——公元460年。据《南齐书·魏虏传》记载："什翼珪始都平城，犹逐水草，无城郭，木末始土著居处。佛狸破梁州、黄龙，徙其居民，大筑郭邑。截平城西为宫城，四角起楼，女墙，门不施屋，城又无堑。南门外立二土门，内立庙，开四门，各随方色，凡五庙，一世一间，瓦屋。其西立太社。"[1]上文所记为太武帝灭北凉事，太延五年（439）灭北凉后于同年冬"徙凉州民三万余家于京师"。平城的营建主要始于此后，瓦当的使用或许与此有关，乳钉纹×形格界四字瓦当的使用时段或许在440~460年间。北魏平城宫殿有的曾经重建，作为宫殿建筑也必然有一定的使用时长，大同操场城北魏一号建筑遗址的瓦类遗存就包含有北魏不同时间段的遗物，所以此地发现有这类瓦当。从瓦当文"皇魏万岁""皇帝万岁""皇年万岁"来看，瓦当应属官式建筑所用。此为一期前段的遗物。

瓦当中央设置大乳钉的作法，早在战国时的秦国（图8-1：1~3）[2]、齐国都曾出现[3]，秦代关中地区已经多见，汉代普遍使用。井字格瓦当很可能是由汉代双栏四格界瓦当演变而来的，即由双栏格界中间的距离逐渐加宽所致，这一过程完成于汉代，我们在汉代的瓦当中不难找到这样的中间演变形态（图8-1：4~7）[4]。另一类中央乳钉，两侧设两道竖栏的瓦当也出现于汉代，上下左右分列四字，四维设置小乳钉，也可看作是中间的演变形态。此类瓦当多见于邺城，为十六国时期遗物，有"大赵万岁""富贵万岁""万岁富贵"等。"万岁富贵"A型的年代可能较早，此款瓦当最主要的特征是边轮内侧凸弦纹与边轮之间有一周三角纹（或称桁齿纹），见诸报道者仅1件残器。瓦当边轮内侧设置一周三角纹的作法始于汉代，如汉长安城遗址出土的"当王天命"云纹瓦当[5]，东汉、魏晋时期的云纹瓦当也常常在边轮内侧施一周三角纹，遗物曾见于洛阳汉魏故城、邺城和高句丽王陵[6]，广州南越国宫署遗址也曾出土东晋时期的此类瓦当（图8-1：8），

---

[1]《南齐书》卷五七。
[2] 赵力光：《中国古代瓦当图典》图66、71、72，北京：文物出版社，1998年。
[3] 李发林：《齐故城瓦当》，北京：文物出版社，1990年。
[4] 赵力光：《中国古代瓦当图典》图491、636、699、702，北京：文物出版社，1998年。
[5] 赵力光：《中国古代瓦当图典》图319、320、321，北京：文物出版社，1998年。
[6] 中国社会科学院考古研究所：《汉魏洛阳故城南郊礼制建筑遗址1962~1992年考古发掘报告》，北京：文物出版社，2010年。汉魏洛阳故城灵台、辟雍、太学诸遗址皆出土有瓦当，时代为东汉魏晋时期。中国社会科学院考古研究所等：《邺城文物菁华》，北京：文物出版社，2014年。集安麻线2100号墓曾出土3件，见吉林省文物考古研究所等：《集安高句丽王陵——1990~2003年集安高句丽王陵调查报告》，北京：文物出版社，2004年。

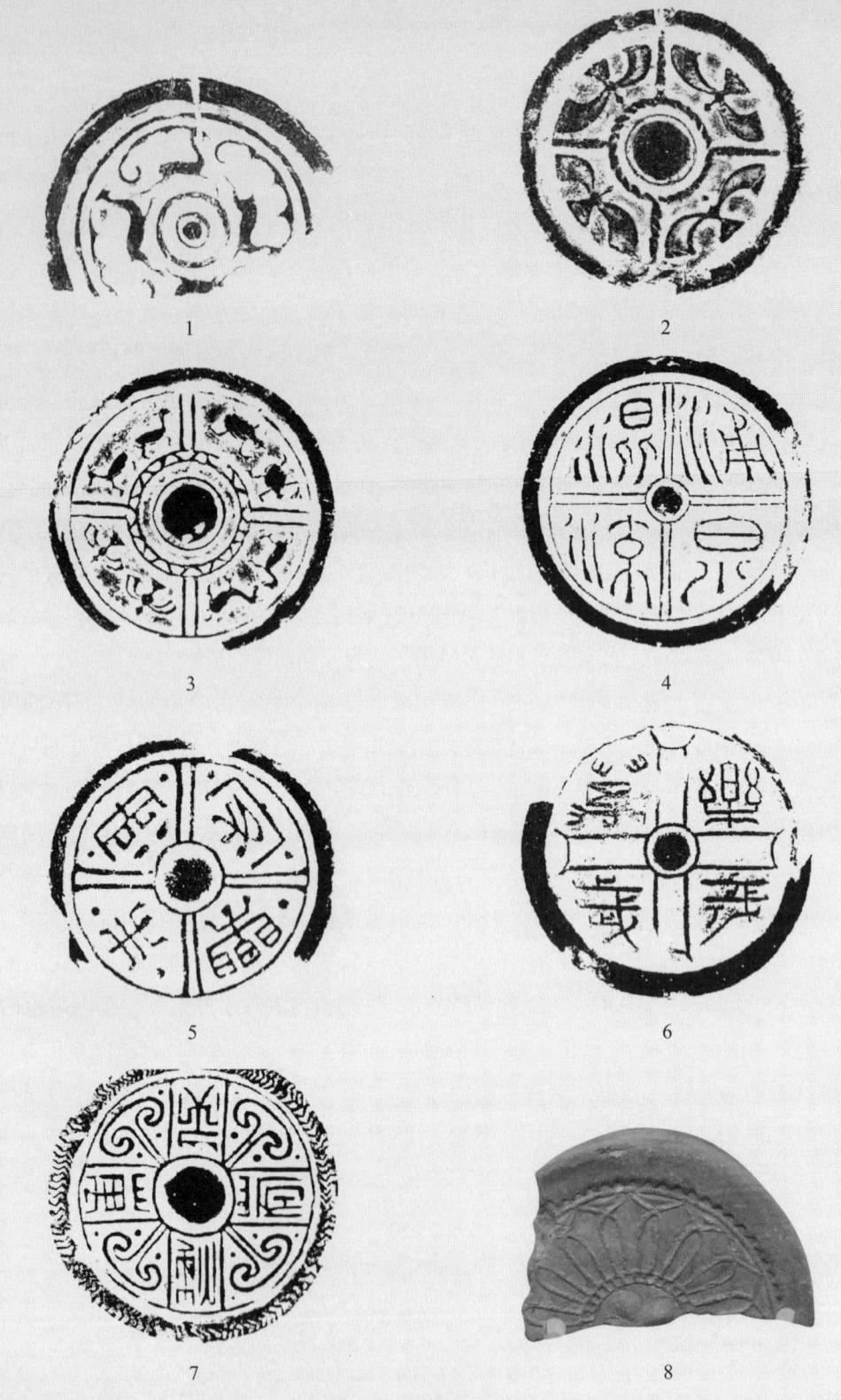

图 8-1 战国秦汉瓦当

1.战国秦四鹿纹瓦当 2.战国秦四燕纹瓦当 3.战国秦动物纹瓦当 4.汉双栏四格界瓦当之一"涌泉混流"瓦当 5.汉双栏四格界瓦当之二"安乐未央"瓦当 6.汉双栏四格界瓦当之三"乐哉万岁"瓦当 7.汉双栏四格界瓦当之四"千秋万岁"瓦当 8.广州南越国宫署遗址博物馆藏东晋莲花纹瓦当

这种装饰应该源自汉代铜镜，因为铜镜和圆瓦当皆平面圆形，装饰构图具有明显的相似性。"万岁富贵"A型瓦当与平城时代典型的乳钉纹井字格四字瓦当一起，可看作是受两汉魏晋瓦当影响的一款北魏瓦当，从类型学的角度来说应该是北魏乳钉纹井字格四字瓦当中最早的，同乳钉纹×形格界四字瓦当一样，此款瓦当也不见于大同方山、云冈石窟、明堂等遗址，也可列入一期前段。南京出土的1件云纹瓦当边轮内侧就有一周三角形锯齿纹，尖角向内，被认定为六朝早期遗物[1]。

除此之外的乳钉纹井字格四字瓦当、六字瓦当和八字瓦当皆属一期后段遗物，年代当止于迁都洛阳，起始时间目前难以确定，或许始于5世纪中期即文成帝时期，乳钉纹井字格四字瓦当当面设置与"大魏太安四年"瓦当一致，由此判断以四字为主的乳钉纹井字格瓦当最早在文成帝太安四年（458）已在平城附近使用，此纪年比云冈最早的开窟时间和平元年（460）早两年。乳钉纹井字格四字瓦当的主要使用时段应在献文帝与孝文帝时期，尤其是孝文帝时期，平城的营建达到高潮，平城宫殿建筑、城门、明堂、圆丘，以及方山和云冈石窟等工程众多，瓦当的使用量巨大，瓦当文字丰富多样，常常使用磨光黑瓦，制作十分精致。兽面纹瓦当A型、D型，莲花佛像纹瓦当A型Ⅰ式、Ⅱ式，B型和C型Ⅰ式，莲花纹瓦当Aa型Ⅰ式、Ⅱ式，Ab型Ⅰ式，B型Ⅱ式等都属此期遗物。

此期瓦当文字主要是纪年、吉语、颂词以及警句等，既有对北魏政权长治久安的期盼，也有上层或皇室对官僚的护佑，还有对官僚的警示，不同文字的瓦当可能用于不同性质的建筑。"传祚无穷"瓦当发现较多，但主要集中于云冈石窟，可见"传祚无穷"的用意在于祈求佛祖对拓跋皇室的护佑，这也正是北魏统治者不惜财力开凿云冈石窟的目的所在。

二期瓦当以各式莲花纹瓦当为主，平城时代十分流行的乳钉纹井字格四字瓦当在迁洛后则不再流行，已公布的北魏洛阳各遗址皆不见其踪影。兽面纹和佛像纹瓦当较一期明显增多，可以看到洛阳北魏瓦当对平城时代瓦当的继承；另一方面莲花纹瓦当既有宝装莲花也有单瓣莲花，表现出由北魏平城时代的宝装莲花纹经洛阳时代二者共存，向东魏北齐单瓣莲瓣纹瓦当过渡的形态特征。

平城期兽面纹瓦当发现较少，应该属于一期后段遗物，出土的地点有平城明堂遗址、大同操场城一号建筑遗址，内蒙古呼和浩特坝口子古城曾发现一例；二期发现的兽面纹瓦当明显增加，出自洛阳永宁寺遗址、阊阖门遗址、太极殿遗址和一号房址。除呼和浩特坝口子古城一例外，其余兽面纹瓦当都出自北魏两个京城最高等级的皇家建筑遗

---

[1] 王志高：《六朝瓦当的发现及初步研究》，《东南文化》2004年第4期。

址中，有可能北魏时期兽面纹瓦当的使用具有一定的要求，主要用于高等级建筑。此类瓦当的变化主要表现在兽面的嘴部和额头，由一期的元宝形嘴发展到二期的三角形嘴，额头的褶皱也由一期的 V 形变为二期的水波形。

佛像纹瓦当发现于大同方山思远佛寺遗址、操场城一号建筑遗址，内蒙古托克托云中古城和洛阳永宁寺遗址，应该是专为寺庙制作的。大同金属镁厂 M5 的佛像纹瓦当出自墓道填土中，应该不是有意为之的结果，北魏时期该墓葬附近或许曾有佛寺。这类瓦当是北朝各类瓦当中出现较晚和持续时间较短的一种，方山所见 A 型 I 式和 B 型应该是其较早的式样，时间在太和初年。洛阳永宁寺建于孝明帝熙平元年（516）至神龟二年（519）间，遗址出土的佛像纹瓦当莲瓣全是宝装复瓣式样，仍保留着平城时代莲瓣的特点，佛像的头光则是山西、内蒙古同类瓦当所没有的。

莲花纹瓦当中的大多数类型属于二期。Ca 型 I 式六瓣复瓣宝装莲花，即见于大同操场城一号遗址、云冈石窟第 33 窟顶部佛寺遗址，也在洛阳一号房址、阊阖门遗址和西郭内大市附近遗址出现，这是北魏迁洛前后瓦当延续的直接反映。二期莲花纹瓦当中也出现了一些新的因素，如 Ab 型 II 式、Ca 型 II 式当面扁平的式样；中央乳钉外围一周凸起短斜线的 B 型 IV 式，当心似旋转风车的 B 型 V 式等。E 型瓦当中央为凸起的莲蓬，单瓣莲花，莲瓣间有装饰物间隔，边轮较宽。此型瓦当在平城仅见一例，而较多发现于洛阳，如洛阳一号房址、阊阖门遗址、永宁寺遗址、西郭内大市附近遗址等，应该是迁都洛阳后的遗物。此型瓦当也多见于内蒙古，如内蒙古武川县坝口子北魏古城遗址、和林格尔土城子古城遗址，说明迁都洛阳后北魏政权对漠北边镇的建设仍然十分重视。钱国祥先生曾指出："北魏王朝都洛时间虽然只有四十余年，但莲花纹瓦当在这个时期从早到晚变化特征很明显。其中早期为宝装莲花式，晚期则为单瓣莲花式。从早到晚主要变化特征为：当心由受汉晋云纹图案瓦当影响的凸起圆乳钉状莲花花蕊演变为当心较平的莲蓬状，当面莲瓣由双瓣变为单瓣；花瓣形状由较肥硕向越来越窄尖发展；花瓣数量愈来愈多。总的莲花图案线条是由繁缛向简化发展，形象由逼真向抽象变化。"[1]

北魏平城时代瓦当除佛像纹瓦当和兽面纹瓦当外，当心装饰主要有两种，一种是一枚凸起的大乳钉，占瓦当的绝大多数，另一种是在当心装饰莲瓣纹，目前仅见 6 件，分别是大同西册田制陶遗址采集的"大代万岁" A 型 II 式残瓦当，大同操场城三号北魏建筑遗址所出"万岁富贵" C 型瓦当，另 4 件全部收藏于大同北朝艺术博物馆，其中 3 件为完整的"万岁富贵"瓦当，1 件为"大代万岁" A 型 II 式瓦当，当心部位外围一周凸弦纹与格界相切，中央 6 枚或 8 枚花瓣环绕一圆，也像是莲蓬，外围一周凸弦纹，再外

---

[1] 钱国祥：《汉魏洛阳城出土瓦当的分期与研究》，《考古》1996 年第 10 期。

环绕一周莲瓣，当心图案实际上是一枚莲瓣纹瓦当的缩小版，此种瓦当不见于洛阳与邺城。洛阳时期瓦当当心仍有装饰大乳钉的作法，但常常在乳钉外围环绕一周联珠纹，有的联珠纹演变为一周斜出的短线。洛阳时代以及北朝晚期的北齐时期当心装饰以莲蓬为主。

三期瓦当种类较少，主要是莲花纹瓦当，发现地点主要集中于邺城，北都晋阳城遗址近来也有发现。本期除少量民间收藏宝装莲花纹瓦当出土地点不详外[1]，考古发掘出土的瓦当全部是单瓣莲花纹，瓦当中央乳钉基本消失而代之以莲蓬，北魏时期下层复瓣莲瓣经北魏后期的进一步简化为单瓣莲瓣之间的间隔物，到本期这些间隔物呈细长的钉形或树形。出土自太原北齐娄睿墓和徐显秀墓的 E 型Ⅶ式，邺南城朱明门遗址以及邺城赵彭城北朝佛寺遗址的 E 型Ⅷ式和Ⅸ式，可明显看出是由 E 型前几式北魏洛阳遗物演变而来的，成为北朝晚期瓦当的标准式样。东魏北齐邺城单瓣莲花纹瓦当的另一个渊源是后赵时期邺城的单瓣莲花纹瓦当，这种莲花式样并未影响北魏，却对东魏北齐邺城产生了直接影响。

莲花纹瓦当边轮设置一周联珠纹首见于大同方山思远佛寺遗址，边轮由两道凸弦纹夹一周联珠纹组成，但当心是否为乳钉不明，为平城时代太和年间遗物，北魏洛阳时代继续使用且数量略有增加，除前述在边轮上设置联珠纹外，出现了联珠纹设置在边轮内侧的装饰手法，当心或为乳钉，或为莲蓬，前者见 B 型各式，且乳钉偶见如 B 型Ⅴ式漩涡状纹样者；后者即 H 型Ⅰ式八瓣宝装莲花纹，出自洛阳永宁寺遗址。东魏北齐时期流行单瓣莲花纹，莲瓣外围联珠纹依旧使用，如 H 型Ⅱ式，出自邺南城朱明门遗址和邺城南赵彭城北朝佛寺遗址。总的说来这类瓦当在北朝时期使用较少，但入唐以后则成为常见的瓦当类型。

南北朝瓦当的交互影响是这一时期瓦当变化的一个显著特点，总的说来，平城时代瓦当除受传统瓦当装饰影响外，也受佛教美术的影响，如复瓣宝装莲花纹就在同时期的云冈和敦煌石窟寺中大量存在，莲花佛像纹瓦当的造型与云冈石窟第 5 窟窟门顶部的化生莲花纹相同（图 8-2）[2]。洛阳时代继承平城时代瓦当的同时也受到了南朝瓦当的影响，表现在莲花纹瓦当当心较多出现莲蓬和单瓣莲花纹，因为这类构图的瓦当在长江中下游地区出现更早。北朝晚期最为常见的中心设莲蓬、周围单瓣莲瓣加间隔物的瓦当受南朝因素影响则更为明显，这与南北朝晚期华夏文化渐趋归一的大势是一致的。

---

[1] 焦智勤：《邺城瓦当分期研究》，《殷都学刊》2007 年第 2 期。该文收有部分据传出自邺城的东魏北齐瓦当。
[2] 中国社会科学院考古研究所等：《云冈石窟》第 2 卷，北京：科学出版社，2014 年。

图 8-2　云冈石窟第 5 窟窟门顶部雕刻

（六）

据刘庆柱先生研究，瓦当模制当心后再套接筒瓦的作法流行于西汉中期以前，汉武帝中期以后此种工艺被淘汰，而代之以瓦当整体（当心与边轮）范制成型的作法[1]。魏晋南北朝时期瓦当的制作基本沿袭这种作法，如十六国时期的高句丽瓦当[2]和辽宁北票金岭寺慕容鲜卑建筑遗址出土瓦当[3]。北朝时期瓦当制作工艺基本相同，我们曾对大同西册田北魏制陶遗址所见瓦当制作工艺进行分析[4]，基本可以概括北朝瓦当的制作工序：1. 用木范或陶范模制瓦当并同时制作筒瓦，瓦当面和边轮由同一模具一次成型；2. 在瓦当背面计划与筒瓦黏接的位置划短斜线，以增加黏接强度，随后将刚切割下来的筒瓦对接在瓦当的背后，有时为了防止黏接时位置掌握不准确，在瓦当背面中央位置偏下处划一条横线；3. 为了黏接牢固，在瓦当背面与筒瓦的黏连处内侧加附泥条并用手指按压，以增加黏接强度，外表接缝处用少量泥浆抹光；4. 表面修饰；5. 入窑烧制。

二、瓦　文

中国古代在各种不同材质器物的生产中一直都有题铭的传统，这一传统为我们今天探讨古代历史留下了大量珍贵、真实的资料，瓦文仅是其中一类。自 20 世纪初汉魏洛

---

[1] 刘庆柱：《战国秦汉瓦当研究》，《汉唐与边疆考古研究》第 1 辑，北京：科学出版社，1994 年。
[2] 王飞峰：《高句丽瓦当研究》，韩国高丽大学 2013 年博士学位论文。
[3] 辛岩、付兴胜、穆启文：《辽宁北票金岭寺魏晋建筑遗址发掘报告》，辽宁省文物考古研究所编：《辽宁考古文集（二）》，北京：科学出版社，2010 年。
[4] 王银田、宋建忠、殷宪：《山西大同北魏西册田制陶遗址调查简报》，《文物》2010 年第 5 期。

阳故城发现文字瓦以来，北朝瓦文多有发现，本文拟在前人研究的基础上略作探究，希冀偶有一得。

（一）

已发现的北朝瓦文主要分布于北朝时期的四座都城：大同北魏平城、北魏洛阳城、临漳东魏北齐邺城和太原北齐北都晋阳城。此外，朝阳北塔也发现1件北魏篆书阴刻"万"字瓦文。以上瓦文资料多已发表，唯晋阳城瓦文为2006年秋最新发现，数量较少，全部为戳印文字，每件瓦文字数也不多，资料尚在整理中。这一发现填补了北齐晋阳无瓦文发现的空白，十分重要。

北魏平城瓦文先后发现在两个地点，即1995年至1996年发掘的明堂遗址和2003年发掘的操场城一号建筑遗址。明堂遗址发现瓦文约130件，以刻文为主，有少量戳印文字；操场城一号建筑遗址发现瓦文169件，其中板瓦109件、筒瓦60件，文字均在筒瓦舌面和板瓦凸面，除4例戳印文字外，其余全部是刻划文字。近年在云冈石窟窟顶发掘中发现少量瓦文，资料尚在整理中。

已见诸报道的北魏洛阳城出土瓦文资料主要有三批：1. 1930年文素松编《瓦削文字谱》（以下简称《瓦削文》），公布瓦文拓片120张，全部为刻文，文氏书中没有注明板瓦或筒瓦，以书中拓片与洛阳其他瓦文资料比对分析可以看出，编号1~15共15件瓦文字体较小，竖排一列，应该是筒瓦底边的文字，另外105件应是板瓦文字；2. 1962年黄士斌《汉魏洛阳城出土的有文字的瓦》（以下简称《黄文》），瓦文140件，黄氏重在对瓦文的分类考释，而没有客观、完整地公布资料，殊为遗憾。3. 1963年中国科学院考古研究所发掘汉魏洛阳故城一号房址（以下简称《一号房址》），出土北魏文字瓦达911件，是古代瓦文数量最大的一次发现，包括板瓦663件、筒瓦248件，其中刻文868件、印文43件。文中也没有完整地公布资料。三批资料共计瓦文1 171件。一号房址出土瓦文是经正式发掘的，有明确的地层关系和伴生遗物，另两批则来自民间收藏或考古调查中的地面采集。此外，洛阳永宁寺遗址的发掘中也发现有瓦文，计文字板瓦12件，其中刻划文字10件、戳印文字2件，戳印文字筒瓦2件，共计14件。板瓦上的文字都位于凸起的瓦面，戳印文字为阴印阳文。洛阳金墉城遗址仅在1件筒瓦上见到戳印文字。北魏洛阳宫城正门阊阖门遗址出土少量瓦文：刻划文字瓦8件，刻于筒瓦瓦舌；阳文隶书戳印文字8件，其中2件见于板瓦，6件印在筒瓦凸面。以上公布的洛阳出土北朝文字瓦总计为1 202件。

邺城瓦文早有发现，元《河朔访古记》、明《寰宇通志》、近代《续临漳县志》皆有记载。1957年冬，俞伟超先生在邺城进行考古调查，在地面采集文字瓦21件，年代属东魏北齐时期，其中文字尚可辨认的有 17 件，为筒瓦瓦舌上的戳印文字，阴印阳文。邺城瓦文的大量发现是在 1976~1977 年间，临漳县文化馆在邺城考古调查中发现文字瓦 420 件，皆为戳印文字，板瓦戳印文字在瓦背，筒瓦戳印文字全在瓦舌，以隶书为主，有少量楷书。此外，民间收藏者也有报道，即梁章凯编《邺城古陶文五十品》和焦智勤《邺城印陶集》，前者为日本玺印学者菅原石庐旧藏，现已捐赠中国印学博物馆，笔者曾亲赴杭州西泠印社观摩；后者系编者田野采集所得，两书共收录瓦文 250 件。以上合计东魏北齐瓦文 691 件。

（二）

北魏平城明堂遗址位于大同市区南部，地当北魏平城南郊。明堂是北魏孝文帝执政期间的宫廷礼制建筑工程，建成于太和十五年（491），建筑规模宏大，目前已发掘西门与南门遗址两部分。西门遗址出土有完整字体的文字瓦 34 件，包括筒瓦 16 件、板瓦 18 件，除 3 件筒瓦为戳印文字外，其余皆为刻划文字（图 8-3）。南门遗址发现文字瓦 27 件，5 件为板瓦、22 件为筒瓦，此外还有遗址地表采集到的文字瓦，总计约 130 件，

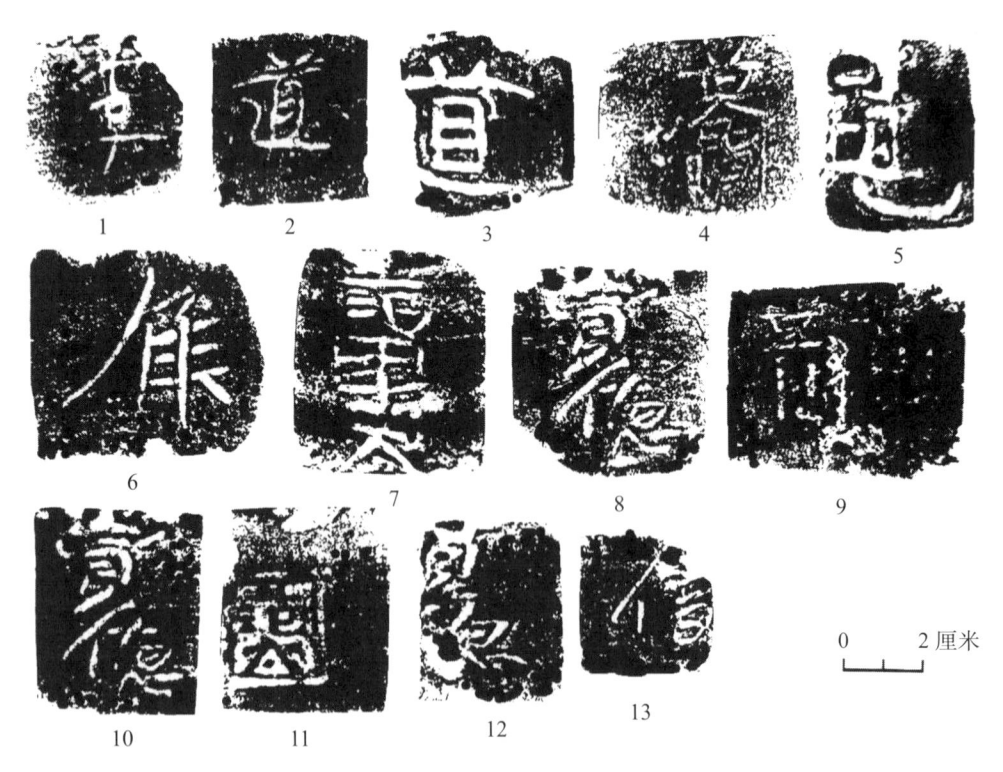

图 8-3 大同北魏明堂遗址出土瓦文

其中近六成为重复的文字。每件瓦文 1~3 字不等，位置在筒瓦的瓦舌上或板瓦的凸面，字体以隶书和楷书为主，个别为草书或篆书，凡 2、3 字者皆竖排。戳印文字字体小而规范，板瓦刻划文字稍大，书写十分随意。戳印文字有"莫问""范太""皇"三种，其余全是刻划文字。大同操场城北魏一号建筑遗址是北魏平城期较晚的建筑，其中发现文字瓦 169 件，以单字居多，偶见双字。文字均刻划于筒瓦舌面和板瓦背面，共计 60 余种，其余为重复字。筒瓦可辨字 50 件，板瓦可辨字 85 件，有指书 3 例。筒瓦舌面的 3 例戳印瓦文为单字"容""完"，另一字不清楚。

全部瓦文依据内容可分为三类：

1. 人名，或仅具姓，或仅具名，或姓名皆具。
2. 数字。
3. 表示建筑性质，仅见戳印文字"皇"。

人名是历代瓦文中最为普遍的内容，最早见于秦都咸阳宫殿建筑遗址，汉以后直至唐代皆然，北魏洛阳出土的大量瓦文亦如此，是"物勒工名"的传统。因瓦面狭小，正如汉代瓦文官府名称常用省文一样，北魏工匠姓名瓦文也常常简化为一两个字。

大同操场城北魏一号建筑遗址发现瓦文中，姓氏有"黄""王""田""吴""齐""高""阳""天""伏""午""戎""白""蓝""茹""成""万""泉""和""弘""相""保""车""次""文""乌""质"。人名有"注月""伏盖""斗岁""天保""买尔""伯龙""容""头""太""德""受""可""拔""众""荃""市""俟""洛""护""自""矣""冬""及""非""奇""奴""从""月"等。"容""查""禾""清""道""生"等字晚近亦作姓氏，这里应作人名解。蓝姓有南朝刘宋秣陵人蓝宏期、萧齐时人蓝怀恭。茹姓有晋骠骑咨议茹千秋，南朝齐、梁时期茹法珍，北魏时期茹皓、茹怀朗父子。泉姓据邓名世考"本姓全氏。全琮孙晖，封南阳侯，食封白水，改为泉氏。后魏巴人泉企为洛州刺史"，元纳新《河朔访古记》载洛阳有"后魏大将军泉府君碑"，北周有泉仲遵。有的字既可能是姓也可能是人名，如"弘"字，先秦已有此姓，但人名中也常见，北朝时期的著名人物中就有北魏献文帝拓跋弘、北燕国主冯弘等。"俟"亦为古姓，《古今姓氏书辩证》曰："俟，《风俗通》：古贤人俟子。《汉艺文志》有《俟子》一篇，……此必俟氏也。"北朝多音节胡姓有"俟"字，如太和时勿吉使臣俟力归，世宗时期的柔然使臣俟斤尉比建，但当时人名中也有用此字者，如北魏世祖、高宗时期的散骑常侍陆俟。《魏书·官氏志》载："俟力伐氏，后改为鲍氏""俟几氏，后改为几氏""俟伏斤氏，后改为伏氏""俟奴氏，后改为俟氏"，此处瓦文"俟"字当为汉姓或人名。

数字是瓦文中所见最早的文字。目前所见最早的瓦文发现于陕西岐山和扶风，为西周时期遗物，瓦上的刻画文字就以数字为主，有"一丁""二丁""三"

"四""五""六""八""十"等，另有表示建筑性质的文字，如"宫""周""巫"，含义与平城明堂"皇"字瓦文相同，作用与"官"字款铭类似，"官"字瓦文已在广州南越国宫署遗址大量发现，足见平城明堂的"皇"字瓦文是这一古老习俗的延续，"皇"字与平城明堂的建筑性质也是吻合的。

瓦文"莫问"，我们在发掘报告中释为人名，也有人认为该瓦文有缄人口舌的"保密"的含义，然而查遍所有西周直到唐代的瓦文，尚未发现一例为建筑保密的瓦文文字。广州南越国宫署遗址也曾出土"莫"字瓦文，笔者以为都是工匠姓氏。"莫"姓自古有之，春秋时有"干将""莫邪"铸剑的故事，零星见于先秦文献如《战国策》《吕氏春秋》及东汉赵晔《吴越春秋》等。1977年扬州邗江县甘泉公社老山大队发掘西汉晚期大型木椁墓，出土"妾莫书"银印一枚，"莫书"被释为人名。近年发掘的大同太延元年（435）破多罗太夫人墓出土漆耳杯底部有"莫人"二字，显然是人名。六朝时有莫愁女，梁武帝《河中之水歌》曰："河中之水向东流，洛阳女儿名莫愁。……十五嫁为卢郎妇，十六生儿字阿侯。"邓名世《古今姓氏书辩证》载："莫，其先楚人，以大为莫，故其官谓之莫敖，后以官氏。《汉游侠传》有富人莫氏。又汉献帝时，有益州从事莫嗣。"《通志·氏族略四》："莫氏即幕氏省文。"此外，洛阳永宁寺遗址曾出土单字瓦文"问"，此字如作动词解释则简直莫名其妙，只能释为人名。《魏书·官氏志》载："（鲜卑）莫那娄氏，后改为莫氏。"北魏改姓氏在迁洛之后的太和二十年（496），是年春正月，孝文帝下诏以拓跋氏改姓元氏，"'诸功臣旧族自代来者，姓或重复，皆改之。'……其余所改，不可胜纪"。"莫问"应是汉族工匠姓名。

值得注意的是莫含、莫显、莫题祖孙三人，《氏族略》及姚薇元《北朝胡姓考》皆释为胡人，姓莫那娄氏。据《魏书·莫含传》载，"莫含，雁门繁畤人"，"故宅在桑干川南"，即今山西北部的雁门关之北、桑干河之南，地当今朔州市山阴、应县南部一带。他曾追随并州刺史刘琨，由于久居代北，长期从事胡汉间的边地贸易，以致"家世货殖，赀累巨万"，应该是一个熟悉胡汉多种文化的人。拓跋猗卢封代王，因"备置官属"，向刘琨求莫含，"琨遣入国，含心不愿"，刘琨对莫含一番语重心长的话语颇能说明问题："琨谕之曰：'当今胡寇滔天，泯灭诸夏，百姓流离，死亡涂地，主上幽执，沉溺丑虏。唯此一州，介在群胡之间，以吾薄德，能自存立者，赖代王之力。是以倾身竭宝，长子远质，觊灭残贼，报雪大耻。卿为忠节，亦是奋义之时，何得苟惜共事之小诚，以忘出身之大益。入为代王腹心，非但吾愿，亦一州所赖。'含乃入代，参国官。"刘琨乃中山魏昌人，汉中山靖王刘胜之后，当然是汉人。显然这是两个汉人之间的一段对话，否则刘琨不能面对胡人莫含说出"胡寇滔天，泯灭诸夏"以及"丑虏"之类带有侮辱性的话来。不久后西晋将陉岭以北五县割让给鲜卑，刘琨徙五县之民于陉南，然

"含家独留"。"独"字说明了《魏书》作者魏收显然知道莫含家族为汉人,此言意在说明他们本该南迁而未迁。因为莫氏与拓跋长期合作,以后竟被误解为胡人。

另外值得关注的瓦文是"阿兴"和"阿仁"。先秦的五十多个古姓中已有"阿"姓。《山海经·大荒南经》载:"有不死之国,阿姓,甘木是食。"《风俗通义》云:"阿氏,阿衡,伊尹号,言倚之如秤,其后氏焉",《史记·殷本纪》:"伊尹名阿衡",按《通志·氏族略四》引《风俗通》作"伊尹为汤阿衡,子孙以衡为氏",属于"以官为氏",不管"阿衡"是伊尹之号还是职官,在东汉以前"阿"确曾为姓氏是可以肯定的。广州秦汉番禺城水闸遗址和广州汉墓都曾出土陶文"阿平"戳印文字(图8-4),被释为姓名。古人也常有以"阿"作为词头,用在人名或称谓前的习惯,魏武王曹操"一名吉利,小字阿瞒",北朝乐府诗《木兰词》中就有"阿爷无大儿,木兰无长兄……阿姊闻妹来,当户理红妆"句,前述梁武帝《河中之水歌》有"十六生儿字阿侯"句。宋赵彦卫《云麓漫钞》:"古人多言阿字,如秦皇阿房宫,汉武阿娇金屋。晋尤甚,阿戎、阿连等语极多。唐人号武后为'阿武婆'。妇人无名,第以姓加'阿'字。今之官府妇人供状,皆云阿王、阿张,盖是承袭之旧云。"唐李商隐诗《瑶池》:"瑶池阿母绮窗开,黄竹歌声动地哀。八骏日行三万里,穆王何事不重来。""阿母"指西王母,等待一去不回的周穆王。"阿"字的这种用法,两汉直至唐宋文献中所见极多,仅新疆吐鲁番出土文书中就多达百余人,有胡人也有汉人。此俗至今在岭南广大地区仍然十分普遍。据钱锺书《管锥编》考,"古人男女之名皆可系'阿',……而姓则惟女为尔,不施于男也"。

图8-4 广州市南越国水闸遗址出土戳印瓦文"阿平"

"阿仁""阿兴"之"阿"可作姓氏解,中原自古有之;作为词头用在人名或称谓前也由来已久,且南北方都曾流行。《魏书·官氏志》"阿伏于氏,后改为阿氏",也是迁洛后所改,则"阿仁""阿兴"不可断定为胡人。拓跋改姓氏一般是从胡人多音节的姓氏中选取与汉姓音相同或相近的单音节汉字以为姓氏,姚薇元先生谈及北朝姓氏时曾说:"改姓所以汉化,故所改皆中土已有之姓。"这也是北方胡人改汉姓的惯常作法,唐代关中的羌人亦然。

"李""道""莫问"三种瓦文在西门与南门两处遗址都曾见到,"李"字原报告未能刊出拓片,无法进行比较;"莫问"戳印在两处遗址所见不同,绝非同一印章,但考虑到作为人名似乎此姓名十分罕见,重名重姓的可能性极小,则可能是同一人的不同印章;"道"字虽然两处遗址所见并不完全相同,但从运笔习惯和书法风格分析,应该出自同一人之手，因此我们有理由认为：明堂西门和南门的建筑材料当出自同一瓦窑，至少瓦是出自相同的窑口。

"非"应是人名，而不应作其他解，古人以非字入名并不罕见，如战国末期的韩非。"非"字刻划文字在明堂遗址和操场城遗址都曾发现，但两相比较，非同一人手笔。

平城明堂遗址与操场城北魏一号建筑遗址瓦文都以人名为主，每块瓦上仅见一人名氏，不见同一瓦上出现两人或多人名字的情况。表示数字的文字较少，直接反映制瓦工艺的文字不见，文字内容属"物勒工名"的传统惯例，具有各负其责、保证产品质量的作用。若按类别对比，区别仅在于明堂遗址多了几个表示建筑等级或性质的"皇"字。筒瓦戳印文字中，有的印章艺术水准很高，如明堂遗址出土瓦文"莫问"，线条走势顿挫起伏，气息流转适度，布局疏朗通透，极有章法，定是高手所为，在北魏工匠身份极其低下的社会环境中，此印章的持有者不会是工匠，而应是具有一定身份的管理者。

（三）

文氏《瓦削文》云："民国十八年（1929）余因公赴洛阳，适金村镇，有多量古瓦出土，且具文字。"此瓦乃文氏购自金村（图8-5）。《黄文》报道的文字瓦也无确切的出土地点，"作者曾在金村镇附近进行了调查访问，并未发现有文字瓦的线索。可能是在中华人民共和国成立前附近各村出土的文物多集中在该镇出售，所以传错了"。黄氏

图8-5 洛阳出土北魏瓦文

在汉魏洛阳故城南部龙虎滩村西北人称"西岗"的地方发现有文字瓦，1963年发现的一号房址恰在此处，所以这三批文字瓦有可能出自同一地点。《一号房址》与《黄文》皆有戳印文字"王世""石"，经笔者对比，其中"王世"为同一印章所印，二者稍有区别是因为印章外框磨损造成的。两处的戳印"石"非同一印章，但从运笔风格来看当出自同一人所书，刻工也十分接近。《一号房址》和《瓦削文》皆有"王保""常道庆"，而三批资料都发现有刻划瓦文"榆树"，说明三批文字瓦来自相同的瓦窑，这也有助于对其出土地点的判断。

一号房址位置在北魏洛阳城南部，宫城正门阊阖门南御道东，西距铜驼街近200米，北距宫城约1.5公里。《洛阳伽蓝记》载："永宁寺，……在宫前阊阖门南一里御道西。……阊阖门前御道东有左卫府，府南有司徒府，司徒府南有国子学，……国子学南有宗正寺，寺南有太庙，庙南有护军府，府南有衣冠里。"一号遗址以南皆为平地，再南即为洛河，地面不见大的夯土基础，按《洛阳伽蓝记》载，这里应是宗正寺、太庙或护军府的位置。铜驼街东西两侧皆分布有朝廷衙署与皇家建筑，此宗正寺犹隋之大宗正寺，为秦汉以来管理皇族事务的机构，属官有宗正卿与宗正少卿，《魏书》记载任职宗正者甚夥。太庙乃拓跋鲜卑祖庙，为洛阳最重要的礼制建筑之一。一号房址出土有莲花纹瓦当、兽面瓦当、菱形瓦钉以及大型陶鸱尾，瓦皆磨光黑色，个体硕大，制作精良，粉壁朱墙，厚达1.8～3.5米，凡此种种，皆说明建筑等级之高。纵观汉唐时期出土瓦文的建筑，多属都城皇家建筑，尤以宫殿类建筑为主，如北魏平城瓦文分别发现于明堂遗址和操场城一号遗址，就分别属于礼制建筑和宫殿建筑，北魏洛阳的营建深受平城影响，所以我们推测，一号建筑可能是太庙的一部分。

洛阳瓦文多1～3字，但亦有少量文字较多者，有的竟达4行近20字，为历代瓦文所罕见。其中与瓦的制作工艺有关的瓦文也为洛阳所独有，对此文字的释读对于了解北魏制瓦工艺至为重要。前辈于此已有论述，兹不赘述。

此外，就几个洛阳瓦文的误读略谈一二。

《瓦削文》图17"六月六日道"，"道"并非"到"之误，即非"为该人来到的时间"，"道"字后显然还有一字，但漫漶甚重，无法释读。《瓦削文》有"常道庆""道庆"刻文6件，"道□"应为人名。《黄文》提及的"某月某日来"，"来"是姓氏或人名，而非"来到"之意，《史记·殷本纪》："契为子姓，其后分封，以国为姓，有殷氏、来氏。"北朝文献中来氏并不鲜见。

《黄文》图五：1，邵友诚先生《汉魏洛阳城出土瓦削文字补谈》（以下简称《补谈》）释为"道庆削"，此即《瓦削文》之"常道庆"。"榆树"见于《瓦削文》，也见于《一号房址》，皆细笔刻划而成，笔顺与书写习惯相同，为同一人所书。说明三处遗物出自相同的窑口。

《补谈》"黑削",释"黑"为姓,《瓦削文》有"六月五日瓦宋黑削",且"黑削"两度出现,非姓而是名。

《瓦削文》有多处同名异书的情况,如"常道庆"六品,"贾财明"七品,同一瓦窑中如此众多的窑工同名同姓是不大可能的,足证瓦工人名未必全是自题,应该有别人代书的。古代工匠地位卑微,北魏匠人尤甚,不擅书写恐为常事。

《瓦削文》三二"八月十三日安足","安足"乃"王如足"之误;八九"傅"误释为"恭";九一"仁艺"误释为"傅";九二"恭"误释为"龟"。

金墉城遗址仅发现一例瓦文,为筒瓦戳印"师连荣"。永宁寺遗址刻划文字有"朋""生""贵""凤""朱""直""问",为瓦工姓或名。阊阖门遗址仅出土少量瓦文,刻划文字有"天"1件,"文"7件;戳印文字有"刘胡""禾文""王□□""□官",其中"师赵□""师管□"皆见于筒瓦,"师张□"2件印于板瓦上,与前述洛阳三批瓦文不同,此"师某某"印章的主人身份可能略高于其他工匠,且在洛阳以外的其他北朝都城中不见,"师某某"的称谓方式仅见于洛阳,颇具特色。

以往将洛阳北魏瓦文中的"匠"释为木工的说法似欠准确,北朝时期"匠"字一般仍是匠人的泛称,可指不同行当的工匠,有时可与"师"并列,如《魏书·释老志》载:"沙门常山卫道安性聪敏,日诵经万余言,研求幽旨,慨无师匠。"《水经注·谷水》:"使中谒者魏郡清渊马宪监作石桥梁柱,敕敕工匠,尽要妙之巧,撰立重石。"指石匠。《洛阳伽蓝记》"永宁寺"条载:"大风发屋拔树,刹上宝瓶,随风而落,入地丈余。复命工匠更铸新瓶。"指铜匠。源子恭《上书请成辟雍明堂》:"今诸寺大作,稍以粗举,并可彻减,专事经综。严勒工匠,务令克成。"指土木工匠。《中岳嵩阳寺碑》:"眷属侍御,剞劂镌磨,妙匠精巧,三十二满,八十好圆,色撑耀灵,光辉夜月。"则指制作佛像的艺人。从以上北朝文献来看,显然"匠"字所指并非仅限于木工,所以还有"船匠""刀匠"等称呼。唐长安大明宫含元殿遗址出土砖瓦有"匠某某"或"官匠某某"的铭文,如"匠王□""官匠杨志"等,也有不见"匠"或"官匠"而直接模印人名的,显然匠字后为人名,是制作这些砖瓦的工匠。这些砖瓦为初唐制品,铭文以工匠人名为主,明显带有北朝遗风,不像此后唐代砖瓦铭文,内容明显增多,有烧造地点、机构甚至纪年等。

洛阳瓦文有"隤主""削人""昆人"等工种及其姓名,平城则仅刻一人名,不见多个姓名并列的情况,则平城时期瓦匠的工作不如迁洛后的分工精细,整个工艺流程或许是由一人操作完成的。另一种可能性则是瓦文姓名并非制瓦工匠本人,而是制瓦工作组负责人的姓名,从已发现的姓名数量较少分析,后一种可能性更大。

洛阳北魏瓦不仅在外观特征方面与平城瓦相似，而且发源于北魏平城时期。磨光黑色的青掍瓦也为洛阳所继承，并在隋唐长安城的建设中大量使用。洛阳瓦文也深受平城瓦文影响，以铭记人名为主，但洛阳时期大量出现制瓦工艺中诸工种名称及名氏，成为历代瓦文中独具特色的现象。北魏孝文帝迁洛，曾参与平城营建的诸官吏继续在洛阳进行新都的建设，如穆亮，于太和十三年始任司空，至世宗时仍充任该职。李冲在平城时期就曾负责营建，出土大量瓦文的明堂就是其杰作。《魏书·高祖纪》载：太和十七年（493）"冬十月戊寅朔，……诏征司空穆亮与尚书李冲、将作大匠董爵经始洛京"，北魏二都瓦文的相似性，正是这一关系的见证。

（四）

1957年冬，俞伟超先生在邺城进行考古调查时，发现21件文字瓦，标本采自三台以东至井隆村一带，混杂在东魏北齐的残砖断瓦之中，年代属东魏北齐时期，其中文字尚可辨认的有17件，多为筒瓦瓦舌上的戳印文字，字体介于楷、隶之间，阴印阳文，瓦文有"周日用""苏□""刘琛""□陈小""四""六牛士""七作""上仲""二国□""□丑日和""□壬丑□""九四""四九仲"，文字为瓦工姓名与纪年和数字（图8-6）。

20世纪70年代发现的邺城东魏北齐瓦文420件全部为戳印文字，板瓦戳印文字在凸面，筒瓦戳印文字全在瓦舌上，以隶书为主，有少量楷书。出土自井隆村和三台村之间，以及邺镇东，地当邺北城西北部，西距三台不远。东魏北齐时虽宫殿区在邺南城，但东魏高欢为丞相时常居旧宫文昌殿附近的中兴寺，北齐时称北第或北宫，"时丞相府在北城中，即旧中兴寺也"，北朝晚期三台也曾屡加修整，可见当时这里仍有重要建筑。近年来在邺南城南面的赵彭城佛寺遗址也出土有少量的板瓦戳印文字。

这批瓦文内容可概括为五类：

1. 数字。"一六""一七""七六"，公布的资料中仅见这三例。

2. 数字加人名。占瓦文中的绝大多数。如筒瓦文字有"一张相""一亮""一如""二海""二田阡""四礼""四头""四张贵""四方思""四贵""四长""四季""四□普""四□世""四洪""四世""五内""六王□""七习□""八日""八王""二九虫""二九保""三十□""四十垂""四八淇""四九王""四九贵""四九和""六四□""八一杨思""八一宣""八一年""九三洪""九四休""九四礼""九四扑""九四王""九四尚"。

数字可能是制瓦作业单位的序号，值得注意的是，板瓦和筒瓦瓦文中最大的数字都是"九四"，相同编号的组中，不见有重名者，这说明同一个作业单位既做板瓦也做筒瓦，但板瓦和筒瓦是由专人分别制作的，彼此有明确分工。另一值得注意的现象是，俞伟超先生所发现的瓦文中，最大数字也是"九四"，说明两批文字瓦出自同一遗址。这

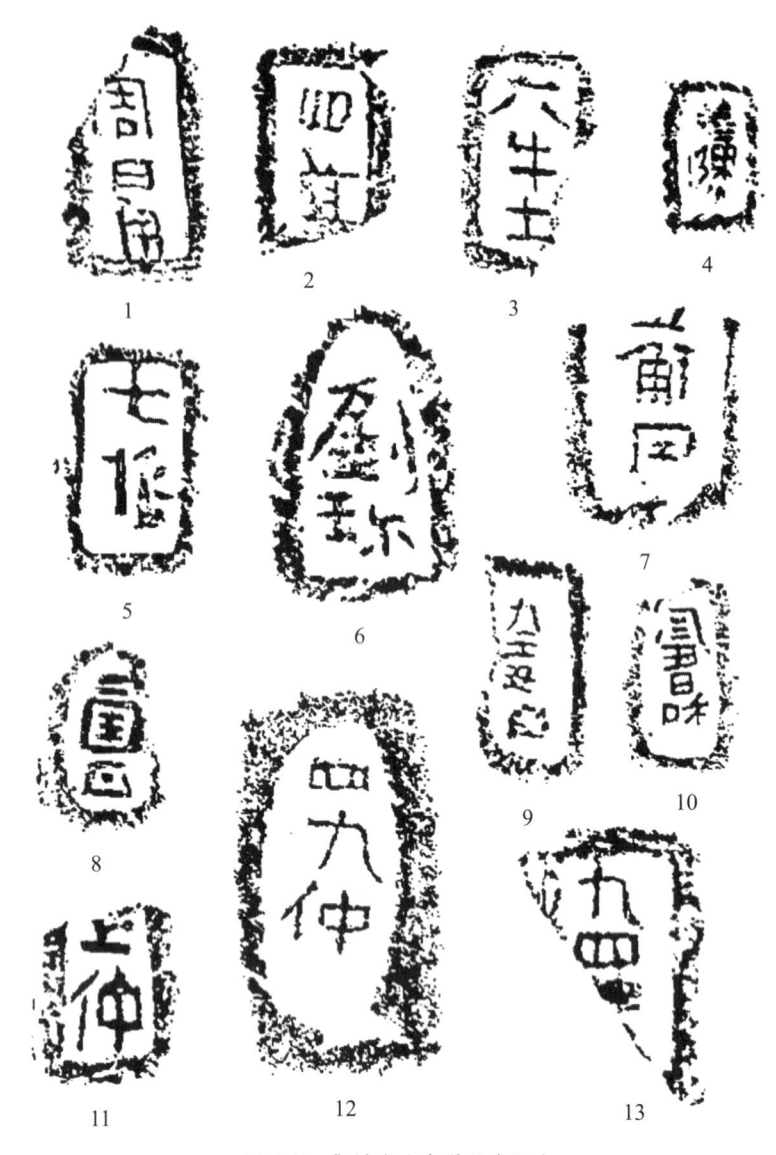

图 8-6 邺城出土东魏北齐瓦文

种人名前加数字的瓦文在其他遗址中尚未发现，应该是北朝晚期邺城瓦文的一大特点，全部采用戳印文字也是其他处不见的。

3. 人名。如"林军""张财""张贵""田安""田命""田元""李仲""和祖""王军""韩兴""崔仲""赵和""傅保""昆祖"等，此"昆"字应为姓氏，与洛阳出土瓦文中常见的表示制瓦工艺流程中的"昆"字不同。《通志·氏族略二》："昆氏，己姓，夏之诸侯昆吾氏之后也。齐有昆辨，见《战国策》。"瓦文"一以奴""二囗奴"，不应释为奴隶，平城方山孝文帝万年堂附近发现残砖上曾见刻字"五月，伍什长，崔康奴"，该铭文前有官职，后为人名。"奴"字为北方游牧民族名中常见，十六国北朝乃至隋唐时期中原地区亦有以奴字为名的，文献记载很多，既有胡人，也有汉人。

4. 日期加人名。如"八日田金""八月二田""九日四仲"，发现很少。

5.《续临漳县志》载吕游《答汪学使铜雀砚歌》："军主作头将名姓，黑如点漆晶光映。"自注曰"（铜雀台瓦）全瓦背面有隶书小字三行，第一行军主姓名，第二行作头姓名，第三行匠姓名"，现仅见有"军主□／□头王"瓦文1件。"军主"乃军中主将，南北朝呼长帅为军主，《北齐书·宋显传》：宋显"初事尔朱荣为军主"。《周书·宇文盛传》："宇文盛……曾祖伊与敦，祖长寿，父文孤，并为沃野镇军主。"军主的官阶当随军之大小而各有不同。《隋书·百官志中》列举北齐官品，戍主、军主为从第七品官，诸戍、诸军副为从第八品官。隋炀帝改官制，军主、幢主之属并废。此瓦文的发现说明北朝晚期邺城的建设曾有军队参与，这与当时的形势有关。唐长安城大明宫太液池遗址曾出土"左策壬午"模印文字砖，"左策"为"左神策军"的省文，神策军来自陇右，曾是唐代中央的劲旅，唐代后期成为禁军主力。日本入唐僧人圆仁《入唐求法巡礼行记》载："敕令两军于内里筑仙台，……每日使左右神策军健三千人，搬土筑造。"唐代仍有军队参与都城营建，这正是北朝时期军队参与都城营建的遗风。

邺城瓦文具有高度的一致性，全部为戳印文字，字体笨拙，布局缺乏章法，与平城和洛阳瓦文以刻划为主明显不同。此外，邺城瓦文明显继承了北魏洛阳瓦文特点，常见"匠""作头"等与制瓦工艺有关的文字，但较洛阳简练。邺城板瓦戳印文字在凸面，筒瓦戳印文字全在瓦舌上，以隶书为主，有少量楷书，或介于楷、隶之间，全为阴印阳文，为印学研究的重要资料。

（五）

与北朝发现大量瓦文不同，同时期的东晋南朝虽多砖铭，却鲜见瓦文，以今南京为中心的长江中下游六朝遗存较为集中的地区也鲜见有瓦文的报道。据南京大学文化与自然遗产研究所贺云翱先生电话告知，镇江铁瓮城和南京坛类遗址曾发现有少量瓦文，皆为戳印文字，属南朝时期遗物。铁瓮城瓦文为"官"字，也有在一块瓦上戳印两个"官"字者，相关资料尚未发表。戳印"官"字瓦文多见于广州汉代南越国宫署遗址，是表明建筑属于官属性质的印记，这与铁瓮城的情况十分吻合，此作法应该是南方的传统。铁瓮城是保存至今的三国时期三座东吴古都之一，孙权于建安十三年（208）筑，是年孙权将政权中心从吴（今苏州）迁至此地，故实为孙吴早期都城。南京钟山的坛类建筑遗址出土文字瓦发现于三号坛，资料也未发表，但与一号坛发现的戳印砖铭（标本T105③：1、标本T304③：4，见图8-7）相同，发表的文字为"东毛"和"西毛"，但笔者反复观摩报告中此砖铭图片,"毛"字似应隶为"屯"字为妥。"屯"字的这种写法也见于鲁峻碑(即"汉司隶校尉忠惠公鲁君碑",现藏于山东济宁孔庙)、曹全碑阴(即"汉郃阳令曹全碑",现藏于西安碑林),以及北魏封和突墓志(即"屯骑校尉建威将军洛阳刺史昌国子封使君墓志铭")。由此推测,钟山祭坛遗址的瓦文和砖铭文字应是"东屯"和"西屯"。按:"毛",《说文解字》释为"艸叶",象形字,陟格切。南朝梁顾野王《玉篇》注为竹尼切,释义相同。"草叶"的含义与常见的瓦文内容无涉。"东""西"二字当属方位词,"屯"有充满、聚集、厚实、土山之意,可用以指代该祭坛的某个部位,也可能就指某个祭坛。据研究,该遗址是南朝刘宋时代所建的国家北郊坛遗存,属于都城中十分重要的礼制建筑。可见南朝瓦文也和北朝瓦文一样,主要用于都城的官方建筑。

图 8-7 南京钟山一号坛类建筑遗址出土砖铭

纵观北朝瓦文,内容最多见的是匠人名氏。《礼记·月令》曰:"物勒工名,以考其诚,功有不当,必行其罪,以穷其情。"北朝瓦文正是先秦以来这一传统的延续。唐代官府工匠仍在沿袭这一传统,《唐六典·将作都水监》:"凡营军器,皆镌题年月及工人姓名,辨其名物,而阅其虚实。"

北朝瓦文名氏证实,北朝时期制瓦工匠皆为汉人,以往发现的所谓胡人姓氏都不能确指为胡人。这一方面说明中原地区这类技术工作仍是汉族工匠的传统领域,胡人绝少参与;另一方面这也是北方游牧民族统治下的必然现象:北朝时期尽管民族融合是大势所趋,但民族歧视也一直存在,北朝时期工匠地位低下,不善此道的胡人自然也就避之远矣。

北朝瓦文发现有纪月、纪日的文字,但至今未见纪年瓦文,洛阳发现的瓦文"天平""景平"据考也不是年号,应该是吉祥语。但据《河朔访古记·魏郡部》载,邺城"古砖……其上有盘花鸟兽之纹,又有千秋及万岁之字,其纪年非天保即兴和,盖东魏、北齐之年号也。又有筒砖(当为'瓦'之误)者,其花纹、年号与砖无异",《河朔访古记》成书于元至正二十三年（1363），是由入仕中原的色目人葛逻禄乃贤（纳新）所撰，是作者在北方各地考察古代城郭、宫苑、寺观、陵墓，搜求古代名碑，结合文献考订后写成的，颇为可信，则邺城确曾发现有纪年瓦文。此外，太原晋阳古城出土瓦文全部为戳印文字，显然是受邺城瓦文影响所致，应是北齐时期遗物。

从目前已发现的资料看，瓦文主要发现在历代都城，尽管不能排除与都城考古工作做得较多有关，但也说明瓦文往往与瓦的大规模生产有关，建都初期的都城建设常常是在短时间内完成的，陶窑在短时间内大量生产，细致的分工与有效的管理十分重要，这是瓦文出现的前提。所以说瓦文的刻印既是一种传统，又与生产管理密不可分。

此外，瓦文的使用也影响了朝鲜半岛、日本和越南。同中国一样，朝鲜半岛和日本瓦文也有戳印和刻划两种，如平壤的高句丽遗址曾出土"寺太""官""金"瓦文，年代在5世纪初后半至6世纪，韩国扶余郡扶苏山城出土统一新罗时期"仪凤二年"瓦文，庆州雁鸭池出土"仪凤四年皆土"瓦文等。

日本瓦文的出现明显晚于朝鲜半岛，大约出现于公元7世纪中叶，公元8世纪的平城宫发现较多，瓦文在日本的使用不仅见于都城宫殿，也常见于寺庙。瓦文内容涉及制瓦机构、地名、瓦工人名等。瓦文在东亚地区的传播，也从另一个角度显示了东亚儒学文明区在中古初期的文化交流状况。

9

金银铜器

北朝是中国金银器制造史上一个十分重要的时期。秦汉以前中国较少使用金银器。随着丝绸之路的开通，南北朝时期诸多西域金银器沿着丝绸之路进入内地，中国开始使用和仿制西域银器，这对唐代以后中国金银器制造业的发展与繁荣产生了直接的影响。

已发表的北朝西方金银器及鎏金铜器资料，分布于山西、河北、内蒙古、陕西、宁夏、甘肃等省，涵盖地域较广，但器物数量并不多，总数大约30件。金、银皆属贵重金属，由金银加工的器物自然十分珍贵，而西方的舶来品由于路途遥远，在当时也十分罕见。这类器物必定反复使用，直至损坏严重，又被加工成其他器物继续使用，所以金银器与鎏金铜器的发现甚少亦在情理之中。当然，地下埋藏而尚未发现者定亦有之，尤其是帝王陵墓和重要寺庙基址，而北朝时期的帝王陵墓和重要寺庙发掘极少，故所见北朝西方金银器及鎏金铜器更少。

北朝时期从丝绸之路输入的西方器物，出土数量较多且颇为学界关注的是发现于山西大同的三批文物资料，即城南轴承厂北魏遗址出土的银器与鎏金铜器、封和突墓出土的鎏金银盘以及南郊北魏墓群出土的鎏金银碗和高足银杯。

1970年，大同市轴承厂在位于市区城南工农路（现改称迎宾东路）北侧的厂区内动土时发现1处北魏遗址，出土鎏金錾花银碗1件、鎏金高足铜杯3件、八曲银杯1件[1]，此后该厂区又陆续出土石雕方砚1件[2]、石雕柱础1件以及铜鎏金铺首衔环多件[3]。

---

[1] 出土文物展览组：《"文化大革命"期间出土文物》第1辑，北京：文物出版社，1972年。
[2] 大同市博物馆 解廷琦：《大同市郊出土北魏石雕方砚》，《文物》1979年第7期。
[3] 大同市博物馆：《山西大同南郊出土北魏鎏金铜器》，《考古》1983年第11期。

这里地处北魏平城南部，遗存不具备墓葬的性质，器物在遗址中零星分布，也非窖藏，显然这处遗址是一处规格较高的建筑遗址。这批文物中的石雕方砚、石雕柱础和铺首衔环，与20世纪80年代以后大同发现的各类遗存以及云冈石窟的资料进行对比，其年代可明确断定为北魏平城期后段，约在献文帝与孝文帝都平城时期，而其他5件金属器物来自中亚或西亚，其年代的下限也不应晚于献文帝与孝文帝都平城时期。

鎏金錾花银碗，高5厘米，口径8.5厘米。侈口，束颈，圜底，器腹外壁等距离装饰"阿堪突斯"叶纹四组，将器物腹部分为四等分，每两分之间装饰一个圆环，环中为一人物头像（彩图3）。孙培良先生曾进行精辟考证，断定该银碗为萨珊波斯东北部属国的器物，"三件高足铜杯和錾花银碗都是属于同一流派的制作，应是出于同一来源"。人物与装饰纹样除具有萨珊波斯特征外，也有希腊化的风格[1]。孙机先生经与俄罗斯艾尔米塔什博物馆所藏的类似器物进行比对，认为鎏金錾花银碗为嚈哒制品[2]。

八曲银杯或称八曲长杯，是这批珍贵文物中最引人注目同时又颇有争议的。该器物呈椭圆形，下设小圈足，口沿呈八瓣花形，沿下有刻铭，杯心中央有两只突起的异兽，嬉戏于水波之中，十分罕见（彩图4）。唐代以后我国偶有仿制，如西安何家村唐代窖藏文物中就有1件白玉忍冬纹八曲长杯[3]。林梅村先生根据刻铭认定为大夏制品[4]；齐东方先生则倾向于认为为萨珊波斯制品[5]。另3件鎏金高足铜杯则兼有西亚与希腊风格。但就笔者所知，林梅村先生所释铭文并非该器物刻铭的全部文字，此外刻铭不同于铸铭，至少目前尚难排除后代刻铭的可能性。

1981年大同市博物馆在大同市区以西5公里处的小站村花圪塔台发掘正始元年（504）封和突墓。该墓葬地处代郡武周县境，出土狩猎纹鎏金银盘与素面高足银杯各1件[6]，两件器物同样为丝绸之路的舶来品。该银盘高4.1厘米，口径18厘米，圈足直径4.5厘米，高1.4厘米。盘中央的纹饰用锤揲法制成，画面中心一狩猎者单腿站立，双手紧握长枪，刺向面前两头野猪中的一只；狩猎者回顾身后，用右脚踏向另一只从芦苇丛中窜出的野猪，图案下端的水波纹与人物周围的芦苇表现了特定的自然环境。猎人留着络腮长须，帽檐下装饰有大颗粒的联珠，猎人头后有两条长长的打褶的飘带。颈项也

---

[1] 孙培良：《略谈大同市南郊出土的几件银器和铜器》，《文物》1977年第9期。
[2] 孙机：《固原北魏漆棺画研究》，《文物》1989年第9期。
[3] 陕西历史博物馆等：《花舞大唐春——何家村遗宝精粹》，北京：文物出版社，2003年。
[4] 林梅村：《中国境内出土带铭文的波斯和中亚银器》，《文物》1997年第9期。
[5] 齐东方：《萨珊式金银多曲长杯在中国的流传与演变》，《考古》1998年第6期。
[6] 大同市博物馆　马玉基：《大同市小站村花圪塔台北魏墓清理简报》，《文物》1983年第8期。

饰以一周联珠项链，下垂水滴形坠子。三头野猪前后围攻，獠牙外露，凶猛异常，猎人则神情自若，沉着应对。马雍先生根据猎人连腮长髯等面部特征，认定"猎者当为萨珊朝第四代国王巴赫拉姆一世"[1]，然而波斯此类题材的银盘图案中，凡錾刻国王狩猎者，一般都錾刻有波斯银币上常见的高高突起的日月冠，可见将猎者认定为国王还是存在疑问。夏鼐先生经与俄罗斯艾尔米塔什博物馆藏品进行对比，认为猎者是一位波斯贵族[2]。2001年夏，笔者陪同俄罗斯艾尔米塔什博物馆马尔萨克先生考察大同市博物馆时，马尔萨克先生认为狩猎纹银盘为波斯属国制品，猎人可能为波斯王子。类似的银盘在大英博物馆就有2件，图案分别为徒步猎鹿与骑马猎狮[3]。2件器物的猎人皆头戴王冠，身后长长的打褶的飘带和镶有花边的裤腿与封和突墓银盘一样，而头顶的日月冠则说明其身份有异。俄罗斯艾尔米塔什博物馆收藏有1件骑马猎猪图案的银盘，猎人面前为两头从芦苇中窜出的凶猛的野猪，银盘下方也装饰有水波纹，所不同的是猎者头戴螺旋纹角状王冠，"一般认为这顶王冠很像贵霜沙瓦拉赫兰二世的王冠"，故将此银盘释为贵霜—萨珊金属器[4]。值得注意的是封和突墓银盘图案中，猎物为三只野猪，与萨珊图案中常见的猎物为二只或四只不同，上文提及的3件银盘图案中的猎物就分别为两只鹿、两只狮子和两只野猪，此外，猎人手持的武器也不是常见的弓箭或较少见到的剑，而是更为少见的长枪。

中古时期，狩猎题材为波斯银盘最为常见的内容。狩猎的动物有狮子、野猪、鹿与野山羊等；狩猎者或骑马，或徒步。面对凶猛的野兽，狩猎者沉着稳定，表现了贵族阶层勇敢无畏的精神。

大同南郊北魏墓群于1988年秋发掘[5]，所出土的4件西域金属器物中，鎏金錾花银碗与鎏金錾花高足银杯的上部和大同市轴承厂北魏遗址所出土的錾花银碗特征基本一致，也应是西亚制品。如此集中的西亚珍贵器物的出土，表明北魏平城与中亚、西亚之间的紧密联系[6]。

宁夏固原北周李贤墓的发掘是北朝考古的重要成果。李贤字贤和，历仕西魏、北周，功勋卓著，官至柱国大将军、大都督、原州刺史。该墓虽经严重盗掘，仍出土随葬

---

[1] 马雍：《北魏封和突墓及其出土的波斯银盘》，《文物》1983年第8期。
[2] 夏鼐：《北魏封和突墓出土萨珊银盘考》，《文物》1983年第8期。
[3] B. A. 李特文斯基主编，马小鹤译：《中亚文明史》第三卷，北京：中国对外翻译出版公司 联合国教科文组织，2003年。
[4] B. A. 李特文斯基主编，马小鹤译：《中亚文明史》第三卷，北京：中国对外翻译出版公司 联合国教科文组织，2003年。
[5] 山西省考古研究所、大同市博物馆：《大同南郊北魏墓群发掘简报》，《文物》1992年第8期；山西大学历史文化学院等：《大同南郊北魏墓群》，北京：科学出版社，2006年。
[6] 王银田：《萨珊波斯与北魏平城》，《敦煌研究》2005年第2期。

品300余件，其中鎏金银胡瓶一直颇受学界关注。据发掘报告称：该器为长颈，鸭嘴状流，上腹细长，下腹圆鼓，单把，高圈足座。壶把两端铸两个兽头与壶身相接，壶把上方面向壶口处铸一深目高鼻戴帽的胡人头像。壶颈腹相接处焊13个突起的圆珠，形成一周联珠纹饰，上面可见焊接痕迹。壶腹与高圈足座相接处也焊有11个突起的圆珠，形成一周联珠纹饰。足座下部饰一周由20个突起的联珠组成的联珠纹饰。壶通高37.5厘米，颈高6厘米，流长9厘米，最大腹径12.8厘米，足座高8厘米[1]。壶腹部用锤揲法锤打出三组人物，每组男女各一人，两两相对，或交谈，或嬉戏，十分明显。这些装饰纹样应具有某种特定的故事情节（彩图5）[2]，但对于这些装饰纹样的解读则不尽相同。吴焯先生释为情人对战士的出征送别，表现的是希腊人或罗马人的故事，三组故事内容是连贯的，是嚈哒占领区内的土著工匠或者客籍于这一地区的罗马手艺人的作品[3]。也有人认为这些人物故事所表达的思想是罗马与萨珊王朝的混合物。马尔萨克先生对银胡瓶纹饰进行了仔细释读，认为三组画面叙述的内容为希腊神话故事，分别为"帕里斯裁判"中的爱神阿芙罗狄蒂和帕里斯；帕里斯劫持美女海伦以及海伦回到丈夫墨涅拉俄斯身边的情景。这一观点也得到了国内部分学者的认同，罗丰先生认为这件装饰有希腊神话故事内容的鎏金银瓶属萨珊金银器系统，但又具有中亚文化特征，产地应位于今兴都库什山与阿姆河之间的巴克特里亚[4]。

1959年夏，呼和浩特土默特左旗毕克镇在修建水库时掘得1具人骨架，并在人骨处发现拜占庭金币、金戒指、金饰片以及2件素面高足银杯[5]，相同形制的金、银高足杯早在20世纪50年代就曾发现于西安隋李静训墓[6]，皆属拜占庭器物。

1988年，甘肃靖远县北滩乡出土了1件鎏金银盘。初师宾先生经与国内外相关资料进行对比后认为，盘中央的人物与动物纹饰反映的是希腊神话故事的内容，即中央骑在狮子身上的高浮雕是太阳神阿波罗，周围环绕宙斯十二神，"诸神在人数、性别、年龄和某些装束上，与宙斯十二神颇为一致"[7]，外围环绕以勾连缠绕的葡萄卷草纹，花草间装饰以各种动物，优美灵动，情趣盎然，器物整体具有浓郁的希腊、罗马风格。但

---

[1] 宁夏回族自治区博物馆、宁夏固原博物馆：《宁夏固原北周李贤夫妇墓发掘简报》，《文物》1985年第11期。
[2] 宁夏回族自治区博物馆、宁夏固原博物馆：《宁夏固原北周李贤夫妇墓发掘简报》，《文物》1985年第11期。
[3] 吴焯：《北周李贤墓出土鎏金银壶考》，《文物》1987年第5期。
[4] 罗丰：《北周李贤墓出土的中亚风格鎏金银壶——以巴克特里亚金属制品为中心》，《考古学报》2000年第3期。
[5] 内蒙古文物工作队、内蒙古博物馆：《呼和浩特附近出土的外国金银币》，《考古》1975年第3期。
[6] 唐金裕：《西安西郊隋李静训墓发掘简报》，《考古》1959年第9期；中国社会科学院考古研究所：《唐长安城郊隋唐墓》，北京：文物出版社，1980年。
[7] 初师宾：《甘肃靖远新出东罗马鎏金银盘略考》，《文物》1990年第5期。

学界对于该器物的产地仍存在异议[1]。

此外，内蒙古敖汉旗李家营子曾出土 1 件单柄高圈足银胡瓶[2]，原简报作者与夏鼐先生认为该器物具有"萨珊式银执壶的特征"[3]。近年来随着粟特文化和唐代金银器研究的深入，已被孙机先生考释为粟特器物，其制作年代在萨珊波斯灭亡之后[4]。

---

[1] 孙机：《建国以来西方古器物在我国的发现与研究》，《文物》1999 年第 10 期。
[2] 敖汉旗文化馆：《敖汉旗李家营子出土的金银器》，《考古》1978 年第 2 期。
[3] 夏鼐：《近年中国出土的萨珊朝文物》，《考古》1978 年第 2 期。
[4] 孙机：《建国以来西方古器物在我国的发现与研究》，《文物》1999 年第 10 期。

10

玻璃器

北朝是中国古代玻璃工艺发展史上一个十分重要的时期，一方面进口玻璃器较前更多地涌入，同时东西方工艺技术的交流也极大地促进了中国玻璃工业的发展，国产玻璃不仅数量比以前多，工艺技术也有所进步。据《魏书》与《北史》的《西域传·大月氏》记载：魏太武帝时（执政时间为424～452），"其国（大月氏）人商贩京师，自云能铸石为五色琉璃。于是采矿山中，于京师铸之。既成，光泽乃美于西方来者。乃诏为行殿，容百余人，光色映彻，观者见之，莫不惊骇，以为神明所作。自此，中国琉璃遂贱，人不复珍之"[1]。北魏初期来自大月氏的工匠在北魏平城使用中国原料，利用西域技术，"铸石为五色琉璃"，这是一次实实在在的科技交流的成功典范，它对此后中国玻璃工艺发展的影响是巨大而又深远的。已经发现的魏晋南北朝时期进口玻璃器零星见于南北各地，其中北朝时期的进口玻璃器主要分布于宁夏、陕西、山西、河北、河南、辽宁等地。发现于辽宁北票的十六国时期北燕大司马、车骑大将军冯素弗墓，出土玻璃器5件，除1件残缺不全的器座无法修复外，其余4件皆完整或可修复完整，分别为浅腹圈足碗（彩图6）、深腹圜底钵、鸭形注和深绿色侈口凹底杯。其中前三件皆淡蓝色，透明度较好，初出土时定为国产玻璃[2]，现在被认为是罗马玻璃[3]。

已经公布的北魏进口玻璃器资料中较为重要的有河北景县祖氏墓出土的玻璃杯、景

---

[1]《魏书》卷一〇二。
[2] 黎瑶渤：《辽宁北票县西官营子北燕冯素弗墓》，《文物》1973年第3期。
[3] 关善明：《中国古代玻璃》，香港：香港中文大学文物馆，2001年。

县封魔奴墓出土的玻璃碗[1]，以及大同南郊北魏墓群出土的磨花玻璃碗（彩图7）[2]。景县北魏墓葬所出玻璃器皆属罗马玻璃；大同出土的磨花玻璃碗经笔者比对，为萨珊波斯器物[3]。该器物器型与已被定为萨珊器的鄂城西晋玻璃器[4]相似，所不同的是前者磨花轮廓呈椭圆形，后者磨花轮廓为圆形，而且大同玻璃碗的器壁较厚，底部为七个相切的大圆，正底中央的圆形磨光纹饰对器物摆放起到了很好的稳定作用，设计上既美观大方，又稳定实用，是目前国内已发现的同类器物中最为精美的一件。同样的器物在日本学者谷一尚《正仓院白琉璃碗的源流》一文中也收有2件[5]，出土于北美索不达米亚的Tell Mahuz。器物皆束颈，鼓腹，圜底，腹部饰椭圆形磨花。其中一件口径10.67厘米，高8.6厘米，淡绿色，颈部以下至器底饰有五层椭圆形磨花纹饰，上两层为19枚，第三层15枚，第四层11枚，第五层6枚，底部中央也是一个圆形磨花纹饰。这与大同南郊玻璃碗底部环绕六个圆饰的作法如出一辙，并且磨花圆饰的数量都相等。谷一氏推测以上二器可能为公元3～4世纪之作，但不排除晚至6世纪的可能。类似的器物在日本橿原一座公元4世纪末的墓葬（126号墓）中亦曾发现，而在伊朗高原吉兰州3至7世纪的墓葬中曾出土多件。安家瑶教授曾对鄂城西晋玻璃器与日本橿原126号墓玻璃器化学成分进行了对比，二者几乎一致[6]。2005年12月笔者参观日本东京国立博物馆时也曾见到1件类似的磨花圜底玻璃碗，器物外壁环列四周下凹的圆形磨花，每周13枚，圜底外中心部位磨成一个较大的内凹的圆饰，外围环绕7个相切的圆饰。该玻璃碗出土于大阪府羽曳野市的伝安闲陵古坟，墓葬年代被定为公元6世纪（彩图8）。大同玻璃器出土于北魏平城期后段的墓葬中，其时代不会晚于迁都洛阳的太和十八年（494），这就为国内外其他类似器物的断代提供了一个十分重要的参考。

近年来，山西大同市发掘了大量北魏墓葬，先后出土玻璃器多件，其中于2001年在平城南郊现七里村变电站北魏墓地发现1件绿色半透明玻璃钵，直口，圈足，器物外壁施凸弦纹一道[7]，为典型的北魏器型，经检测为钠钙玻璃，属西域配方，相同器型的

---

[1] 张季：《河北景县封氏墓群调查记》，《考古通讯》1957年第3期。
[2] 王银田、王雁卿：《大同南郊北魏墓群M107发掘报告》，中国魏晋南北朝史学会等：《北朝研究》第一辑，北京：北京燕山出版社，2000年；山西省考古研究所、大同市博物馆：《大同南郊北魏墓群发掘简报》，《文物》1992年第8期；山西大学历史文化学院等：《大同南郊北魏墓群》，北京：科学出版社，2006年。
[3] 王银田：《萨珊波斯与北魏平城》，《敦煌研究》2005年第2期。
[4] 安家瑶：《北周李贤墓出土的玻璃碗——萨珊玻璃器的发现与研究》，《考古》1986年第2期，文中有复原图。
[5] （日）谷一尚：《正倉院白瑠璃碗の源流—その技術法の伝統の継承と創造》，《岡山市立オリエント美術館研究紀要5》，岡山市立オリエント美術館，1986年。
[6] 安家瑶：《中国的早期玻璃器皿》，《考古学报》1984年第4期。
[7] 尹刚：《北魏平城出土的玻璃器》，《中国文物报》2005年5月18日。

陶器曾在永平元年（508）平城镇将元淑墓中出土[1]；2002年大同市迎宾大道施工工地出土1件蓝色半透明玻璃壶，宽平沿、喇叭口、圆肩、弧腹、平底[2]，相同器型的陶器在平城期墓葬中已多次发现[3]；此外，与迎宾大道所出玻璃壶色泽相同的玻璃残片又于2003年6月在被疑为北魏平城宫殿遗址的大同操场城北魏一号建筑遗址发现[4]。以上两例玻璃器的发现，说明《魏书》与《北史》的《西域传》记载的大月氏人于太武帝时在京师平城制作玻璃器的文献是可信的，而且钠钙玻璃钵的发现说明当时确实已经在使用中亚配方生产中国器物，这就将国产钠钙玻璃的历史提前到了北魏平城期，即公元5世纪的后半叶。从器物造型来看，这些艺术品应该是中国工匠的杰作，这些发现对于理解唐、宋时期中国玻璃工艺的进一步发展十分重要。

宁夏固原北周李贤墓出土1件淡绿色凸圆纹玻璃碗（彩图9）[5]，咸阳国际机场出土1件半透明淡绿色玻璃碗（彩图10）[6]，皆属萨珊波斯器。后者的磨花工艺与大同磨花玻璃器、（日本）冈山东方美术馆藏玻璃器、鄂城西晋玻璃器相同，出土地都在古丝绸之路沿线。

隋代继承了北朝以来由西域引进的吹制技术和钠钙配方，模压、铸造技术已较少使用，玻璃生产技术较前有明显提高。西安隋代李静训墓出土玻璃器中既有高铅玻璃，也有钠钙玻璃，安家瑶教授认为均为中国本土产品，说明西域玻璃工艺技术对中国玻璃制作已经产生了广泛影响，这正是魏晋南北朝以来东西方文化交流的必然结果。但隋代国祚短促，西域进口玻璃器的发现数量较少，其中较为重要的为瘗于开皇九年（589）的西安清禅寺塔地宫出土的彩珠、饰件及绿玻璃凸圆纹细颈瓶[7]，后者的凸圆纹与固原李贤墓所出玻璃碗的装饰技法如出一辙，都是在较厚的器壁上对外表进行打磨，形成一个个圆柱形的突起，再将其表面磨成下凹的面，这是萨珊波斯后期典型的装饰技法，两件玻璃器为萨珊波斯制品无疑。

安家瑶教授对于洛阳永宁寺西门遗址出土玻璃珠的研究是一项饶有趣味的成果[8]。

---

[1] 大同市博物馆：《大同东郊北魏元淑墓》，《文物》1989年第8期。
[2] 尹刚：《北魏平城出土的玻璃器》，《中国文物报》2005年5月18日。
[3] 王银田、韩生存：《大同市祁家坡北魏墓发掘简报》，《文物季刊》1995年第1期；山西大学历史文化学院等：《大同南郊北魏墓群》，北京：科学出版社，2006年。
[4] 山西省考古研究所、大同市考古所、大同市博物馆、山西大学历史文化学院考古系：《大同操场城北魏建筑遗址发掘报告》，《考古学报》2005年第4期。
[5] 宁夏回族自治区博物馆、宁夏固原博物馆：《宁夏固原北周李贤夫妇墓发掘简报》，《文物》1985年第11期；安家瑶：《北周李贤墓出土的玻璃碗——萨珊玻璃器的发现与研究》，《考古》1986年第2期。
[6] 西安市考古研究所：《陕西新出土文物选萃》，重庆：重庆出版社，1998年。
[7] 郑洪春：《西安东郊隋舍利墓清理简报》，《文物与考古》1988年第1期。
[8] 安家瑶：《玻璃考古三则》，《文物》2000年第1期。

发现于1994年的这批玻璃珠呈不规则的圆柱形，直径仅1～5毫米，高1～6毫米，中空，分别呈黑、绿、黄、深蓝、红、白等色，不透明、半透明或透明，全部为单色珠，色彩斑斓，总数竟达15万枚之多，是我国考古出土的玻璃珠中很难见到的使用拉制法成形的珠子，初步的研究认为可能产自印度。洛阳是中国6世纪前叶的佛教中心，永宁寺为北魏洛阳城中最大的佛寺之一，为"临朝听政，犹称殿下"[1]的胡太后所建。北魏朝廷曾多次派僧人赴印度取经学法，亦有印度僧人多次来华传教，在北魏最大的两座石窟寺——云冈石窟与龙门石窟中，常常见到佩带璎珞的造像，在传世的北朝佛教石造像中也常见有佩带璎珞者，看来北魏时期僧人是要佩带璎珞的，这些玻璃珠的大量发现正是中印佛教文化频繁交流的有力佐证。

这一成果提醒我们，在研究中国中世纪考古学文化时应更多地关注印度文化的因素以及中印文化交流互动的相关问题。事实上，域外文化对于中国本土文化影响最大者莫过于印度，而这正是我们一直以来所欠缺的。

以上进口玻璃器的原产地主要是当时世界的两大玻璃生产中心，即波斯与罗马，北朝进口玻璃器以波斯产品为主，这应该与当时的陆上丝绸之路贸易和国与国之间的政府交流有关；同时期的南朝墓葬也出土了一些进口玻璃器，其中多见罗马产品，应该是通过海上丝绸之路进入中国的。

---

[1]《魏书》卷一三。

11

金银币

（一）拜占庭金银币

我国发现的拜占庭铸币已见报道者共计 56 枚，包括金币 53 枚、银币 2 枚、铜币 1 枚，以金币占绝大多数[1]。这些拜占庭金银币主要的出土地点集中在新疆和田、吐鲁番，宁夏的固原以及关中的西安和咸阳一带，占中国已发现的拜占庭金银币总数的百分之七十，其余零星分布于甘肃的天水、武威，青海的乌兰、都兰，内蒙古的呼和浩特、武川，以及辽宁朝阳，陕西商州、洛阳，浙江杭州等地。这些货币多数发现于唐代墓葬与窖藏，亦有少量出土于北朝的墓葬之中。如河北赞皇东魏李希宗墓发现金币 3 枚[2]、磁县东魏茹茹公主墓发现金币 2 枚[3]，陕西商州北周墓发现金币 1 枚[4]、咸阳底张湾隋墓发现金币 1 枚[5]。虽然北朝遗存中所发现的钱币数量十分有限，但和发现于唐代墓葬与窖藏的拜占庭金银币的地理分布情况明显不同，后者发现于丝绸之路和唐代政治、经济中心长安及其周围，显然与丝绸之路的国际贸易有直接关系；而发现于北朝墓葬中的拜占庭金银币，虽然它所反映的背景也是丝绸之路的国际贸易，但在墓葬中只是作为宝物陪葬，它所显示的是中原人士对于域外珍宝的猎奇心理，与作为货币的金银币有着本质的区别，也就是说拜占庭金银币在唐代长安等地主要是作为货币使用的，但在北朝，拜占庭金银币尚未具备货币的职能。

---

[1] 陈志强：《我国所见拜占庭铸币相关问题研究》，《考古学报》2004 年第 3 期。
[2] 石家庄地区革命委员会文化局文物发掘组：《河北赞皇东魏李希宗墓》，《考古》1977 年第 6 期；夏鼐：《赞皇东魏李希宗墓出土的拜占庭金币》，《考古》1977 年第 6 期。
[3] 磁县博物馆：《河北磁县东魏茹茹公主墓发掘简报》，《文物》1984 年第 4 期。
[4] 王昌富：《商州市北周、隋代墓葬清理简报》，《文物与考古》1997 年第 4 期。
[5] 夏鼐：《咸阳底张湾隋墓出土的东罗马金币》，《考古学报》1959 年第 3 期。

(二) 波斯银币

波斯萨珊王朝（226～651）为西亚大国，萨珊王朝立国之后就持续不断地铸造自己的货币，其货币材质以银为主，有少量金币与铜币。据学者最新统计，我国已发现的波斯银币总数已达到 1 900 枚以上，分别出土于新疆的吐鲁番、库车、焉耆、乌恰，甘肃的张掖、临夏、陇西、天水，青海的西宁，宁夏的固原以及中国中部的呼和浩特、大同、太原、定州、西安、洛阳等地，此外，沿海的广东也有少量分布。以上波斯银币出土地点的分布极有规律，这条路线沿着塔里木盆地的北沿向东，经河西走廊进入北朝经济、文化发达的内蒙古南部、山西和河北的中北部地区以及隋唐时期的东西两京。由此可以看出它与丝绸之路有着十分紧密的联系。近年来，随着中西文化交流研究的不断升温，萨珊银币的研究也日益引起学界的关注。

我国发现的波斯银币多数是由丝绸之路陆路进入的，广东发现的少量波斯银币则可能是从海上丝绸之路入境的。这些银币除一部分是中唐以前传入我国的外，有相当数量为北朝时期传入的。新疆高昌古城先后发现的波斯银币共计 130 多枚，除两枚银币发现于高昌古城遗址以外，其余都发现于高昌古城的三处窖藏，都有集中堆放痕迹。所出土的银币年代都较早——沙普尔二世、阿尔达希尔和沙普尔三世。有学者根据各波斯王银币数量的比例作出推测，认为窖藏的年代与沙普尔三世的统治年代（383～388）很接近。这一时期，前秦不仅统一了北方，而且于 376 年灭前凉，同年乘鲜卑拓跋氏衰乱之机灭代，382 年苻坚命吕光率军进驻西域，虽然次年的淝水之战就使得前秦帝国分崩离析，但在这之前前秦还是直接经营了西域，并确实与西域各国建立了联系，直至吕光建立后凉。或许这些波斯银币就是在这时传入的[1]。

另一批数量较多的萨珊银币发现于大同市所辖的天镇县，共计 49 枚[2]。据天镇县文管所田刚所长介绍，这批银币是当地农民在天镇县城东北方向平远头村附近的明代长城上发现的，原来藏匿于长城夯土层中的小洞穴中，1989 年上缴该县文管所。2002 年 10 月与 2004 年 8 月，笔者曾先后两次对这批银币进行过考察。银币属压制成型，大体呈圆形，但外轮廓并不十分规整，应该是手工剪切所致。每一枚重 4 克左右，直径 2.5～2.8 厘米，厚 0.7～0.8 毫米。银币正面为波斯王的半身像，头戴日月冠，头后饰以飘带，部分银币在国王头像两侧有文字，脸全部朝向右侧，颈项多有项链，外饰一周联

---

[1] 孙莉：《萨珊银币在中国的分布及功能》，《考古学报》2004 年第 1 期。
[2] 孙莉《萨珊银币在中国的分布及功能》统计为 30 多枚。2002 年 10 月笔者在进行山西省馆藏文物信息化管理的文物调查项目时，天镇县文管所呈报的数字是 35 枚；2004 年 8 月笔者在天镇县文管所第二次考察时，该所提供的数字为 49 枚。

珠纹。背面中心为火坛，两侧为祭司。各枚银币的人像及其他部位细部略有不同，说明是不同时期的银币（彩图 11）。

遗憾的是这批银币的最初出土地点已无从考证，但显然平远头村附近的明代长城不会是第一出土地点。内地的波斯银币，多数为北朝、隋唐时期传入。纵观历史，汉代晋北是对付匈奴人的前哨，魏晋以来北方游牧民族纷纷南下，中原政权的势力基本上退至雁门关以南，"魏黄初元年（220），复置并州，自陉岭（句注山，今称雁门关）以北并弃之，至晋因而不改"[1]，这时大批鲜卑人迁入桑干河流域[2]。晋北地广人稀，经济落后，直到北魏太武帝统一黄河流域，占领凉州，才与西域建立了联系。从文成帝太安元年（455）至孝文帝承明元年（476），二十二年中，萨珊波斯使臣先后五次出使北魏平城，其间赠送北魏朝廷波斯银币，河北定县华塔塔基发现的太和五年（481）舍利石函中的波斯银币已经说明了这一点[3]。北魏迁都洛阳以后，平城昔日的繁华已是过眼云烟，随着六镇边军的南下，平城尽为丘墟[4]。隋唐时期，这里既非都市，更非经济、文化中心，故波斯银币的输入最有可能是在北魏建都平城时期。

定州华塔塔基于1964年出土1件舍利石函，石函中发现金银器、铜器、玻璃器、玉器、珍珠、珊瑚、水晶、五铢钱以及41枚银币等大量珍贵文物[5]。其中银币经夏鼐先生研究，为波斯萨珊王朝货币，其中4枚属伊斯提泽德二世（在位时间438~457），37枚属卑路斯（在位时间459~484）时期[6]。该石函盖上有刻铭，明确记载为"大代太和五年"，即公元481年。铭文记载：这一年，孝文帝与冯太后"舆驾东巡狩，次于中山，御新城宫。……帝、后爱发德音，……造此五级佛图""二圣乃亲发至愿，缘此兴造之功，愿国祚延长，永享无穷"。另据《魏书·高祖纪》载，太和"五年春正月己卯，车驾南巡。丁亥，至中山。亲见高年，问民疾苦。……丁酉，车驾幸信都，存问如中山。癸卯，还中山。己酉，讲武于唐水之阳。庚戌，车驾还都"[7]。由此看来，该寺庙是孝文帝赐建的，石函中的收藏品也应该来自宫中的赏赐。萨珊波斯的卑路斯王在位至公元484年，当北魏太和八年，则太和五年（481）时卑路斯尚在位，可见这些银币很可能是直接从波斯国输入的。

---

[1]《晋书》卷一四。
[2]（日）前田正名著，李凭等译：《平城历史地理学研究》，北京：书目文献出版社，1994年。
[3] 河北省文物工作队：《河北定县出土北魏石函》，《考古》1966年第5期；夏鼐：《河北定县塔基舍利函中波斯萨珊朝银币》，《考古》1966年第5期。
[4] 据《元和郡县图志》记载："孝昌之际，乱离尤甚，恒、代之北，尽为邱墟。"（唐）李吉甫著，贺次君点校：《元和郡县图志》，北京：中华书局，1983年。
[5] 河北省文物工作队：《河北定县出土北魏石函》，《考古》1966年第5期。
[6] 夏鼐：《河北定县塔基舍利函中波斯萨珊朝银币》，《考古》1966年第5期。
[7]《魏书》卷七上。

波斯银币与丝绸之路有十分紧密的联系，从其时空分布规律可以看出，波斯银币在中国首先在新疆高昌古城出现，时代为4世纪末的十六国时期，随着时间的推进逐渐向东扩展。有资料证实，北朝时期西域曾使用波斯银币作为货币，高昌国"赋税则计田输银钱，无者输麻布"[1]，隋代"河西诸郡，或用西域金银之钱，而官不禁"[2]，但在内地目前尚未发现北朝使用波斯银币作为流通货币的证据，而已发现的现象证实当时是把这一货币作为宝物来使用的，或奉送给皇室（即贡物），或埋入地下作为财富，永远陪伴故人。

---

[1]《北史》卷九七。
[2]《隋书》卷二四。

12

旖旎首饰

（一）指环

指环依据材质的不同以及有无镶嵌物等特征可分为多种，其中构造简单、无镶嵌物者也称指环，而设置戒面或有镶嵌物者则称戒指。如今，指环已是世界各地普遍使用的一种装饰品，但其起源至今仍不甚明了，有人认为古埃及人带在手指上的印章就是最早的指环。中国最早的金属指环发现于新石器时代晚期[1]，晚于埃及和中东地区，但其在中国并未持续不断地流行，三代以至秦汉，指环在中国依然鲜见。2005年4月，山西忻州原平县东汉墓葬M1出土素面金指环1枚、素面金钏3枚[2]，其来源可能与北方游牧民族有关。最近报道的广西贵港市深钉岭汉墓发现素面金戒指1枚、素面银指环8枚[3]，出土银指环的M12同时发现了深蓝色玻璃碗，该器物侈口，弧腹，平底，颈部内收，腹部有4道凸弦纹，与广西和浦县20世纪80年代汉墓出土的2件玻璃碗十分相似，稍有不同的是和浦出土的玻璃器为接近平底的圜底。贵港深钉岭玻璃碗发表时作者未作产地的讨论，但和浦的2件玻璃碗曾被定为国产品[4]。事实上，汉代并不见类似的器型，而在西域则十分流行，所以说，和浦与贵港深钉岭的玻璃碗都可能是舶来品。此外，贵港深钉岭汉墓还出土1 500枚以上的小型单色玻璃珠，从报告描述的文字推测，与洛阳永宁寺出土的小玻璃珠接近，后者经安家瑶教授考证可能产自印度[5]，所以说，

---

[1] 宋镇豪：《夏商社会生活史》，北京：中国社会科学出版社，1994年。
[2] 资料正在整理中，承蒙忻州市文管会郭银堂、李培林先生相告，笔者曾亲去考察。
[3] 广西壮族自治区文物工作队、贵港市文物保管所：《广西贵港深钉岭汉墓发掘报告》，《考古学报》2006年第1期。
[4] （日）NHK大阪放送局：《正倉院の故郷——中国の金・銀・ガラス展》，东京：日本写真印刷株式会社，1992年。
[5] 安家瑶：《玻璃考古三则》，《文物》2000年第1期。

贵港深钉岭出土的金戒指与银指环也可能与这些玻璃器一样来自南亚或西亚。魏晋南北朝时期，中国的指环主要发现于现在的北方长城地带，这种分布规律暗示了它与丝绸之路间的东西方交流有关。1988年大同南郊北魏墓地167座墓葬中发现了51枚指环，大多为素面，仅有2枚有简单的点状花纹；银质者2枚，其余为铜质。有的甚至一手戴3枚；有的一人两手共戴5枚，该墓葬是北朝墓葬中出土指环最多的一处[1]，可以证明中国指环的普及是在北魏平城时期。这批指环没有任何镶嵌物，数量又很大，不可能是西方的舶来品，应该为本地所生产。鲜卑人的这种习俗或与中亚游牧民族有关。北朝墓葬或遗址中也曾出土一些进口嵌宝石戒指，如河北定县华塔塔基北魏石函[2]、内蒙古呼和浩特市土默特左旗水磨沟口墓葬[3]、河北东魏李希宗墓[4]、宁夏固原北周李贤墓[5]等出土的戒指。定县华塔北魏石函出土银戒指2枚，一枚残，表面饰绳索纹，在接头处贴以菊花形嵌石饰；另一枚较完整，直径1.7厘米，也在接头处贴以菊花形嵌石饰，但石已脱落，装饰纹样带有西域风格。固原北周李贤墓出土金戒指1枚，镶一块蓝灰色青金石，上雕一人双手举一弧圈，弧圈两端各垂一囊状物。赞皇东魏李希宗墓出土金戒指和鎏金银戒指各1枚，青金石戒面上刻一鹿，周以联珠纹。呼和浩特市土默特左旗水磨沟口墓葬出土金戒指2枚，一枚嵌紫色宝石，另一枚嵌黑色宝石。戒面刻人像，蓄长发，作行进状。以上墓葬除出土戒指外，都还伴随出土拜占庭金币、波斯银币及西域金银器等。这些戒指同金银币一样，也可能是来自丝绸之路的舶来品。

太原王家峰北齐徐显秀墓是近年来北朝考古的重要发现，壁画人物与装饰纹样具有西域风情。该墓发现镶嵌金戒指1枚[6]。戒指环在靠近戒托的两端铸有纹饰，为中亚常见的似龙非龙、似狮非狮的兽首，椭圆形戒面上阴刻一个人物，头戴一顶兽首形帽，深目高鼻，上身穿紧身圆领半袖衫，下身着紧身裤，脚蹬皮靴，两臂上弯，双手倒提着两件带有装饰的杖形器，经张庆捷先生考证，认为该戒指应该来自西域，"极可能就是由粟特商人带进中原"的，戒面雕刻纹饰"与古希腊神话中的英雄人物"有关[7]。《晋书·大宛国传》"其俗娶妇先以金同心指镮为娉"[8]，可见在西域指环是作为婚娉的信物使用的，但北朝时期指环是否与婚姻有关似乎尚难定论。文献中指环往往是作为贵重礼

---

[1] 山西大学历史文化学院等：《大同南郊北魏墓群》，北京：科学出版社，2006年。
[2] 河北省文物工作队：《河北定县出土北魏石函》，《考古》1966年第5期。
[3] 内蒙古文物工作队、内蒙古博物馆：《呼和浩特附近出土的外国金银币》，《考古》1975年第3期。
[4] 石家庄地区革命委员会文化局文物发掘组：《河北赞皇东魏李希宗墓》，《考古》1977年第6期。
[5] 宁夏回族自治区博物馆、宁夏固原博物馆：《宁夏固原北周李贤夫妇墓发掘简报》，《文物》1985年第11期。
[6] 山西省考古研究所、太原市文物考古研究所：《太原北齐徐显秀墓发掘简报》，《文物》2003年第10期。
[7] 张庆捷：《北齐徐显秀墓出土的嵌蓝宝石金戒指》，《文物》2003年第10期。
[8] 《晋书》卷九七。

品馈赠的,当然这类指环多数应该是由金银等贵重金属制成的,而且还可能镶嵌有宝石,不过从大同南郊北魏墓葬出土大量普通的素面指环看,至少在北魏时期,佩戴指环的习俗在我国北方已经形成。

虽然北朝文献不见国外馈赠指环的文字记录,但南朝文献却屡有这方面的记载,如《南史·天竺迦毗黎国传》:"天竺迦毗黎国,元嘉五年,国王月爱遣使奉表,献金刚指环、摩勒金环诸宝物,赤、白鹦鹉各一头。"[1]《南史·呵罗单国传》:"呵罗单国都阇婆洲,元嘉七年,遣使献金刚指环、赤鹦鹉鸟、天竺国白叠、古贝、叶波国古贝等物。"[2]

指环,尤其是贵金属材质且带有镶嵌物的戒指,作为装饰品的功能是显而易见的。此外,在北朝,它也可以作为信物使用,如北魏宗室咸阳王禧的儿子元树,曾投奔南朝萧梁,"初发梁,睹其爱姝玉儿,以金指环与别,树常著之。寄以还梁,表必还之意"[3],然而却惨死在洛阳。

(二)项链、手镯

随着北朝时期丝绸之路东西方文化交流的不断深入,做工精湛的项链、手镯等奢侈品也有少量进入中国。其中尤以李静训墓出土的金项链和金手镯精致而又奢华。李静训为隋左光禄大夫、岐州刺史李敏之女,同墓还出土了金银器、玻璃器等多件珍贵器物[4]。李静训墓金项链由上、下、左、右四部分连缀成环状,左右各由14颗直径1厘米的链珠组成,每颗链珠上各镶嵌10枚珍珠,链珠之间以多股金丝编成的金链连接。项链上端对称分布着5个镶嵌装饰件,居中一枚为扁圆形,圆形的蓝色镶嵌面上凹刻一只大角驯鹿,外围一周金焊珠组成的联珠纹。每颗链珠均由12个小金环焊接而成,项链下端还有装饰复杂的水滴形坠子和其他装饰。这种链珠又称多面金珠,以往曾发现于巴基斯坦与印度东海岸,其焊珠工艺曾流行于古代两河流域、埃及和希腊等地;凹雕大角鹿的宝石饰件也曾发现于巴基斯坦;项链上多处镶嵌的青金石,其主要产地亦在阿富汗的巴达克山。综合其他因素,熊存瑞先生认为这副项链的产地应在巴基斯坦或阿富汗[5]。金手镯由四节连接而成,镶嵌有玻璃珠,也可能是北印度或中亚的产品。这两件首饰结构精巧,技艺精湛,精度很高,体现了古代中亚和南亚地区精深的金属制造水平。

---

[1] 《南史》卷七八。
[2] 《南史》卷七八。
[3] 《北史》卷一九。
[4] 中国社会科学院考古研究所:《唐长安城郊隋唐墓》,北京:文物出版社,1980年。
[5] 熊存瑞:《隋李静训墓出土金项链、金手镯的产地问题》,《文物》1987年第10期。

13

铺首衔环

（一）

兽面纹很可能是中国传统装饰纹样中使用时间最长久的，最早出现在大约距今5 500多年的东夷文化中，发现于长江下游良渚文化玉琮上的神人兽面纹是其例证，其后在稍晚的辽宁红山文化玉圭上亦可见到。这些最早的兽面纹已经不是写实的纹样，而是高度图案化的纹样，这就启示我们，兽面纹应该有更早的源头，至迟在仰韶文化半坡遗址出土的人面鱼纹彩陶盆上就可以看到类似的构图。山东龙山文化玉器装饰纹样继承了兽面纹，并将这种纹饰传至燕山山脉与辽西地区的夏家店下层文化和中原地区的二里头文化，进而在商周时期大放异彩，成为商周时期庄严的青铜礼器上最主要的装饰母题。从史前到商周，兽面纹在中国的东部和中部形成一个马蹄形的分布。由于在地中海沿岸、西域以及草原鄂尔多斯青铜器上似乎都不见这类兽面纹装饰，所以兽面纹应该是东亚农耕地区特有的纹饰。

青铜时代的兽面纹被宋代以后的金石学家称为饕餮纹，陈公柔、张长寿将饕餮纹定义为：一个正面的兽头，有对称的双角、双眉、双耳和鼻、口、额，有的还在两侧有长条状的躯干、肢、爪和尾等[1]。马承源概括兽面纹的要素为巨目，裂口，额鼻部分呈直线突起，大多有一对利爪，两旁有对称张开的身躯，"这种兽面形纹饰与角的变化，和当时各种动物形玉饰与青铜器上立体的动物附饰相对照，则是龙、牛、马、鹿等头部形象夸张的表现"，有些无角的则是"虎豹之属"[2]。

商周时期大量使用的兽面纹，对其文化意义的解读主要有昭示警戒、图腾崇拜诸

---

[1] 陈公柔、张长寿：《殷周青铜容器上兽面纹的断代研究》，《考古学报》1990年第2期。
[2] 马承源：《中国青铜器研究》，上海：上海古籍出版社，2002年。

说。多数学者认同兽面纹是祭祀鬼神、祖先的牺牲。张光直提出"至少有若干就是祭祀牺牲的动物，以动物供祭也就是使用动物协助巫觋来通民神、通天地、通上下的一种具体方式""商周青铜器上的动物纹样乃是助理巫觋通天地工作的各种动物在青铜彝器上的形象"，即"萨满通灵说"[1]。马承源认为"青铜器上的兽面纹的作用是向帝和神人即上天表达世俗的愿望，简言之，就是希冀天人相通""兽面纹的主题是神，是帝，而不是普通的牛羊之属"[2]。江伊莉认为"动物纹饰源于劝慰祖先的动物面具"，装饰纹样中的动物的力量联系着神灵[3]。罗森指出："良渚玉器的兽面纹一般表现为一个神人与怪兽的复合图像，而殷商铜器之上兽形非常多见，人则是缺失的。而且，良渚的人兽复合图像专为玉器而设，而不像在殷商那样更常见于酒食祭器，因此在两种信仰体系中兽面纹引起的心理联想是完全不同的。"[4]

史前末期和三代时期的兽面纹器物不论是玉器还是青铜器，均有庄重、肃穆的特色，具有明显的权威性，皆被认为是用来祭祀的礼器，而祭祀就是人与神（包括仙逝的祖先）的沟通过程，作为礼器的主要装饰纹样，兽面纹明显在参与这个过程。"国之大事，在祀与戎。"[5]不管兽面纹代表上帝还是王权，不管它是巫师的面具还是代表哪方神怪，兽面纹在祭祀中有利于人和上天的沟通应该是它存在的主要价值。《左传·宣公三年》记载："昔夏之方有德也，远方图物，贡金九牧，铸鼎象物，百物而为之备，使民知神、奸。……用能协于上下，以承天休。"[6]也就是说夏王为四方共主时，用远方的贡物铸成礼器用以祭祀，教民以礼仪法度，以通天地鬼神，并利于王权的长久延续。三代时期的礼器纹饰具有的礼仪性和宗教意义是毋庸置疑的。

春秋战国时期随着西周礼制文化的变革，兽面纹不再作为主题纹样出现在青铜礼器的显要位置，而是退居青铜器的附件上，比如器物肩腹部位的铺首或把手等，从战国秦汉墓葬出土一些仿铜陶器使用兽面铺首的作法来看，兽面纹的宗教礼仪功能已经丧失，变为一种世俗装饰图案。颇为学者所关注的则是战国时期大量出现在北方秦、燕、齐诸国尤其是燕国的兽面纹瓦当，这些瓦当的兽面纹虽仍然带有商周兽面纹的一些特征，但已经基本脱离了先前的神秘色彩，重点表现其凶猛威武的形象。这一转折主要发生在战国时期。李学勤曾指出，春秋、战国兴起的种种新花纹尽管和商至周初的纹饰仍有联

---

[1] 张光直：《中国青铜时代》，北京：生活·读书·新知三联书店，2013年。
[2] 马承源：《中国青铜器研究》，上海：上海古籍出版社，2002年。
[3] 江伊莉、刘源：《商代青铜器纹饰的象征意义与人兽变形》，《殷都学刊》2002年第2期。
[4] （英）罗森：《推翻假设重看古代中国的艺术与文化》，《中国古代的艺术与文化》，北京：北京大学出版社，2002年。
[5] 杨伯峻编著：《春秋左传注·成公十三年》，北京：中华书局，1981年。
[6] 杨伯峻编著：《春秋左传注》，北京：中华书局，1981年。

系，其性质、意义却可能是不同的[1]。

（二）

"饕餮"的名称源于先秦文献《左传》和《吕氏春秋》，"兽面纹"则是现代考古学的命名，更多指代汉代以后这类纹样，但"兽面"一词也出自古文献。《吕氏春秋·先识览》记载"周鼎著饕餮，有首无身"[2]，与常说的兽面纹主要特征一致。明清文献常常"饕餮""兽面"互称，所言当为同一纹饰。

东周及汉代以后，兽面纹继承了早期饕餮纹的基本要素，成为北朝兽面纹的来源。汉代至魏晋时期兽面纹仍持续出现在墓葬壁画、画像石、器物和棺椁上。北朝是中国传统装饰纹样大发展、大变革的时期，兽面纹也大量出现在建筑瓦当、石窟寺、石造像，墓葬中的壁画、石棺床、陶瓷器、陶俑、金属铺首、石椁墙、石雕墓门墩、墓门楣拱额等处。中轴对称原则是北朝兽面纹图案的主要特点，纹样构图饱满，鲜有空白，立体感强，图案线条繁缛，但繁而不乱，章法严密，造型夸张，充满想象；兽面纹图案重点突出怪兽的面部，尤为夸张的是口部和眼睛，往往大嘴开张，獠牙外露，瞠目外凸，面目狰狞，极力突出凶恶威猛的特点。北朝兽面纹大多只描绘怪兽的头部，个别的有两个前爪，基本不出现动物躯干。

北朝兽面纹铺首衔环（以下简称兽面铺首）虽有铺首实物，但更多的为铺首图案。前者多为金属材质，铸造成型，呈镂雕形式，立体感较强；后者既有平面绘画，也有在石窟寺、石椁或石雕棺床腿部的浮雕，还有石棺上的线刻画。与两汉魏晋铺首兽面纹呈扁长形不同，北朝铺首兽面的轮廓为方形、近方形或纵长方形。

兽面铺首实物　主要发现于北魏平城（今大同）一带，内蒙古、宁夏固原、河南洛阳也有少量发现。鼻下设一钩，下衔一圆环，嘴两侧各有一枚獠牙，尖角朝外，瞠目下视，眉弓凸起，眉毛上卷并向内弯曲，两上角处为尖耳，两面外侧是卷曲的兽毛，有的额顶装饰物两侧有犄角。额顶中央的装饰有多种，据此大概可概括为六类：

第一类：忍冬纹，常见由五个叶片组成一簇忍冬。此类铺首最为常见，发现数量也最多，曾出土于平城一带的墓葬和遗址中，如位于平城南部的大同轴承北魏建筑遗址[3]、大同南郊北魏墓群（图13-1）[4]和大同东郊的雁北师院墓群[5]等。

---

[1] 李学勤：《良渚文化玉器与饕餮纹的演变》，《东南文化》1991年第5期。
[2] 许维遹：《吕氏春秋集释》卷十六，北京：中国书店，1985年。
[3] 大同市博物馆：《山西大同南郊出土北魏鎏金铜器》，《考古》1983年第11期，图版肆。
[4] 山西大学历史文化学院等：《大同南郊北魏墓群》，北京：科学出版社，2006年。
[5] 大同市考古研究所：《大同雁北师院北魏墓群》，北京：文物出版社，2008年。

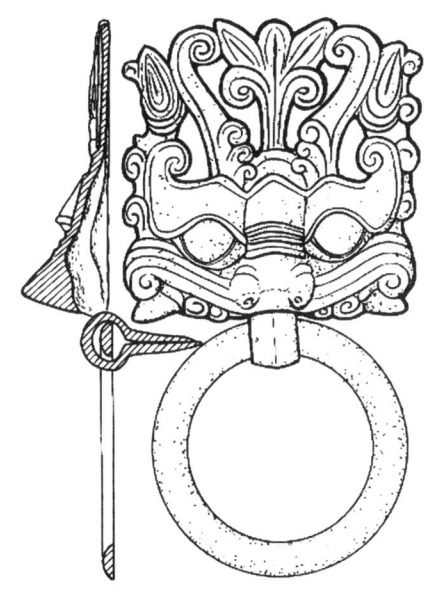

图 13-1　大同南郊北魏墓群 M116 铜鎏金铺首

第二类：武士与兽。包括一武士与二虎（图 13-2）[1]、一武士与二龙（图 13-3）[2]、二武士骑二兽（图 13-4）[3]，一菩萨与二龙（图 13-5[4]、彩图 12[5]）与以上铺首构图类似，也可并为一类。此类图像中不论是龙还是兽，都分列于额顶中央外侧，头向内聚拢，中间一人或一菩萨双腿分开站立，大同轴承厂一例呈蹲坐状，双臂上举，双手好似擒着龙颈；二武士骑二兽铺首则兽首朝外，武士骑在兽后背上。武士或菩萨很明显控制着两侧的龙或猛兽。此类铺首出土地点包括宁夏固原、山西大同和内蒙古正白旗伊和淖尔，此外英国维多利亚和阿尔伯特博物馆以及大同北朝

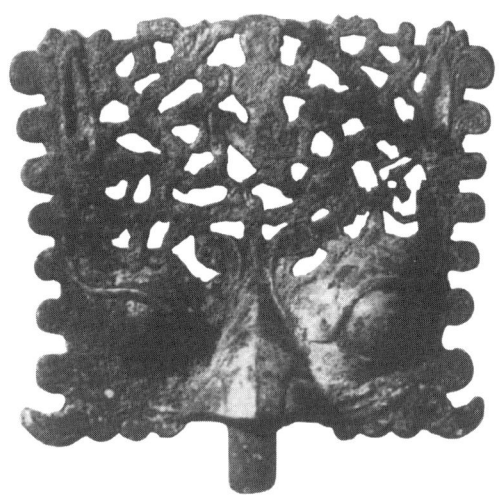

图 13-2　宁夏固原北魏漆棺墓出土鎏金铺首

图 13-3　大同轴承厂遗址出土铜鎏金铺首

---

[1] 宁夏固原博物馆：《固原北魏墓漆棺画》彩版（无编号），银川：宁夏人民出版社，1988 年。
[2] 大同市博物馆：《山西大同南郊出土北魏鎏金铜器》，《考古》1983 年第 11 期。
[3] 大同北朝艺术研究院编著、张庆捷主编：《北朝艺术研究院藏品图录·青铜器·陶瓷器·墓葬壁画》，北京：文物出版社，2016 年。
[4] （日）林巳奈夫：《鋪首、獸鐶の若干種をめぐって》，《東方學報》第 57 册，1985 年。原物收藏于英国维多利亚和阿尔伯特博物馆。
[5] 内蒙古伊和淖尔北魏墓 M2 出土，图片由内蒙古自治区考古研究所宋国栋先生提供。（日）林巳奈夫：《鋪首、獸鐶の若干種をめぐって》，《東方學報》第 57 册，1985 年，出土地点未详。

图 13-4　大同北朝艺术研究院藏铜鎏金铺首

图 13-5　英国维多利亚和阿尔伯特博物馆藏北魏铜铺首

艺术博物馆收藏有部分藏品，但出土地点不详。

第三类：交脚菩萨像，仅见一例（图 13-6）[1]。菩萨头戴花冠，有圆形头光，双腿交叉呈蹲坐状，两臂下垂，双手置于膝部，另有两臂上举，手擒兽角。

第四类：双鸟站立于兽角之上，鸟头朝外，口衔着兽角的末端。伊和淖尔北魏墓地 M2 出土 14 件（图 13-7）[2]，日本出光美术馆也有收藏[3]。

第五类：山纹，或额顶装饰一个三角形，为最简单的山形（图 13-8）[4]，大同全家湾 M9 出土。也有三山纵列的一例（图 13-9）[5]。

第六类：裸体畏兽。1 件被林巳奈夫先生定为公元 6 世纪的铺首，额顶为一个呈蹲

---

[1]（日）林巳奈夫：《铺首、兽鐶の若干种をめぐって》，《東方學報》第 57 册，1985 年。该文图版注为"京大人文研考古资料"，出土地点未详。
[2] 内蒙古伊和淖尔北魏墓 M2 出土。内蒙古自治区文物考古研究所等：《正镶白旗伊和淖尔墓群 M2 发掘简报》，《草原文物》2016 年第 1 期。
[3]（日）林巳奈夫：《铺首、兽鐶の若干种をめぐって》，《東方學報》第 57 册，1985 年。
[4] 山西省考古研究所、大同市考古研究所：《山西大同南郊全家湾北魏墓（M7、M9）发掘简报》，《文物》2015 年第 12 期。
[5] 山西大学历史文化学院等：《大同南郊北魏墓群》，北京：科学出版社，2006 年。

图 13-6 交脚菩萨纹铜铺首

图 13-7 内蒙古伊和淖尔北魏墓 M2 出土鎏金铜铺首

坐状的裸体畏兽，兽顶呈三个三角形状，兽身下部为一枚三叶忍冬[1]（图 13-10）。畏兽的动作与大同轴承厂出土的一武士与二龙铺首中武士的动作一样，前爪握着兽角。

衔环多为素面，但也有将表面铸造为浮雕效果的双龙或双龙与武士。考古发掘出土的此类遗物见于山西大同、宁夏固原，新近发现的内蒙古伊和淖尔墓群也有出土。

铺首实物的额顶装饰具有多样性，应该具有年代学意义。大同全家湾 M9 壁画题记显示为和平二年（461）[2]；固原漆棺墓的年代，罗丰先生曾根据出土萨珊银币和漆棺画人物服饰判断该墓年代为孝文帝太和十年（486）前后[3]，最新发现的材料显示为太和十三年（489）[4]；内蒙古伊和淖尔北魏墓，发掘者认为与太和八年（484）司马金龙墓的年代相当[5]；大同南郊北魏墓群 M116 的年代，我们根据类型学研究确定为该墓群的第三段，即太武帝统一黄河流域至太和初期（约 439～477）[6]；雁北师院 M2，原报告认为也和司马金龙墓的年代相当[7]。以上多数

---

[1]（日）林巳奈夫：《铺首、兽镮の若干种をめぐって》，《東方學報》第 57 册，1985 年。
[2] 山西省考古研究所、大同市考古研究所：《山西大同南郊全家湾北魏墓（M7、M9）发掘简报》，《文物》2015 年第 12 期。
[3] 宁夏固原博物馆：《固原北魏漆棺画》，银川：宁夏人民出版社，1988 年。
[4] 罗丰：《固原北魏漆画棺墓葬年代的再确定》，德国慕尼黑大学编：Early Medieval North China: Archaeological and Textual Evidence（《从考古与文献看中古早期的中国北方》），Edited by Shing Muller, Thomas O. Hollmann, and Sonja Filip, 2019 年。
[5] 陈永志等：《考古发掘见证古代草原丝绸之路——伊和淖尔墓群考古发掘纪实》，《中国文物报》2015 年 6 月 12 日 2～3 版。
[6] 山西大学历史文化学院等：《大同南郊北魏墓群》，北京：科学出版社，2006 年。
[7] 大同市考古所等：《大同雁北师院北魏墓群》，北京：文物出版社，2008 年。

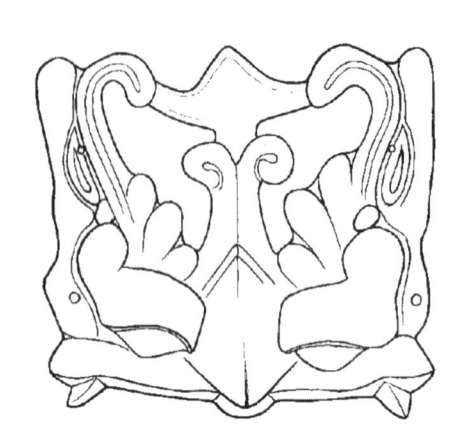

图 13-8 大同全家湾北魏和平二年壁画墓出土铜铺首　　图 13-9 大同南郊 M238 出土木质铺首印痕

器物的年代大约是公元 5 世纪后期的。铺首上的忍冬纹和佛像也符合云冈石窟一、二期的装饰特点，但也有持续到迁洛之初即公元 6 世纪初的[1]，如第六类的裸体畏兽铺首，林巳奈夫先生认为是公元 6 世纪遗物。

兽面铺首图案　发现的数量远多于铺首实物。与铺首实物最大的区别在于，兽面铺首衔环图案鼻下没有固定环的钩，而是兽嘴大张，衔着大半至三分之二环，所以图案表现的仍然是铺首。环的两端与大嘴两侧的獠牙衔接，露出上排多枚牙齿，其余的构图与铺首实物差不多。兽面铺首图案据额顶装饰图案可分为五类，即忍冬纹、山纹、忍冬与山纹、人物纹、鸟纹。

图 13-10 日本出光美术馆藏畏兽纹铺首

第一类：额顶正中装饰忍冬纹，忍冬叶片从中心向上或向两侧扩展，表现为轴对称图案，但构图较为随意，比铺首实物第一类的忍冬纹要复杂些。此类图案主要发现于石

---

[1]（日）林巳奈夫:《鋪首、獸鐶の若干種をめぐって》,《東方學報》第 57 册, 1985 年。

椁、石棺床腿部，位于大同雁北师院的太和元年（477）宋绍祖墓石椁外壁雕刻有25枚铺首图案，其中15枚属此类图案（图13-11）[1]；太原北齐娄叡墓墓门门额正面的石刻彩绘兽面虽然不是铺首，但构图与此类图案类似（图13-12）[2]。

第二类：额顶正中饰以三角形山纹，或一山凸起（图13-13）[3]，或三山横列（图13-14）[4]，或多山并列（图13-15、16）[5]，或群山连绵，在额顶呈三角形或倒三角形分布（图13-17、18、19）[6]。山的刻画或描绘只是示意性的，尖角朝上勾勒出轮廓而已。此类图案见于平城北魏墓葬出土遗物，也多见于云冈石窟和龙门石窟的装饰，洛阳永宁寺（516~534）遗址出土的兽面纹瓦当也有在额顶装饰山形的例子（图13-20）[7]。民国初年洛阳出土的正光五年（524）元昭墓志盖上有石刻线画，在一怪兽头顶刻画多座山峰和树木，为当时流行的山水树木的画法（图13-21）[8]。另一幅洛阳石棺线刻画则在怪兽头顶刻画一幅更为"真实"的山水画（图13-22）[9]。这两处怪兽头部皆为正面形象，与本文所谈的兽面纹一致，所以我们一并加以讨论。

第三类：忍冬与山纹，额顶中央装饰一忍冬和一山，或忍冬在山上，或山在忍冬上，此类图案见于宋绍祖墓石椁（图13-19）[10]，太原北齐徐显秀墓墓门门额浮雕彩绘兽面也属此类，兽面额顶两犄角之间下方为五座山峰，中间的山峰顶端装饰一朵七瓣叶片忍冬纹（彩图13）[11]。

第四类：人物纹，兽面额顶一人双腿弯曲作舞蹈状，该人物或手握兽面犄角（图13-23），或手握帔帛（图13-24）。此类图案见于大同北魏宋绍祖墓石椁南壁雕刻的铺首[12]。

第五类：鸟纹，洛阳元谧石棺左右侧板中央各有一幅线刻兽面，画面内容相同，额

---

[1] 大同市考古所等：《大同雁北师院北魏墓群》，北京：文物出版社，2008年。
[2] 山西省考古研究所、太原市文物考古研究所：《北齐东安王娄叡墓》，北京：文物出版社，2006年。
[3] 李妊恩：《北朝装饰纹样》，北京：故宫出版社，2014年。
[4] 李妊恩：《北朝装饰纹样》，北京：故宫出版社，2014年。
[5] 图16采自李妊恩：《北朝装饰纹样》，北京：故宫出版社，2014年；图17采自黄明兰：《洛阳北魏世俗石刻线画集》，北京：人民美术出版社，1987年。
[6] 大同市考古所等：《大同雁北师院北魏墓群》，北京：文物出版社，2008年；亦见：（日）林巳奈夫：《铺首、兽镮の若干种をめぐって》，《東方學報》第57册，1985年。
[7] 中国社会科学院考古研究所：《北魏洛阳永宁寺1979—1994年考古发掘报告》，北京：中国大百科全书出版社，1996年，图版113。
[8] （日）林巳奈夫：《铺首、兽镮の若干种をめぐって》，《東方學報》第57册，1985年。
[9] 黄明兰：《洛阳北魏世俗石刻线画集》，北京：人民美术出版社，1987年。
[10] 大同市考古所等：《大同雁北师院北魏墓群》，北京：文物出版社，2008年。
[11] 太原市文物考古研究所：《北齐徐显秀墓》，北京：文物出版社，2005年。
[12] 大同市考古所等：《大同雁北师院北魏墓群》，北京：文物出版社，2008年。

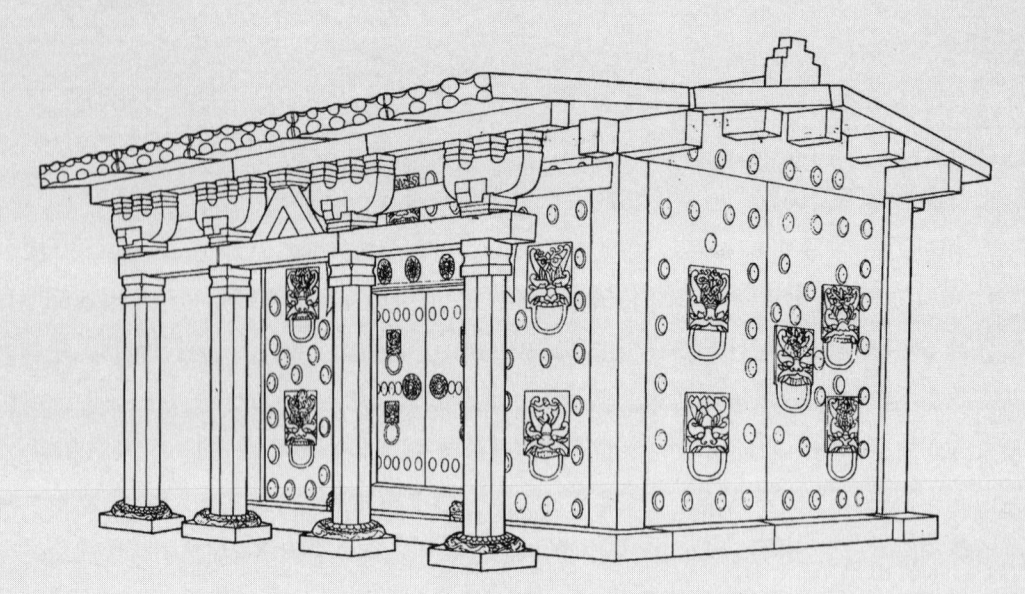

图 13-11 大同北魏宋绍祖墓石椁外壁雕刻铺首

图 13-12 太原北齐娄睿墓门楣石刻彩绘兽面纹

图 13-13 云冈石窟第 8 窟兽面纹 　　图 13-14 云冈石窟第 7 窟石刻兽面纹

图 13-15　龙门石窟古阳洞石刻兽面纹

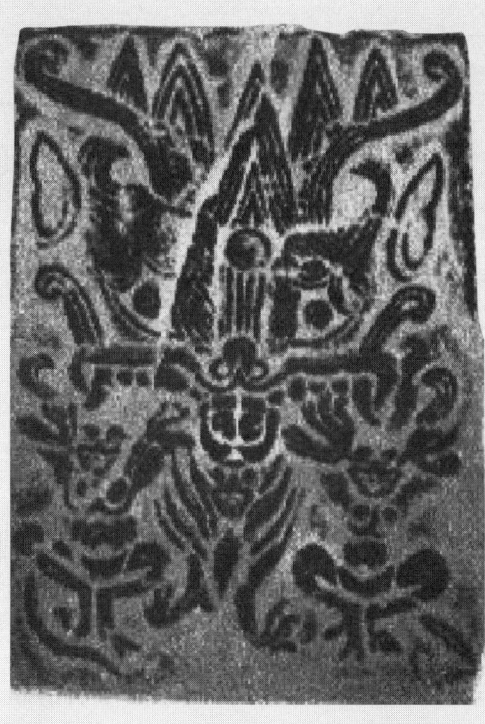

图 13-16　洛阳出土北魏石棺床腿部雕刻兽面纹

图 13-17　美国旧金山亚洲艺术博物馆藏
北魏石棺雕刻兽面纹

图 13-18　瑞士苏黎世瑞特堡博物馆藏
北魏石棺雕刻兽面纹

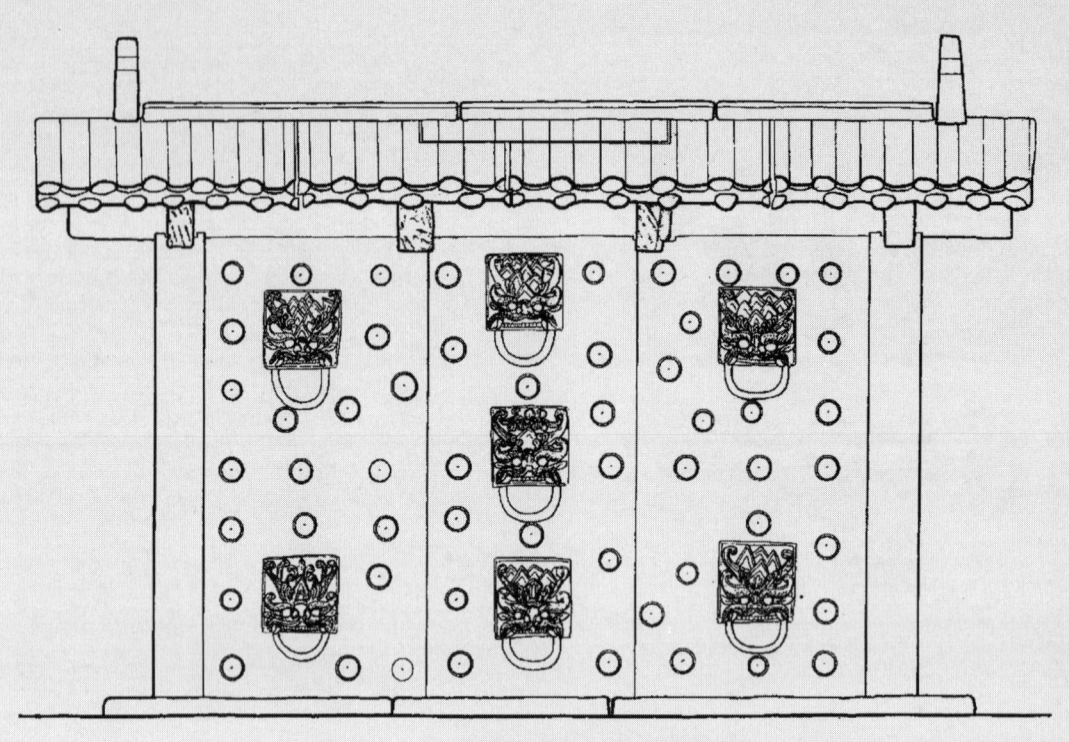

图 13-19　宋绍祖墓石椁后部外侧雕刻铺首

图 13-20　洛阳永宁寺遗址出土北魏兽面纹瓦当

图 13-21 洛阳元昭墓志盖石刻怪兽

图 13-22 洛阳北魏石棺怪兽线刻画

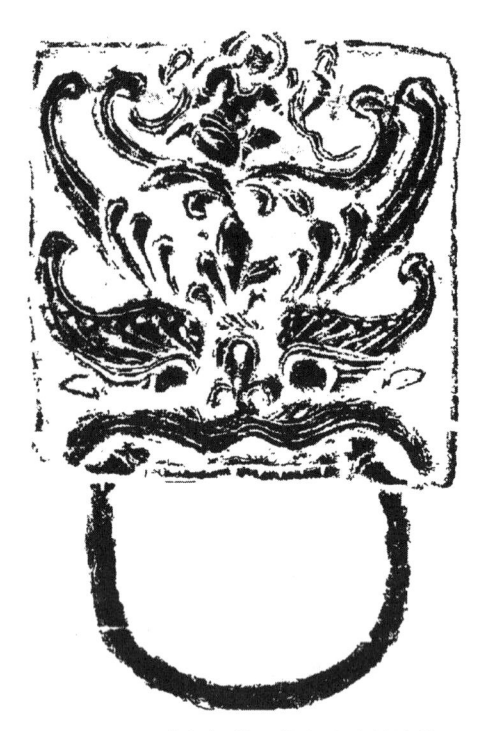

图 13-23　宋绍祖墓石椁南壁雕刻铺首　　　　　图 13-24　宋绍祖墓石椁南壁雕刻铺首

顶上饰一对凤鸟，脚蹬圆形莲花台，相对站立，周围饰满莲瓣、忍冬和云气纹，一片祥和气氛（图 13-25）[1]。

  北朝的实用铺首包括遗址中发现的建筑物上的铺首，材质为铜或铜鎏金，还有镶嵌于棺木上的铺首，材质有木、锡、铜、铜鎏金等多种。实用铺首曾发现于大同市区南部原轴承厂北魏建筑遗址[2]，洛阳太学遗址也曾出土[3]，后者始建于东汉初，直至北魏迁都洛阳一直沿用，出土的铺首呈扁方形，仍然具有汉代铺首的遗风，估计为魏晋时遗物。从出土实用器的遗址性质分析，铺首应主要使用于一些等级很高的建筑，因金属铺首实物可以反复熔铸，所以发现很少。上述 1982 年平城南郊建筑遗址发现的鎏金铜器中包括兽面铺首 16 件、铜环 9 件，从铜环的造型分析应该是和铺首组合使用的。铺首近方形，长 13.1～16.5 厘米，宽 12～14 厘米，每一件器物上都有 3～5 个小孔，多数为 4 孔，用以固定。金属铺首多出现在平城时代的墓葬中，一般镶嵌在棺木周围，如大同

---

[1]　黄明兰：《洛阳北魏世俗石刻线画集》，北京：人民美术出版社，1987 年。
[2]　大同市博物馆：《山西大同南郊出土北魏鎏金铜器》，《考古》1983 年第 11 期。
[3]　中国社会科学院考古研究所：《汉魏洛阳故城南郊礼制建筑遗址 1962～1992 年考古发掘报告》，北京：文物出版社，2010 年。

图 13-25　洛阳北魏元谧墓石棺雕刻铺首

齐家坡北魏墓[1]、大同南郊北魏墓群 M116 和 M238[2]，其中装饰最奢华的当属 M116 木棺。该棺已朽，墓室四壁淤土上仍十分有序地排列着装饰于棺外壁的铜鎏金铺首衔环和乳钉帽，包括 5 个铜兽面铺首衔环、56 个乳钉帽和 5 个铁棺环。铺首衔环的分布是左、右侧板偏下处前后各有 1 个，后档正中下端有 1 个；5 个铺首近旁各有 1 个铁棺环，后档处铁棺环只保留留在土壁上的印痕，前档处没有铜铺首，但正中偏上处设 1 枚铁棺环，估计围绕棺木四周原来共有 6 枚铁棺环。该墓葬保留有铜兽面铺首衔环上用以固定

---

[1] 王银田等：《大同市齐家坡北魏墓发掘简报》，《文物季刊》1995 年第 1 期。
[2] 山西大学历史文化学院等：《大同南郊北魏墓群》，北京：科学出版社，2006 年。

棺环的钉子，长度为4.4厘米，钉子末端没有弯折，故当难以承受沉重的棺木；铁棺环不仅比铜棺环直径稍大，而且更粗壮结实，由此判断这些铜兽面铺首衔环并非用于下棺，而仅是装饰物，真正用于埋葬时下棺承重的则是铁棺环。M238同样棺木已朽，在左右两侧板位置的填土中各有两个铺首印痕，前档正中部位填土中也有一个相同的印痕，据现场发现推测，铺首原物应是木雕的，棺环散落在棺内。因为木质铺首加铁环也不可能承受装载尸体的棺木的重量，所以这些铺首衔环同样并非用于下棺。目前已发现多例北魏木棺镶嵌铜兽面铺首衔环的遗存，估计当时上流社会人士木棺装饰铺首的情况较为普遍，所以直到唐代段成式还在《酉阳杂俎·尸穸》中说道："后魏俗竟厚葬，棺厚高大，多用柏木，两边作大铜镮钮。"[1]

（三）

相较于其他器物上的兽面纹，铺首上的兽面纹虽然凶恶，但也颇具美感，这与铺首往往在现实生活中使用有关。铺首的实际作用主要在于镶嵌和固定下面的环，具有明显的实用功能，形同拉手、把手之类。从汉画像石墓保存的大量铺首图案以及文献来看，汉代现实生活中的门扉上应该较多使用铺首，北朝时期亦如此，棺椁等葬具和石窟寺见到的铺首都是现实生活中门扉实用铺首的反映。

《说文·金部》："铺，箸门抪首也。"[2]东汉应劭《风俗通义》"门户铺首"引《百家书》云："公输般之水上，见蠡，谓之曰：'开汝匣，见汝形。'蠡适出头，般以足画图之，蠡引闭其户，终不可得开，般遂施之门户，欲使闭藏当如此周密也。"[3]这是汉代对门户上使用兽面铺首意义的解释。《汉书·哀帝纪》："孝元庙殿门铜龟蛇铺首鸣。"[4]《三辅黄图》载未央宫前殿有"金铺玉户"，注曰："金铺，扉上有金华，中作兽及龙蛇铺首以御环也。"[5]汉代高等级建筑多使用"龟蛇""龙蛇"等动物类图案的铺首。何晏为魏明帝所作《景福殿赋》极力吹捧景福殿之富丽堂皇，"金楹齐列，玉舄承跋。青琐银铺，是为闺闼。双枚既修，重桴乃饰"[6]。此当为银铺首或鎏银铺首。继汉魏之风，北朝大型皇家建筑门扉常常镶嵌金属铺首，以示奢华和威严。大同市区南部原轴承厂北魏建筑遗址发现多枚铜鎏金铺首[7]，《洛阳伽蓝记》记载北魏迁都洛阳后建立的永宁

---

[1]（唐）段成式著，杜聪点校：《酉阳杂俎》卷一三，济南：齐鲁书社，2007年。
[2]（汉）许慎撰，（清）段玉裁注：《说文解字注》第一四上，上海：上海古籍出版社，1981年。
[3]（汉）应劭撰，王利器校注：《风俗通义校注·佚文》，北京：中华书局，1981年。
[4]《汉书》卷一一。
[5] 何清谷：《三辅黄图校释》卷二，北京：中华书局，2005年。
[6]《全三国文》卷三九，（清）严可均校辑：《全上古三代秦汉三国六朝文》，北京：中华书局，1965年。
[7] 大同市博物馆：《山西大同南郊出土北魏鎏金铜器》，《考古》1983年第11期。

图 13-26　河北赵县隋安济桥石雕栏板兽面纹

寺塔门扉上"有金环铺首"[1]，估计与上述平城北魏遗址所出一样也是鎏金铺首。唐徐坚《初学记》收晋人（或南朝）刘思真《丑妇赋》："头如研米槌，发如掘扫帚；恶观丑仪容，不媚似铺首。"[2]调侃妇人丑陋不媚，形如铺首的兽面一般。另据《北史·王宪传》记载，北齐王皓"为司徒掾，在府听午鼓，蹀躞待去。群僚嘲之曰：'王七思归何太疾？'季高（王皓的字）曰：'大鹏始欲举，燕雀何啾唧？'嘲者曰：'谁家屋当头，铺首浪游逸。'于是喧笑，季高不复得言。"[3]北朝时期的兽面纹已经成为被世人调侃的俗物，只是徒有神兽形象而已。

《水经注·渭水》记载了另一条和鲁班有关的故事：渭桥"旧有忖留神像，此神尝与鲁班语，班令其人出，忖留曰：'我貌狠丑，卿善图物容，我不能出。'班于是拱手与言曰：'出头见我。'忖留乃出首，班于是以脚画地，忖留觉之，便还没水，故置像于水，惟背以上立水上。"[4]此忖留神相貌丑陋，可见渭桥上曾有兽面纹装饰。唐初佚名之《三辅旧事》也载有此故事，并言及"魏太祖马见而惊，命移下之"[5]。渭桥端不仅有兽面纹装饰，而且位置显要，形象生动，以至于引起了坐骑的惊吓。现存河北赵县隋安济桥上就雕刻有兽面纹（图 13-26）[6]，或许就是此忖留神像。元代以后常以"椒图"代称铺首，屡见于元杂剧，如《西厢记杂剧·张君瑞庆团圆》："门迎着驷马车，户列

---

[1]（魏）杨衒之撰，周祖谟校释：《洛阳伽蓝记校释》卷一，北京：中华书局，1963 年。
[2]（唐）徐坚等著：《初学记》卷一九，北京：中华书局，1962 年。
[3]《北史》卷二四。
[4]（北魏）郦道元注，（民国）杨守敬、熊会贞疏，段熙仲点校，陈桥驿复校：《水经注疏》卷一九，南京：江苏古籍出版社，1989 年。
[5]（唐）佚名：《三辅旧事》，（汉）赵岐等撰，（清）张澍辑，陈晓捷注：《三辅决录·三辅故事·三辅旧事》，西安：三秦出版社，2006 年。
[6] 傅熹年主编：《中国古代建筑史》第 2 卷，北京：中国建筑工业出版社，2001 年。

着八椒图。"[1]明代也传承此习,见焦竑《玉堂丛语·文学》:"俗传龙生九子不成龙,各有所好……九曰椒图,形似螺蚌,性好闭,故立于门铺首。"[2]

咆哮甚或争斗的动物形象在中东各国地方传统艺术中由来已久,并且具有相当的普遍性[3],具有攻击性的动物形象为东亚装饰母题所少见,但兽面纹源于中国而非外来。学界普遍认为商周时期兽面纹是由众多不同动物的要素组合而成的;北朝兽面纹,笔者以为主要是由老虎的眼睛和嘴、狮子的嘴和卷曲的毛,以及龙的犄角和野猪的獠牙等要素构成。

虎是猫科动物中的猛兽,分布在东北亚、东南亚和南亚地区,处于动物食物链的顶端,是古代中国南北各地常见的动物,因此虎患也是中国古代长期存在的社会问题,虎对人的威胁一直伴随着人的生活,而人对虎的惧怕几乎与生俱来。由于受巫术意识的影响,人们希望猛兽对人身的伤害能够发生转移,从而规避人类自身的危险,并借助虎威驱灾辟邪、获得安全,于是中国自古就有崇虎的风俗,虎被人类赋予了更多职能。《风俗通义·祀典》:"虎者,阳物,百兽之长也,能执搏挫锐,噬食鬼魅,今人卒得恶悟,烧虎皮饮之,击其爪,亦能辟恶,此其验也。""黄帝书:'上古之时,有茶与郁垒昆弟二人,性能执鬼,度朔山上立桃树下,简阅百鬼,无道理,妄为人祸害,茶与郁垒缚以苇索,执以食虎。'于是县官常以腊除夕,饰桃人,垂苇茭,画虎于门,皆追效于前事,冀以卫凶也。"[4]南朝梁人宗懔《荆楚岁时记》仍引用《风俗通义》以说明当时风俗[5],足见南朝时期此风依旧。早在新石器时代仰韶文化时期的墓葬中就已出现虎的造型,如河南濮阳西水坡 M45 的蚌塑龙虎形象[6]。秦汉以来虎的形象常见于各类考古遗存。吴桂兵先生指出:"因为有避邪、升仙的功能,虎逐渐被早期道教所采用,……早期道教在汉晋时期的地区发展基本与汉晋兽面的地区分布亦相一致。"[7]北朝时期虽然佛、道之间明争暗斗,相互之间争宠于帝王,但是在民间信仰中大约是佛、道相容的,故墓葬中既有仙人乘坐龙虎和兽面口衔胜杖的道教图像,也有莲花、天王和力士等与佛教有关的图案,均是这一社会现实的反映。

狮子是外来物种,汉代以后随着丝绸之路的开通,以及佛教文化的东传而进入中国,公元 5 世纪及其以后的历代石窟寺中都有狮子的形象。据《洛阳伽蓝记·龙华寺》

---

[1](元)王实甫著,王季思校注:《西厢记》,上海:上海古籍出版社,1978年。
[2](明)焦竑撰,顾思点校:《玉堂丛语》卷一,北京:中华书局,1981年。
[3](英)罗森:《中国古代的艺术与文化》,北京:北京大学出版社,2002年。
[4](汉)应劭撰,王利器校注:《风俗通义校注》卷八,北京:中华书局,1981年。
[5](梁)宗懔撰,宋金龙校注:《荆楚岁时记》,太原:山西人民出版社,1987年。
[6]濮阳市文物管理委员会等:《河南濮阳西水坡遗址发掘简报》,《文物》1988年第3期。
[7]吴桂兵:《两晋时期建筑构件中的兽面研究》,《东南文化》2008年第4期。

记载，洛阳"永桥南道东有白象、狮子二坊。……狮子者，波斯国胡王所献也，为逆贼万俟丑奴所获，留于寇中。永安末，丑奴破灭，始达京师。庄帝谓侍中李彧曰：'朕闻虎见狮子必伏，可觅试之。'于是诏近山郡县捕虎以送。巩县、山阳并送二虎一豹，帝在华林园观之。于是虎豹见狮子，悉皆瞑目，不敢仰视。园中素有一盲熊，性甚驯，帝令取试之。虞人牵盲熊至，闻狮子气，惊怖跳踉，曳锁而走"[1]。上言白象、狮子二坊得名或许源于佛教，因为白象与狮子分别是普贤菩萨和文殊菩萨的坐骑，狮子不仅具有佛国世界的独特神力，而且也是北朝时期人们心中威猛和力量的象征，于是也出现在世俗遗物中。随着北朝时期佛教在中国的普及，佛教中的护法狮子在中国人的心目中也具有了更多的意义。

龙作为中国神话动物，其形象在北朝时期仍然十分流行，兽面纹兽首顶部常可见到朝上、外敞以及分岔的犄角。由于北朝时期盛行忍冬纹，所以有时源于鹿角的龙角也做成了忍冬纹式样。5世纪的兽面纹铺首多有犄角，在立体石雕上也能看到，进入6世纪后无犄角的兽面也较为常见。就其含义，据《礼记·礼运》："麟凤龟龙，谓之四灵。"[2]《说文解字》："龙，鳞虫之长，能幽能明，能细能巨，能短能长，春分而登天，秋分而潜渊。"[3]龙具有神性，而且是汉代人们心目中的吉祥灵兽，山东苍山曾发掘东汉元嘉元年（151）画像石墓，其前室西横额下的支柱上刊刻有大量铭文，其中提到"中直柱，双结龙，主守中溜辟邪殃"[4]。《论衡·解除篇》云："宅中主神有十二焉，青龙、白虎列十二位。龙、虎猛神，天之正鬼也，飞尸流凶，安敢妄集，犹主人猛勇，奸客不敢窥也。"[5]龙虎既可辟邪，亦能镇宅。南朝宋人刘敬叔《异苑》有张永"宅龙致富"[6]和"刘穆之梦二白龙夹船升官"的故事[7]。另据《北齐书》和《北史》记载，祖珽擅长以胡桃油作画，进献给长广王，并说："殿下有非常骨法，孝征梦殿下乘龙上天。"长广王说："若然，当使兄大富贵。"[8]三国魏人李康《运命论》曰："黄河清而圣人生，里社鸣而圣人出，群龙见而圣人用。"[9]"群龙见"与"乘龙上天"都被认为是一

---

[1]（魏）杨衒之撰，周祖谟校释：《洛阳伽蓝记校释》卷三，北京：中华书局，1963年。
[2]（汉）郑玄注，孔颖达疏：《礼记正义》卷二二，《十三经注疏》，北京：中华书局，1982年。
[3]（汉）许慎撰，（清）段玉裁注：《说文解字注》第一一下，上海：上海古籍出版社，1981年。
[4] 山东省博物馆、苍山县文化馆：《山东苍山元嘉元年画象石墓》，《考古》1975年第2期；方鹏钧、张勋燎：《山东苍山元嘉元年画象石题记的时代和有关问题的讨论》，《考古》1980年第3期。原报告将年代定为刘宋元嘉元年，方文对原报告中的年代和题记文字进行了修正。
[5] 黄晖：《论衡校释（附刘盼遂集解）》卷二五，北京：中华书局，1990年。
[6]（南朝宋）刘敬叔撰，范宁校点：《异苑》卷三，北京：中华书局，1996年。
[7]（南朝宋）刘敬叔撰，范宁校点：《异苑》卷七，北京：中华书局，1996年。
[8]《北齐书》卷三九；《北史》卷四七。
[9]（梁）萧统编，（唐）李善注：《文选》卷五三，上海：上海古籍出版社，1986年。

种吉象。庾信《贺传位于皇太子表》曰："皇帝藐然姑射，正当乘云驭龙，问道崆峒，岂复先秋木落。"[1]《周使持节大将军广化郡开国公丘乃敦崇传》："高丞相驱率风云，奄荒齐晋；我舅氏文皇帝驾驭龙虎，据有周秦。"[2] 神人驭龙是战国秦汉以后常见的美术题材，也是对某些具有神功的非常之人的赞颂之词，相关图案和造型如安徽当涂"天子坟"东吴墓出土的神人驭龙银饰片（图13-27）[3]、山西榆社北魏方兴画像石棺图案等（图13-28）[4]，6世纪初的洛阳北魏墓志边饰线刻画中也有神人驾驭龙虎的画面[5]。《山海经·大荒东经》曰："旱而为应龙之

图 13-27 安徽当涂"天子坟"东吴墓出土的神人驭龙银饰片

图 13-28 山西榆社北魏方兴画像石棺图案

---

[1]《全后周文》卷九，（清）严可均校辑：《全上古三代秦汉三国六朝文》，北京：中华书局，1965年。
[2]《全后周文》卷一一，（清）严可均校辑：《全上古三代秦汉三国六朝文》，北京：中华书局，1965年。
[3] 叶润清：《安徽当涂"天子坟"东吴墓》，《大众考古》2016年第7期。
[4] 王太明：《榆社县发现一批石棺》，载山西省考古研究所等：《山西省考古学会论文集》（三），太原：山西古籍出版社，2000年。
[5] 黄明兰：《洛阳北魏世俗石刻线画集》，北京：人民美术出版社，1987年。

状，乃得大雨。"[1]东晋干宝《搜神记》就有在龙洞祈雨的故事[2]。南朝梁人孙柔之《瑞应图记》："青龙，水之精也。乘云而上下，不处源泉，王者有仁则出，又君子在位不屑斥退则见。"[3]北朝也有龙宫祈雨的习俗，高允《鹿苑赋》曰："凿仙窟以居禅，辟重阶以通术。澄清气于高轩，伫流芳于王室。茂花树以芬敷，涌澧泉之洋溢。祈龙宫以降雨，俟膏液于星毕。"[4]龙神不仅可以带来甘露，还能压制其他水神，东魏太尉高岳带兵攻打颍川城时，"乃更修堰，作铁龙杂兽，用厌水神"[5]。北朝时期随着佛教信仰在民间的普及，佛教中"龙浴太子"的故事为民众广泛接受，更增加了龙在民间信仰中的地位。龙既可辟邪镇宅，给人带来祥瑞，又能带来甘霖，有利于农牧业生产，与人的生活息息相关。

獠牙是偶蹄目雄性动物麝、獐、野猪等由发达犬齿形成的突出口外的长牙。麝、獐仅上颌有一对獠牙，野猪则上下颌都有獠牙。从考古发现来看，这些动物中与人类关系最为密切的是野猪。有学者指出，良渚玉琮上的兽面反映的是作为牺牲的野猪[6]，红山文化的玉猪龙上就有夸张的獠牙[7]。北朝兽面纹一般都有獠牙，但铺首上的兽面獠牙多仅见上獠牙，而在兽面瓦当中则上下獠牙都有，这种区别可能是由于不同的图案处理方式造成的，因为铺首往往口中衔环，于是省略了下颌，下獠牙也因此一并省略了，所以说北朝兽面纹的獠牙也来源于野猪。

林巳奈夫《神与兽的纹样学——中国古代诸神》中收有1件战国中期的兽

图13-29　战国中期兽面纹铜器

---

[1]　袁珂校注：《山海经校注·山海经海经新释》卷九，成都：巴蜀书社，1992年。
[2]　（晋）干宝撰，汪绍楹校注：《搜神记》卷二〇，北京：中华书局，1979年。
[3]　（梁）孙柔之：《瑞应图记》，《丛书集成续编》本，上海：上海书店出版社，1994年。
[4]　《全后魏文》卷二八，（清）严可均校辑：《全上古三代秦汉三国六朝文》，北京：中华书局，1965年。
[5]　《北史》卷六二。
[6]　臧振：《玉琮功能刍议》，《考古与文物》1993年第4期。
[7]　孙守道、郭大顺：《论辽河流域的原始文明与龙的起源》，《文物》1984年第6期。

面纹铜器（图13-29），原物可能是漆木器的腿，顶端兽面额顶就有阶梯状山形纹饰[1]。汉画像石铺首兽面和青铜器铺首额顶常见山纹，如山东淄博齐国故城遗址博物馆收藏的汉鎏金铜兽面铺首，额顶山纹呈笔架形，由横列的三座山峰组成[2]；江苏丹阳东汉墓曾出土4件铜鎏金铺首，山纹的分布有两种，一种是三座山峰上下纵列，另一种则是四座山峰呈菱形分布[3]。此类图像在河西地区魏晋十六国时期墓葬壁画中也多有发现，因为这些墓葬壁画常常绘制简略，铺首额顶的山纹也是示意性的[4]。如前所述，北朝时期不仅铺首的兽面额顶常见山纹装饰，洛阳永宁寺遗址出土的兽面纹瓦当的兽头额顶也有山纹（图13-20）。因为兽面在山纹之下，或许是在暗示此兽身处地下之意，与文献所记载的公输班的传说恰相吻合。这些山大多是示意性的，山峰呈菱形或三角形错落分布，但洛阳北魏石棺上的线刻画中可以清楚地看到这类山纹更为形象、逼真的刻画——山林与树木，可见确为山峦无疑。这些山应该特指神山，因为中国传说中的神仙大多居住在山里，山中交通不便，风雨无常，猛兽出没，人烟稀少，具有更多未知的空间，极易使人产生联想，因此推测山纹可能用以指代人类向往的仙境。美国学者陆威仪曾指出："佛教徒与道教徒一样，遵循中国的传统，将山脉与精神活动联系起来，山脉既是宗所圣地，也是那些人们渴望与之沟通的先灵安息的地方。"[5]汉代铺首额顶有"几"字形图案，和常见的汉代画像石中西王母所居神山的构图基本一致，北朝兽面额顶的龙、鸟或神像也处于山纹的位置，与山纹的寓意正相吻合，也应是具有神性的。四川简阳鬼头山东汉墓三号石棺画像在双阙之上各有一鸟，两鸟上方题刻"天门"二字[6]。"天门"一般解释为天帝所居的紫微宫之门或西王母所居之昆仑山之门[7]，不论哪种说法更接近汉代人的原意，但都是指天上之门则是无疑的。从汉代到北朝，西王母的仙山变换成了佛教的神山，昆仑山也有了西天极乐世界的意味。

（四）

汉代和汉代以前，在中国美术中，动物和人的平面造型多以正侧面为主，形成剪影效果，这是因为这样的图案处理最为简洁方便，易于把握，同时也可以较好地赋予造型一定的动感。但只有兽面纹例外，它以正面造型出现，这是十分罕见的构图方式。造型

---

[1]（日）林巳奈夫：《神与兽的纹样学——中国古代诸神》，北京：生活·读书·新知三联书店，2009年。
[2] 齐国故城遗址博物馆：《齐国故城遗址博物馆馆藏青铜器精品》，北京：文物出版社，2015年。
[3] 镇江市博物馆、丹阳县文化馆：《江苏丹阳东汉墓》，《考古》1978年第3期。
[4] 张宝玺：《嘉峪关酒泉魏晋十六国时期墓壁画》，兰州：甘肃人民美术出版社，2001年。
[5]（美）陆威仪：《哈佛中国史 分裂的帝国：南北朝》，北京：中信出版集团，2016年。
[6] 内江市文管所、简阳县文化馆：《四川简阳县鬼头山东汉崖墓》，《文物》1991年第3期。
[7] 信立祥：《汉代画像石综合研究》，北京：文物出版社，2000年。

的独特性也在一定程度上说明了纹样的特殊性。侧面构图具有客观性和叙述性，而正面构图则有明显的主观性和参与性。兽面双眼直视前方，与观者对视，会对观者造成心理威慑，这种感受或许正是创作者的原意。北朝兽面纹以极度夸张的手法重点强调兽嘴和兽眼，兽嘴大张，獠牙外露，眼光凌厉，通过极力渲染攻击性，达到威吓、震慑的作用。兽面纹在北朝地面建筑中的使用主要见于门环装饰和屋面装饰，后者如瓦当、当勾和脊头瓦；在墓葬中主要用于木棺和石棺外表、石棺床前立板腿部、墓门内两侧站立的手持盾牌的镇墓武士俑的盾牌上、墓门门楣等处，从这些兽面纹所装饰的位置分析，都是与来者（不管是现实中的人，还是幻想中进入墓室中的各色鬼怪）形成正面对视的地方，它的主要功能必然是驱鬼辟邪，护佑活人与逝者。

先秦时期与虚幻的神话相关联的饕餮纹，更多地反映了商周时期人们的精神世界；北朝时期的兽面纹则是现实世界的反映。如果说莲花纹包含了北朝人对佛国世界的美好向往，兽面纹则揭示了北朝人对动物的敬畏甚或膜拜，是古老的动物崇拜现象的形象反映。对初入中原的鲜卑游牧部落来说，他们对动物的依赖胜过其他民族，动物为他们提供了源源不断的食物、实用的衣料，动物是他们便捷高效的交通工具，动物骨骼是良好的工具原料，凶猛的动物自然成为他们膜拜的英雄。或许正因为此，迁都洛阳后兽面纹仍在使用，但进入北朝晚期，伴随着鲜卑民族汉化的逐步加深和游牧经济的渐趋式微，兽面纹有逐渐减少的趋势，如北魏时期多见的兽面纹瓦当到了北朝晚期已近消失。

目前看来，兽面铺首上出现佛像、菩萨和力士像等佛教造像，应该始于北魏；北朝晚期依然存在，成为北朝兽面铺首的显著特点之一。这一现象的出现，与北朝时期佛教的盛行是完全吻合的，反映了佛教文化对民间世俗文化的渗透或影响。

据《北史》与《隋书》记载，曾仕周、隋两朝的河东解州人柳彧在隋文帝时上奏："窃见京邑，爰及外州，每以正月望夜，充街塞陌，鸣鼓聒天，燎炬照地，人戴兽面，男为女服，倡优杂伎，诡状异形。外内共观，曾不相避。竭赀破产，竞此一时。尽室并孥，无问贵贱，男女混杂，缁素不分。秽行因此而生，盗贼由斯而起。非益于化，实损于人。请颁天下，并即禁断。"[1] 这是对隋都大兴城正月十五上元节活动的描述。此俗早在秦汉时期就已存在，从"诏可其奏"的结果来看，这一活动完全是民间带有明显娱乐性质的活动。节日期间，民间作角抵戏，"人戴兽面"属于民俗中的驱鬼仪式，可能与傩有关。据说至今在江苏宜兴，元宵日还有儿童戴鬼面具跳舞的习俗，俗称"跳鬼"。《宋史·魏胜传》记载，宋金战争期间"胜尝自创如意战车数百辆，炮车数十辆，车上为兽面木牌，大枪数十，垂毡幕软牌，每车用二人推毂，可蔽五十人。行则载辎重器

---

[1]《北史》卷七七；《隋书》卷六二也有类似记载。

甲，止则为营，挂搭如城垒，人马不能近；遇敌又可以御箭簇（镞）"[1]。这种战车上装饰着兽面纹。元杂剧《汉高皇濯足气英布》描写秦末汉初名将英布"穿一对上杀场、踢宝蹬、刺犀皮、攒兽面、吊根墩子制吞云抹绿靴"[2]，则是在靴上装饰兽面纹。元杂剧《赵太祖雪夜幸赵普》："他把那铁桶般重门来闭上，我将这铜兽面双环扣响。"[3]描写的是元代门扉上的兽面纹铺首衔环。罗贯中《残唐五代史演义传·存孝活捉邓天王》记五代后唐名将高思继曾与羌胡交战，"左手执一面金兽面防牌，背插飞刀二十四把；右手使一条浑铁点钢枪，座下一匹银色梅花马。百步斩人，无有不中"[4]。这应该反映了明代的兽面纹盾牌。兽面纹装饰显然有"防守"和"威吓"的作用。清黄生《字诂·铺》："门户铺首，以铜为兽面衔环著于门上，所以辟不详，示守御之义。"[5]唐宋以后直至明清，举凡建筑、卤簿用器、官服、武器、家具、器皿、门钉等常常饰以兽面纹，主要都沿袭了这一功能。明清时期民间兽面纹还兼具谐音"寿"的含义，更使这一纹饰向民间普及，至今沿用不衰。

---

[1]《宋史》卷三六八。
[2]臧晋叔：《元曲选·气英布》，北京：中华书局，1958年。
[3]（明）郭勋辑：《雍熙乐府》卷二，《续修四库全书》集部第1740册，上海：上海古籍出版社，2002年。
[4]（明）罗贯中：《残唐五代史演义传》，北京：宝文堂书店出版，1983年。
[5]诸伟奇：《黄生全集》第1册，合肥：安徽大学出版社，2009年。

14

下颌托

"下颌托",丧葬用品,多用扁平状铜条制成,其他材质还有金、银、锡以及棉、毛、绢等织物。金属材质多选用硬度适中、有一定韧性者,故以铜质最多,银质次之,锡材质地酥松、延展性差,金则因十分贵重,故而所用极少。棉、毛、绢等织物类下颌托主要见于新疆,是用毛线或棉、毛、绢等织物环绕于人体下颌后绾结于颅顶处。内地发现的金属"下颌托"的结构大概可分为两类,一类结构稍显复杂,由扁平状铜条连接而成,上有环状头箍,固定在头颅上,两鬓处与颊带组合在一起,颊带的下端呈勺状扣在下颌处。另一类则不见头箍,结构与新疆发现的棉毛织物类下颌托类似,系用扁平状金属条环绕于下颌后绾结于颅顶处。

内地发现年代最早的下颌托出自山西大同南郊北魏墓群,是1988年发现的。该墓地167座北魏墓中共发现12件铜下颌托[1],加上近年大同另一座北魏墓又有1件下颌托出土[2],至今共有13件,故大同是到目前为止内地出土该器物最多的地点。大同南郊北魏墓群M107的下颌托出土时仍完整地扣合在墓主人的头骨上,真实地显示了下颌托的使用方法(图14-1、彩图14)。从考古发现的保存状况分析,该器

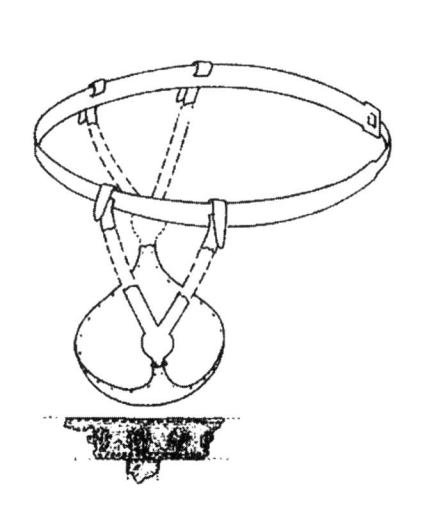

图 14-1 大同南郊北魏墓群 M107 下颌托

---

[1] 山西大学历史文化学院等:《大同南郊北魏墓群》,北京:科学出版社,2006年。
[2] 大同市考古研究所:《山西大同迎宾大道北魏墓群》,《文物》2006年第10期。

物的功能主要在于固定下颌，以免人死后面部变形。1998年，我们在整理M107发掘报告时首次关注下颌托，因为此前从未有人论述过该器物。我们查阅了大量资料，对器物定名、时空分布、功能与传播等进行了初步研究，附于报告的结论中[1]，后来又由王雁卿撰文发表在《大同南郊北魏墓群》下编第三章《葬俗》中[2]。出土资料显示，中国最早的下颌托出现于公元前10～前8世纪的新疆，此后历汉晋、北魏、唐、辽、宋，北魏以前仅见于新疆，北魏开始在内地流传，历时久远；地域上分布于今新疆、宁夏、陕西、山西、河南、湖北、湖南、江西，分布广阔。经对发现下颌托的23例墓葬进行分析，该器物的使用无性别限制，亦不仅仅限于成人。但从墓葬形制及随葬物分析，使用下颌托者皆有一定身份。新疆塔克拉玛干沙漠南缘的且末、尼雅河流域，即古丝绸之路南道，发现多例质地为绢或毛的下颌托[3]，如民丰县尼雅遗址95MNI号墓地中M8男尸的绢质下颌托，保存完好，发现时尚系在遗骨上，下颌中央开口（图14-2）[4]。这些墓葬大多是汉魏晋或更早的遗存，比内地的金属下颌托年代明显偏早，因此我们提出"内地此俗很可能就来自西域"。此后德国慕尼黑大学宋馨博士开始关注下颌托，在欧洲发现了2件私人收藏的金质下颌托，制作十分精致，一件在瑞士苏黎世

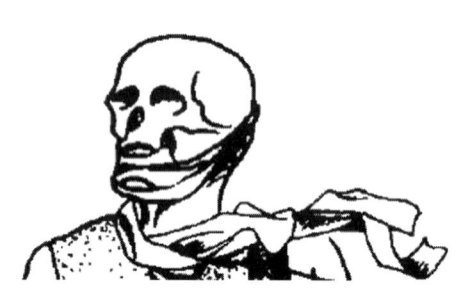

图14-2 新疆民丰县尼雅遗址95MNI号墓地M8男尸的绢质下颌托

东亚美术博物馆展示，另一件为一比利时私人所藏，尤其重要的是发现了古希腊人也有使用下颌托的风俗，于是撰文《北魏下颌托：丧葬风俗向亚洲的传播》在海外发表，对下颌托做了更为深入的研究[5]。

宋馨论及的2件金质下颌托，从装饰纹样判断，当不晚于公元5世纪，它们与阿富汗黄金之丘六号墓[6]，以及大同南郊北魏墓群M107、M109所出下颌托结构一致，而且黄金之丘六号墓和大同南郊M109使用下颌托的墓主人额头处都有一个三角形镂雕金属饰片，说明这些器物应该具有相同的文化背景。宋馨论证认为，这两个下颌托

---

[1] 王银田、王雁卿：《大同南郊北魏墓群M107发掘报告》，中国魏晋南北朝史学会等：《北朝研究》第一辑，北京：北京燕山出版社，2000年。
[2] 山西大学历史文化学院等：《大同南郊北魏墓群》，北京：科学出版社，2006年。
[3] 新疆博物馆文物队：《且末县扎滚鲁克五座墓葬发掘简报》，《新疆文物》1998年第3期。
[4] 新疆文物考古研究所：《新疆民丰县尼雅遗址95MNI号墓地M8发掘简报》，《文物》2000年第1期。
[5] Mueller, Shing. "Chin-straps of the Early Northern Wei: New Perspectives on the Trans-Asiatic Diffusion of Funerary Practices", *Journal of East Asian Archaeology* 2003, 5, (1～4): 27～71; 以下所引宋馨的观点全部出自此论文，恕不另注。
[6] （日）サリアニデイ：《シルクロードの黄金遺宝—シバルガン王墓発掘記》，加藤九祚訳，巌波書店，1988年。

都是由中亚工匠制作的,但笔者认为欧洲的这两件下颌托的产地不同,一件为中亚产品(彩图 15),另一件可能就产自北魏平城(彩图 16)。后者的忍冬纹装饰带具有明显的平城风格,和西域的忍冬纹略有差异,但整体纹样为西域风格,应是北魏工匠的仿制品。前者产于中亚,年代则可能较早,或许接近黄金之丘六号墓的年代——公元 1 世纪前后。据宋馨研究,远在古希腊文化的荷马时代(约前 1200~前 800),在阿提卡和雅典地区的墓葬内就曾发现金质或铅质的下颌托。这个传统在古希腊的古风时期和古典时期(约前 8~前 4 世纪)仍继续存在。"根据流传下来的文献与文物来推测,古希腊大部分下颌托应属纺织品。古希腊文献已提及下颌托的使用,并称之为 othone(复数 othonai),原意是女性穿着用的白色亚麻布。"古希腊公元前 6 至前 5 世纪时祭祀用的陶瓶上常绘有陈尸哭丧仪式的图像,死者头部从下颌到头顶使用布条绑扎(图 14-3),至今欧洲仍有此俗保留。这种下颌托与新疆发现的下颌托是一样的。这些发现有助于我们对下颌托使用方式的判断。新疆且末县扎滚鲁克二号墓发现男女二位墓主人"下颌用一根红色毛线绳系扎至头顶",墓葬年代早至公元前 800 年或更早[1]。宋馨查阅国外发表的新疆材料,发现在克里雅河下游的古墓中曾有 1 件下颌托,墓葬年代甚至早到公元前 1000 年。除这两例外,此后新疆长期不见下颌托的使用,直至汉晋时期才有较多的出现,当然时间仍早于内地。目前新疆发现的两例公元前的下颌托与古希腊早期的下颌托资料在时间上很接近,考虑到新疆只零星出土两例,不及古希腊的发现那么丰富和系统,我们姑且推测公元前 1000 年下颌托是由古希腊经中亚传入新疆的,但此俗并未在新疆得到普遍认可,以至于逐渐消失。汉晋时期发现的多例下颌托可能是再次传入的结果,此后于公元 5 世纪中后期传入平城。大同南郊北魏墓群 M107 发现的铜下颌托勺形部分的边沿凿有密集的一周小孔,出土时其内部都有残破的丝织品,显然其内部紧

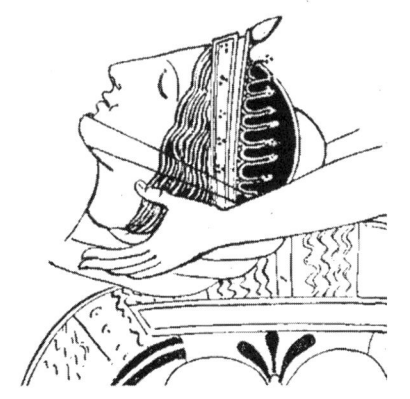

图 14-3 雅典发现的公元前祭祀陶瓶陈尸哭丧仪式

---

[1] 新疆博物馆文物队:《且末县扎滚鲁克五座墓葬发掘简报》,《新疆文物》1998 年第 3 期。

贴脸部的一面原来应该垫有丝织物，小孔是用来缝合、固定丝绸织品的，这或许暗示着此金属下颌托（确切地说是骨架部分为金属，整体由复合材料组成）与新疆出土的棉毛绢类织物材料下颌托之间的演化关系。下颌托在内地的传播极有可能与北魏时期丝绸之路上频繁的交通有关。新疆下颌托中断 1000 年后再度出现，或许是因为亚历山大大帝东征后中亚地区希腊化进一步加深，导致下颌托再次传入中亚，并再次传入新疆。

近来冯恩学先生也对下颌托进行了深入研究，揭示出更多下颌托资料，使这一课题的研究更进一步。但冯先生将下颌托认定为祆教遗物[1]。对此结论笔者稍有不同看法，略述于下：

其一，琐罗亚斯德及其宗教的初创时间至今仍是国际学术界的一桩公案，争议颇大[2]。学界传统观点认为琐罗亚斯德为公元前 6 世纪或前 7 世纪人，甚至有学者将其生卒年代推定到公元前 1000 年前[3]，但目前仍然难以确认其早于上节提到的发现下颌托的古希腊荷马时代以及新疆且末扎滚鲁克墓葬材料的年代。

其二，琐罗亚斯德教最早流行于东伊朗地区，除伊朗本土外，其向外传播的路径主要是向东。作为人类文明史上最古老的宗教，该教虽然也曾对后来的犹太教、基督教、伊斯兰教、摩尼教有所影响，但对地中海地区的影响主要发生在罗马帝国时期（前 27～395）。公元前 4 世纪后期，亚历山大大帝征服波斯，该教圣书《阿维斯塔》惨遭焚毁，琐罗亚斯德教遭到沉重打击，波斯进入希腊化时期。这一时期琐罗亚斯德教渐趋湮灭，说明希腊文化对于琐罗亚斯德教是排斥的。现在尚无法证实古希腊人曾经使用的"othone"（下颌托）与琐罗亚斯德教有关。

其三，祆教即粟特化的琐罗亚斯德教[4]。琐罗亚斯德教对于宗教与世俗的洁净都有极为严格的规定，这种规定一直保留在现代印度的帕尔西人和伊朗境内的琐罗亚斯德教徒中，如在举行某些宗教仪式时祭司仍然要戴上口罩[5]，该教认为戴口罩可以避免不洁的气息对圣火的污染。所谓不洁主要是指与身体分离的东西，包括人的呼吸，所以戴口罩与胡须无关。冯恩学先生推测"祭祀戴口罩是防止圣火盆的火焰烧燎胡须"，而新疆南疆地区民丰县尼雅和洛浦县山普拉墓地以及宁夏固原唐代史道德墓发现的下颌托则恰

---

[1] 冯恩学：《下颌托——一个被忽视的祆教文化遗物》，《考古》2011 年第 2 期。
[2] 元文祺：《阿维斯塔导读》，贾利尔·杜斯特哈赫选编，元文祺译：《阿维斯塔——琐罗亚斯德教圣书》，北京：商务印书馆，2005 年。
[3] 张小贵：《中古华化祆教考述·绪论：祆教释名》及注⑯，北京：文物出版社，2010 年。
[4] 蔡鸿生：《"粟特人在中国"的再研讨》，陈春声主编：《学理与方法——蔡鸿生教授执教中山大学五十周年纪念文集》，香港：博士苑出版社，2007 年。
[5] （英）玛丽·博伊斯著，张小贵译：《伊朗琐罗亚斯德教村落·万灵节与宗教新年》，北京：中华书局，2005 年。

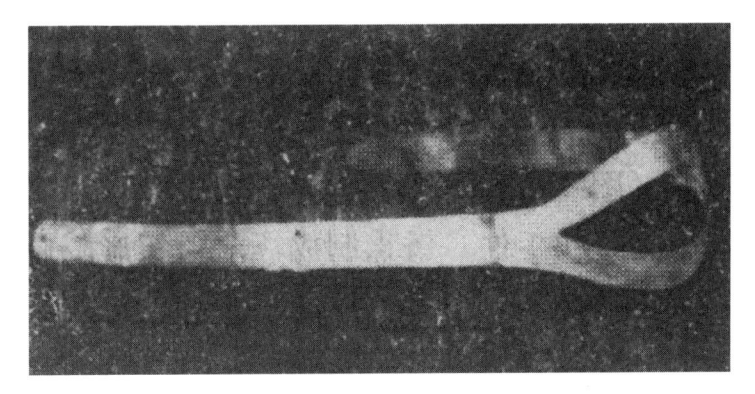

图14-4 固原唐代史道德墓发现的下颌托

恰都在下颌中央处有一开口，有意由此孔将胡须露出[1]（图14-4），而前述新疆且末县扎滚鲁克二号墓男女二位墓主人的下颌托仅仅用一根红色毛线绳系扎至头顶，这些都有力地说明二者在使用功能上是截然不同的。事实上祆教图像中的口罩与本文论及的下颌托的形制和使用方式完全不同，前者要罩住口鼻或仅罩住口部，而后者则束于下颌或罩于下颌部，如死尸遮住口部的则属覆面，与下颌托不同，当然也与祆教无关。更需强调的是，下颌托只用于死尸，而琐罗亚斯德教和祆教祭司所用的口罩则是给活人使用的。

平城时代的下颌托似乎也与祆教无关，因为祆教是否影响到北魏平城目前尚无任何证据。《魏书》与《水经注》皆为北朝时人所著，《水经注》作者郦道元还曾在平城为官，书中对平城记载甚详，但无任何有关祆教的内容。据《续高僧传·魏嵩岳少林寺天竺僧佛陀传》记载，佛陀禅师与道友游历诸国，曾来到北魏平城，颇得孝文帝赏识，"恒安城内康家，资财百万，崇重佛法，为佛陀造别院，常居室内，自静遵业"[2]。此康家是否为粟特人尚无法确定，但他们"崇重佛法"，是佛教徒，此外平城也没有粟特聚落存在的文献记录，而祆教崇拜在中国往往与粟特聚落有关。

平城至今尚未发现任何祆教遗存[3]，唯一与祆教有关的就是天镇县发现的49枚波斯银币[4]，银币背面为琐罗亚斯德教祭祀圣火的场面。北魏平城时期从未铸币，当时的交易主要是以物易物，不排除波斯银币是波斯或其他西域国家奉给北魏王朝的赠品这种

---

[1] 宁夏固原博物馆：《宁夏固原唐史道德墓清理简报》，《文物》1985年第11期。
[2] （唐）道宣撰，郭绍林点校：《续高僧传》卷一六，北京：中华书局，2014年。
[3] 近年学界有一种可称之为"泛祆教化"的现象，常常将一些与祆教毫无关联的遗物"祆教化"，其中谈及平城的论文有李永平、周银霞：《围屏石榻的源流和北魏墓葬中的祆教习俗》（《考古与文物》2005年第5期），该论文所论及的所谓与祆教有关的遗物只是在丝绸之路再次畅通、东西方文化交流大潮汹涌的背景下中原文化与草原游牧文化或域外文化结合的产物，其本身并无直接的祆教特征。
[4] 王银田：《北朝时期丝绸之路输入的西方物》，张庆捷等：《4~6世纪的北中国与欧亚大陆》，北京：科学出版社，2006年；张庆捷：《民族汇聚与文明互动——北朝社会的考古学观察》，北京：商务印书馆，2010年。

可能性。夏鼐先生对出土自河北定县华塔塔基北魏太和五年（481）石函的波斯银币就持此说[1]。北朝隋唐时期，在中国使用波斯银币的主要是擅长经商的粟特人，而粟特人又多崇信祆教，但波斯银币作为丝绸之路国际贸易的通用货币，其职能是货币，并非宗教法物，即使是背面祭祀圣火的图案也与该货币在异地的宗教传播关系不大，就如我们今天使用外币，不会理会外币上面的图像及其反映的思想，更难以对交易者产生宗教信仰方面的影响。虽然十六国、北朝时期祆教已入中国[2]，但主要流行于粟特聚落[3]。平城时期虽有波斯、粟特使节多次往来的记载，但主要是官方使节的交往[4]，祆教很难对当地文化施加影响。平城出现的下颌托也难以和祆教建立联系。粟特美术对中原美术的影响也主要发生在公元6世纪以后[5]。再则，如果下颌托与祆教有关，则下颌托主要应该在入华粟特人墓葬中发现，但在至今能确认的几例粟特人墓葬中仅发现史道德墓一例使用下颌托[6]，而其他使用下颌托的墓葬主人则或不是粟特人，或无法证明为粟特人。

[1] 夏鼐：《河北定县塔基舍利函中波斯萨珊朝银币》，《考古》1966年第5期。
[2] 唐长孺：《魏晋杂胡考》，《魏晋南北朝史论丛》，北京：生活·读书·新知三联书店，1955年；陈垣：《火祆教入中国考》，《陈垣学术论文集》第1集，北京：中华书局，1980年。
[3] 荣新江：《中古中国与外来文明》，北京：生活·读书·新知三联书店，2001年。
[4] 《魏书》卷一〇二。
[5] 姜伯勤：《中国祆教艺术史研究》，北京：生活·读书·新知三联书店，2004年。
[6] 罗丰：《固原南郊隋唐墓地》，北京：文物出版社，1996年。

15

巴旦杏

"巴旦"也称"巴丹",即巴旦杏,中型落叶乔木或灌木,按照现代植物学分类,巴旦杏果树属蔷薇科(Rosaceae)李亚科(Prunoideae)桃属(Amygdalus L.),今称扁桃(Amygdalus communis L.)。巴旦杏种仁有苦、甜两种。《中国果树志·桃卷》"扁桃"条:"扁桃又名巴丹杏。……果核为食用的坚果。"巴旦杏原产于中亚和西亚地区,其野生种生长于土库曼斯坦、哈萨克斯坦、乌兹别克斯坦、格鲁吉亚、阿塞拜疆、亚美尼亚、土耳其、伊朗和叙利亚等中亚、西亚国家炎热、干燥的山坡地带。现新疆天山山区仍有野生扁桃林分布。近几十年我国北方诸省均曾引种,但坐果的仅限于新疆喀什地区的莎车、英吉沙、疏附、疏勒、叶城、泽普等地[1]。巴旦杏由于其丰富的营养价值,在国际市场的售价一直居高不下,今意大利、希腊、西班牙和美国的加利福尼亚等干旱亚热带气候区、干旱暖温带气候区内都有大量种植[2]。巴旦杏曾由西亚传到欧洲,在古罗马时代庞贝古城废墟的壁画中常常出现[3]。由于在中国古代,巴旦杏一直被视为外来物种,这种植物遂成为中外文化交流的一个物证,但至今相关研究尚属空白。

(一)

美国著名东方学者劳费尔(Berthold Laufer, 1874~1934)认为,巴旦杏是中古波斯语 vadam 或新波斯语 bādām 的译音[4],近年中国学者认为其词源为叙利亚语 palam、

---

[1] 田建保:《中国扁桃》,北京:中国农业出版社,2008年。
[2] 兰彦平等:《巴旦杏的研究现状及开发利用前景》,《林业科学研究》2004年第5期。
[3] 田建保:《中国扁桃》,北京:中国农业出版社,2008年。
[4] (美)劳费尔撰,林筠因译:《中国伊朗编》,北京:商务印书馆,2001年。

param、faram、fram、spram[1]。检索中国历代文献，有巴旦、把丹、把担、八檐、八担杏、八旦、八丹、偏桃、扁桃、偏核桃、區桃、婆淡、巴览、巴榄、芭榄、婆澹、把聃、把聆、把聃果等众多名称，甚或被认为即"忽鹿麻"。巴旦杏仁又称"香杏腻"。今维吾尔语称之为"巴旦姆（木）"，与现代波斯语发音相同，明显保留了古代西亚语音的尾音"m"。以上巴旦杏的多种名称多是借用不同的同音汉字表述的。至于"偏桃""偏核桃"则是因果型命名的，而称之为"桃"则与现代植物分类相吻合。

"忽鹿麻"，明清文献常误释为巴旦杏，究其原因，可能与李时珍《本草纲目》有关。该书记载巴旦杏"亦名忽鹿麻"[2]。此说也见于《殊域周咨录》《大明一统志》《格致镜原》和《续通志》等文献。"忽鹿麻"最早见于陈诚《西域番国志》，该书是明永乐年间行在吏部验封司员外郎陈诚、苑马寺清河监副李暹出使西域时笔录所见西域山川风土著成的一部上呈朝廷的报告。据《西域番国志·哈烈》载："杏子中有名巴旦者，食其核中之仁，香美可尝。有若大枣而甜者，名忽鹿麻，未见其树。有若银杏而小者，名苾思檀，其树叶与山茶相类。"[3]《哈烈》一节是本书记载最为详细的部分，这里明显是并列记载了三种不同的植物，即巴旦杏、忽鹿麻、苾思檀。据张星烺先生考证，"忽鹿麻乃波斯文Khurma之译音，华言枣也。……忽鹿麻，《辍耕录》卷二七金果条作'苦鲁麻'，《新唐书》卷二二一下《拂菻传》作'鹘莽'。'鹘莽'，波斯枣也。有作千年枣者，又有作万年枣者。"[4]千年枣最早见于《魏书·西域传》的"波斯"条下。

值得注意的是，文献中有的"巴旦杏"是杏而不是桃。据雍正《陕西通志·果属·杏》："巴旦杏一名八担杏，关西诸处皆有，鲜者尤脆美，花千叶者曰文杏，美肉甘核，又曰巴旦杏。"[5]该书《果属·桃》又载："有甘核者名巴旦桃，又有扁桃。"[6]明胡侍《墅谈》说："关中有一种桃，正如《杂俎》所说，俗谓之巴旦桃，其仁极甘美，远胜巴旦杏仁，恐即偏桃也。"[7]《酉阳杂俎》并没有"巴旦桃"的说法，以上两段引文中的"巴旦桃"正是《酉阳杂俎》中的"巴旦杏"，即扁桃，而《陕西通志》中"又有扁桃"之"有"字当为"名"字之误。由此看来，明清时期北方另有一种杏被叫作巴旦杏。山西祁县现在就有一种当地人称巴旦杏的杏树，是当地多种杏树中口感最差的一种

---

[1] 刘正埮等：《汉语外来词词典》，上海：上海辞书出版社，1984年。
[2] （明）李时珍：《本草纲目》卷三一，北京：人民卫生出版社，1978年。
[3] （明）陈诚等著，余思黎等点校：《西域行程记、西域番国志、咸宾录》，北京：中华书局，2000年。
[4] 张星烺编著，朱杰勤校订：《中西交通史料汇编》（二），北京：中华书局，2003年。
[5] （清）刘於义监修：《陕西通志》卷四三，《文津阁四库全书》第185册，北京：商务印书馆，2005年。
[6] （清）刘於义监修：《陕西通志》卷四三，《文津阁四库全书》第185册，北京：商务印书馆，2005年。
[7] （明）胡侍《墅谈》现仅存一卷，上文转引自《说略》卷二七，《文津阁四库全书》第320册，北京：商务印书馆，2005年。

水果，杏核表皮光滑，可以肯定是杏而不是桃[1]。山西中南部邻近陕西关中，以上两地的所谓"巴旦杏"估计是同一品种的杏树。祁县的杏口感不好，或许是晚近以来品种退化的缘故。此"巴旦"或为"八担"之意，即杏树产量曾经达到"八担"。百斤为担，"八担"即八百斤，或许是指亩产量，当然这是极高的产量。此为笔者臆测。

巴旦杏也称扁桃，但岭南或东南亚另有一种扁桃，并非巴旦杏。宋范成大《桂海虞衡志·志果》载广西有"㯳桃，大如桃而㯳，色正青"；"石栗，圆如弹子，每颗有梗抱附之，类枸柄，肉黄白、甘韧，似巴榄子"[2]。范成大分别称之为㯳桃、巴榄。巴榄即巴旦，但这里的㯳桃显然不是巴旦杏[3]。《广西通志》："偏桃，田州、土州出，树扶疏直上，枝叶秋冬不凋，每二月另抽嫩枝，细花丛生，色淡黄，结实。五月熟，大如桃，黄色，味甘香。"[4]《永乐大典·广州府三·土产》："偏桃，如桃而偏，色青而味甘。"[5]清屈大均《广东新语·木语·山桃》："有扁桃似桃而扁，一曰偏桃。大者若鸭卵，色青黄，味酸微甜，皆山桃之属。"[6]又据清吴绮《岭南风物记·果》："偏桃果出广州，大如鸭卵，色青黄，味酸甜可食。"[7]清李调元《南越笔记·冬桃、㯳桃》："有㯳桃，似桃而㯳，一曰偏桃。大者若鸭卵，色青黄，味酸微甜。"[8]以上偏桃皆食果肉而非果仁，属水果而非干果，不可能是巴旦杏。此类扁桃现在岭南尚有种植，仍称扁桃，但非蟠桃。

据《大明一统志》，安南、占城、真腊等东南亚国家多不记载土产有巴榄或巴旦杏，唯《三佛齐国传·土产》载其产"褊桃"。但该书《拂菻传·土产》载有"巴榄"[9]。可能东南亚的"褊桃"和巴榄也不是同一种植物，而是前述现在岭南栽培的"扁桃"。

此外，扁桃在北方也曾有少量种植，明蒋一葵《长安客话·皇都杂记》："杏仁皆味苦，有一种甘者，谓之巴旦杏。"此果属下列有桃、李、石榴、杏。巴旦杏列于杏下，而桃下另有扁桃，显然二者也不是同一物[10]。

（二）

最早从文化史角度关注中国巴旦杏的是美国学者劳费尔，他在《中国伊朗编》中对

---

[1] 此资料由山西博物院研究员渠川福先生提供，渠乃祁县人氏。
[2] 孔凡礼点校：《范成大笔记六种》，北京：中华书局，2002年。
[3] 范成大见识广博，他在《桂海虞衡志·志岩洞》中说："余生东吴，而北抚幽、蓟，南宅交、广，西使岷、峨之下，三方皆走万里，所至无不登览。"文中所记皆其亲见。（宋）范成大撰，严沛校注：《桂海虞衡志校注》一，南宁：广西人民出版社，1986年。
[4] （清）谢启昆修：《广西通志》卷三一，《文津阁四库全书》第189册，北京：商务印书馆，2005年。
[5] 《永乐大典》卷一一九七〇，台北：世界书局，1977年。
[6] （清）屈大均：《广东新语》卷二五，台北：广文书局，1978年。
[7] （清）吴绮等撰，林子雄点校：《清代广东笔记五种·岭南风物记》，广州：广东人民出版社，2006年。
[8] （清）李调元辑：《南越笔记》卷一三，北京：中华书局，1985年。
[9] 《明一统志》卷九〇、卷八九，《文津阁四库全书》第161册，北京：商务印书馆，2005年。
[10] （明）蒋一葵：《长安客话》卷二，北京：北京古籍出版社，1980年。

古代中国和西域植物的传播关系进行了开拓性的研究，他指出："伊朗是巴旦杏的中心产地，一面传播到欧洲，一面传播到印度、中国西藏和中国其他地方。"[1]他的部分观点也得到中国当代学者的认同[2]。中国古代文献中最早记录巴旦杏的是唐段成式的《酉阳杂俎》："偏桃，出波斯国，波斯国呼为婆淡。树长五六丈，围四五尺，叶似桃而阔大，三月开花，白色，花落结实，状如桃子而形偏，故谓之偏桃。其肉苦涩不可啖，核中仁甘甜，西域诸国并珍之。"[3]因此，西域诸国常常将巴旦杏作为贡品带到中国。按：《新唐书》安西大都护府土贡有"偏桃人（仁）"[4]。《南部新书》户部式云："安曲西[5]偏桃仁一石。"[6]明罗日褧《咸宾录·苏门答剌》载大食国物产有偏桃，宋代曾贡中土[7]。

1988年发掘的山西大同南郊北魏墓群M107发现有15枚巴旦杏（图15-1），果皮干枯，紧贴果核，已轻度炭化。这些巴旦杏与红枣、核桃等果品一起放置在一个铜盘内，盘内还有木盘和漆耳杯各1件，木盘内放置木勺1件（图15-2）[8]，显然这是一套小食组合，说明巴旦杏在当时的中原也是作为坚果食用的，这是内地考古发现中唯一一例实物遗存。此外，新疆吐鲁番阿斯塔那墓地北朝墓葬M320也曾发现1枚巴旦杏，现藏新疆维吾尔自治区博物馆（图15-3）[9]。大同南郊M107还出土有萨珊波斯玻璃器、银器、鎏金铜器，这些遗物向我们展示了一组西域珍品组合。

图15-1 大同南郊北魏墓群M107出土巴旦杏和枣核

---

[1]（美）劳费尔撰，林筠因译：《中国伊朗编》，北京：商务印书馆，2001年。
[2] 史有为：《外来词：异文化的使者》，上海：上海辞书出版社，2004年。
[3]（唐）段成式著，杜聪点校：《酉阳杂俎》卷一八，济南：齐鲁书社，2007年。
[4]《新唐书》卷四〇。
[5] 文献中无此地名，笔者请教陕西师范大学历史系宋史专家李裕民教授，李先生认为，"安曲西"当为"安西"，"曲"字乃衍文，此说甚是。
[6]（宋）钱易撰，黄寿成点校：《南部新书·辛》，北京：中华书局，2002年。
[7]（明）罗日褧著，余思黎点校：《咸宾录》卷三、卷六，北京：中华书局，1983年。此苏门答剌位于西亚，非南海。
[8] 王银田、王雁卿：《大同南郊北魏墓群M107发掘报告》，中国魏晋南北朝史学会等：《北朝研究》第一辑，北京：北京燕山出版社，2000年；山西大学历史文化学院等：《大同南郊北魏墓群》，北京：科学出版社，2006年。
[9] 伊斯拉菲尔·玉苏甫、安尼瓦尔·哈斯木：《西域饮食文化史》，乌鲁木齐：新疆人民出版社，2012年；伊斯拉菲尔·玉苏甫、安尼瓦尔·哈斯木：《从考古发现看古代新疆园艺业》，《新疆文物》2005年第1期。本文插图为新疆维吾尔自治区考古研究所研究员安尼瓦尔·哈斯木先生提供，谨表谢忱。

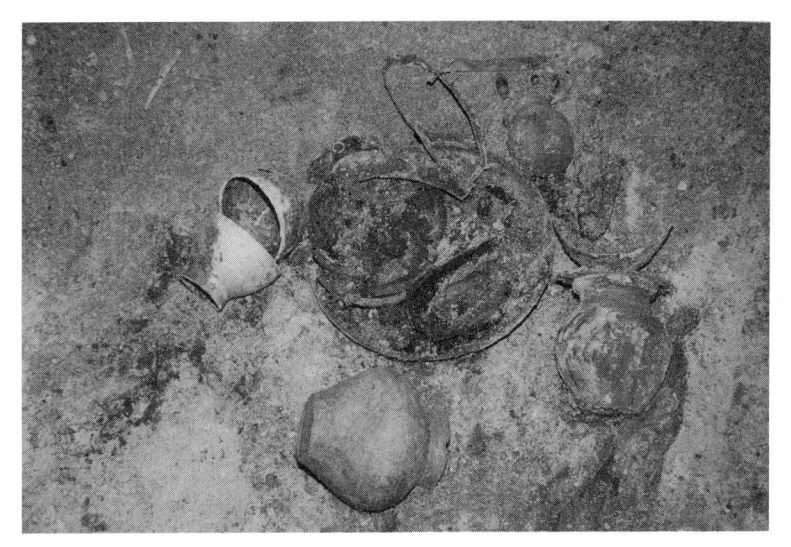

图 15-2　大同南郊北魏墓群 M107 出土巴旦杏、铜盘等遗物原状

北朝、唐代文献常记载西域各国物产有"五果",据孙思邈《备急千金要方》,五果指"栗、杏、李、桃、枣"[1],李时珍《本草纲目·果部》曰"五果者……李、杏、桃、栗、枣是矣"[2],西域土产五果很有可能包括巴旦杏和波斯枣。以上大同南郊 M107 铜盘中不仅有巴旦杏,也有枣。当然现在还难以判断巴旦杏和枣是否就属于西域土贡"五果"。

图 15-3　吐鲁番阿斯塔那 M320 出土巴旦杏

（三）

巴旦杏具有以下几方面的用处：

1. 食用

（1）小吃

上引《酉阳杂俎》记载,巴旦杏被西域各国普遍珍爱的原因是其美食的属性。巴旦杏在文献中往往是作为各国各地区土特产中的果品来记载的,如：

---
[1]（唐）孙思邈：《备急千金要方》卷二九,北京：人民卫生出版社,1955年。
[2]（明）李时珍：《本草纲目》卷二九,北京：人民卫生出版社,1978年。

《北户录》：偏核桃"波斯人取食之，绝香美"[1]。

《瀛涯胜览·阿丹国》："果子有万年枣、松子、把担干。"[2]

《咸宾录·苏门答剌》载偏桃"肉苦难食，惟子味佳"[3]。

耶律楚材曾随蒙古大军西征，写下大量诗歌，生动真实地描绘了瑰丽的西域风光，诗中多次提及芭榄。如：

《赠高善长一百韵》："采杏兼食核，餐瓜悉去瓤。……芭榄贱如枣，可爱白沙糖。"[4]

《再用韵纪西游事》："河中花木蔽春山，烂赏东风纵宝鞍。留得晚瓜过腊半，藏来秋果到春残。亲尝芭榄宁论价，自酿蒲萄不纳官。常叹不才还有幸，滞留遐域得佳餐。"[5]

《赠蒲察元帅》："蒲萄架底蒲萄酒，杷榄花前杷榄仁。"[6]

《长春真人西游记》也特意对中亚的巴旦杏予以关注："壬午之春正月，杷榄始华，类小桃，俟秋，采其实食之，味如胡桃。"[7]

丘处机和耶律楚材都曾西游中亚，巴旦杏都给他们留下了深刻、美好的印象。

南宋遗老周密《武林旧事·高宗幸张府节次略》曾载绍兴二十一年高宗赵构幸清河郡王第供进御筵，奢侈的宴席间就有包括巴旦子等八种小吃[8]。

《西湖老人繁胜录》和《梦粱录》记载了南宋临安的市民生活，其食店经营的各种食品中也有巴榄子[9]。《梦粱录·分茶酒店》更将巴榄子列为茶酒肆中的"下酒食品"[10]。

现在新疆众多地方名果中，巴旦杏仍被视为珍果，是维吾尔民族传统的养身滋补食品，也是新疆各族人民居家待客的日常小吃。

（2）调料

元高德基《平江记事》载："吴人制鲈鱼鲊、鲭子腊，风味甚美，所称金齑玉脍，非虚语也。隋大业中，以此充贡。延佑以来，守臣修故事备为方物，因之岁不敢缺。鲈鱼肉甚白，杂以香柔花叶，紫花、绿叶、白鱼相间。以回回豆子、一息泥、香杏腻拌

---

[1]（唐）段公路：《北户录》卷三，《文津阁四库全书》，北京：商务印书馆，2005年。
[2]（明）马欢：《瀛涯胜览》，北京：中华书局，1985年。
[3]（明）罗日褧著，余思黎点校：《咸宾录》卷三，北京：中华书局，1983年。
[4]（元）耶律楚材撰，谢方点校：《湛然居士文集》卷一二，北京：中华书局，1986年。
[5]（元）耶律楚材撰，谢方点校：《湛然居士文集》卷四，北京：中华书局，1986年。
[6]（元）耶律楚材撰，谢方点校：《湛然居士文集》卷五，北京：中华书局，1986年。
[7]（元）李志常：《长春真人西游记》，《丛书集成初编》本，北京：中华书局，1985年。
[8]（宋）周密著，李小龙等评注：《武林旧事》卷九，北京：中华书局，2007年。
[9]《西湖老人繁胜录·食店》，《四库全书存目丛书》史部第247册，济南：齐鲁书社，1996年。
[10]（宋）吴自牧：《梦粱录》卷一六，杭州：浙江人民出版社，1980年。

之,实珍品也。……回回豆子细如榛子,肉味香美。一息泥如地椒,回回香料也。"[1]明杨慎《丹铅摘录》也有大致相同的记载,并指出"香杏腻一名八丹杏仁,元人《饮膳正要》多用此料"[2]。《饮膳正要》是中国第一部营养学专著,其诸多菜式中有"荷莲兜子",食材有羊肉、羊尾子、鸡头仁、山药、鸡子、羊肚、肺等,调料包括葱、醋、生姜、芫荽叶和八担仁[3]。按:此八担即巴旦杏。

劳费尔根据波利欧纳斯和斯特拉波的研究指出,在米地亚北部,人们用巴旦杏充粮食,而且他们用焙好的杏仁做面包,想必也是作为调味料加入的。波斯王每餐必食一定数量的甘甜杏仁[4]。

2. 药用

唐《岭表录异》记载,巴旦杏"性热,入药亦与北地桃仁无异"[5]。至少到唐代,巴旦杏的药用价值已为中国人认识。

元忽思慧《饮膳正要》有巴旦杏树插图(图 15-4),并注文曰:"八担仁,味甘无毒,止咳下气,消心腹逆闷。"[6]

朝鲜 15 世纪中叶编撰的大型医书《医方类聚·解毒门》"中酒方":"食巴榄,能醒酒。"[7]说明巴旦杏具有解酒的作用。

李时珍《本草纲目》记载,巴旦杏"气味甘,平温,无毒。主治止咳下气,消心腹逆闷"[8]。

据维吾尔药志记载,巴旦杏有补脑安神、益肾生津之功能,用于失眠健忘、肾气不足、腰膝酸软、阳萎尿频等症[9]。现代药理学实验表明,巴旦杏确有抗衰老、抗肿瘤、降血脂、增强免疫力等功效[10]。

图 15-4 巴旦杏树

3. 观赏

宋代诗歌出现了歌咏把榄的作品,其中尤以耶律楚材在中亚期间的诗歌"把榄"出

---

[1](元)高德基:《平江记事》,《丛书集成初编》本,北京:中华书局,1985 年。
[2](明)杨慎:《丹铅摘录》卷四,《文津阁四库全书》第 282 册,北京:商务印书馆,2005 年。
[3](元)忽思慧著,张秉伦、方晓阳译注:《饮膳正要译注》卷一,北京:上海古籍出版社,2014 年。
[4](美)劳费尔撰,林筠因译:《中国伊朗编》,北京:商务印书馆,2001 年。
[5](唐)刘恂:《岭表录异》卷中,北京:中华书局,1985 年。
[6](元)忽思慧撰,张秉伦、方晓阳译注:《饮膳正要译注》卷三,北京:上海古籍出版社,2014 年。
[7] 浙江省中医研究所点校:《医方类聚》卷一六四,北京:人民卫生出版社,1981 年。
[8](明)李时珍:《本草纲目》卷二九,北京:人民卫生出版社,1978 年。
[9] 刘勇民:《维吾尔药志》,乌鲁木齐:新疆科技卫生出版社,1999 年。
[10] 杜潇利等:《中华扁桃提取液抗肿瘤作用的实验研究》,《兰州大学学报(医学版)》2005 年第 4 期。

现次数最多。如楚材《西域河中十咏》:"寂寞河中府,连甍及万家。葡萄亲酿酒,杷榄看开花。"[1]

《赠蒲察元帅》七首:"闲骑白马思无穷,来访西城绿发翁。元老规模妙天下,锦城风景压河中。花开杷榄芙渠淡,酒泛葡萄琥珀浓,痛饮且图容易醉,欲凭春梦到卢龙。"[2]

"积年飘泊困边尘,闲过西隅谒故人。忙唤贤姬寻器皿,便呼辽客奏筝篍。葡萄架底葡萄酒,杷榄花前杷榄仁。酒酽花繁正如许,莫教辜负锦城春。"[3]

《西域蒲华城赠蒲察元帅》:"骚人岁秒到君家,土物萧疏一饼茶。相国传呼扶下马,将军忙指买来车。琉璃锺裹葡萄酒,琥珀瓶中杷榄花。万里遐方获此乐,不妨终老在天涯。"[4]

明梵琦《赠江南故人》:"煮茗羹羊酪,看山驻马挝。地椒真小草,芭榄有奇花。塞月宵沉海,边风昼起沙。登高望吴越,极目是云霞。"[5]

花卉植物历来是文人诗作的重要题材,但唐诗中尚未发现歌咏巴旦的诗作,自宋代开始以杷榄入诗者骤增,这些诗作表现了杷榄花朵的清新、淡雅之美,人们不仅在辽阔的田野欣赏之,而且折枝插于琥珀瓶中在室内观赏,凸显了诗人对杷榄花的喜爱之情。

4. 其他

巴旦杏树还可用来制作胶水和烧制木炭,印度莫卧儿帝国时期甚至用苦杏作为流通货币使用[6]。

(四)

段成式、段公路父子的《酉阳杂俎》和《北户录》,刘恂的《岭表录异》是最早记录巴旦杏的唐代文献。《酉阳杂俎》因详细记载了这一植物的习性等信息,劳费尔据此认为书中的"叙述显然是根据实际观察而写的",并以唐末时阿拉伯商人的叙述为旁证,进而判断巴旦杏在中国唐代已有栽培。阿拉伯商人的叙述即《中国印度见闻录》[7],该书是9世纪中叶到10世纪初阿拉伯作家根据阿拉伯商人在东方的见闻写成的,书中确

---

[1](元)耶律楚材撰,谢方点校:《湛然居士文集》卷六,北京:中华书局,1986年。
[2](元)耶律楚材撰,谢方点校:《湛然居士文集》卷五,北京:中华书局,1986年。
[3](元)耶律楚材撰,谢方点校:《湛然居士文集》卷五,北京:中华书局,1986年。
[4](元)耶律楚材撰,谢方点校:《湛然居士文集》卷六,北京:中华书局,1986年。
[5](清)朱彝尊辑录:《明诗综》卷八九,北京:中华书局,2007年。
[6](美)劳费尔撰,林筠因译:《中国伊朗编》,北京:商务印书馆,2001年。
[7]穆根来、汶江、黄倬汉译:《中国印度见闻录》,北京:中华书局,1983年。该书中文本旧译称《苏莱曼东游记》,刘半农、刘小蕙父女合译,上海:中华书局,1937年。

曾把扁桃罗列于中国物产之下，但该书的记载来自他人的见闻，谬误迭出，且书中所记的阿拉伯商人主要活动于中国南方，而巴旦杏树则主要是在北方种植的，所以不排除当时阿拉伯商人在中国南方看到了巴旦杏坚果而非巴旦杏果树的可能。为了解唐代人对于巴旦杏的认识，我们有必要把唐代有关文献完整地罗列如下，以便做出更为客观的判断。

《酉阳杂俎·木篇》："偏桃，出波斯国，波斯国呼为婆淡。树长五六丈，围四五尺，叶似桃而阔大。三月开花，白色。花落结实，状如桃子而形偏，故谓之偏桃。其肉苦涩，不可啖。核中仁甘甜，西域诸国并珍之。"[1]

《北户录》："占卑国出偏核桃，形如半月状，波斯人取食之，绝香美。"[2]

《岭表录异》："偏核桃出毕占国，肉不堪食。胡人多收其核遗汉官，以称珍异。其形薄而尖头，偏如雀嘴，破之食其桃仁，味酸似新罗松子。性热，入药亦与北地桃仁无异。"[3]

《新唐书·地理志》："安西大都护府，……土贡：硇砂、绯毡、偏桃人（仁）。"[4]

以上文献除了明确阐明扁桃出自国外，没有任何语境显示这一植物已在中国得到人工栽培。

现在可以确定的是北宋末年中国确有巴旦杏树的人工栽培，据朱弁《曲洧旧闻》："巴揽子……来自西蕃，比年近畿人种之亦生。树似樱桃，枝小而极低。惟前马元忠家开花结实，后移植禁籞，予尝游其圃。"[5] 按朱弁于建炎元年（1127）以通问副使身份出使金国，《曲洧旧闻》为朱弁滞留金国期间"追叙北宋遗事"之作，当为朱弁亲眼所见，地点应指汴梁周围今河南北部一带。从以上叙述来看，在当地这种植物的栽培历史并不久远，且树形矮小，挂果率极低，显然有些水土不服。以汴梁位置而论，两宋之际西夏、辽金强敌环峙，故宋人难以从境外获得巴旦树种，想必是由境内其他地区移植中原的，因此中国人工种植巴旦杏树必当更早。

《东京梦华录·饮食果子》记载繁华的北宋都城汴梁市场出售各式食品，其中就有"巴览子"，但未载其产地[6]。南宋开始有以巴揽入诗者，如张镃《睡起述兴》："功用今年百倍加，圃中添就好生涯。大于桤树夜合树，肥似桃花巴揽花。煮酒未尝先闲日，夹

---

[1] （唐）段成式著，杜聪点校：《酉阳杂俎》卷一八，济南：齐鲁书社，2007年。
[2] （唐）段公路：《北户录》卷三，《文津阁四库全书》，北京：商务印书馆，2005年。
[3] （唐）刘恂：《岭表录异》卷中，北京：中华书局，1985年。
[4] 《新唐书》卷四〇。
[5] （宋）朱弁：《曲洧旧闻》卷四，北京：中华书局，1985年。
[6] （宋）孟元老撰，邓之诚注：《东京梦华录》卷二，北京：中华书局，1982年。

衣初制渐裁纱。起来不是贪眠在，斋后僧怜未瀹茶。"[1]

前述丘处机和耶律楚材西游中亚，都有诗作歌咏把揽。楚材《西游录》还记有中亚的芭榄城，"芭榄城边皆芭榄园，故以名。其花如杏而微淡，叶如桃而差小，冬季而花，夏盛而实"[2]。"冬"当为"春"之误。

杨万里七言诗《和张功父〈桤木巴榄花〉韵》："南湖橐木已交加，种榄栽桤更北涯。生眼错呼为夜合，新莺知不是桃花。绿阴四合藏云屋，翠浪全机织素纱，桂隐主人臞见骨，不餐酥酪却餐茶。"[3]

宋元时期多部文献记载南宋临安府城市场有巴榄出售，巴榄已然成为临安人的日常食品。

李时珍《本草纲目》记载"今关西诸土亦有"[4]，明顾起元《说略》称巴榄子为"北果之佳者"，已将巴榄子看作国内的果品[5]。清陈元龙《格致镜原》："巴旦杏一名八旦杏，出回回地，今诸处皆有。"[6]

在《中国伊朗编》中，劳费尔对汉纳尔（Haner）关于中国承德出产巴旦杏的说法表示怀疑。他指出此说的依据是1904年的中国地方公文，而原文用了"大扁分"一词。今天我们已无从查询此中文原文，但现在河北承德一带确有一种杏，当地人称之为"大扁"，是杏仁的一种，因仁果饱满、又大又扁而得名，可食，亦可制作饮料，但非扁桃。河北目前也不见野生或人工种植的巴旦杏[7]。

以上仅仅是从文献的角度谈及巴旦杏。我国文献历来对边疆记载较少，新疆是目前我国巴旦杏的主产区，至今尚见有野生巴旦杏树，并与中亚产巴旦杏的地区毗邻，这里人工栽培巴旦杏的历史理应早于中原。

（五）

在中国，巴旦杏树主要在北方种植，南方天气湿热不宜巴旦杏树生长，明刘崧《槎翁诗集》有诗《巴旦》亦可证："自是山桃子，蓍名故尔殊。皮肤怜外腊，香味爱中腴。磊落珠盘石，修圆碧海珠。南归思种汝，土性恐难迁。"[8]

---

[1] （宋）张镃：《南湖集》卷五，《丛书集成初编》本，北京：中华书局，1985年。
[2] （元）耶律楚材撰，李文田注：《西游录注》，北京：中华书局，1985年。
[3] 王琦珍整理：《杨万里诗文集》卷三〇，南昌：江西人民出版社，2006年。
[4] （明）李时珍：《本草纲目》卷二九，北京：人民卫生出版社，1978年。
[5] （明）顾起元：《说略》卷二七，《文津阁四库全书》第320册，北京：商务印书馆，2005年。
[6] （清）陈元龙：《格致镜原》卷七四，台北：商务印书馆，1972年。
[7] 河北植物志编辑委员会：《河北植物志·蔷薇科》，石家庄：河北科学技术出版社，1986年。
[8] 刘崧：《槎翁诗集》卷四，《文津阁四库全书》第410册，北京：商务印书馆，2005年。

文献记载产巴旦杏的国家和地区主要位于中国吐鲁番以西至阿拉伯半岛之间，有安西大都护府（唐代敦煌以西至中亚）、勃律国（今巴控克什米尔）、哈烈（今阿富汗赫拉特）、忽鲁谟斯国（在今伊朗东南霍尔木兹海峡附近）、大食（位于阿拉伯半岛和伊朗高原的阿拉伯帝国）、阿丹国（位于阿拉伯半岛南端的亚丁）等，时间涵盖唐代至明代。此外，《宋史》《大明一统志》《殊域周咨录》等文献记载宋代与明代拂菻国（拜占庭）也产把榄。位于今印度尼西亚苏门答腊的三佛齐等东南亚国家和中国华南地区所产扁桃，大多不是巴旦杏而是一种水果。唐代以后，文献多次提及占卑国出偏核桃[1]，从"形如半月状"，或"桃仁肥大，其桃皮不可食"等文字描述分析，显然就是我们所说的巴旦杏。按：占卑国即今印度尼西亚苏门答腊岛南部的占碑，占卑又作占毕，或误作毕占[2]。此地并不具备巴旦杏树的生长环境，且凡提及偏核桃者，又多涉及西域。如最早记载偏核桃的文献《北户录》："占卑国出偏核桃，形如半月状，波斯人取食之，绝香美。……偏桃仁，勃律国尤多。……桃仁肥大，其桃皮不堪食。"[3] 又唐刘恂《岭表录异》载："偏核桃出毕占国，肉不堪食，胡人多收其核遗汉官，以称珍异。其形薄而尖头，偏如雀嘴，破之食其桃仁。"[4] 文中的波斯、勃律、安西皆处西域，"胡人"一般指代北方游牧民族或西域人，而不用于南洋人，估计占卑国的偏核桃当产自西域。汉代以后海上丝绸之路贸易渐次发展，唐宋以后日趋昌盛，占卑国地处马六甲海峡要冲，为南亚、西亚及欧洲各国由海路来华的必经之路，东南亚国家将西亚的土产巴旦杏转运中国的可能性是很大的，东汉时缅甸的掸国国王雍由调就曾将大秦的幻人赠给中国[5]。

---

[1] 见段公路《北户录》、刘恂《岭表录异》、陶宗仪《说郛》、明代方以智的《物理小识》和清代的《渊鉴类函》，内容大致相同，可能都出自《北户录》或《岭表录异》。
[2] 陈佳荣等：《古代南海地名汇释》，北京：中华书局，1986年。
[3] （唐）段公路：《北户录》卷三，《文津阁四库全书》第195册，北京：商务印书馆，2005年。
[4] （唐）刘恂：《岭表录异》卷中，北京：中华书局，1985年。
[5] （英）裕尔撰，（法）考迪埃修订，张绪山译：《东域纪程录丛——古代中国闻见录》，北京：中华书局，2008年。

附录2

大同南郊北魏墓群的外来文化因素

大同南郊北魏墓群的文化内涵是十分丰富的。从器物文化所显示的民族属性来说，包括了汉、鲜卑、匈奴，以及域外的中亚或西亚等不同民族的文化，通过对出土文物所显示的外来文化因素的探讨，将有助于深化我们对这批材料的认识，也有助于我们对北魏史及中外文化交流史的研究。

该墓地共有4件银器与1件玻璃器明显具有西域特征，它们分别出自M107和M109，即M107的鎏金錾花银碗、玻璃碗和素面银罐，M109的鎏金錾花高足银杯和素面银碗，其中鎏金錾花银碗和鎏金錾花高足银杯的上部基本相同。这里重点探讨出自M107的鎏金錾花银碗和玻璃碗。

1970年，大同市轴承厂在位于市区城南工农路（现改称迎宾东路）北侧的厂区内动土时发现一处北魏遗址，出土鎏金錾花银碗1件、鎏金高足铜杯3件、八曲银洗1件[1]；后该厂区又陆续出土石雕方砚1件[2]、石雕柱础以及多件铜鎏金铺首衔环[3]。这批文物中的石雕方砚、石雕柱础和铺首衔环与司马金龙墓随葬器物[4]，80年代以后大同历年发现的各类遗存以及云冈石窟的资料进行对比，年代可明确断定为北魏平城期后段，即孝文帝都平城时期，而其他5件金属器物的特征则说明来自西域。1981年大同市博物馆在市区以西5公里的小站村发掘正始元年（504）封和突墓，出土狩猎纹鎏金银盘与素面高足银杯各1件[5]，同样为丝绸之路的舶来品。

---

[1] 出土文物展览组编：《文化大革命期间出土文物》第1辑，北京：文物出版社，1972年。
[2] 大同市博物馆　解庭琦：《大同市郊出土北魏石雕方砚》，《文物》1979年第7期。
[3] 大同市博物馆：《山西大同南郊出土北魏鎏金铜器》，《考古》1983年第11期。
[4] 大同市博物馆等：《山西大同石家寨北魏司马金龙墓》，《文物》1972年第3期。
[5] 大同市博物馆　马玉基：《大同市小站村花圪塔台北魏墓清理简报》，《文物》1983年第8期。

大同出土的这6件中亚、西亚金属器,自发现以来一直备受学术界关注,各家观点亦颇有不同。宿白先生将轴承厂北魏遗址除八曲银洗以外的4件器物年代定为公元5世纪末、6世纪初[1];孙机先生经与俄罗斯艾尔米塔什博物馆所藏的类似器物进行比对,认为鎏金錾花银碗为嚈哒制品[2];林梅村先生根据器物刻铭认定八曲银洗为大夏制品[3];齐东方先生则倾向于萨珊波斯[4];夏鼐先生认为"三件鎏金高足铜杯和部分鎏金银碗,也是输入的中亚或西亚的产品,带有强烈的希腊化的风格,但不是萨珊式的"[5];1988年鎏金錾花银碗和3件鎏金高足铜杯赴日本参加奈良国际博览会的《丝绸之路文物展》,日本学者认为可能全部为拜占庭制品[6];2001年夏,俄罗斯艾尔米塔什博物馆中亚考古专家马尔萨克考察大同,在见到了这几件珍贵器物后,认为狩猎纹银盘为波斯属国制品,高足高浮雕人物纹鎏金铜杯具有明显的希腊风格;孙培良先生认为轴承厂北魏遗址出土的5件金属器皆属萨珊波斯,錾花银碗上的人物与安息王朝钱币上的人物相同,可能来自波斯东北部的呼罗珊(今译霍腊散),应该是在迁洛以前流入平城的[7]。

出现这样的分歧是难免的。自古两河流域、古希腊、古罗马以及伊朗高原和中亚的交往就十分密切,伊朗至中亚一带曾经长期受希腊、罗马文化的影响,而波斯与中亚各邻国的频繁交往,使整个两河流域以及中亚的器物在文化上相互糅合、彼此渗透,长期以来难以辨认。另一方面,中亚、西亚的古代民族多信仰祆教,流行天葬,两地无明确的墓葬资料可资比对;而古代中国的墓葬文化,因大量成序列的墓葬遗留下来,随葬的大批文物得以保留至今,多数器物的年代与文化属性是较为明确的。可资比对的国外资料多无确切出土地点,为流散到世界各地的传世品,有的比对资料本身尚存争议。

大同南郊M107出土的鎏金錾花银碗与M109出土的鎏金刻花高足银杯,和大同轴承厂北魏遗址出土的鎏金錾花银碗基本相同,但器底中心光滑,绝无高足。孙培良先生曾对后者进行过精辟考证,断定其为萨珊波斯器[8],笔者赞同此说,兹不赘述。

玻璃,旧称料器,古代多称琉璃,北朝至隋也称颇梨[9],此外还有颇黎、陆琳、陆离等众多名称,玻璃与琉璃的区别至今尚难定论,我们以为其区别可能在于色泽与透

---

[1]《中国大百科全书·考古学》,北京:中国大百科全书出版社,1986年。
[2] 孙机:《固原北魏漆棺画研究》,《文物》1989年第9期。
[3] 林梅村:《中国境内出土带铭文的波斯和中亚银器》,《文物》1997年第9期。
[4] 齐东方:《萨珊式金银多曲长杯在中国的流传与演变》,《考古》1998年第6期。
[5] 夏鼐:《近年中国出土的萨珊朝文物》,《考古》1978年第2期。
[6] 奈良国立博物馆:《シルクロート・仏教美術伝来の道》,美術出版デザインセンター制作,1988年。
[7] 孙培良:《略谈大同市南郊出土的几件银器和铜器》,《文物》1977年第9期。
[8] 孙培良:《略谈大同市南郊出土的几件银器和铜器》,《文物》1977年第9期。
[9]《魏书》卷一〇二;《北史》卷九七。

明度，而且琉璃器中还包括被称作琉璃瓦的陶质低温铅釉器。我国虽然早在东周时已能生产现代意义上的玻璃器（glass）[1]，但生产规模与工艺水平一直都比较低，玻璃器皿在餐具、容器等方面一直无法与瓷器的地位相比，加上中国古代玻璃器制作一直追求"真玉"境界，器物不进行"退火"处理，遇高温易裂，使用范围十分有限。但也正由于此，西方的进口玻璃制品在中国一直倍受珍视。20世纪以来，在我国境内，魏晋南北朝时期的墓葬和遗址中多发现有玻璃器，如新疆库车[2]、巴楚、楼兰的遗址[3]及北京西晋华芳墓[4]、河北定县华塔地宫[5]，湖北鄂城西晋墓[6]，宁夏固原北周李贤墓[7]，南京北郊东晋墓[8]、南京大学北园东晋墓[9]、南京象山东晋墓[10]，以及近年发现的南京富贵山六朝墓[11]。日本、朝鲜也都发现有玻璃器。20世纪80年代以来，玻璃开始引起我国学者重视[12]。

大同南郊北魏墓M107出土的束颈圜底磨花玻璃碗，在前文第10节《玻璃器》中已作了分析，兹不赘述。笔者曾于1992年7月访问日本冈山东方美术馆，并有幸见到2件与大同玻璃碗十分相似的束颈圜底磨光玻璃碗。冈山东方美术馆以收藏西亚、北非文物闻名，其以收藏西亚文物为主，并藏有大量古代玻璃器。收藏号434.2143为一件磨光束颈玻璃碗（切子括碗），1985年自伊朗购入，淡绿色，吹制成型，口径8.6厘米，高7.1厘米。其年代定为公元

附录　图2-1
日本冈山东方美术馆藏萨珊波斯玻璃碗

---

[1] 宿白：《中国古代の金银器とがテス器》，殷稼：《中国で発见された古代のガラス》，（日）NHK大阪放送局：《正仓院の故乡——中国の金・银・ガラス展》，日本写真印刷株式会社，1992年。
[2] （日）谷一尚：《正仓院白琉璃碗の源流—その技术法の伝统の継造と创造》，《冈山市立オリエント美术馆研究纪要5》，冈山市立オリエント美术馆，1986年。
[3] 安家瑶：《北周李贤墓出土的玻璃碗——萨珊玻璃器的发现与研究》，《考古》1986年第2期。
[4] 北京市文物工作队：《北京西郊西晋王浚妻华芳墓清理简报》，《文物》1965年第12期。
[5] 河北省文物局文物工作队：《河北定县出土北魏石函》，《考古》1966年第5期。
[6] 安家瑶：《北周李贤墓出土的玻璃碗——萨珊玻璃器的发现与研究》，《考古》1986年第2期。
[7] 宁夏回族自治区博物馆、宁夏固原博物馆：《宁夏固原北周李贤夫妇墓发掘简报》，《文物》1985年第11期。
[8] 南京市博物馆：《南京北郊东晋墓发掘简报》，《考古》1983年第4期。
[9] 南京大学历史系考古组：《南京大学北园东晋墓》，《文物》1973年第4期。
[10] 南京市博物馆：《南京象山5号、6号、7号墓清理简报》，《文物》1972年第11期。
[11] 南京市博物馆、南京市玄武区文化局：《江苏南京市富贵山六朝墓地发掘简报》，《考古》1998年第8期。
[12] 安家瑶：《中国的早期玻璃器皿》，《考古学报》1984年第4期。

3世纪（附录　图2-1）。对比以上资料，大同南郊M107玻璃器属于波斯萨珊王朝制品无疑，而且是萨珊前期作品。

据《魏书》《北史》的《西域传·大月氏》记载：魏太武帝时（执政时间424～452），"其国人商贩京师，自云能铸石为五色琉璃。于是采矿山中，于京师铸之。既成，光泽乃美于西方来者。乃诏为行殿，容百余人，光色映彻，观者见之，莫不惊骇，以为神明所作。自此，中国琉璃遂贱，人不复珍之"[1]。这条史料至少说明：

第一，工匠为大月氏人，而非中原工匠；

第二，原料来自内地，而非进口；

第三，因为工匠是大月氏人，自然其工艺与配方也是西域的；

第四，"铸之"，说明器物成型工艺为模制；

第五，此事发生在北魏平城太武帝时期；此后本地曾有较大量的生产。

目前学界对这条史料尚有不同理解，有人认为指的是琉璃建筑材料[2]；也有人认为这里所说的"五色琉璃"系指平板玻璃[3]，但时至今日，国内尚未发现用作建筑材料的北朝平板玻璃，此说难以成立。

由此我们不仅知道了北魏人对玻璃器的狂热与珍视，而且当时中国也确有玻璃制品为"西方来者"。河北定县华塔塔基出土的北魏深蓝色玻璃密封长颈瓶为中国特有器型，安家瑶教授认为是"国产品"[4]。香港关善明先生藏有1件与此完全相同的玻璃器，经检测，"不含钡，含钾，少量铅、钙"[5]，属西亚玻璃配方，联系文献记载，很可能在北魏太和五年（481，定县华塔塔基出土石函上的纪年）以前，中国人已掌握了由大月氏人带来的西亚玻璃配方，并已学会了西亚的吹制技术。这一过程是在当时的京都平城完成的。近年来大同市考古所在大同御河东岸的北魏墓葬发掘中曾发现1件浅蓝色宽沿细颈鼓腹玻璃壶，器型与大同北魏墓葬常见的陶壶一致，则此器物一定为本地制造无疑，而相同色泽的绿色玻璃残片又于2003年6月在疑为北魏平城宫殿遗址的大同操场城北魏一号建筑遗址发现，说明魏都平城制造玻璃的文献记载是确切的，这对于理解唐、宋时期中国玻璃工艺的进一步发展十分重要。

依陶器及墓型推测，M107应属北魏平城期三段遗存，其年代在太武帝占领凉州之后至太和之前，则玻璃碗的下限年代不应晚于公元5世纪中叶，这就为国内外同类器物

---

[1]《魏书》卷一○二。
[2] 王光尧：《关于青花起源的思考》，《故宫博物院院刊》2003年第5期。
[3] 关善明：《中国古代玻璃》，香港：香港中文大学文物馆，2001年。
[4] 安家瑶：《中国的早期玻璃器皿》，《考古学报》1984年第4期。
[5] 关善明：《中国古代玻璃》，香港：香港中文大学文物馆，2001年。

的断代提供了一个十分难得的对比资料。

束口圜底钵是两河流域至波斯一带的传统器型。波斯阿契美尼德王朝（前550～前330）时期，著名的大流士大帝在首都苏撒东南300英里处的波斯波利斯修建了一处巨大的建筑群，沿着觐见大殿的阶梯立面，精美的浮雕描绘了大流士帝国境内不同民族长长的进贡队伍，其中一位亚述人手捧两件束口圜底钵，表明该器型源远流长[1]。在位于今土库曼斯坦的阿什哈巴德地区，1948～1961年，前苏联考古学家发掘了帕提亚都城尼萨的一处建筑遗址。在出土的60多个象牙质角状饮杯中，一个角状饮杯的饰带上描绘了人们牵引牲畜前去祭祀的宗教仪式场景，其中一人右手举起一个双耳束口圜底钵，左手拎着一个瘦长形单耳细颈敞口胡瓶[2]，这种胡瓶与碗（或杯）的组合也是中亚、西亚常见的，表明它们是组合使用的一套酒具：胡瓶用于储酒，碗（或杯）用于饮酒或陈设祭酒。相似器物组合的形象在中国也有发现，如近年来发现的西安北周同州萨保安迦墓[3]、太原隋鱼国人检校萨保虞弘夫妇墓等。在虞弘夫妇墓石椁北壁正中的雕绘图案中央，墓主人夫妇于帐中对坐饮酒，二人各执一杯，正在观看胡腾舞表演；舞者一侧放置一个硕大的敞口束颈鼓腹单柄壶；在该墓椁座一个壶门内雕绘二人对坐图案，其中一人右手高举一碗，似在邀请对方畅饮，二人之间也有一个硕大的敞口束颈鼓腹单柄壶（附录 图2-2）[4]。前述大同轴承厂北魏遗址出土的3件鎏金高足铜杯，柄部以上杯身也都作束口圜底式样，可见这种器型是酒具无疑。

除金、银等金属材质的酒具外，中国古代文献中也有用玻璃器作为酒器的记载。西晋诗人潘尼《琉璃椀赋》："举兹椀以酬宾，荣密坐之曲宴，流景炯晃以内澈，清醴瑶琰而外见。"[5] 椀同碗，显然诗中的碗是一件透明度很好（"外见"）的玻璃碗，在"曲宴"上用以盛放"清醴"（美酒），说明西晋时期已有用玻璃碗作酒具的情形，从它具有较好的透明度分析，很可能是一件进口玻璃器。

由此分析，大同南郊M107出土的錾花银碗与玻璃碗都是酒器。伊朗地处东西方交流要冲，是欧、亚两大洲经济、文化交流的中间站，自张骞出使西域以来，与中国交

---

[1]（美）戴尔·布朗主编，王淑芳译：《波斯人 帝国的主人》，北京：华夏出版社、南宁：广西人民出版社，2002年。
[2]（美）戴尔·布朗主编，王淑芳译：《波斯人 帝国的主人》，北京：华夏出版社、南宁：广西人民出版社，2002年。
[3] 陕西省考古研究所：《西安发现的北周安伽墓》，《文物》2001年第1期。
[4] 山西省考古研究所等：《太原隋虞弘墓》，北京：文物出版社，2005年。
[5]（晋）潘尼：《琉璃碗赋》，（清）严可均校辑：《全上古三代秦汉三国六朝文》卷九四，北京：中华书局，1965年。

附录　图 2-2　隋虞弘墓石雕

往不断；南北朝时正当波斯萨珊王朝（226～651），此时正是古代伊朗文化最为辉煌的时期，伊朗的封建制度于此时最终确立，城市工商业发达，出现了行会、商行，并建立了完善的规章制度，伊朗锦缎和银器以制作精美、构思神奇闻名于世，为国家带来了大量收入。萨珊王朝的玻璃业也十分兴盛，《魏书·波斯传》载："波斯国……去代二万四千二百二十八里，……出金、银……颇梨、琉璃。"[1] 萨珊波斯与南朝和北朝都有往来，《魏书》记载北魏时期波斯使者先后十次来华，其中五次是在定都平城期间，五次是在迁都洛阳以后。平城期的五次来使，时间集中于高宗文成帝、显祖献文帝及高祖孝文帝三朝。东汉、魏晋以来，战乱致使丝绸之路时断时续，北魏建国初期"经营中原，未暇及于四表"[2]，直到太武帝拓跋焘时才与西域十六国有所往来，此后这种交往日益扩大，这应与太武帝拓跋焘占领凉州，打通了河西走廊有直接关系。献文帝时"朝廷遣使者韩羊皮使波斯，波斯王遣使献驯象及珍物"[3]，北魏后期都城洛阳更设有专门接待国外宾客的四夷馆，"自葱岭以西，至于大秦，百国千城，莫不款附，附化之民，万有余家"[4]。随着北魏王朝与西域各国的交流，一些西亚、中亚的器物经新疆与河西

---

[1]《魏书》卷一〇二。
[2]《魏书》卷一〇二。
[3]《魏书》卷一〇二。
[4]（魏）杨衒之撰，周祖谟校释：《洛阳伽蓝记校释》，北京：中华书局，1963年。

走廊被各国政府使节和商人运抵首都平城或洛阳。北魏封和突墓出土的波斯萨珊朝狩猎纹鎏金银盘和高足银杯[1]，大同南郊轴承厂北魏遗址出土的大夏八曲银盘[2]、鎏金錾花银碗、鎏金高足铜杯[3]以及大同南郊北魏墓群 M107 出土的玻璃碗和鎏金錾花银碗等，正是这种交流的历史见证，北方各省相继发现的波斯银币更说明了这种交流的深度和广度[4]。

---

[1] 大同市博物馆　马玉基：《大同市小站村花圪塔台北魏墓清理简报》，《文物》1983 年第 8 期；夏鼐：《北魏封和突墓出土萨珊银盘考》，《文物》1983 年第 8 期；马雍：《北魏封和突墓及其出土的波斯银盘》，《文物》1983 年第 8 期。
[2] 出土文物展览组编：《"文化大革命"期间出土文物》第 1 辑，北京：文物出版社，1972 年；林梅村：《中国境内出土带铭文的波斯和中亚银器》，《文物》1997 年第 9 期。
[3] 出土文物展览组编：《"文化大革命"期间出土文物》第 1 辑，北京：文物出版社，1972 年。
[4] 孙莉：《萨珊银币在中国的分布及功能》，《考古学报》2004 年第 1 期。

城址、佛寺及墓葬

叁

16

丝绸之路上的北魏平城

"丝绸之路"是一个动态概念，其具体的行进路线和在东方的起点往往随着朝代更迭、地方割据势力的消长，以及不同时代政治、经济中心的转移而有所变化。中国境内丝绸之路的起点，在西汉为长安，在东汉为洛阳，公元5世纪时则位于黄河中游和长江下游的两座都城——平城和建康。后者因濒临长江，得河海之便而以海上丝绸之路与海东、南洋、南亚和西方交通；平城地处内陆，陆上丝绸之路是其必然的选择。

北魏立国凡148年，建都平城96年，其间正处于北魏王朝政治、经济、文化的上升时期，在献文帝、孝文帝时期达到高峰。平城时代的丝路交通开启了北魏洛阳时代以及隋唐时代丝路文化的先河，在中西交通史上具有十分重要的意义。

（一）北魏立国前后丝绸之路的开拓

在建都平城之前，鲜卑族早已与丝绸之路结缘。西汉时期，鲜卑西与匈奴接壤，而匈奴的势力范围已扩展至新疆北部和中亚地区的额尔齐斯河与鄂毕河一带；西南与乌孙接壤，占有北纬40~55°、东经80~120°之间的广大地区，包括草原丝绸之路亚洲段，此时鲜卑与西域的接触以间接交流为主。东汉以后，鲜卑由大兴安岭急遽向西、向南扩张；东汉后期，鲜卑"兵马甚盛，东西部大人皆归焉"，首领"檀石槐……因南抄缘边，北拒丁零，东却夫余，西击乌孙，尽据匈奴故地，东西万四千余里，南北七千余里"[1]，已据有蒙古高原大部，西邻今北疆地区，势力范围已接近西域和中亚，原来匈奴人占有的草原丝路已多为鲜卑人所据。至魏晋，鲜卑一度拥有东端通过高句丽与朝鲜

---

[1]《后汉书》卷九〇。类似的记载也见于《三国志·乌丸鲜卑东夷传》和《魏书·序纪》。

半岛,西端直接连接中亚的客观条件。这一时期鲜卑人甚至曾到达新疆塔里木盆地南缘的且末,据新疆民丰县尼雅发现的略当魏晋时期的324号佉卢文书记载:"鲜卑人到达且末,劫掠王国,抢走居民。"[1]十六国时期,随着柔然、高车和鲜卑势力的此消彼长,鲜卑逐渐南下,但仍据有阴山南北的广大地区。

建都平城初期,拓跋鲜卑以今内蒙古南部与山西北部为中心逐步扩张,"太祖初,经营中原,未暇及于四表"[2]。太武帝拓跋焘时期,讨柔然,征夏国,取北燕,灭北凉,逐步统一黄河流域,十六国战乱以来拥塞的绿洲丝路再次打通,西域各国以及东端的高句丽、百济与北魏王朝的使节频繁往来,这种状况一直持续到迁都洛阳之后,相关历史遗存也在北魏境内尤其是在平城一带出现,成为今天我们探讨丝绸之路与北魏平城关系的重要物证,这些遗存包括金银器、鎏金铜器、玻璃器、银币、漆器、石窟造像以及石雕、胡俑、植物和壁画、装饰纹样等,形象地反映了公元5世纪平城文化的多元与繁荣。

在吸收外来文化的基础上充分发展的北魏平城美术,以及长江流域的建业建康美术,构成了中国隋唐以前美术的主流意识,也成为唐代艺术文化的重要基础,为唐代艺术的发扬光大奠定了雄厚的基础,成为中华民族文化的重要组成部分。

(二)太武帝及其之后平城时代与丝绸之路国家的交往

北魏平城政权与西域的交流主要出现在太武帝灭北凉政权之后,但此前已有交往。以下是《魏书·太武帝本纪》中太延五年(439)九月灭北凉政权前与西域及海东国家交往的文献:

太延元年(435)二月,"蠕蠕、焉耆、车师诸国各遣使朝献"。五月,太武帝"遣使者二十辈使西域"。六月,"高丽、鄯善国并遣使朝献"。八月,"粟特国遣使朝献"。

太延二年(436)二月,"遣使者十余辈诣高丽、东夷诸国,诏谕之"。"八月丁亥,遣使六辈使西域。……甲辰,高车国遣使朝献。"

太延三年(437)二月,"高丽、契丹国并遣使朝献"。三月,"龟兹、悦般、焉耆、车师、粟特、疏勒、乌孙、渴槃陀、鄯善诸国各遣使朝献"。(此即《魏书·西域传》所记载的"太延中,魏德益以远闻,西域龟兹、疏勒、乌孙、悦般、渴槃陀、鄯善、焉耆、车师、粟特诸国王始遣使来献"。)十一月,"破洛那、者舌国各遣使朝献,奉汗血马"。

---

[1] 王广智译:《新疆出土佉卢文残卷译文集》(初稿),中国科学院新疆分院民族研究所油印稿,转引自佟柱臣:《嘎仙洞拓跋焘祝文石刻考》,《历史研究》1981年第6期。
[2] 《魏书》卷一〇二。

太延四年（438）三月，"鄯善王弟素延耆来朝"。

太延五年（439）四月，"鄯善、龟兹、疏勒、焉耆诸国遣使朝献"。五月，"遮逸国献汗血马"[1]。

太武帝灭北凉期间还曾有使者出使天竺和罽宾。

在这五年内，每年都有西域国家使臣来访，太武帝也曾两次派出使者出使西域，北魏与西域交往之频繁可见。在太延三年（437）西域九国来访后，太武帝派遣王恩生、许纲等人西使，"恩生出流沙，为蠕蠕所执，竟不果达"。于是"又遣散骑侍郎董琬、高明等多赍锦帛，出鄯善，招抚九国，厚赐之"。董琬等在乌孙王的帮助下访问了破洛那、者舌两国，董琬、高明东还后，乌孙、破洛那等西域十六国遣使俱来平城。"自后相继而来，不间于岁，国使亦数十辈矣。"[2]

董琬、高明这次出行，不仅与西域诸国建立了直接联系，而且增进了朝廷对西域各国的了解，"始琬等使还京师，具言凡所经见及传闻傍国，云：'西域自汉武时五十余国，后稍相并。至太延中，为十六国，分其地为四域。自葱岭以东，流沙以西为一域；葱岭以西，海曲以东为一域；者舌以南，月氏以北为一域；两海之间，水泽以南为一域。内诸小渠长盖以百数'"。董琬等人也带回了丝绸之路交通线路的详细情报，"出西域本有二道，后更为四：出自玉门，渡流沙，西行二千里至鄯善为一道；自玉门渡流沙，北行二千二百里至车师为一道；从莎车西行一百里至葱岭，葱岭西一千三百里至伽倍为一道；自莎车西南五百里葱岭，西南一千三百里至波路为一道焉"[3]。这对北魏王朝后续和西域的交流无疑具有积极的意义。

灭北凉后直至武帝被害身亡，北魏与西域国家的交往更趋频繁，其间最为活跃的是天山南北的诸西域小国。

太武帝是中国历史上一位杰出的军事家和政治家，"世祖叡略潜举，灵武独断，以夫僭伪未夷，九域尚阻，慨然有混一之志。既而戎车岁驾，神兵四出，全国克敌，伐罪吊民，遂使专制令、擅威福者，西自流沙，东极沧海，莫不授馘于东门，悬首于北阙矣"[4]。在灭北凉之前，北魏使臣出使西域，"常诏河西王沮渠牧犍令护送，至姑臧，牧犍恒发使导路出于流沙"。然而处在柔然与北魏两个强敌之间的北凉政权难免左右为难，"牧犍事主稍以慢惰"[5]，成为急于开拓西域通道的拓跋焘的绊脚石，太武帝的讨凉

---

[1]《魏书》卷四。
[2]《魏书》卷一〇二。
[3]《魏书》卷一〇二。
[4]《魏书》卷九五。
[5]《魏书》卷一〇二。

檄文列举沮渠氏十二大罪状，其中"知朝廷志在怀远，固违圣略，切税商胡，以断行旅"[1]，就与其妨碍丝路交通有关。太延五年（439），北凉终于被大兵压境的魏军所灭。

太武帝灭北凉前北魏与西域交往的国家中，不仅包括了今帕米尔以东，位于天山南北的诸多小国，也有帕米尔高原以西的中亚、南亚国家，如粟特、破洛那、者舌、罽宾以及天竺等。此外，太武帝时期还曾遣使者韩羊皮往波斯，但具体时间不明。灭北凉后，以上国家和北魏政权的往来更为频繁。太平真君九年（448），因焉耆国剽劫魏国使臣，太武帝派"成周公万度归千里驿上，大破焉耆国，其王鸠尸卑那奔龟兹"[2]。于是又诏万度归，自焉耆西讨龟兹。可见太武帝对西域丝绸之路的畅通格外重视。

不仅中亚各国来使，平城时代还曾有古印度诸国的通使记录，太和元年（477）九月庚子"车多罗、西天竺、舍卫、叠伏罗诸国各遣使朝贡"[3]。迁洛后通使更加频繁。

除了以平城为出发点向西伸展的丝路外，太武帝时期与朝鲜半岛的联系也是空前的。随着公元436年北燕被拓跋焘攻灭，北魏与高句丽接壤，丝绸之路进一步向东延伸，从平城经由辽西重镇龙城（今朝阳）和辽东到达朝鲜半岛，极大地促进了中原王朝与东北亚国家的交流。

高句丽与北魏的关系始于太武帝拓跋焘时期，太延元年（435）六月高句丽首次遣使朝献，次年北魏灭北燕，与高句丽隔辽河对峙，双方交流渐趋频繁。高句丽王高琏遣使者安东奉表贡方物，并请国讳。拓跋焘遣员外散骑侍郎李敖前往平壤探访，并"拜琏为都督辽海诸军事、征东将军、领护东夷中郎将、辽东郡开国公、高句丽王。……后贡使相寻，岁致黄金二百斤，白银四百斤"。后因冯文通败逃高句丽并得到收留，双方一度交恶，但双方的交流一直在持续。献文帝时期曾试图与高句丽进行政治联姻，前因高琏犹豫不决，后逢显祖病故而未果。"至高祖时，琏贡献倍前，其报赐亦稍加焉。"太和十五年（491）高琏死，"高祖举哀于东郊，遣谒者仆射李安上策赠车骑大将军、太傅、辽东郡开国公、高句丽王，谥曰康。又遣大鸿胪拜琏孙云使持节、都督辽海诸军事、征东将军、领护东夷中郎将、辽东郡开国公、高句丽王，赐衣冠服物车旗之饰……自此岁常贡献"。文献关于北魏王朝与高句丽交往的相关记载很多，但多称"遣使朝献"或"遣使朝贡"，具体内容大多缺省，其中除正常的政府间外交往来外，还有经济方面的贸易行为。迁洛后双方仍然保持着密切的交往，"迄于武定（543~550）末，其贡使无岁不至"[4]。据韩昇先生统计，高句丽派使者前往十六国十二次，北魏七十九次，东

---

[1]《魏书》卷九九。
[2]《魏书》卷四。
[3]《魏书》卷七。
[4]《魏书》卷一〇〇。

魏十五次，北齐六次，北周一次，派使者去东晋三次，刘宋二十二次，南齐五次，萧梁十一次，陈六次，与北魏的使臣往来最为频繁[1]。

百济位于朝鲜半岛西南部，与我国山东、江苏隔海相望，北魏与百济的交往远不及高句丽。延兴二年（472），百济王余庆遣使上表，希望北魏出兵协助其攻打高句丽，并答应"奉送鄙女""并遣子弟"，然而此时北魏政权无意染指高句丽和百济事务，孝文帝遣邵安与其使者"至高丽，琏称昔与余庆有仇，不令东过，安等于是皆还"。延兴"五年（475），使安等从东莱浮海，赐余庆玺书，褒其诚节。安等至海滨，遇风飘荡，竟不达而还"[2]。北魏与百济之间因陆路有高句丽横亘其间，当时也可通过海路往来，百济与南朝宋、齐、梁朝的交往就是通过海路实现的。

（三）北魏王朝开拓丝绸之路的目的

太武帝开通丝绸之路首先是出于军事方面的考虑，主要针对的是当时北魏最大的敌国柔然。柔然本出于鲜卑[3]，作为游牧民族，与鲜卑人一样，他们都有抢夺其他部族或邻国财产的风俗，双方战争不断。"晋世什翼圭（拓跋珪）入塞内后，芮芮逐水草，尽有匈奴故庭，威服西域。"[4] 北魏建国伊始，拓跋珪就曾大破柔然，之后柔然兼并高车、匈奴，势力日渐强盛，"西则焉耆之地，东则朝鲜之地"，穷瀚海，临大碛，凶猛强悍，屡次危及平城，给北魏政权造成很大威胁，直至孝文帝迁都洛阳，与柔然的战争一直持续不断。由于柔然的强大，西域"小国皆苦其寇抄，羁縻附之"[5]。448年，悦般国就曾遣使至魏，寻求与魏合攻柔然，于是拓跋焘大举北上征伐至受降城[6]。对河西和西域的争夺也是北魏与柔然军事较量的一部分，这里是柔然后方补给区域之一，控制河西走廊与天山南北有利于遏制柔然势力的发展，在军事上也有牵制柔然的作用。

北魏加强与西域国家的联系也是阻断柔然与南朝联系的重要手段。早在宋元嘉七年（430），柔然就曾遣使与刘宋政权联络，结果在今浙江、丹江一带被土人误劫。此后柔然不断出使江南，据唐长孺先生统计，从宋元嘉五年（428）至升明三年（479）宋亡，柔然使宋达十次之多[7]，南齐时仍在继续。柔然"岁时遣使诣京师，与中国亢礼"[8]。柔

---

[1] 韩昇：《四至六世纪百济在东亚国际关系中的地位和作用》，韩国忠南大学百济研究所：《第七回国际学术会议·百济社会诸问题》，1994年。本文转引自魏存成：《高句丽遗址》，北京：文物出版社，2002年。
[2] 《北史》卷九四。
[3] 《魏书》卷一〇三。周伟洲：《敕勒与柔然》，桂林：广西师范大学出版社，2006年。
[4] 《南齐书》卷五九。
[5] 《魏书》卷一〇三。
[6] 《魏书》卷四。
[7] 唐长孺：《南北朝期间西域与南朝的陆路交通》，《魏晋南北朝史论拾遗》，北京：中华书局，1983年。
[8] 《宋书》卷九五。

然与南朝的联系意在远交近攻，联合攻魏，而柔然人南下的路径正是通过西域、青海道抵达益州实现的。此路可由塔里木盆地南缘的丝绸之路南道经于阗或鄯善直接入吐谷浑境，或由高昌经焉耆到鄯善，再经柴达木盆地的青海道又东南入益州。由于北魏与吐谷浑多有不睦，吐谷浑常常借道给敌方与南朝联络。骁骑将军王洪范出使柔然，约克期攻魏，其行经路线据《资治通鉴》记载，"洪范自蜀出吐谷浑历西域乃得达"[1]。南朝时曾有多位僧人经由此路西出求法，如齐定林上寺释法献，"宋元徽三年（475）发踵金陵，西游巴蜀，路出河南，道经芮芮。既到于阗，欲度葱岭，值栈道断绝，遂于于阗而反"[2]。甚至北魏洛阳时代胡太后遣僧人惠生、宋云赴西天取经也走的是这条道[3]。柔然威慑西域、假道吐谷浑、联合南朝，必然使北魏腹背受敌，所以经营西域对北魏王朝的重要性是不言而喻的。此道在《史记·大宛列传》中已有记载，据考张骞出使西域由大夏回国，为避免与匈奴遭遇，改道"羌中"，即指青海道[4]。直至隋唐时期，青海道一直是沟通中原和西域的重要通道[5]。

灭北凉、占领河西走廊，与太武帝经营西域的策略是相辅相成的，也意在经济[6]。拓跋焘伐北凉时曾罗列了对方的十二大罪状，其中"民籍地图不登公府，任土作贡，不入司农""切税商胡，以断行旅""坐自封殖，不欲入朝"[7]，无不与北魏在河西与西域的经济利益有关。太平真君七年（446），侍中刁雍上书以河西粮食经漕运支援六镇，"今求于牵屯山河水之次，造船二百艘，二船为一舫，一船胜谷二千斛……一运二十万斛。方舟顺流，五日而至，自沃野牵上，十日还到，合六十日得一返。从三月至九月三返，运送六十万斛"。此建议得到太武帝的认可，诏曰："自可永以为式。"[8]《汉书·地理志》记载河西"地广民稀，水草宜畜牧，故凉州之畜当为天下饶"[9]。经东汉以来的持续开发，河西走廊已然成为北方的重要粮仓。河西与西域又是良马的重要产地，在冷兵器时代，马既是生产资料，更是重要的战略资源。文献记载，平城时代北魏政权不仅从河西掠到大量马匹等畜产，而且西域国家也常有良马进贡，这对于习惯于骑兵作战的拓跋鲜卑来说，不仅可以及时补充战马，而且对改良马种都起到了很好的作用。此外汉代

---

[1]《资治通鉴》卷一三五，建元元年十一月条。
[2]（梁）释慧皎撰，汤用彤校注，汤一玄整理：《高僧传》卷一三，北京：中华书局，1992年。
[3]《洛阳伽蓝记校释》，北京：中华书局，1963年。
[4] 黄文弼：《张骞使西域路线考》，《西北史地论丛》，上海：上海人民出版社，1981年。
[5] 吴焯：《青海道述考》，《西北民族研究》1992年第2期。
[6] 赵向群：《北魏太武帝时期的西域经济战略》，《文史哲》2002年第3期。
[7]《魏书》卷九九。
[8]《魏书》卷三八。
[9]《汉书》卷二八。

"凿空"以来,丝绸之路已成为中原王朝进行国际贸易的主要途径,丝路开通后的商税自然是一笔不小的收入。

继承、维护和开拓传统的华夏朝贡体系,创造"四夷来朝""万国慕化"的清平盛世是历代帝王的政治理想,拓跋鲜卑入主中原后即以华夏正统自居,随着太武帝时北方的统一,实现这一政治理想也成为这些游牧民族帝王的治国方略。太武帝以来积极与域外沟通,使这一理想初步得以实现。董琬、高明出使西域之后"东还,乌孙、破洛那之属遣使与琬俱来贡献者十有六国。自后相继而来,不间于岁,国使亦数十辈矣"[1]。至迁洛后,与北魏通使的国家和地区甚至达到100多个[2]。"自葱岭已西,至于大秦,百国千城,莫不款附。商胡贩客,日奔塞下。所谓尽天地之区已。乐中国土风因而宅者,不可胜数。是以附化之民,万有余家。门巷修整,阊阖填列。青槐荫陌,绿柳垂庭。天下难得之货,咸悉在焉。"[3]可谓盛况空前。

朝贡贸易是朝贡体系在经济方面的表现形式。与洛阳时代已大量出现民间的远途国际贸易不同,平城时代的贸易仍以官方的朝贡贸易为主,文献对于贸易双方交换的商品并无详细记载,但一般而言朝贡贸易进口商品皆以土特产、奢侈品或中土所没有的奇异动物为主,域外一方往往可以获得高额回馈。从《洛阳伽蓝记》的有关记载可以看出,这种远途国际贸易对繁荣北魏经济确实产生了重要影响。

(四)平城的胡人

北魏平城除来自各国的外交使节外,还有定居的胡人,这些人包括官僚、商人、僧人,以及没有留下姓名的工匠和伎乐等,还有因婚配来平城的。如北京图书馆藏北魏延昌元年(512)《魏故征虏将军河州刺史临泽定侯鄯乾墓志铭》拓片[4],据志文记载,鄯乾乃鄯善王宠之孙,"自祖已上,世君西夏"。其父鄯视在太平真君六年(445)归附北魏,鄯乾在北魏任员外散骑侍郎、左右辅国将军、城门校尉、征虏将军、安定内史等职,墓志所载鄯乾亡故年龄阙失,但从时间上推算应该曾在平城生活与工作,死后葬于洛阳。据林梅村先生考证,"鄯乾之父鄯视似即《魏书·西域传》提到的鄯善王真达,其祖父鄯宠似为同书所提到的鄯善王比龙"[5]。洛阳曾出土《魏帝先朝故于夫人墓志》,据志文载,这位北魏文成帝的妃子于仙姬乃"西城(域)宇阗国主女也",来自于阗国,

---

[1]《魏书》卷一〇二。
[2] 石云涛:《北魏中西交通的开展》,《社会科学辑刊》2007年第1期。
[3]《洛阳伽蓝记校注》卷三。
[4] 赵超:《汉魏南北朝墓志汇编》,天津:天津古籍出版社,1992年。
[5] 林梅村:《寻找楼兰王国》,北京:北京大学出版社,2009年。

享年九十，于孝昌二年（526）葬于洛阳[1]。文成帝拓跋濬在位年代为公元452～465年，按志文记载，于仙姬当生于437年，若以虚岁二十嫁文成帝拓跋濬并来平城，至太和十九年（495）"六宫及文武尽迁洛阳"，仙姬在平城则近四十年。还有粟特人安同，其先祖安世高在汉时以安息王侍子入洛；安同因商贩偶遇太祖拓跋珪，于是任职北魏朝廷，其子孙亦有多人在北魏为官[2]。

严耕望先生指出："魏都平城时代，为亚洲盛国，西域诸国，相继来朝，从事朝贡贸易，僧徒亦乐东来宏法。魏之君主，或精诚信向，或为凝聚民心，而大崇佛法，凡所建制，规模宏丽，不但远过前朝，亦为南都建康所未闻。豪家大族，亦从而施舍，北魏高宦富室之有家僧盖不始于都洛时代也。"[3]孝文帝太和初，"京城内寺新旧且百所，僧尼二千余人，四方诸寺六千四百七十八，僧尼七万七千二百五十八人"[4]。高僧大德云集平城，其中必有大量胡僧，可惜僧皎《高僧传》详南而略北，平城时代高僧多已湮灭无闻。

赵郡有沙门法果，被太祖诏赴京师，任道人统，成为北魏朝廷管理僧众事务的高级僧官。至太宗时，弥加崇敬。"泰常中卒。未殡，帝三临其丧，追赠老寿将军、赵胡灵公。"[5]赵郡属定州，近中山，是魏晋以来中原地区佛教昌盛之地，法果去世后被追赠为"赵胡灵公"，此"胡"字必当有所指，他很可能是西域胡人。京师沙门师贤，罽宾人，少入道，曾东游凉州，太武帝平凉州后来到平城，后历太武帝灭佛而矢志不渝，任道人统。师子国胡沙门邪奢遗多、浮陀难提等五人，太安初奉佛像到京都。又有沙勒胡沙门，因擅长佛画，"赴京师致佛钵并画像迹"。天竺僧人常那邪舍，与昙曜翻译新经十四部[6]，此事也当发生于平城。另据《续高僧传》记载，天竺僧人佛陀禅师，与道友游历诸国，于孝文帝时来到平城，"时值孝文敬隆诚至，别设禅林，凿石为龛，结徒定念，国家资供，倍加余部，而征应潜著，皆异之非常人也。恒安城内康家，资财百万，崇重佛法，为佛陀造别院，常居室内，自静遵业"。后随帝南迁，定都伊洛，因性爱幽栖，屡往嵩岳，于是高祖"就少室山为之造寺"[7]。又《魏书·释老志》："有西域沙门名跋陀，有道业，深为高祖所敬信。诏于少室山阴，立少林寺而居之，公给衣供。"[8]疑此跋陀与佛陀禅师或为同一人，乃天竺僧人。留居平城的胡人当远较记载的要多，这里不仅聚集了大量胡僧，从上文所引资财百万的康家来看，不排除还有粟特商人留居平城。

---

[1] 赵超：《汉魏南北朝墓志汇编》，天津：天津古籍出版社，1992年。
[2] 《魏书》卷三〇。
[3] 严耕望：《魏晋南北朝佛教地理稿》，上海：上海古籍出版社，2007年。
[4] 《魏书》卷一一四。
[5] 《魏书》卷一一四。
[6] 《魏书》卷一一四。
[7] （唐）道宣：《续高僧传》卷一六，台北：文殊出版社，1988年。
[8] 《魏书》卷一一四。

（五）平城出土与丝绸之路有关的文化遗存

平城一带保留至今与丝绸之路有关的文化遗存十分丰富，既有出土文物如金银器、鎏金铜器、玻璃器、波斯银币等，也包括云冈石窟石雕造像、墓葬壁画以及其他物质遗存等。这些遗物既有来自国外的，也有本地制作的。

金银器、鎏金铜器包括位于大同市区南部原轴承厂院内北魏遗址出土的鎏金錾花银碗和八曲银杯各1件、鎏金高足铜杯3件，墓葬出土器物包括正始元年（504）封和突墓出土的狩猎纹鎏金银盘与素面高足银杯各1件，以及大同南郊北魏墓群出土的鎏金錾花银碗、鎏金錾花高足银杯、素面银碗和素面银杯。这些器物从制作工艺到装饰纹样都没有中土文化因素，应该是从国外输入的。对其具体产地虽有争议，但都认为产自萨珊波斯、东罗马或中亚一带，即中亚和西亚。对于以上器物的研究很多，笔者曾有综述，兹不赘叙[1]。自古两河流域、古罗马、古希腊以及伊朗高原和中亚的交往就十分密切，伊朗至中亚一带曾经长期受到希腊、罗马文化的影响，而波斯与中亚各邻国的频繁交往，致使两河流域、伊朗以及中亚的器物文化相互糅合、彼此渗透、难以辨认。需要指出的是，这些器物输入平城的时间应该都在平城建都期间，即使是封和突墓出土的银器，虽然墓葬为迁洛之后的遗存，但此时平城已沦为普通边镇，政府之间的对外交流已转移至洛阳。封氏墓中出土的2件银器应该是墓主人家中的旧藏。其他器物从其组合关系来看，也很清楚地表明是平城时代的。

已见诸报道的平城出土玻璃器共计13件，即方山永固陵玻璃指环[2]、湖东编组站M21圆锥形玻璃器[3]，大同南郊北魏墓群M107磨花纹碗[4]，大同七里村M6玻璃碗和M20玻璃瓶及1件残器[5]，东郊齐家坡迎宾大道工地M16玻璃壶和4件半球形泡饰件、2件M37蜻蜓眼珠[6]。此外2003年位于市区北部的操场城一号建筑遗址曾出土1块绿玻璃残片[7]，另外，近年来大同市近郊大规模基建施工中有大量北魏墓葬被盗掘，据传

---

[1] 王银田：《北朝时期丝绸之路输入的西方器物》，张庆捷等编：《4—6世纪的北中国与欧亚大陆》，北京：科学出版社，2006年。
[2] 大同市博物馆、山西省文物工作委员会：《大同方山北魏永固陵》，《文物》1978年第7期。
[3] 安家瑶、刘俊喜：《大同地区的北魏玻璃器》，张庆捷等编：《4—6世纪的北中国与欧亚大陆》，北京：科学出版社，2006年。
[4] 王银田、王雁卿：《大同南郊北魏墓群M107发掘报告》，中国魏晋南北朝史学会等：《北朝研究》第一辑，北京：北京燕山出版社，2000年。山西大学历史文化学院等：《大同南郊北魏墓群》，北京：科学出版社，2006年。
[5] 大同市考古研究所：《山西大同七里村北魏墓群发掘简报》，《文物》2006年第10期。
[6] 大同市考古研究所：《山西大同迎宾大道北魏墓群》，《文物》2006年第10期。
[7] 山西省考古研究所等：《大同操场城北魏建筑遗址发掘报告》，《考古学报》2005年第4期。

出土不少玻璃器，皆已流入民间。以上玻璃器中以大同南郊北魏墓M107磨花纹碗制作精良、保存完好而历来备受重视，据研究该玻璃器属萨珊波斯器[1]，其余器物极有可能是当地制作的，但也显示出与丝路有关的信息。七里村M6玻璃碗，更确切地说是玻璃钵，直口，圈足，器物外壁施一道凸弦纹，为典型的北魏器型（彩图17），相同器型的陶器曾在笔者主持发掘的永平元年（508）平城镇将元淑墓中出土[2]，七里村墓地出土的另两件器物的器型也明显具有本土特征。位于齐家坡的迎宾大道工地出土1件蓝色半透明玻璃壶（彩图18），宽平沿，喇叭口，圆肩，弧腹，平底，相同器型的陶器在平城期墓葬中已多次发现，是平城时代墓葬陶器组合中的主要器型[3]。该玻璃壶色泽与大同操场城北魏一号建筑遗址发现的玻璃残片相同。该墓地的半球形玻璃泡饰件，与平城时代墓葬常见的铜泡钉造型接近[4]，也是平城常见的器物。以上器物中，七里村的3件玻璃器经检测为钠钙玻璃，属西方配方[5]。这类器物的出现显示了在玻璃器制作工艺方面西方配方的本土化问题。据《魏书》《北史》的《西域传·大月氏》记载：魏太武帝时"其国（大月氏）人商贩京师，自云能铸石为五色琉璃。于是采矿山中，于京师铸之"[6]。这些大月氏的工匠在北魏平城使用中国原料，利用西域配方和技术制作了玻璃器。以上几件玻璃器具有本土特征，造型准确，应该出自本土工匠之手，其中有的器物经安家瑶教授鉴定属于吹制玻璃，说明在与胡人的技术交流中，本地工匠已经掌握了钠钙玻璃的制作工艺，包括西域玻璃配方和吹制技术。这种配方和吹制技术的引进，是中国在玻璃工艺方面与西方科技交流的一个成功典范，它对于此后中国玻璃工艺发展的影响是巨大而又深远的。

大同市辖的天镇县曾发现49枚波斯银币，经张庆捷先生对其中39枚银币的研究，37枚为萨珊王朝卑路斯时期的，1枚为阿卡德时期的，1枚为嚈哒仿卑路斯制品，年代皆属平城时代后期，是丝绸之路国际贸易最直观的反映[7]。

平城一带出土的另一种与西域有关的器物是铜下颌托。至今平城已出土13件，其中12件出自1988年发掘的大同南郊北魏墓群，是到目前为止国内外出土该器物最多的地点。这些下颌托主要由扁平状铜条连接而成，上有环状头箍，固定在头颅，两鬓

---

[1] 王银田：《萨珊波斯与北魏平城》，《敦煌研究》2005年第2期。
[2] 大同市博物馆：《大同东郊北魏元淑墓》，《文物》1989年第8期。
[3] 山西大学历史文化学院等：《大同南郊北魏墓群》，北京：科学出版社，2006年。散见于各墓之中。
[4] 王银田、韩生存：《大同市齐家坡北魏墓发掘简报》，《文物季刊》1995年第1期。
[5] 安家瑶、刘俊喜：《大同地区的北魏玻璃器》，张庆捷等编：《4—6世纪的北中国与欧亚大陆》，北京：科学出版社，2006年。
[6] 《魏书》卷一〇二。
[7] 张庆捷：《民族汇聚与文明互动——北朝社会的考古学观察》，北京：商务印书馆，2010年。

处与颊带组合在一起，颊带的下端呈勺状扣在下颌处。有的下颌托可能没有头箍，颊带加长，直接在颅顶处扣合。大同南郊北魏墓群 M107 的下颌托出土时仍完整地扣合在墓主人的头骨上，恰好显示了下颌托的这种使用方法。该器物的功能主要在于固定下颌，以免人死后面部变形。1998 年我们在整理 M107 发掘报告时开始关注该器物，在查阅大量资料的基础上，对器物名称、时空分布、功能与传播等进行了初步研究[1]。此后德国慕尼黑大学宋馨博士撰文《北魏下颌托：丧葬风俗向亚洲的传播》，对下颌托进行了进一步研究[2]。下颌托的使用至少可追溯至古希腊荷马时代（约前 1200～前 800），在阿提卡和雅典地区的墓葬内就有金质或铅质的下颌托。这个传统在古风时期和古典时期（约前 8～前 4 世纪）仍继续存在。古希腊文献称之为 othone（复数 othonai），原意是女性穿着用的白色亚麻布，由此推测古希腊大部分下颌托应属纺织品。公元前 6 世纪至公元前 5 世纪时古希腊祭祀用的陶瓶上常绘有陈尸哭丧仪式的图像，死者头部从下颌到头顶使用布条绑扎，至今欧洲仍保留有此俗。这种下颌托与新疆发现的下颌托是一样的。新疆且末县扎滚鲁克二号墓[3]、民丰县尼雅遗址 95MNI 号墓地[4]以及公元 1 世纪阿富汗黄金之丘[5]都曾发现下颌托。公元 5 世纪中后期，下颌托由新疆传入平城，这和北魏时期平城与丝绸之路的交通有关，而新疆的下颌托则可能是由希腊经中亚传入的。

前述大同南郊北魏墓群 M107 曾出土 15 枚巴旦杏，果皮干枯，紧贴果核，已轻度炭化。这些巴旦杏与红枣、核桃等果品一起放置在 1 个铜盘内，盘内还有木盘和漆耳杯各 1 件，木盘内放置木勺 1 件，显然这是一套食器组合，说明巴旦杏在当时的中原是作为坚果食用的，这是内地考古发现中唯一一例实物遗存。此外，新疆吐鲁番阿斯塔那墓地北朝墓葬 M320 也曾发现 1 枚巴旦杏，现藏新疆维吾尔自治区博物馆[6]。巴旦杏，蔷薇科李亚科桃属落叶乔木或灌木，今称扁桃[7]。果核为食用的坚果。巴旦杏原产于中亚和西亚地区，其野生种目前在中亚、西亚和中国新疆天山山区仍有分布。由于在中国古代巴旦杏一直被视为外来物种，这种植物遂成为中外文化交流的一个物证。巴旦杏最早

---

[1] 王银田、王雁卿：《大同南郊北魏墓群 M107 发掘报告》，中国魏晋南北朝史学会等：《北朝研究》第一辑，北京：北京燕山出版社，2000 年。
[2] Mueller, Shing, "Chin-straps of the Early Northern Wei: New Perspectives on the Trans-Asiatic Diffusion of Funerary Practices," *Journal of East Asian Archaeology* 2003, 5, (1—4): 27—71.
[3] 新疆博物馆文物队：《且末县扎滚鲁克五座墓葬发掘简报》，《新疆文物》1998 年第 3 期。
[4] 新疆文物考古研究所：《新疆民丰县尼雅遗址 95MNI 号墓地 M8 发掘简报》，《文物》2000 年第 1 期。
[5] （日）サリアニデイ：《シルクロードの黄金遺宝—シバルガン王墓発掘記》，加藤九祚訳，巌波書店，1988 年。
[6] 伊斯拉菲尔・玉苏甫、安尼瓦尔・哈斯木：《西域饮食文化史》，乌鲁木齐：新疆人民出版社，2012 年。
[7] 中国科学院中国植物志编辑委员会编：《中国植物志》第三八卷，北京：科学出版社，1986 年。田建保主编：《中国扁桃》，北京：中国农业出版社，2008 年。

在唐段成式《酉阳杂俎》中即有记载[1],美国著名东方学者劳费尔(Berthold Laufer)据此认为中国从唐代开始人工种植巴旦杏[2],北魏时期的巴旦杏显然是由西域带来的。

(六)平城出土西域遗物的来源

平城出土的西域遗物大概有如下几种来源,首先是国外使节进贡的。《魏书》和《北史》记载与北魏交往的西域国家很多,"魏德既广,西域、东夷贡其珍物,充于王府"[3]。这些国家常"遣使来献",或来"朝贡",或"贡方物",但具体记载所献贡物的较少,《魏书·世祖纪》载太武帝太延三年(437)"破洛那、者舌国各遣使朝献,奉汗血马"[4]。《魏书·高宗纪》文成帝和平六年(465)"夏四月,破洛那国献汗血马,普岚国献宝剑"[5]。《魏书·高祖纪》孝文帝太和二年(478)"秋七月戊辰,龟兹国遣使献名驼七十头。……九月……龟兹国遣使献大马、名驼、珍宝甚众"[6]。此外,献给北魏洛阳和南朝建康贡品的文献也可作为参考,如世宗宣武帝时,高车王弥俄突"复遣朝贡,又奉表献金方一、银方一、金杖二、马七匹、驼十头"[7]。据《魏书·吐谷浑》记载,吐谷浑王国慕利延遣使刘义隆,"献乌丸帽、女国金酒器、胡王金钏等物"[8]。由此可见,西域进贡的物品中当不乏金银器等贵重器物,这与中亚、西亚国家崇尚金银器的传统有关,平城的考古发现也证实了这一点。当然,彼时所进贡的东西可能远比我们现在所知道的要丰富。

战争掠夺也是西域物品的重要来源。登国六年(391)道武帝破铁弗部刘卫辰,"收其珍宝、畜产,名马三十余万、牛羊四百余万,渐增国用"。"自太祖定中原,世祖平方难,收获珍宝,府藏盈积。"[9]尤其是世祖即位,开拓四海期间,神䴥三年(430)夏国"(赫连)定弟社于、度洛孤面缚出降,平凉平,收其珍宝"。太延五年(439)灭北凉,"收其城内户口二十余万,仓库珍宝不可称计"[10]。太平真君九年(448),万度归率领北魏军大破焉耆三城,缴获了大量珍宝异玩。同年十二月又向龟兹国发动攻击,"举国臣民负钱怀货,一时降款,获其奇宝异玩以巨万,驼马杂畜不可胜数。度归遂入龟兹,复

---

[1](唐)段成式著,杜聪点校:《酉阳杂俎》卷一八,济南:齐鲁书社,2007年。
[2](美)劳费尔著,林筠因译:《中国伊朗编》,北京:商务印书馆,2001年。
[3]《魏书》卷一一〇。
[4]《魏书》卷四。
[5]《魏书》卷五。
[6]《魏书》卷七。
[7]《魏书》卷一〇三。
[8]《魏书》卷一〇一。
[9]《魏书》卷一一〇。
[10]《魏书》卷四。

获其殊方环诡之物亿万已上"[1]。五凉与赫连夏等西北地区各政权皆邻近西域，府中必有大量西域珍宝；北魏平定西北各政权后，这些珍宝必定有一部分流入平城，其中除入藏皇宫外，也会有部分因赏赐功臣而流入民间。

除战争等国家行为外，个人也可能通过一定渠道，如民间贸易等途径获得西域物品，尤其是与西域公务有涉的官员更有近水楼台之便。这方面尚无直接证据，但北魏后期的一则案例或可说明一些问题：建都洛阳时期贪官河间王元琛任秦州刺史，曾"遣使向西域求名马，远至波斯国。……琛常会宗室，陈诸宝器，金瓶银瓮百余口，瓯檠盘盒称是。自余酒器，有水晶钵，玛瑙琉璃碗，赤玉卮数十枚。作工奇妙，中土所无，皆从西域而来"[2]。元琛个人所拥有的波斯等西域金银器之类珍宝，其数量多得惊人，可见当时对西域珍宝是何等崇尚，拥有这些珍宝是身份和地位的象征。大同南郊北魏墓群M107出土多件西域遗物，墓主人应该和西域有关。与匈奴人一样，鲜卑人也酷爱金银器，北魏太平真君十一年（450）刘宋将领刘泰之率军袭击汝阳北魏军营，见几个毡屋内"器仗甚精，食具皆是金银"[3]。迁都前韩麒麟在其上高祖《陈时务表》中说平城"宝货盈于市里"[4]，现出土所见，不过万一。

（七）平城时代与丝绸之路有关的艺术遗存

公元5世纪，伴随着佛教文化的东传，西域各地的美术、音乐、舞蹈等域外艺术也东传平城。这类艺术首先集中表现在以云冈石窟为代表的北魏石窟寺中。"云冈石窟是新疆以东最早出现的大型石窟群，又是当时统治北中国的北魏皇室集中全国技艺和人力、物力所兴建。"[5]云冈石窟在吸收印度和中亚艺术的基础上又糅合了中国本土文化，创造出了灿烂的东方艺术奇葩。

从根本上说，佛教属外来文化，佛教石窟寺所表现的题材也都是外来的。西域美术对云冈石窟的影响应首推犍陀罗艺术和我国新疆境内的早期石窟寺艺术，除佛教题材外，云冈石窟中大量表现的建筑、伎乐飞天以及弟子像等，包含了希腊、波斯、印度和犍陀罗艺术的因素，形象地诉说了外来艺术在中土的茁壮成长[6]。

---

[1]《魏书》卷一一〇。
[2]（魏）杨衒之撰，周祖谟校释：《洛阳伽蓝记校释》，北京：中华书局，1963年。
[3]《宋书》卷九五。
[4]《魏书》卷六〇。
[5] 宿白：《平城实力的集聚和"云冈模式"的形成与发展》，云冈石窟文管所编：《中国石窟·云冈石窟》（一），北京：文物出版社、东京：平凡社，1991年。
[6] 云冈石窟文物研究所编：《云冈百年论文选集》，北京：文物出版社，2005年；《2005年云冈国际学术讨论会论文集·研究卷》，北京：文物出版社，2006年。两书收录了国内学者有关云冈石窟研究的大部分成果。

云冈石窟多见有帔帛,这种服饰也见于敦煌石窟,如莫高窟288窟和390窟北魏壁画女供养人及285窟西魏女供养人,之后在隋唐陶俑、墓葬壁画中常见,成为隋唐妇女衣着的一个重要组成部分。帔帛状如飘带,缠绕于躯体和手臂间,轻盈飘逸,颇具美感。据《旧唐书·波斯传》记载:波斯人"丈夫剪发,戴白皮帽,衣不开襟,并有巾帔。多用苏方青白色为之,两边缘以织成锦。妇人亦巾帔裙衫,辫发垂后,饰以金银"[1]。新疆丹丹乌里克出土的早期木板佛画、波斯萨珊王朝银瓶人物都曾有帔帛出现,云冈石窟帔帛也应源于波斯。此外,云冈石窟17窟南壁东侧胁侍菩萨头顶飘带颇具萨珊风格,而18窟北壁东侧的几个弟子像则直接雕刻成高鼻深目的胡人形象(彩图19)[2]。

在佛教艺术盛行的背景下,在平城,外来艺术式样也影响到世俗艺术方面,具体表现在墓葬壁画、葬具、器物纹样、陶俑等方面。在装饰纹样方面,最常见的外来纹样当属忍冬纹,这种纹样起源于地中海地区,随着亚历山大大帝东征、希腊文化东传,忍冬纹开始在中亚流行,又随着佛教文化东传进入中国,公元5世纪时在中国得到极大发展。北魏平城是此纹样最集中的地区,忍冬纹与伎乐、力士、瑞兽、祥鸟、联珠纹等组合,幻化出多种不同的组合式忍冬纹,构图呈带状、二方连续、四方连续等,大量出现在石雕棺床、棺版画、墓葬壁画、模印墓砖、瓦当甚至普通陶器上,成为平城时代最为流行的装饰纹样,由此也可看到外来文化在平城已深深浸润到世俗生活之中。此外流行的外来纹样还有葡萄纹和联珠纹等。

"移风易俗,莫善于乐。"[3]中土历来重视音乐的教化作用,由于深受中原汉文化影响,入主中原的拓跋鲜卑统治者对音乐同样十分重视。北魏建国之初,"诏尚书吏部郎邓渊定律吕,协音乐",不久后即设置宫廷音乐机构太乐。"世祖破赫连昌,获古雅乐,及平凉州,得其伶人、器服,并择而存之。后通西域,又以悦般国鼓舞设于乐署。"太和时,"方乐之制及四夷歌舞,稍增列于太乐"。太和十五年(491)冬,高祖诏曰:"乐者所以动天地,感神祇,调阴阳,通人鬼。故能关山川之风,以播德于无外。由此言之,治用大矣。"太和十六年(492)春,又诏曰:"礼乐之道,自古所先,故圣王作乐以和中,制礼以防外。然音声之用,其致远矣,所以通感人神,移风易俗。"[4]《隋书·音乐志》对北魏宫廷音乐也有记载:"西凉者,起苻氏之末,吕光、沮渠蒙逊等据有凉州,变龟兹声为之,号为秦汉伎。魏太武既平河西得之,谓之《西凉

---

[1]《旧唐书》卷一九八。
[2] 中国美术全集编辑委员会编:《中国美术全集·雕塑编·云冈石窟雕刻》图150、151、158、159,北京:文物出版社,1988年。
[3]《孝经注疏》卷六,《十三经注疏》,北京:中华书局,1980年。
[4]《魏书》卷一〇九。

乐》。"《龟兹》者，起自吕光灭龟兹，因得其声。吕氏亡，其乐分散，后魏平中原，复获之。"《疏勒》、《安国》、《高丽》，并起自后魏平冯氏及通西域，因得其伎。"[1]除保留下来的部分传统中土音乐外，北魏宫廷音乐还有来自西域各国以及高丽的音乐[2]，成为公元5世纪后期东亚音乐的集大成者。

北魏平城的音乐遗存主要集中于云冈石窟，其中有音乐图像的洞窟达22座，乐器雕刻不少于664件，达30余种[3]。这些乐器分别来自中亚、西亚和南亚印度以及高句丽。除中国本土或汉代传入中国的外来乐器外，也有北魏时期新近传入的乐器，如琵琶，仅云冈石窟二期雕刻中就有44例，其中9例用手弹奏，其余用拨弹奏，比唐代文献记载"始废拨用手"的贞观年间大大提前；再如唢呐，云冈石窟所见为中原地区最早的资料。外来乐器的引进也丰富了中国本土乐器的演奏方法，如用拨子弹奏琵琶的方法被移植到阮的演奏上来，增加了乐器的表现力[4]。

音乐遗存也散见于出土文物，如司马金龙墓出土石棺床立面的伎乐雕刻[5]（图16-1），雁北师院M2出土的一组胡人俑和儿童俑组成的俑群，后者姿态各异，从其姿势判断，可能有吹笛子的和演奏琵琶的，其中一个胡人俑和两个儿童俑正好还原出一组乐

图16-1 北魏司马金龙墓出土石雕棺床前立板浮雕伎乐拓片局部

---

[1] 《隋书》卷一五。
[2] 李方元、俞梅：《北魏宫廷音乐考述》，《中国音乐学》1998年第2期。
[3] 林莎：《云冈石窟乐器图像补正与辨识》，云冈石窟研究院编：《2005年云冈国际学术讨论会论文集·研究卷》，北京：文物出版社，2006年。
[4] 肖兴华：《云冈石窟中的乐器雕刻》，《中国音乐》1981年第2期。项阳、陶正刚主编：《中国音乐文物大系·山西卷》，郑州：大象出版社，2000年；肖兴华：《云冈石窟——南北朝民族大融合带来的音乐繁荣的历史见证》，云冈石窟研究院编：《2005年云冈国际学术讨论会论文集·研究卷》，北京：文物出版社，2006年；赵昆雨：《云冈石窟乐舞雕刻研究》，《敦煌研究》2007年第2期。
[5] 大同市博物馆、山西省文物工作委员会：《山西大同石家寨北魏司马金龙墓》，《文物》1972年第3期。

人正在表演"缘橦"的场面[1](彩图20),此组陶俑似可称为"百戏俑"。据《魏书·乐志》记载,拓跋珪天兴"六年(403)冬,诏太乐、总章、鼓吹增修杂伎,造五兵、角觝、麒麟、凤凰、仙人、长蛇、白象、白虎及诸畏兽、鱼龙、辟邪、鹿马仙车、高绠百尺、长趫、缘橦、跳丸、五案以备百戏"[2]。百戏是北魏宫廷与民间都十分流行的艺术。近年发掘的大同云波里路北魏壁画墓,在墓室东壁下层壁画中有胡人奏乐场景,五位胡人手持曲颈琵琶、横笛、排箫、细腰鼓和行鼓正在演奏[3](彩图21)。大同雁北师院北魏墓M5出土一组4件胡人伎乐俑[4]。此外,内蒙古呼和浩特大学路北魏墓也曾出土胡人俑[5],这些胡人形象各异,服饰也有区别,当来自不同民族或不同国度。有的胡人俑与骆驼组合,在大同文瀛路北魏壁画墓还发现绘有高鼻、卷发的胡人牵驼图[6](彩图22),此类陶俑的出现是对平城时代丝绸之路国际贸易或中外文化交流的形象注解。

随着佛教的传播,来自犍陀罗的石膏黏土模制佛像技术传入平城,在方山永固陵南侧的思远佛寺遗址[7]和大同城东北魏佛寺遗址大量发现[8],此外也见于辽宁朝阳北塔和内蒙古包头固阳县北部的城圐圙古城址,前者据研究为冯太后所建思燕佛图遗迹[9],后者即六镇之一的怀朔镇[10]。迁都后,该技术在洛阳永宁寺仍大量使用[11]。

(八)平城时代的交通路线

亚洲境内北纬40°~50°之间的山脉多呈东西走向,为欧亚大陆间的交通提供了方便。由于欧亚草原地理的特殊性,以及由此引起的游牧部落的东西向迁徙,欧亚草原丝绸之路成为最早开辟的东西方交通线路[12]。从已发现的考古遗迹判断,拓跋鲜卑建立北魏政权前就已通过草原丝绸之路与西域建立了联系,平城时期则与绿洲丝路和草原丝路

---

[1] 大同市考古研究所:《大同雁北师院北魏墓群》,北京:文物出版社,2008年。
[2] 《魏书》卷一〇九。
[3] 大同市考古研究所:《山西大同云波里路北魏壁画墓发掘简报》,《文物》2011年第12期。
[4] 大同市考古所等:《大同雁北师院北魏墓群》,北京:文物出版社,2008年。
[5] 郭素新:《内蒙古呼和浩特北魏墓》,《文物》1977年第5期。
[6] 大同市考古研究所:《山西大同文瀛路北魏壁画墓发掘简报》,《文物》2011年第12期。
[7] 大同市博物馆:《大同北魏方山思远佛寺遗址发掘报告》,《文物》2007年第4期。
[8] (日)出光美術館:《北京大学サックラー考古芸術博物館所蔵 中国の考古学展 北京大学考古学系発掘成果》,東京:平凡社,1995年。
[9] 辽宁省文物考古研究所等:《朝阳北塔考古发掘与维修工程报告》,北京:文物出版社,2007年。
[10] 内蒙古文物工作队、包头市文物管理所:《内蒙古白灵淖城圐圙北魏古城遗址调查与试掘》,《考古》1984年第2期。
[11] 中国社会科学院考古研究所:《北魏洛阳永宁寺 1979—1994年考古发掘报告》,北京:中国大百科全书出版社,1996年。
[12] 余太山:《〈穆天子传〉所见东西交通路线》,上海社会科学院历史研究所编:《第二届传统中国研究国际学术讨论会论文集(一)》,上海:上海人民出版社,2007年。

都有关联，平城成为公元 5 世纪绿洲丝路和草原丝路在中国北方的一个节点。

晋北地区历来就是中国北方的交通要冲，在东西方文化交流的舞台上也曾扮演重要角色，在中国最早的丝路文献《穆天子传》中，就已涉及晋北。穆天子"绝漳水""至铏山""北循虖沱之阳"[1]，旅途从东都洛阳出发，北行后过太行山进入山西北部，再折而向西，到达河套，最终进入昆仑山（今阿尔泰山）。马雍先生认为，从阿尔泰山中段的东麓越过山口，再沿黑水（今额尔齐斯河上游）西进，当时就存在着这样一条东方商道，而公元前 5 世纪的巴泽雷克古墓发现了铜镜、丝绸和漆器等中原遗物，遗迹地点正处在这条路线上[2]。公元前 3 世纪初，秦赵联军伐齐，齐王在一封给赵惠文王的信中说，（若秦军）"逾勾注，斩常山而守之，三百里而通于燕，代马胡犬不东下，昆山之玉不出，此三宝者亦非王有已"[3]。也就是说，假如秦国出兵切断晋冀间今恒山一带的交通线，昆仑山的玉石就无法运到赵国了。这封信证明，当时的玉石贸易路线经过山西北部，与《穆天子传》描述的路线是一致的。秦始皇四次东巡，曾有两次路过山西：第三次东巡（始皇三十二年，前 215），归途经渔阳、上谷、代郡、雁门至云中郡，南下经上郡沿直道返回咸阳，显然从代郡至雁门郡需途经平城和武州川；最后一次东巡（始皇三十七年，前 210），死后返回路线是从恒山郡西入井陉关至太原郡，再经雁门、云中，由直道返回咸阳，走的仍然是武州川这条交通干道。此路也是北魏时期连接盛乐与平城两京城的主要交通干道。

在巴基斯坦北部的洪扎河畔岩石上曾发现汉文题记"大魏使谷巍龙今向迷密使去"（图 16-2），据马雍先生考证，此"迷密"即文献中始见于《魏书》《北史》的西域国家迷密、隋唐时期昭武九姓中的米国，此为北魏题记。《魏书》记载迷密国遣使中国仅正平元年（451）正月一次，谷巍龙的此次出访当在此前后不久[4]。这对于考察唐代以前丝绸之路在中亚地区的确切路线

图 16-2 巴基斯坦北部洪扎河畔岩石上发现的汉文题记"大魏使谷巍龙今向迷密使去"

---

[1] 王贻樑、陈建敏：《穆天子传汇校集释》卷一，上海：华东师范大学出版社，1994 年。
[2] 马雍、王炳华：《阿尔泰与欧亚草原丝绸之路》，张志尧主编：《草原丝绸之路与中亚文明》，乌鲁木齐：新疆美术摄影出版社，1994 年。
[3] 《史记》卷四三。
[4] 马雍：《巴基斯坦北部所见"大魏"使者的岩刻题记》，《西域史地文物丛考》，北京：文物出版社，1990 年。

颇为有益。北魏晚期宋云经过于阗时看到"悬彩幡盖，亦有万计，魏国之幡过半矣。幡上隶书，多云太和十九年（495）、景明二年（501）、延昌二年（513）"[1]。尽管以洛阳时代纪年为主，或许也有平城时代的幡亦未可知。

北魏立国后，组建了以平城为中心的全国交通网，该网络通达东西南北，并与周边国家以及更远的国度建立了联系。从平城向北经长川、牛川、阴山南麓的北道通往漠北；向南越句注山达晋阳盆地，沿汾河南下可进入关中或中原腹地；东经莎泉道或灵丘道沿滱水东南行，越太行山到中山，可达山东、中原或长江沿岸，或东出上谷、密云到三燕故都龙城，并经辽东进入高句丽及朝鲜半岛；西溯武州川水过盛乐、云中，经君子津过黄河，沿鄂尔多斯高原东南缘西行，经固原（高平镇）进入河西走廊，出敦煌，与西域绿洲丝路南、北路连接进入中亚、南亚和西亚[2]，或如前述经吐谷浑道西行进入绿洲丝路。吐谷浑曾占有若羌、且末等丝路中段南道部分地区，通过青海可以不经过河西走廊而西行直通丝路南道。沿途的西宁就曾出土萨珊波斯银币。太平真君年间鄯善反叛，北魏派韩拔为假持节征西将军、领户西戎校尉、鄯善王，在鄯善设置军镇。丝路南道过阳关，经罗布泊西南行可达鄯善，此路远离柔然，成为北魏通西域的主要道路。万度归出兵焉耆，曾驻军于此，此外北魏也曾经营中道[3]。北魏通西域的道路主要是汉代开通的南道和中道（汉代称北道），北道在448年道武帝联合悦般攻打柔然后也曾通行。

如何评价丝绸之路开通对北魏平城以及北朝隋唐文化的影响，是一个复杂而有意义的课题，这方面深入、全面的研究尚需时日。无疑这种影响是多方面的、持久而有益的。由于中国的地理位置与环境的特殊性，古代中国一直处于东亚文明的中心，对中国有重要影响的域外文化主要来自广义的西域地区，这就注定了中国与西域国家的密切联系，这也是中国历代王朝重视开拓西域的内在原因。

丝绸之路的开通对北魏平城首先具有经济方面的重要意义。平城政权获得了河西与西域大量的资源，如巨量的牲畜马牛羊等，这对改善北魏经济的落后局面大有益处。所获马匹有的可充作战马使用，而且中亚的良驹宝马对中土马种的改良十分有益，这又增强了北魏的军事实力，平城出土的大量陶马脊宽体长，硕健有力，或许与此有关。以平城为中心的交通网络的建设是拓跋鲜卑政权的重要贡献，它进一步完善了中国北方的交通构架，也被后代所继承。大月氏人在平城制作玻璃的记载是传统文献少见的工业技术交流的案例，对中国玻璃工艺技术的改进十分重要。据《南齐书·魏虏传》记载："太

---

[1]《洛阳伽蓝记校释》卷五。
[2]（日）前田正名著，李凭等译：《平城历史地理学研究》，北京：书目文献出版社，1994年。
[3]《魏书》卷一〇二。

后出，则妇女着铠骑马近辇左右。……坐施氍毹褥。前施金香炉，琉璃钵，金碗，盛杂食器。"[1]这些陈设、器具来自中亚、波斯或大秦，胡风尽显，形象地说明了外来文化对宫廷生活的影响。

丝绸之路带来的异域文化对平城时代以及公元5世纪中国的美术影响巨大而长久，不仅表现在宗教信仰层面，在艺术层面更直接地影响了国人的审美，此后各类艺术更为写实，在浓烈的宗教氛围中也常常显示出清新的现实主义风格。在对大同南郊北魏墓群出土人骨的研究中发现，该墓地人群以东北亚蒙古人种为主，同时杂入带有欧洲人种特征的乌孙人种特征，这或许就与丝路开通以来不同种族人群间的通婚有关。太武帝以来丝绸之路的开通，使平城这座塞外边城一举成为公元5世纪的国际大都市。平城时代的各项成果都被洛阳时代所继承，于是直接促成了洛阳时代的繁荣，进而间接影响到隋唐。

---

[1]《南齐书》卷五七。

17 / 北魏平城
明堂、操场城建筑遗址、佛寺

一、明 堂

大同北魏平城明堂遗址位于城南近郊，1995年5月发现，同年6月至9月对西侧夯土台基进行了发掘；1996年对南侧夯土台基进行了部分发掘，目前尚未完工。郦道元《水经注》对北魏平城有较为详细的记述，多年来平城范围虽曾发现不少遗物，然而文献与地面遗迹一直难以对应，致使平城研究难有突破。明堂遗址的发现使这一工作柳暗花明，它成为《水经注》所记诸多平城建筑中第一个，也是唯一的一个坐标点。因此，它的发现，对北魏平城的研究，以及整个中世纪中国都城的研究，都是十分重要的。

（一）明堂、辟雍、灵台的关系及遗址的定名

《水经注·㶟水》记载：平城"明堂上圆下方，四周十二户九室，而不为重隅也。……加灵台于其上，下则引水为辟雍。水侧结石为塘，事准古制"[1]。目前钻探及发掘结果证实，在直径达294米的环形水沟内侧共有五座夯土台基建筑，其中心建筑的夯土台基规模最大，达42米见方；四周临水处，东、西、南、北分别发现四座凸字形夯土台基。显然，此中心建筑为明堂所在，那么其上层应该是灵台了，周围的环形水沟就是辟雍。灵台本是古代观测天象之所，其名始见于周。《诗·大雅·灵台》："经始灵台，经之营之。"[2]据《三辅黄图·台榭》引郭延生《述征记》曰"长安宫南有

---

[1]（北魏）郦道元注，（民国）杨守敬、熊会贞疏，段熙仲点校，陈桥驿复校：《水经注疏》卷一三《㶟水》，南京：江苏古籍出版社，1989年。
[2]（汉）毛苌、郑玄注，（唐）孔颖达疏：《毛诗正义》卷一六，《十三经注疏》，北京：中华书局，1982年。

灵台"[1]。已经发掘的汉魏洛阳城灵台位于汉魏洛阳城南郊明堂之西[2]。灵台与明堂本是功用完全不同的两种建筑，且各代多不建于一处，北魏平城明堂与灵台建在一起的作法，极可能是北魏独有的。当然，古人也有将明堂与灵台混为一谈的说法，《诗经·大雅·灵台》孔颖达疏引卢植《礼记注》说："明堂即太庙也；天子太庙上可以望气，故谓之灵台；中可以序昭穆，故谓之太庙；圆之以水似辟，故谓之辟雍；古法皆同一处，近世殊异分为三耳。"[3]这种说法今天看来是缺乏依据的。魏孝文帝将明堂与灵台建在一起，除受古人的影响以外，更多的应该是出于节约开支的考虑。太和以来，虽然北魏王朝的经济有所发展，然而连年与萧齐和柔然的战争使军备开支大大增加。太和三年（479）柔然的十万骑兵一度打到塞上，就在孝文帝刚刚下诏建明堂五个月后，柔然就曾"犯塞"，其间南、北边境战争时有发生。太和以来土木工程的建设又是整个北魏王朝工程量最大、项目最集中、耗资也最巨的。一方面是都城的建设，如太和殿、安昌殿、永乐游观殿、坤德六合殿、乾象六合殿、皇信堂、圆丘、朱明门、思贤门等都是在这一时期建成的。另一方面就是方山永固陵整个陵园区的建设，此工程始于太和三年（479），直至太和十五年（491）建万年堂后方才结束。整个陵区包括永固陵、万年堂、永固石室、思远佛寺、鉴玄殿、御路等。其中永固陵即文明太后冯氏之墓，现存封土东西长124米，南北长117米，高达22.87米[4]。陵园位于方山顶上，交通不便，施工难度可想而知。山下建有灵泉宫与灵泉池，为规模巨大的皇家行宫。另外还有云冈石窟的建设，其工程量及所耗资金远远大于以上两项。云冈石窟现存洞窟53个，其中大型洞窟共17座，除昙曜五窟（16~20窟）开凿于和平六年（465）以前，14、15窟开凿于迁洛以后，其余10座大型洞窟均开凿于献文与孝文时期（其中第3窟虽然有初唐雕像，但洞窟应该是这一时期开凿的），而献文在位不足六年，这些洞窟大多数是孝文帝居平城期间开凿的。以上诸因素，使政府耗去大量人力、物力和财力，加之连年旱灾又影响了政府的财政收入，因此将灵台建于明堂可以节省诸多开支。当然，把灵台建于明堂之上，建筑"上圆下方"效法天圆地方之说，也形象地反映了孝文帝天人合一、皇权神授的思想。

辟雍一般释为周王朝所设的太学，文献对其形制多有记载。汉班固《白虎通·辟雍》："辟者，璧也。象璧圆，以法天也。雍者，雍之水，象教化流行也。"[5]《大戴礼

---

[1] 陈直：《三辅黄图校证》卷五，西安：陕西人民出版社，1980年。
[2] 中国社会科学院考古研究所洛阳工作队：《汉魏洛阳城南郊的灵台遗址》，《考古》1978年第1期。
[3] （汉）毛苌、郑玄注，（唐）孔颖达疏：《毛诗正义》卷一六，《十三经注疏》，北京：中华书局，1982年。
[4] 大同市博物馆等：《大同方山北魏永固陵》，《文物》1978年第7期。
[5] （清）陈立撰，吴则虞点校：《白虎通疏证》卷六，北京：中华书局，1994年。

记·明堂》："明堂者，……外水曰辟雍。"[1]《礼记盛德篇》云：'明堂者，明诸侯尊卑也，外水曰辟雍。'《明堂阴阳录》曰：'明堂之制，周圜行水，左旋以象天，内有太室以象紫宫。'"[2]汉代以前的礼制建筑制度，到汉武帝时已模糊不清了，"上（汉武帝）欲治明堂奉高旁，未晓其制度。济南人公王带上黄帝时明堂图。明堂图中有一殿，四面无壁，以茅盖，通水，圜宫垣为复道"[3]，此明堂图亦有辟雍。从大量文献看，辟雍并没有其他建筑形制，也不具有独特的功能，只是一条环形水道而已，即使是公王带奉上的"黄帝时明堂图"，也是"中有一殿，四面无壁，以茅盖，通水，圜宫垣为复道"。辟雍常常是明堂建筑中的一部分附属性建筑，即一种象征性建筑。正由于此，古今都有人认为辟雍只不过是明堂的另一名称而已[4]。汉代大儒蔡邕在《明堂论》中说："故言明堂，事之大，义之深也。取其宗祀之貌，则曰清庙；取其正室之貌，则曰太庙；取其尊崇，则曰太室；取其乡明，则曰明堂；取其四门之学，则曰太学；取其四面之周水圆如璧，则曰辟雍，异名而同事，其实一也。"[5]但汉代以后不乏独立的辟雍建筑，如汉魏洛阳城辟雍、建于清乾隆四十九年（1784）的北京国子监辟雍（现首都图书馆院内）[6]，正是由于对文献的不同理解形成的。由此看来，北魏平城的这座礼制性建筑，其名称应为明堂。

考《魏书》《水经注》《隋书》《资治通鉴》等史籍，古人对平城的这一建筑群也多只称明堂，罕见有明堂、辟雍并提的。如《魏书·高祖纪》：太和十五年（491）四月"经始明堂，改营太庙。……冬十月……明堂、太庙成"[7]。《魏书·礼志》记载，同年十月，太尉丕奏曰："窃闻太庙已就，明堂功毕，然享祀之礼，不可久旷。"[8]《魏书·尉元传》：太和十六年（492）"养三老五更于明堂，国老庶老于阶下。高祖再拜三老，亲袒割牲，执爵而馈；于五更行肃拜之礼，赐国老、庶老衣服有差"[9]。《魏书·李冲传》："冲机敏有巧思，北京明堂、圆丘、太庙，及洛都初基，安处郊兆，新起堂寝，皆资于冲。"[10]道光十年（1830）《大同县志·都会》称："州有魏故明堂遗迹。"[11]

---

[1]（清）王聘珍撰，王文锦点校：《大戴礼记解诂》卷八，北京：中华书局，1983年。
[2]《隋书》卷四九。
[3]《史记》卷一二。
[4] 王世仁：《汉长安城南郊礼制建筑（大土门村遗址）原状的推测》，《考古》1963年第9期。
[5]《全后汉文》卷八〇，（清）严可均校辑：《全上古三代秦汉三国六朝文》，北京：中华书局，1965年。
[6] 王秋方：《〈孔庙、国子监全图〉考》，《中国历史博物馆馆刊》1999年第1期。
[7]《魏书》卷七下。
[8]《魏书》卷一〇八。
[9]《魏书》卷五〇。
[10]《魏书》卷五三。
[11]（清）黎中辅纂，许殿玺校注，大同市地方志办整理：《大同县志》卷七，太原：山西人民出版社，1992年。

（二）关于太和十年的诏书

明堂工程动工于太和十五年（491）夏四月，成于同年十月，历时半年告竣。《魏书·高祖纪》则有太和十年（486）"九月辛卯，诏起明堂、辟雍"[1]的记载。之所以下诏五年后才动工，可能一则是前述影响孝文帝时中央财政的诸多因素，此时方山永固陵刚刚建成，但整个陵区的工程尚未结束，万年堂更是太和十五年才建成的；云冈石窟工程则正值高峰期。以上两项工程不但规模宏大，而且在当时也远比明堂重要，这些因素自然都会影响明堂建设的进度。二则作为一项重要的礼制建筑，当然需要精心规划与设计，这包括明堂本身的设计与周围整个景区的勘察与规划。三则是备料，尤其是水道两侧打制十分规整的石条，用量是相当可观的。仅此一项，笔者初步估算，其石方量当在三千立方米以上。其开采、加工、运输都颇费时日，何况平城地势高寒，冬季又无法采石。四则是在明堂动工前其附近有大量其他工程要做，如太和十二年（488）孝文帝"观筑圆丘于南郊"[2]，《水经注》记载，平城南郊明堂附近"河干两湄，太和十年，累石结岸。夹塘之上，杂树交荫。郭南结两石桥，横水为梁"[3]。依《李冲传》记载，明堂与圆丘的设计者为李冲一人，看来平城郭南的建筑是由李冲统一规划、设计，分别施工建设的，明堂工程是在这些外围工程完成后才动土兴建的。

（三）石料的来源

《水经注·㶟水》记载，明堂"下则引水为辟雍，水侧结石为塘"[4]，与发掘所见一致。就目前发掘所见及钻探推测，在外围直径294米的水道两侧，从底部直至地面，原来是砌有两道完整的内外石堤的，迁洛之后遭到不同程度的破坏。在整个水道底部铺有一层碎石片。另外，临水的四座夯土台基底部外围也多砌有大石块，以上石料全部是呈灰黄色的中砂岩和细砂岩，与云冈石窟山岩石质相同。云冈石窟开凿于侏罗纪长石石英砂岩层中，依岩石学分类，砂岩按其粒度不同可分为砾岩、粗砂岩、中砂岩、细砂岩、粉砂岩和泥岩六种，云冈石窟多中砂岩与细砂岩，少粗砂岩及粉砂岩，明堂遗址所见的石料全部为中砂岩和细砂岩。1995年夏，在笔者负责的该遗址首次正式发掘中，在西侧夯土台基西边沿下端、叠压于夯土层底层的一排基石中，我们发现了一块长65厘米、

---

[1]《魏书》卷七下。
[2]《魏书》卷七下。
[3]（北魏）郦道元注，（民国）杨守敬、熊会贞疏，段熙仲点校，陈桥驿复校：《水经注疏》卷一三《㶟水》，南京：江苏古籍出版社，1989年。
[4]（北魏）郦道元注，（民国）杨守敬、熊会贞疏，段熙仲点校，陈桥驿复校：《水经注疏》卷一三《㶟水》，南京：江苏古籍出版社，1989年。

宽35厘米、厚17厘米的石料，其一侧边沿呈内凹的弧形，与1993年云冈石窟3窟前室地面发掘所见的取石方法如出一辙。第3窟是云冈诸大型洞窟中唯一未完工的洞窟，其洞窟内部空间之大在云冈石窟中位居第一，该窟开窟于迁洛前。1993年我们在该窟进行发掘时发现，洞窟自上而下开掘窟内岩层时，有计划地将岩石取成圆形、方形等不同形状的料石，以便加工成石磨盘、方石等以作它用。因此，我们有理由认为，明堂所用石料主要来自当时正在开凿的云冈石窟。

云冈石窟北魏时称武周山石窟寺，其时距国都平城四十余里。因武周川水（现称十里河）水量充沛，当时陆路就在河北岸的石窟前，傍山临水而行，并不方便。故推测明堂所用大量石料，应该是在春、夏、秋三季石窟施工期间开采下来，冬季待武周川水冰冻后由河道中运送的。据《魏书·太祖纪》载，天兴二年（399）"凿渠引武川水注之苑中，疏为三沟，分流宫城内外"[1]，将武周川水与如浑西水连接。冬季由结冰的河面运输，可从云冈石窟直接运抵明堂附近，十分便利。

这些石料也可能就出自第3窟，若此，则为第3窟开凿的确切年代提供了佐证，这不失为研究云冈石窟3窟的重要线索，应该引起石窟研究者的注意。

（四）辟雍的水源问题

环形水道内引水，是为辟雍的主要特征，历代文献屡有提及，前文已有所引，兹不赘述。汉长安明堂遗址的发掘已经得到证实，其环形水道北"与一条宽21米、深3.8米的由西向东的河渠相通，圜水沟的流水出入于该河渠"[2]。平城明堂的环形水道内也确曾蓄水，这从水道内沉积的淤泥层中已得到证实。1995年10月，在整个遗址面貌已全部清楚之后，我们对遗址北端，特别是环形水道外侧进行了普探，探孔呈东西或南北直线分布。已经钻探过的地方没有发现引水河渠的遗迹。这一区域当时已是楼房林立，或无法钻探，或地层已经扰动，此问题只能留待今后的进一步工作。依《水经注》记载，明堂位于如浑西水之西，按今天大同城及外围的地貌来看，其北部、西部为山区，东部、南部为平原，整个市区及近郊的地形是西北高、东南低，这种大的地形特征，古代与现代似乎不会有太大的区别，明堂遗址所处的地形也不例外。那么，如浑西水的走向则应该是在明堂北，呈西北—东南走向，朝明堂的东南流去，这与《水经注》所描绘的整个北魏平城的布局也是吻合的。如此看来，环形水道的水源来自如浑西水当无异议，引水处也只能在明堂东西中轴线以北。由于地形的原因，平城明堂的辟雍与汉长安

---

[1]《魏书》卷二。
[2] 唐金裕：《西安西郊汉代建筑遗址发掘报告》，《考古学报》1959年第2期。

明堂的辟雍不同，平城的辟雍应该在地势较低处设一出水口，否则只能是一潭死水。已探明的水道最低处在东南角，假如辟雍设有出水口，应该就位于此处，但这里恰好是一煤场，目前仍无法钻探。

（五）中心建筑

位于遗址中心部位的建筑遗迹，是一处东西、南北边长为42米的方形夯土台基，夯土厚2米左右，规模远远大于四周的四座凸字形夯土台。我们在发掘过程中，见到一位88岁、从小在大同南关居住的老人——李万祥。据他说，1937年日本侵略军在此修建飞机场时将土堆推平，此前土堆高出地面两丈多，顶上建有"蚜蚄庙"[1]，周围有大量碎瓦，可见当初建筑的高大。《水经注·㶟水》记载，明堂"上圆下方，四周十二户九室，而不为重隅也。室外柱内，绮井之下，施机轮，饰缥碧，仰象天状，画北道之宿焉，盖天也。每月随斗所建之辰，转应天道，此之异古也"[2]，则以上文字所记即是此中心建筑。文中对中心建筑的形制所言极略，仅知上圆下方、四周十二户九室、不为重隅。所幸郦氏《水经注》在叙述位于如浑东水之东的大道坛庙时较为详细。它对我们了解中心建筑或许会有所帮助："始光二年（425），少室道士寇谦之所议建也。兼诸岳庙碑，亦多所署立。其庙阶三成，四周栏楯，上阶之上，以木为员基，令互相枝梧，以板砌其上，栏陛承阿。上员制如明堂，而专室四户。"[3]依《隋书·宇文恺传》记载，"其室皆用墼累"[4]，明堂建筑是用土坯砌成的。灵台建于明堂之上，以观天象；灵台之下，在"室外柱内，绮井之下"设有大型天象演示仪器——浑象，随着季节与时辰的变化而转动。这里还装饰着蓝色天幕，画有北天极的星宿，俨然一座中世纪先进的天文馆。

清道光十年（1830）《大同县志》"明堂"条下记："唐开元二十一年（733），云州置魏孝文帝祠堂，有司以时享祭。州有魏故明堂遗址，即于其上立庙。"这里所说的魏孝文帝祠堂，列于"明堂"条目之下，则可能就建于明堂遗址附近。后一句"州有魏故明堂遗址"，接续前句"唐开元二十一年"[5]，显然也是指唐代，但其上所立之庙已无从稽考。李万祥老人所说的"蚜蚄庙"可能是一清代庙宇。明堂遗址处前几年盖起了一栋楼

---

[1] 蚜蚄，指一种庄稼害虫，头红色，无翅。《梦溪笔谈》："元丰中，庆州界生子方（蚜蚄）虫。"（宋）沈括：《梦溪笔谈》，北京：商务印书馆，1973年。
[2] （北魏）郦道元注，（民国）杨守敬、熊会贞疏，段熙仲点校，陈桥驿复校：《水经注疏》卷一三《㶟水》，南京：江苏古籍出版社，1989年。
[3] （北魏）郦道元注，（民国）杨守敬、熊会贞疏，段熙仲点校，陈桥驿复校：《水经注疏》卷一三《㶟水》，南京：江苏古籍出版社，1989年。
[4] 《隋书》卷六八。
[5] （清）黎中辅纂，许殿玺校注，大同市地方志办整理：《大同县志》，太原：山西人民出版社，1992年。

房,故遗址已遭严重破坏,但经仔细钻探,夯土台的边沿都已找到。

(六) 与已发现的另三处明堂遗址的比较

到目前为止,已发现并发掘明堂遗址共四处,除北魏平城明堂遗址以外,其余三处分别是汉长安明堂[1]、汉魏洛阳城明堂[2]和唐东都洛阳明堂[3]。汉魏洛阳城明堂、辟雍、灵台都建于光武帝建武中元元年(56),位于东汉洛阳城南不足一公里处,为三组各自独立的建筑,与平城明堂明显不同。辟雍平面呈方形,四面筑围墙,四面门外有水沟。明堂平面亦呈方形,中间有一直径为62米的圆形台基,为中心建筑所在。显然,东汉初建明堂、辟雍时,光武帝采用了明堂与辟雍是两个不同建筑的观点,明堂、辟雍是分别施工的。这里的明堂与辟雍,除了辟雍外围的水沟以外,二者并无大的区别。据文献记载,东汉洛阳明堂是参照长安明堂修建的。《水经注·谷水》则记载东汉洛阳明堂"上圆下方,九室,重隅,十二堂……引水于其下为辟雍也"[4]。似乎并不存在独立的辟雍,而与汉长安明堂一样,看来文献记载是错误的。不过由此也可看出郦道元对"辟雍"一词的理解。由于发掘报告尚未发表,我们尚无法进行更为深入的探讨。东汉建造的洛阳灵台[5]高大而坚固,历经汉魏晋三朝,延续达二百五十年,是我国目前唯一经正式发掘的古代天文台。它独立一处,但又紧邻明堂。明堂与灵台的关系似乎紧密相连。

唐东都洛阳明堂,建于宫城之内的中轴线上。初为隋之乾阳殿,焚毁后依旧址造乾元殿,武后于垂拱四年(688)毁乾元殿造明堂。"凡高二百九十四尺,东西南北各三百尺。有三层:下层象四时,各随方色;中层法十二辰,圆盖,盖上盘九龙捧之;上层法二十四气,亦圆盖。亭中有巨木十围,上下通贯,……刻木为瓦,夹纻漆之。明堂之下施铁渠,以为辟雍之象。号万象神宫。"[6]该明堂与《礼记》明堂建于都城之南的规矩明显不同,而且辟雍也非环形水道,代之以"铁渠"。此"铁渠"虽没有在发掘中发现,但推测可能是一种比环形水道更为简单的象征性设施。唐武氏明堂从位置到建筑形制,已与古礼相去甚远。

汉长安明堂遗址位于汉长安故城南约1公里处,外围是一环形水沟,直径349~368米,水沟内宽92厘米,两壁皆砖砌。内有方形围墙,每边长235米,辟四

---

[1] 唐金裕:《西安西郊汉代建筑遗址发掘报告》,《考古学报》1959年第2期。
[2] 正式的发掘报告尚未发表,资料见《中国大百科全书·考古学》,北京:中国大百科全书出版社,1986年。
[3] 中国社会科学院考古研究所洛阳唐城队:《唐东都武则天明堂遗址发掘简报》,《考古》1988年第3期。
[4] (北魏)郦道元注,(民国)杨守敬、熊会贞疏,段熙仲点校,陈桥驿复校:《水经注疏》卷一六,南京:江苏古籍出版社,1989年。
[5] 中国社会科学院考古研究所洛阳工作队:《汉魏洛阳城南郊的灵台遗址》,《考古》1978年第1期。
[6] 《旧唐书》卷二二。

门。四角建曲尺形配房，中心建筑位于一圆形夯土台基之上。纵观这几处明堂遗址，平城明堂与汉长安明堂基本相似，是按《礼记》的制度规划、建设的，较为传统。《礼记正义》孔颖达疏曰：明堂"在国之阳"[1]，《太平御览》引《礼记外传》曰"明堂……在国南十里之内，七里之外"[2]，平城明堂的位置是严格按照传统作法选址的。其中心建筑"上圆下方，十二户九室"，也十分符合传统礼制的规范，即郦道元《水经注》所说"事准古制"。因为平城明堂的中心建筑已难以发掘，所以无法进行更确切的对比。平城明堂的围墙设在辟雍外侧，《隋书·宇文恺传》载："后魏于北台城南造圆墙，在壁水外，门在水内迥立，不与墙相连。"[3]按"圆墙"的说法，围墙是循着辟雍的走势而建的，平面亦呈圆形，类似于现存北京天坛的围墙，但其遗迹目前尚未找到。辟雍露天无盖，四门设在临水的渠边，从而使整个建筑群的布局更为疏朗、优美。汉长安明堂的辟雍则不同，不仅水道很窄，而且在东、西、南、北四边与一长方形水道相通，水道上还盖有石板，因此辟雍内又另设一道围墙。平城明堂的环形水道构造简洁，只有一环形沟，宽达8～23米。较窄的部位，是因为四周的四座凸字形夯土台突出于水道中，占据了部分水道所至，而且水道是露天的。平城的南郊有高耸的永宁寺七级浮图，又有宏伟的圆丘，明堂东为籍田与药圃。这里"弱柳荫街，丝杨被浦。……长塘曲池，所在布濩"[4]，小桥、流水、农田，辟雍像一枚晶莹的玉环，镶嵌在绿树丛中。幽美的景致中，明堂更显得神秘。

（七）明堂建设所揭示的其他信息

明堂建成于北魏太和十五年（491）十月，仅仅一年零十个月之后，孝文帝就陈兵百万南伐萧齐[5]，实际上已迈出了都城南迁的步伐。从此后孝文帝的一系列举动判断，从平城出发时他已打定了迁都的主意，只不过没有宣布，南伐不过是一种计谋而已。然而，以明堂这样耗资巨大的土木工程的建设来看，至迟在太和十五年时，孝文帝还并不想迁都。这一年，他不仅建了明堂，又在方山冯太后永固陵北端不远处为自己建了寿陵万年堂。早在平城建都初期，太史令王亮、苏坦就曾于神瑞二年（415）因缺粮而向明元帝拓跋嗣提出南迁都城的建议，事实上迁都问题此后一直困扰着北魏历代帝王。自孝文帝上任以来，经太武帝重创的柔然，势力已渐渐恢复，太和三年（479），"柔然十余

---

[1]（汉）郑玄注，（唐）孔颖达疏：《礼记正义》卷三一，《十三经注疏》，北京：中华书局，1980年。
[2]（宋）李昉、李穆、徐铉等：《太平御览》，北京：中华书局，1960年。
[3]《隋书》卷六八。
[4]（北魏）郦道元注，（民国）杨守敬、熊会贞疏，段熙仲点校，陈桥驿复校：《水经注疏》卷一六，南京：江苏古籍出版社，1989年。
[5]《魏书》卷七下。

万骑寇魏,至塞上而还"[1]。太和九年(485)"残暴好杀"的豆仑即位,号伏古敦可汗,魏与柔然的关系更趋紧张。太和十六年(492)八月"魏以怀朔镇将阳平王颐、镇北大将军陆睿皆为都督,督十二将,步骑十万,分为三道以击柔然……军过大碛,大破柔然而还"[2]。这一战役的胜利,使孝文帝最终下定了南迁的决心。"白日光天无不曜,江左一隅独未照"[3],孝文帝怀着对中原汉文化的无限崇敬和一统华夏的雄心壮志,终于跨过了黄河,进入了中原腹地。

明堂建设所揭示的另一信息,就是让我们直观地看到了孝文帝对汉文化的高度认同。明堂作为都城重要的礼制建筑,历代都备受重视。汉代以来,在地望、建筑形制、建筑规模等诸方面都已形成了一套严格的制度,在都城的建设中具有十分重要的意义,并成为都城制度中的重要一环,同时也成为中国古代文化的核心——礼制文化的重要内容。明堂的修建反映了孝文帝对汉文化在深层次上的认同,也反映了这支来自北方草原的游牧民族,在建都平城近百年,经过与汉民族文化的不断交流,自身文化所达到的新的高度。由此去看待孝文帝不久之后的迁都洛阳,也就是顺理成章的了。

(八)明堂建设的历史背景

北魏王朝自公元398年道武帝拓跋珪定都平城(今大同市)以来,历经北魏初期几位皇帝的南征北战,终于到公元439年时由太武帝拓跋焘统一了北方,拥有了半壁江山,形成了南北朝对峙的局面。可以说,太武帝拓跋焘以前,是北魏王朝武力征服北方各民族、开辟疆域的时期;文成帝与献文帝时期战争相对较少,其时黄河流域已经纳入北魏版图,南北双方力量相差并不是很悬殊,双方军事上进入相持阶段,北魏政权开始致力于政治与经济制度的整治,这可以说是北魏政权的巩固期,这一阶段各种制度的制订、经济的恢复与发展、社会环境的改善、文化事业的倡导,都为以后孝文帝太和年间的经济、文化繁荣创造了条件。

为了叙述方便,我们把太和年间文明太后冯氏与孝文帝元宏在政治、经济、文化等诸方面的新的举措依先后顺序制成表格(附后),称之为"太和新政"[4],由此可以清晰

---

[1]《资治通鉴》卷一三五。
[2]《资治通鉴》卷一三七。《魏书·蠕蠕传》卷一〇五作"七万"。
[3]《魏书》卷五六。
[4] 这里所言"太和新政",系指孝文帝太和年间的一系列新的举措,对此简单地冠之以"改革"或"革新"都是不够确切的,因为其中有的是创新,有的是把旧有的汉族文化的内容移植过来,有的虽则对当时的统治有利,但长远看来却是落后甚至腐朽的一套。另外,对于太和十四年(490)冯太后死前的新政是冯氏所创,还是孝文所为,也是颇具争议的问题。愚意,虽然文献有关于太和五年(481)、太和八年(484)孝文帝已参政的明确记载,但对于新政中的诸多重大问题,孝文帝至多只能是参与而已。

地看出北魏平城明堂建设的社会背景和它在太和新政中的地位。

明堂的设置并不是一项简单、孤立的都城建设工程，而是冯太后与孝文帝整个"太和新政"中的一部分。"太和新政"始于太和八年（484），在到太和十年（486）的短短三年中，颁俸禄、均田制、三长制、租调制等一系列新政出台，内容涉及封建社会的土地制度、分配制度、基层政权建设及吏治问题等，对改善北魏政权的政治、经济环境起到了巨大的作用。严格说来，以上举措都意在完善北魏王朝的政权建设，增加政府财政收入，是直接的、功利的。太和十年孝文帝下诏建明堂，开始了太和新政中的重要一环——礼制革新。此后的新政，则更多偏重对汉民族文化的追随。改服饰、断胡语、定籍贯、改姓氏的一系列措施，使鲜卑文化与汉文化逐步融合，并使之更加丰富多彩，而这些举措始终贯穿着礼制改革的意念，这些改革更多的是从思想意识上对鲜卑人施加影响，所以说它是间接的、非功利的。就在为明堂建设紧张备料的斧凿声中，太和十二年（488），圆丘在后来建成的明堂附近拔地而起。太和十八年（494）罢西郊祭天；迁洛以后，又在河阴建方泽。用汉民族圆丘祭天、方泽祭地，并以祖宗配天的方式取代了鲜卑人那种在汉人看来十分怪异的西郊祭天的礼俗。这种宗教仪式的趋同，对缩小民族情感的距离、增强民族亲和力具有不可估量的作用。北魏平城明堂就是在这样的社会背景下动工兴建的。明堂建成于太和十五年（491）十月，它完全按照传统规范建造，一方面完善了都城平城的礼制性设施，同时又是孝文帝汉化政策的一种象征，所以备受重视。

（九）"天圆地方"——宇宙观及礼制思想以及"上圆下方"式建筑的缘起

魏晋以前，我国天文学界对于宇宙的认识大致可以分为三个派别，即盖天、宣夜、浑天三家。魏晋南北朝时期是我国历史上关于宇宙理论的探讨最为活跃的时期[1]，各学派争论十分激烈，围绕着盖天、浑天、宣夜的学说，又有昕天、安天、穹天三家，所以又有"论天六家"的说法[2]。但究其后三家之说，实乃盖天、宣夜、浑天三说的发展，在其关于天体构成的观点上并无突破，只是就天体的运行有一些新的解释而已。所以成书于南齐永明六年（当北魏太和十二年，即488）的《宋书·天文志》记载：古人言天者有三家，一曰宣夜，二曰盖天，三曰浑天，而天之正体，经无前说，马《书》、班《志》又阙其文，"汉灵帝议郎蔡邕于朔方上书曰'论天体者三家，宣夜之学，绝无师法。《周髀》术数具存，考验天状，多所违失。惟浑天仅得其情，今史官所用候台铜仪，则其法也'"[3]。依人类认识事物的一般规律，则盖天说在三说中应该最早；而至迟到东

---

[1] 杜石然、范楚玉等：《中国科学技术史稿》，北京：科学出版社，1985年。
[2] 王仲荦：《魏晋南北朝史》，上海：上海人民出版社，1980年。
[3] 《宋书》卷二三。

汉晚期，此说已被更为科学的浑天说取而代之。

"天圆地方"的说法即出于盖天说，它应是商周时期人们的宇宙观。这种观点经周人的不断演绎，其与宗法观念的渗透而被统治者所利用，变成一种"法天地"的礼制思想，对后世的影响是巨大的。即使是在东汉以后"盖天说"逐渐被"浑天说"取代的情况下，"天圆地方"的观念却仍以礼制思想的形式而保留了下来，并为后人所广泛接受，这正是"天圆地方"之所以能够天长地久的真正原因。

探讨以上问题对研究明堂及有关的中国古代建筑的渊源是十分必要的。历代明堂皆采用上圆下方的形式，以效法天地，北魏自然也不例外，封轨明堂辟雍议称：明堂四户者，达四时；八窗者，通八风，"若其上圆下方以则天地，通水环宫以节观者"[1]。明堂特殊的功能，是先秦礼制思想真实而形象的再现，其"法天地"的有关文献见于先秦特别是汉儒的记载很多，但由此并不能说明上圆下方的建筑形式全部源于天圆地方的宇宙观。笼统地把传统建筑中上圆下方或圆顶式建筑，如明堂、圆丘、佛寺、凉亭等，都统统溯源于明堂，显然这是缺乏依据的[2]。

笔者认为，中国古代建筑中，上圆下方形式的建筑或圆顶建筑（墓葬封土及伊斯兰建筑除外），其渊源有三：第一类是受"法天地"思想影响而出现的礼制性建筑，最早只有明堂，后来又有圆丘，明清又有北京城的天坛。它们的功能首先是用于人与上天的沟通，是历代都城中专为皇帝修建的，是唐宋以前都城中最重要的礼制性建筑之一，是中国早期都城中不可或缺的；第二类源于北方游牧民族生活起居的圆形毡帐，这类实用建筑因为是用轻型软质材料制成的，所以实物难以保存。2000年夏天，在大同城东雁北师院扩建工程工地发掘的北魏墓中出土了1件毡帐的模型器[3]，顶部呈半球形，底部平面亦为圆形，大约是国内最早的一件圆形毡帐模型器，但其砖石建筑主要见于北方的北朝晚期以后至辽代的墓葬，顶部是呈半圆的穹窿顶，墓室平面或方或圆；第三类是受印度文化的影响，随着佛教东渐而传入我国的。传统的印度古代建筑常常为半圆形顶，如修建于公元前3世纪至公元1世纪初的著名的桑西大窣堵坡[4]、阿富汗古尔达拉的犍陀罗印度塔，上圆下方，曾被中国赴印度留学的高僧记载下来[5]。印度塔也就是窣堵坡，这种建筑形式随着佛教文化一起传入我国后，对中国建筑艺术产生了广泛的影响。这首先体现在佛教建筑方面，尤其是佛塔，使中国成为保存古代佛塔最为丰富的国

---

[1]《魏书》卷三二。
[2] 全锦云：《试论"天圆地方"式建筑的缘起》，《北京文博》1999年第2期。
[3] 张志忠等：《大同北魏墓群新发现》，《中国文物报》2001年1月7日第5版。
[4]（英）帕瑞克·纽金斯著，顾孟潮、张百平译：《世界建筑艺术史》，合肥：安徽科学技术出版社，1990年。
[5] 叶公贤、王迪民：《印度美术史》，昆明：云南人民出版社，1991年。

家。山西南北各地现存有众多此类古塔，如五台山塔院寺大白塔、镇海寺章嘉国师灵塔、太原晋源镇惠明寺舍利塔、五台山宝华寺飞来塔等[1]，北京永安寺善因殿、真觉寺金刚宝座塔中的罩亭、大钟寺钟楼[2]及河北承德普乐寺旭光阁[3]等亦属此类。随着佛教文化的广泛传播，这类佛教建筑的影响也渗透到世俗建筑之中。唐宋以后，尤其是明清以来，在园林建筑中常常见到各式各样的圆顶亭类建筑，如北京故宫御花园千秋亭和万春亭，北海龙泽亭[4]、圆亭[5]，苏州留园舒啸亭[6]等，把这类建筑想当然地认为是效法"天圆地方"所致，进而与明堂、圆丘扯在一起，这是缺乏依据的[7]。唐宋时期亭类建筑多见于佛寺，这一点也有力地说明了它的渊源。

（十）明堂建筑的抗震结构及云冈石窟第20窟前壁的坍塌时间

目前，大同明堂遗址中的五座夯土台基只发掘了两座，即西侧与南侧的两座。这两个夯土台基的平面形状是一致的，都呈"凸"字形，较窄的一端朝外，伸入辟雍的水道内，其临水的部分发现有断断续续、或高或低的石墙，包砌在夯土台基的外围。从现存遗迹及钻探资料推断，辟雍两岸（内侧包括"凸"字形夯土台基的临水部分）原来都应是有砌石的，砌石的高度应该与夯土台基的平面平齐或稍高于台基，这样既避免了水流对夯土台基的浸蚀，增加了建筑的稳固性，又使建筑群整体外观更加肃穆、庄严，使这一皇家建筑群愈显神圣。但从发掘揭露的部分看，大部分砌石已被拆除，或仅剩最下面的一层。西侧夯土台基的北端偏东的拐角处剩有三层，保留最高的是南侧夯土台基的偏西处，最高达五层，高度大约是1.2米。我们在此发现了一些砌石的错缝颇有特点（彩图23、24）。

错缝的作用是抗震，而最常见的错缝是竖向错缝，用来减少地震波中横波的破坏作用，即减少横向作用的剪切力。上面所谈的明堂地基砌石的特点是：石材精加工，多处采用竖向错缝结合水平错缝的构造作法，这样可以同时有效地克服横波与纵波的破坏，加强砌筑物的整体性。竖向错缝是堆砌作法中必然使用的构造方法，这是因为在砌筑过程中总是自下而上砌筑，层与层之间平砌是最有效的办法，它可使型材最快地砌筑起

---

[1] 李安保、崔正森：《山西古塔》，太原：山西人民出版社，1999年；山西省地名委员会等：《山西古建筑通览》，太原：山西人民出版社，1986年。
[2] 全锦云：《试论"天圆地方"式建筑的缘起》，《北京文博》1999年第2期。
[3] 刘敦桢：《中国古代建筑史》，北京：中国建筑工业出版社，1980年。
[4] 马炳坚：《中国古建筑木作营造技术》，北京：科学出版社，1991年。
[5] 梁思成：《清式营造则例》，北京：中国建筑工业出版社，1981年。
[6] 冯钟平：《中国园林建筑》，北京：清华大学出版社，1988年。
[7] 马炳坚：《中国古建筑木作营造技术》，北京：科学出版社，1991年。

来。竖向缝的自由度很大，错缝易于实现，因此从古至今的砌石作法中，一般都是水平错缝与竖向错缝结合使用。由于水平错缝操作难度大、效率低，对于施工会造成许多不便，对于石材的要求也高，尤其不利于大批量加工，因此运用极少。平城明堂是一种级别很高的礼制性建筑，为皇室工程，因此使用这种高成本的构造作法是可以理解的。

地震波是以纵波与横波的综合形式传播的。在地震波的传播过程中，能量的形式转化为建筑内部的应力，其中的剪切应力对建筑结构的破坏尤为严重，而堆砌结构中抵抗剪切应力的主要形式是水平压力形成的摩擦力及水泥砂浆结晶后所产生的黏合力，这一点也是水平缝与竖向缝形成的本质原因——砌块之间存在填充物，而且填充物可以起到非常重要的作用，所以砂浆的存在与砌块的构造形式决定了缝的存在。明堂遗址中，砌块之间并未采用砂浆或胶泥之类的填充物，因而在力学性能方面的安全性主要依靠增大摩擦力来实现。摩擦力主要由正压力（砌石的重力）与摩擦系数来决定，并且在数量关系上成正比：压力既定，砌石的吻合程度越高，摩擦系数越大，建筑越稳定。明堂料石全部采用砂岩，在构造上使用竖向错缝与水平错缝相结合的手法，具有较强的抗震性能。

值得注意的是：云冈石窟第20窟露天大佛膝前下方的石砌墙和石踏步与上述明堂砌石的用料、作法及加工手段如出一辙（彩图25、26）。云冈石窟中部窟群的考古发掘是1938年至1940年进行的，由日本学者水野清一等人主持，其中第20窟只清理了主佛周围地面及窟前文化层的上部便草草收场，且发掘报告的叙述也不够详尽[1]。1992年我们对云冈石窟中部窟群的发掘则对窟前遗址进行了全面揭露，而且多数地面一直挖到了基岩，于是在第20窟露天大佛前挖出一堵石砌墙。石砌墙位于主佛正前方，与主佛东西向平行，长12.8米，基本上与主佛盘着的两腿（两膝之间）等宽，顶部略有残缺，高约1.4米。石墙的中间是向南外凸的石踏步，共九级，分左、中、右三陛，其间以平整的石板间隔。石墙在主佛东端膝前北折东拐，墙体依次降低，在第19窟北折向窟门延伸，被窟门西侧的辽代方形柱础石打破。以上砌石的材料为云冈就地取材的砂岩，料石外露的一面处理得十分规整，其他各面都有整齐的斜线凿痕。与明堂石料相比，其材质、加工手段及料石规格都相同，尤其是这里也多处使用了竖向错缝结合水平错缝的特殊技法，唯有明堂所用石材朝向夯土的一端不作加工，且外表面的光洁度略有区别而已。叠压于石墙及石踏步之上的文化层厚薄不等，最厚处在2米以上，该文化层不含晚于北魏的遗物，且直接叠压于基岩之上。我们认为这应是北魏文化层，则石墙及石踏步

---

[1] （日）水野清一、长广敏雄著，王银田译：《云冈发掘记一》、曹臣民译：《云冈发掘记二》，载山西省考古学会等：《山西省考古学会论文集》（二），太原：山西人民出版社，1994年。

也应是北魏遗存。明堂建于太和十五年（491），则第 20 窟前的这堵石墙和石踏步也应去此年代不会太远，这就为探讨云冈石窟第 20 窟前壁的坍塌时间提供了重要线索。

第 20 窟属于昙曜五窟的云冈一期工程，完成于孝文帝太和以前。前述第 20 窟前石墙，其东西两端距离主佛膝部的水平直线距离分别是 2.8 米和 3.6 米（这种差异可能是佛像表面风化后造成程度不同的剥离而形成的），东端向北内收 1.5 米后向第 19 窟延伸，这一段砌石的立面与第 19 窟立壁南沿平齐。由于第 20 窟顶部前端已坍塌，所以现存顶部与窟前石墙并不在同一垂直线上。昙曜五窟作为同一期的作品，它们有着许多共同之处，笔者这里要强调的是其中之一——窟室面积窄小，除正中一尊硕大无比的主佛外，可供人们活动的空间已所剩无几。我们依长广敏雄先生《云冈石窟初、中期的特例大窟》[1]一文中所附昙曜五窟平面图，测得第 16 窟、第 17 窟、第 18 窟、第 19 窟四座窟的主佛到南壁外墙的距离分别是：6.9 米、3.8 米、3.8 米、5 米。这里不厌其烦地叙述如上问题，意在说明这样一个结论：现存第 20 窟前的石墙应该就是第 20 窟南壁的位置所在，我们推断石墙的年代应该在孝文帝太和时期，也就是说第 20 窟南壁坍塌时间即在此前不久。当然，第 20 窟的塌落不是一夜之间完成的，从窟前地层揭露情况判断，坍塌是在该窟刚刚完工或是主佛像工程进展大半的情况下开始的，由于坍塌十分严重，以至于主尊部分暴露于外，于是乎干脆将南壁下端凿砍之后砌起一段石墙，中间设踏步以便供奉与洒扫。在北魏文化层之上有辽代文化层，该层堆积的上上下下都是巨大的石块，其中包含大量佛像衣纹，这足以说明坍塌的时间大约持续了数百年之久。这里需要强调的是，造成今天第 20 窟大佛露天的起因是自然塌落，但北魏一定人为地对南壁进行了砍凿，以至于后来引起更加严重、更大范围的坍塌。但令笔者百思不得其解的是这种坍塌是因何原因引起的。有人认为是岩层中一层质地松软的紫红色砂岩引起的[2]，也有人认为第 20 窟在开凿之初就是露天的[3]。后一种观点如果成立，那么窟前大量塌落的石块就难以说清其来源。这些石块中有很多刻有衣纹及千佛，从衣纹的比例看，原来的佛像是很大的。这些石块绝不会是顶部的塌落物，更何况昙曜五窟作为同一期的作品，其窟型也应该大体上是一致的。前一种观点也有问题，前述质地松软的紫红色砂岩是很厚的一层岩石层，分布在整个云冈石窟的砂岩中，尽管岩层西部较厚而愈往东则趋薄，但为何相邻的第 19 窟、第 18 窟等窟却安然无恙呢？更何况岩石层的风化是一个十分缓慢的过程，特别是在古代，尤其是北魏，平城山清水秀，在生态环境极好的情况

---

[1]（日）长广敏雄：《云冈石窟初、中期的特例大窟》，《中国石窟·云冈石窟》（二），北京：文物出版社、东京：平凡社，1994 年。
[2] 杭侃：《云冈第 20 窟西壁坍塌的时间与昙曜五窟最初的布局设计》，《文物》1994 年第 10 期。
[3] 殷宪：《云冈石窟造像题记及其意义》，《北朝研究·云冈研究专号》1994 年 2～3 期合刊。

下，致使石窟塌落到如此程度是难以想象的。我们不能拿现在岩石的风化程度、风化速度去推测北魏时候的情况。我想，唯一能说得通的原因是：当初第20窟南壁的窟门和明窗开得太大，南壁厚度预留得不够，巨大的压力致使松软的紫红色砂岩层首先崩塌，从而引起严重的坍塌。为了保持石窟外观的完整，索性将南壁除去并在此砌石，但石窟两侧及顶部由于失去支撑，天长日久，塌落一直持续不断。

由此引出另一个颇有意思的问题，即云冈石窟第20窟很可能是昙曜五窟中年代最早的，换一种说法就是：第20窟是在经验缺乏的前提下在武州山下开凿的云冈石窟第一窟。

（十一）平城明堂与洛阳永宁寺

到目前为止，各地发现的北魏遗址并不多，经考古发掘并已发表报告的更少，其中北魏洛阳永宁寺是搞得比较清楚的一处，它是全国首座布局清晰、结构完整的北魏建筑群。我们发现它与北魏平城明堂颇有相似之处，尽管彼此属于不同性质的建筑。

首先是布局相似。平城明堂与洛阳永宁寺都有一些尚未搞清楚的问题。比如按照《洛阳伽蓝记》的记载，永宁寺有僧房楼观千余间[1]，却至今尚未发现，但就目前所见，二者布局极为相似。平城明堂有中心建筑，坐落于一方形夯土台基之上，高于四周其他建筑；永宁寺的布局是以九级佛塔为中心的。平城明堂中心建筑外围是环形水道——辟雍，分别在水道内侧于东、西、南、北四方开门。辟雍的功能，依太和中任著作佐郎、尚书仪曹郎中的饱学之士封轨的说法，形同围墙，封轨明堂辟雍议称："明堂者……上圆下方以则天地，通水环宫以节观者。"[2]永宁寺九级浮图外围是长方形围墙，四周各开一门。二者只是围墙的形式有所不同，一处是环形水道且外围设墙，一处是版筑土墙[3]。另一相似之处是门址的平面形状，都呈"凸"字形。平城明堂西门与南门已经发掘，东门与北门经洛阳铲钻探，证实四门的平面形状都是"凸"字形。洛阳永宁寺东门与北门已损毁，南门平面为长方形，只见西门夯土台基平面为"凸"字形，依南北中轴线、东西对称的布局规律，推测其东门应该与西门相同，北门也很可能是"凸"字形；南门不仅平面形状不同，由于是正门，规模也比其他门稍大。另外，明堂西门与南门夯土台基外围的砌石与洛阳永宁寺塔基砌石的加工方法相同，砌法也十分相近，即两遗址的料石外露的一面加工都较精细，朝里的一面则不作加工，其与夯土台之间的空隙填以杂土。

---

[1]（魏）杨衒之撰，周祖谟校释：《洛阳伽蓝记校释》卷一，北京：中华书局，1963年。
[2]《魏书》卷三二。
[3] 依《隋书·宇文恺传》记载："后魏于北台城南造圆墙，在壁水外，门在水内迥立，不与墙相连。"故平城明堂外围是有围墙的，但至今尚未发现。《隋书》卷六八。

这些相似之处绝不是偶然的。依《魏书·释老志》记载，早在都平城时，就曾于天安二年（467）孝文帝元宏诞生时"起永宁寺，构七级佛图，高三百余尺，基架博敞，为天下第一"[1]，即永宁寺也是以高大的七级佛图为中心的建筑群。此后孝文帝的主要佛事活动都在此举行，他与该寺的关系非同寻常。迁洛以后，孝文帝计划在新都洛阳城内只建一寺，并将其命名为永宁寺[2]，可见洛阳永宁寺与平城永宁寺的渊源。由于北魏平城永宁寺至今尚未发现，文献又缺乏关于它的详尽记载，所以难以确认其布局上的承继关系。但正如《北魏洛阳永宁寺》一书作者所说的那样："洛阳永宁寺的总体布局，当同平城永宁寺有着颇为密切的内在联系。"[3]洛阳永宁寺与平城明堂在总体布局、门址平面形状上的雷同，极有可能揭示着洛阳永宁寺与平城永宁寺的相同之处，这就为探讨北魏平城永宁寺的形制、布局提供了极为珍贵的线索。平城明堂遗址的发现，使我们确信，北魏平城建筑对北魏洛阳城的建筑具有直接的影响。

由于平城明堂遗址破坏严重，建筑形制已难复原，就目前发掘所见，我们只能作出如下判断：

1. 西门夯土台基长 27～29 米，宽 16.2 米，南门夯土台东端尚未挖完，南北宽 19.6 米[4]，长也应在 27～29 米，最长不会突破 30 米，可以说南门与西门夯土台规模基本相等，则原来的地上建筑也大小相近。其夯土台基不仅平面形状与洛阳永宁寺西门遗址一样，为"凸"字形，而且面积也十分接近，后者为长 24～30 米，宽 18.2 米[5]。这就为进一步深入研究平城明堂等北魏建筑提供了十分重要的参数。

2. 西门与南门遗址所见砌石遗留甚少，直接叠压于其上的文化层中不见晚于北魏的遗物，我们推测迁都洛阳后不久，辟雍的砌石即被人拆除移作他用。两门遗址均见有红烧土层，且都是靠近夯土台一侧较厚，愈向外则烧土层变薄。此烧土层中还夹杂有木炭，显然烧土层不是由它处移来的，而是建筑物在焚毁的过程中倒塌形成的。我们也曾考虑过明堂建筑是否毁于地震，但答案是否定的。因为按《魏书·袁翻传》的记载，迁洛以后在宣武帝元恪正始（504～508）初年时，平城明堂已是"事移礼变，所存者无

---

[1]《魏书》卷一一四。
[2] 李力：《北魏洛阳永宁寺塔塑像的艺术与时代特征》，载巫鸿：《汉唐之间的宗教艺术与考古》，北京：文物出版社，2000年。
[3] 中国社会科学院考古研究所：《北魏洛阳永宁寺 1979—1994 年考古发掘报告》，北京：中国大百科全书出版社，1996年。
[4] 刘俊喜、张志忠：《北魏明堂辟雍遗址南门发掘简报》，载山西省考古研究所等：《山西省考古学会论文集》（三），太原：山西古籍出版社，2000年。
[5] 中国社会科学院考古研究所：《北魏洛阳永宁寺 1979—1994 年考古发掘报告》，北京：中国大百科全书出版社，1996年。

几"[1]，而在太和十五年（491）到正始五年（508）的十七年中，平城周边只有过一次地震记录，即（正始）二年（505）九月己丑恒州地震[2]，一则震中未必就在平城，二则从《魏书》简略的记载看，这次地震也不是特别严重，不足以对明堂这样当时堪称一流的建筑构成太大威胁。正如前文所言，明堂具有优良的抗震性能。已经发现的两门遗址皆毁于火，考虑到帝都已远迁洛阳，以及因孝文新政而引起的诸多激烈的社会矛盾，则明堂毁于人为纵火的可能性是很大的。

3. 西门与南门夯土台基表面已严重破坏，现存遗址面已非北魏时原貌。西门夯土台面上有两个柱穴K9、K10，位于北端稍南、东西两边夯土台基边缘，显然是遗址原有的柱穴。二柱穴的中心距离是14.5米，若以进深两间计，则每间宽7.25米（柱础中心距离）。洛阳永宁寺西门遗址南端发现两个"础痕"，以"础痕"中心点计算，间距6.8米，是比较接近的。平城明堂两门的进深应与洛阳永宁寺相同，都是两间。平城明堂西门西端（即伸入辟雍内的"凸"字形夯土台的较窄部分）长27米，除去两端的砌石与夯土台的空隙，填土部分长25米，K9北距夯土台边沿8米，则西门北侧的稍间间宽约7米。以此间宽推算，西门面阔只能是三间，明间则明显大于稍间。由于南门夯土台与西门相同，则其地上建筑的进深与面阔与西门理应是一致的，并且与洛阳永宁寺西门相同。

表17-1 太和新政

时　间	内　容	影　响
太和八年（484）	颁行俸禄："户增调三匹，谷二斛九斗，以为官司之禄。""议定州郡县官依户给俸。"（《魏书·高祖纪》）	"赃满一匹者死"，有力地遏制了官僚阶层无限制的侵夺。
太和九年（485）	均田制（《魏书·食货志》）	限制了豪强地主对土地的兼并，增加了编户，提高了自耕农的生产积极性，有利于社会的稳定与农业经济的发展；增加了政府收入，促进了拓跋贵族的封建化进程。
太和十年（486）	三长制："五家立一邻长，五邻立一里长，五里立一党长，长取乡人强谨者。"	废止了宗主督护制，完善了基层政权建设，增加了编户，为均田制与新租调制的推行创造了条件。
	租调制："其民调，一夫一妇帛一匹，粟一石。……民年十五以上未娶者，四人出一夫一妇之调。"	改变了赋税征收的混乱现象，减轻了自耕农户调。
太和十二年（488）	筑圆丘于平城南郊	

---

[1]《魏书·袁翻传》卷六九。
[2]《魏书·灵征志上》卷一一二上。

续表

时　间	内　容	影　响
太和十三年（489）	立孔子庙于京师（平城）（《魏书·高祖纪》）	把孔子与北魏皇帝列祖并列祭祀，体现了孝文帝对儒学的高度重视与极力推崇。
	改禘祫之礼，将禘祫合而为一，简化为五年一祭，规定为祭圆丘与宗庙之礼。	宗教内容的趋同，对维系民族情感、增强民族亲和力具有不可估量的作用。
太和十五年（491）	建明堂	
太和十六年（492）	太和新律	缓和了社会矛盾，为孝文帝的新制创造了一个较为宽松的社会环境。
	称孔子为文圣尼父	
太和十八年（494）	"罢西郊祭天。"	
	迁都洛阳，"亲告太庙，奉迁神主"。（《魏书·高祖纪》）	
太和十八年（494）太和十九年（495）	改服饰，"革衣服之制"。（《魏书·高祖纪》）"魏主引见群臣于光极堂。颁赐冠服"（汉服，百官朝服）。（《资治通鉴》卷一四〇）	到太和二十一年时"朝臣皆变衣冠，朱衣满坐"（《资治通鉴》卷一四一），创造了一种革除旧俗、尊崇汉文化的氛围。
太和十九年（495）	断胡语，"诏不得以北俗之语言于朝廷，若有违者，免所居官"。（《魏书·高祖纪》）	取消鲜卑语的官方地位。
	定籍贯，"诏迁洛之民，死葬河南，不得还北。于是代人南迁者，悉为河南洛阳人"。（《魏书·高祖纪》）	使鲜卑人与代北旧俗彻底分离，成为真正的中原人。
太和二十年（496）	改姓氏，皇室改称元氏，"诸功臣旧族自代来者，姓或重复，皆改之"。（《资治通鉴》卷一四〇）	姓氏源于祖宗，改从以单字为主的汉姓，使鲜卑人与汉人的区别几乎于无。

二、操场城建筑遗址

2003 年初春，大同市区发现了一处北魏建筑遗址，其位置在明清大同府城北部的操场城内，遗址西邻大同府城南北中轴线的北段操场城街。由山西省考古研究所、大同市考古研究所、大同市博物馆以及山西大学考古系组成的考古队随即对遗址进行了考古发掘，发掘总面积约 2500 平方米，发掘工作于同年 8 月中旬结束，发掘报告已发表[1]。本文将从该建筑遗址在平城中的位置、遗址所反映的建筑形制以及遗址出土

---

[1] 山西省考古研究所、大同市考古研究所、大同市博物馆、山西大学考古系：《大同操场城北魏建筑遗址发掘报告》，《考古学报》2005 年第 4 期。

的遗物三个方面对这一建筑遗址的性质进行初步分析，以便获得关于这一发现更加清晰的认识。

（一）

现存大同古城建于明洪武五年（1372），据明正德《大同府志》记载："洪武五年（1372），大将军徐达因旧土城南之半增筑。"[1]据1951年实测图测算，该城平面略呈长方形，东西宽1.76公里，南北长1.85公里，周长计7.27公里，面积约3.256平方公里[2]。"景泰年间（1450~1457），巡抚都御史年富于府城北别筑北小城，周围六里，……内有草场"，称草场城[3]，即府城北部保存至今的操场城（图17-1）。蒙元时期大同已远离边患，故无城池的营建，则大将军徐达所因"旧土城"应该是辽金时期的西京大同府城。《辽史·地理志·西京道》记，"辽既建都，用为重地，非亲王不得主之。清宁八年建华严寺，奉安诸帝石像、铜像"[4]，契丹人在此设立家庙，城池由亲王驻守，由此可见，辽代西京大同府的军事防务与政治地位极其重要，虽然不见辽代筑城的记录，但修筑城池当属必然。金代大同不见筑城记录。依《宋史·朱弁传》与现存大同善华寺的金大定十六年（1176）《大金西京大普恩寺重修大殿记》载，徽、钦二帝被掳后，朱弁于南宋建炎元年（1127）以通问副使身份前往大金国谈判，结果竟羁留西京大同十七年，其间居大普恩寺（现名善化寺）达十四年。在金人的威逼利诱面前，朱弁"忍饥待尽，誓不为屈"，并曾说："吾已得近郊某寺地，一旦毕命报国，诸公幸瘗我其处，题其上曰'有宋通问副使朱公之墓'，于我幸矣。"[5] 20世纪80年代初，在拆除善化寺附近的南城门洞和城墙时，在城墙下发现金代的石刻灵塔；2001年在维修今善化寺山门天王殿时，发现在附近的围墙下有早年砌在地基中的金代石雕灵塔；近年在善化寺西院再次发现金代灵塔，说明金代的大普恩寺确有僧人瘗地，那么《宋史·朱弁传》所言"近郊某寺"即其长期居住的大普恩寺，即现存的辽金古刹善化寺。该寺位于明清大同府城南墙内侧，考之上文，则金代时该寺院位于城外"近郊"，显然，辽金时期的西京大同府城比明清城偏北。那么明正德《大同府志》所载明初"旧土城南之半"就可理解为明代筑城时利用了旧城南部（实为中南部），舍弃了旧城北部，而辽代大同城达二十里之广，明显大于明代大同府城，因为操场城北魏一号建筑遗址南部发现了辽金时

---

[1]（明）正德《大同府志》，大同市地方志办公室整理，1987年（内部发行）。
[2] 张畅耕、宁立新等：《魏都平城考》，《黄河文化论坛》第9辑，北京：中国戏剧出版社，2002年。
[3]（明）正德《大同府志》卷二，大同市地方志办公室整理，1987年（内部发行）。
[4]《辽史》卷四一。
[5]《宋史》卷三七三。

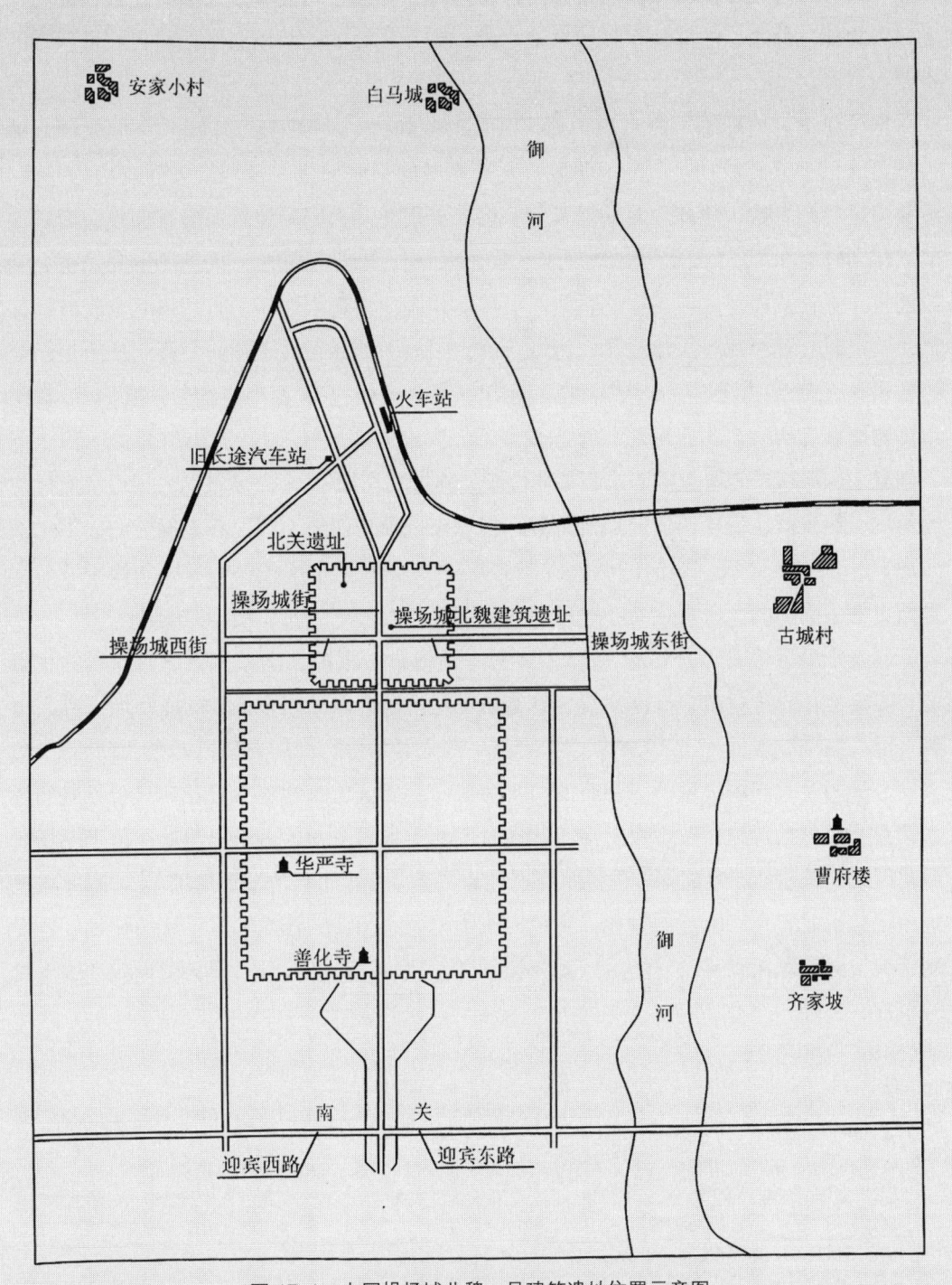

图 17-1 大同操场城北魏一号建筑遗址位置示意图

期的尸骨坑，近年在操场城西墙偏南的部位发现了叠压于内侧城墙之下的辽墓，证明操场城中北部三分之二的部分在辽代城池之外，则辽代城池的西墙必然在明代府城西墙的更西面。

据《辽史·地理志·西京道》载，"西京大同府，……广袤二十里。……元魏宫垣占城之北面，双阙尚在"[1]，很明显，北魏平城的宫城部分在辽西京大同府城的北面。继北魏之后，东魏、北齐、北周以及隋、唐、五代初，大同的建置虽屡有变换，而城池的兴建则鲜有所闻。《旧唐书·地理志》载，"云州，隋马邑郡之云内县界恒安镇也。武德四年，平刘武周。六年，置北恒州。七年，州废。贞观十四年，自朔州北定襄城，移云州及定襄县置于此。永淳元年，为贼所破，因废，乃移百姓于朔州。开元二十年，复为云州。天宝元年，改为云中郡。乾元元年，复为云州"，领县一，即云中县[2]。大同市博物馆藏有历年来出土的唐代墓志十余通，其中天宝七载（748）《梁秀墓志》出土于大同城东御河东岸的曹夫楼，志载墓葬位于"新城之东原"[3]，"新城"一词可证唐代曾经筑城，位置就在现存明清府城的位置，但城市规模与四至不清。有人据《旧唐书·地理志》"云中县"条载"今治即后魏所都平城也"，据此认定唐代云中城即北魏平城[4]，显然也是不确切的，通观全文，这里是在叙述地名的沿革，而非城池的变迁[5]。

北魏平城的考古调查始于1938年5月，是由日本京都大学人文科学研究所的水野清一等先生首先进行的；1939年夏，日本东亚考古学会派出东京大学的原田淑人等人也调查过北魏平城遗址[6]。1938年，水野清一等人开始进行云冈石窟的调查、勘测工作，其间对云冈及大同周边进行了粗略的田野考察。从后来公布的资料看，其对于平城的考古调查主要包括四项：位于今御河（北魏时称如浑水）东岸的古城村遗址；位于操场城西北部的北关遗址；北关郊外的供水塔遗址和位于今安家小村的北墙遗址[7]。在北关遗址中记载了北门仓库附近的发掘，这里出土了"同心圆纹的瓦当和蕨手纹的瓦当，并发现了大量绳席纹灰陶片"，作者认为"是同汉代平城县有关的遗迹"，文中记载"这里具

---

[1]《辽史》卷四一。
[2]《旧唐书》卷三九。
[3] 殷宪：《大同地区出土唐代墓志中的大同城》，中国魏晋南北朝史学会等：《魏晋南北朝史论文集》，成都：巴蜀书社，2006年。
[4] 张畅耕、宁立新等：《魏都平城考》，《黄河文化论坛》第9辑，北京：中国戏剧出版社，2002年。
[5]《旧唐书·地理志》卷三九："云中，隋云内县之恒安镇。武德六年，置北恒州。贞观十四年，自朔州北定襄城移云州于此置，因为定襄县。今治，即后魏所都平城也。永淳元年，为贼所破，因废云州及县。开元二十年，与州复置。仍改定襄为云中县。"
[6]（日）水野清一、长广敏雄编著：《云冈石窟·附录1·大同附近调查记》，日本写真印刷株式会社，1952～1956年。
[7]（日）水野清一、长广敏雄编著：《云冈石窟·附录1·大同附近调查记》，日本写真印刷株式会社，1952～1956年。

有北魏式样的印纹灰陶片也不少，地层厚达 2 米多，是灰分很多的黑色土层"[1]，这里尽管没有说明汉代文化层与北魏文化层是否存在叠压关系，但至少能说明此处曾有汉代建筑，从厚达 2 米的北魏文化层堆积分析，这里应该是居住时间较长而形成的文化层。该遗址的位置在操场城十字形大街的西北部，但文中没有说明遗址距离周边城墙的确切距离，经对文中插图进行测算，其东南距操场城北魏一号建筑遗址约 390 米，正南距离后者向西的延长线 300 米。在北关遗址东北方向不远处就是供水塔遗址，其位置在现在的大同火车站东侧，在供水塔东侧朝着御河的方向发现了两行砂岩石质的柱础石，柱础石间距约 5 米，一列七枚，东西向排列，附近发现少量"波状平瓦当"，可能是指前沿做成波状边饰的板瓦[2]。经测量，该遗址位于操场城北魏一号建筑遗址北偏东 7 度，二者相距 1965 米。值得注意的是这里没有发现汉代地层。

我们曾长期关注汉代平城县治的位置问题，通过在大同市区以及市区外围长期的考古调查与发掘，证实较为集中的汉代文化层主要发现于今市区北部的操场城，尤其是在操场城的中、北部地带有地层较厚而遗物密集的汉代文化层。1987 年，大同市博物馆曾在操场城中央偏东北部位的东营盘发掘，揭露出大片的汉代文化层，该遗址的西面就是水野清一发掘的北关遗址；1997 年夏，在位于操场城内十字大街东侧的操场城东街挖掘一道沟槽，发现有大面积的汉代文化层；2002 年 4 月，此处再次开挖了一条东西向长达五百余米的沟槽，此沟槽由操场城十字形街道的中央直至操场城东墙，剖面上普遍发现有厚薄不等的汉代文化层，地层中发现有大量汉代绳纹与抹断绳纹筒瓦以及绳纹板瓦残片，还有汉墓常见的单面绳纹小型残砖、篮纹与绳纹残瓦，并发现用完整的绳纹筒瓦两两相扣形成的筒状遗迹，酷似下水管道装置。汉代地层上叠压有北魏文化层，北魏平城常见的磨光板瓦与磨光筒瓦十分密集，数量极多。在这条沟的北侧、大同四中门前，发现大面积的夯土台基，此地恰好位于操场城北魏一号建筑遗址南面，二者相距约 115 米。在同时开挖的操场城西街中段以东的壕沟中，也发现有汉代绳纹陶片与北魏磨光黑色残瓦，周围还发现有大量鹿角与云母。在东营盘发掘点与操场城东街南北相夹的中央部位，2003 年 5~8 月，我们又发掘了操场城北魏一号建筑遗址，在该遗址上有多处晚期的窖穴穿透北魏夯土层，暴露出下面的汉代地层，在遗址南端的地层解剖中同样发现了北魏文化层与汉代文化层的相互叠压关系[3]，可以明确地说，这一北魏夯土建筑

---

[1]（日）水野清一、长广敏雄编著：《云冈石窟·附录 1·大同附近调查记》，日本写真印刷株式会社，1952~1956 年。
[2]（日）水野清一、长广敏雄编著：《云冈石窟·附录 1·大同附近调查记》，日本写真印刷株式会社，1952~1956 年。
[3] 山西省考古研究所、大同市考古研究所、大同市博物馆、山西大学考古系：《大同操场城北魏建筑遗址发掘报告》，《考古学报》2005 年第 4 期。

台基是建在汉代文化层之上的。在紧邻这一遗址的西侧是另一北魏大型建筑基址的夯土台基，二者东西并列，基址规模与一号遗址相当，出土有大型石柱础。其中出土的多件半圆形人面纹瓦和大型磨光黑瓦的规格、特征都与一号遗址所见相同，说明二者的年代相近，可惜未能进行考古发掘而遭毁弃。在该遗址以西稍南处，即操场城十字路的西南角，当我们在发掘一号遗址的同时，另一建筑工地也见有少量北魏磨光黑瓦残片，但不见夯土层。近来，有人在操场城北魏一号建筑遗址西面的操场城街西侧不远处发现"皇魏万岁"文字瓦当，与操场城一号遗址所见同一型号的瓦当一致。此外，在明清大同府城北墙外的雁同东路也见有汉代陶片[1]，但北魏建筑遗物发现较少，未见北魏建筑夯土基址。而在明清府城以内则不见汉代文化层，偶见汉代陶片，皆零星散见于辽金地层中。在府城中心的四牌楼一带，1988年曾发现多座汉代砖室墓，墓葬北距前述明清府城北墙汉代地层所在地约945米，笔者曾主持此项发掘。在操场城北墙以北700米处、旧大同长途汽车站背后也曾发现汉代墓葬，可以证明此处东西一线已在汉平城的外围，水野清一发现的供水塔附近的北魏遗址以及多年来在大同火车站的考古调查都没有在这里发现汉代遗存，也有力地支持了这一结论。在长途汽车站以南400米的操场城的北墙外开始出现汉代与北魏陶片，按照中国北方汉代县城与县城外围的墓葬区的分布规律，二者一般相距二、三里或四、五里不等，墓葬位置则因城址外围地形而定，或东、或西、或南、或北，大同操场城外围的汉墓分布于南、北与西南方向，以上所述两处汉代墓地的位置也符合这一规律。近年来大同市博物馆的曹臣明先生根据多年来的田野考察，论证汉代平城县的位置就在现在的操场城，为寻找汉平城作了有益的尝试，其思路无疑是正确的[2]，但笔者认为汉平城的位置在今操场城中北部一带是可以得到考古证据支持的，尽管雁同东路发现有连续的汉代文化层，但原来认定为汉代遗存的操场城西墙南段的内侧（操场城西街以南部分），近年发现墙体下叠压有辽代墓葬，依目前考古资料看，操场城东、西街以南尚未发现北魏夯土台基遗迹，将汉代平城县治认定为操场城东西街一线以北的证据似乎更为充分一些。

我们想要说明的问题是操场城北魏一号建筑遗址在魏都平城中的位置。早在穆皇帝六年（晋永嘉七年，313），拓跋鲜卑就曾"城盛乐以为北都，修故平城以为南都"[3]，显然这里的"修"是指利用原有城池稍加修整之意，"故平城"应是指汉平城。《南齐

---

[1] 曹臣明等：《汉代平城县遗址初步调查》，载山西省考古研究所等：《山西省考古学会论文集》（三），太原：山西古籍出版社，2000年。

[2] 曹臣明等：《汉代平城县遗址初步调查》，载山西省考古研究所等：《山西省考古学会论文集》（三），太原：山西古籍出版社，2000年。

[3] 《魏书》卷一。

书·魏虏传》载："什翼珪（道武帝拓跋珪）始都平城，犹逐水草，无城郭，木末（明元帝拓跋嗣）始土著居处。佛狸（太武帝拓跋焘）破梁州、黄龙，徙其居民，大筑郭邑。截平城西为宫城，四角起楼，女墙，门不施屋，城又无堑。"[1] "截平城西为宫城"，这里的"平城"应该是穆皇帝曾经修整过的汉平城，那么就可以理解为北魏道武帝至太武帝时期的平城宫城位置在原汉代平城的西部，之所以利用平城西部，很可能是因为平城东部邻近如浑水的主流——如浑东水，此时已严重毁坏而难以再用。当然，随着太武之后诸帝对平城的不断营建，宫城当会突破这一范围，但大概位置应该在原来宫殿区稍向外围发展而已。现在已经可以确认的汉平城就在操场城中北部，操场城北魏一号建筑遗址也位于这里，考古发掘也证实了二者存在相互的叠压关系，那么我们说操场城北魏一号建筑遗址就位于宫殿区，是可以成立的。

事实上，北魏平城宫城的营建开始于道武帝拓跋珪初都平城时期，尽管拓跋珪在迁都平城的第二年就忙于"以所获高车众起鹿苑，……广轮数十里"[2]，尚带有明显的游牧文化色彩，但依《魏书·莫题传》记载："后太祖欲广宫室，规度平城四方数十里，将模邺、洛、长安之制，运材数百万根。以题机巧，征令监之。召入，与论兴造之宜。题久侍颇怠，赐死。"[3] 可见拓跋珪对于平城的建设从一开始就有一个整体的规划，其思路就是模仿邺城、洛阳城和长安城。魏晋北朝时期的长安城据说近年已做了部分发掘工作，但发掘资料迄今尚未发表，我们无从知晓；魏晋邺北城与魏晋洛阳城布局的明显特征可以概括为宫殿集中位于都城北部，南部设置里坊，全城设置几条东西向与南北向的轴线，布局规整有序，道路笔直通达。"模邺、洛、长安之制"，应该反映在这些方面。《南齐书·魏虏传》载，平城"其郭城绕宫城南，悉筑为坊，坊开巷。坊大者容四五百家，小者六七十家"[4]。郭城在宫城之南，宫城在都城之北，很明显这是模仿邺北城与魏晋洛阳城布局，迁都后的洛阳城又继承了平城的这种布局。

从《水经注》对于平城由北向南的记载顺序看，平城宫城确在都城之北部。《魏书》《北史》《水经注》等有关平城的史料都没有平城北郭的记载，说明平城宫殿区在都城的最北部，与邺北城的布局一致，宫城之北即是北苑。

操场城东西街以南虽已多次发现汉代与北魏遗物，但从未发现北魏大型建筑夯土台基遗迹，因此我们判断这里就是平城宫殿区的南限，此处再往南就是里坊区。各种迹象表明，操场城东西街一线以北为宫殿区，若将宫殿区的北界定至大同火车站背后、水野

---

[1]《南齐书》卷五七。
[2]《魏书》卷二。
[3]《魏书》卷二三。
[4]《南齐书》卷五七。

清一发现的供水塔北魏遗址北端，那么这一宫殿区的南北距离为1965米，东西距离应小于现有操场城东西距离的980米，因为操场城西部发现北魏遗物的西界在水野清一发现的北关遗址所在位置的西侧南北一线，由此向东至操场城东墙的距离为660米。假设宫殿区是一个规整的长方形，那么该宫殿区的范围大约为129.69万平方米，这样的面积明显大于邺北城，尤其大于北魏洛阳城的宫殿区，这似乎是不可思议的，因为北魏洛阳城是"中古时期世界上规模最大的城市"[1]，其城市占地总面积相当于唐长安城与大明宫的总和，北魏洛阳城是按照一个帝国都城规划设计的，而平城的营建则不然，所以我们以为大同火车站背后的供水塔北魏遗址更大的可能是在北苑的范围之内，北魏建都平城时期，北苑曾先后建过蓬台、崇光宫（后改称宁光宫）、永乐游观殿等建筑。平城宫殿区的北界应当在今操场城以北、大同火车站以南的北关一带，因这里布满各种建筑，以往的工作也很少涉及，故目前尚难以确定。总体说来，平城宫殿区呈南北纵向分布应该是没有疑问的，这与古代御河西岸为一南北向平坦狭长地带的地理环境[2]是一致的，也与北魏洛阳城宫殿区的状况类似。这种宫殿区的平面设置一方面来自北魏建都初期对于邺、洛二城的模仿，同时也是对平城地理环境的合理选择，并最终又影响了北魏洛阳城的布局设计。

魏晋邺城（即邺北城）经多年的勘探、发掘，布局已基本清楚。依中国社会科学院考古研究所与河北省文物考古研究所联合组成的邺城考古工作队对邺北城遗址的勘探[3]，整个邺北城被一条东西向的大道分为南、北两区，东西距离约为2450米，宫殿区位于北区中央，为一东西向的长方形，从位于显王村西的北墙到南面估计为建春门与金明门之间的东西大路，宫殿区南北向的距离约为900米，东西界尚未探出。依文献记载，宫殿区以东为戚里，宫殿区以西为铜爵园，假设宫殿区占整个北区的三分之一，则其东西距离应为817米，那么整个宫殿区的面积为73.53万平方米[4]。北魏洛阳城的宫殿区则为南北向的长方形，东西宽约660米，南北长1398米[5]，面积92.27万平方米。这些数据对于我们探讨北魏平城都具有重要的参考价值。

---

[1] 王铎：《北魏洛阳规划及其城史地位》，《华中建筑》1992年第2期。
[2] 曹臣明等：《汉代平城县遗址初步调查》，载山西省考古研究所等：《山西省考古学会论文集》（三），太原：山西古籍出版社，2000年。
[3] 中国社会科学院考古研究所、河北省文物研究所邺城考古工作队：《河北临漳邺北城遗址勘探发掘简报》，《考古》1990年第7期。
[4] 《水经注·浊漳水》记载邺城东西七里，南北五里，按魏制1尺合24.12厘米（吴承洛：《中国度量衡史》，上海：商务印书馆，1937年），1里合434.16米，东西七里合3039.12米，与田野勘查实况对比，文献记载明显偏大。
[5] 中国科学院考古研究所洛阳工作队：《汉魏洛阳城初步勘察》，《考古》1973年第4期。

（二）

大同操场城北魏一号建筑遗址发掘的主要收获是揭露出一座北魏建都平城时期的夯土台基。台基平面呈长方形，坐北朝南，地面以上部分东西长44.4米，南北宽31.8米（图17-2），原为高出地面的建筑台基。夯土台基现存斜坡踏道四条：一条位于北沿正中，呈斜坡状，宽度4米略多一些，长度尚不清楚，向北延伸至发掘区外。两条位于南部，呈东、西对称分布，相距14.9米，自身宽度均为4.2米。其中西部踏道保存较完整，南北残长7.2米。以上三条踏道皆为夯土筑成，其与建筑夯土台基相接处有一条明显的界线，说明是在大的夯土台基建成后另外筑成的。此外，夯土台东缘正中有向外凸出的土坯砖砌筑的台阶残迹，宽度亦为4.2米左右，应该是另一条踏道。夯土台西缘残损严重，踏道情况不明。此外，在台基周边发现部分黄泥墙皮与护台包砖墙等遗迹。夯土台基的作法是先从原地表向下挖基槽，深1~1.6米，然后向上逐层起夯[1]，与北魏平

图 17-2 大同操场城北魏一号建筑遗址平面图

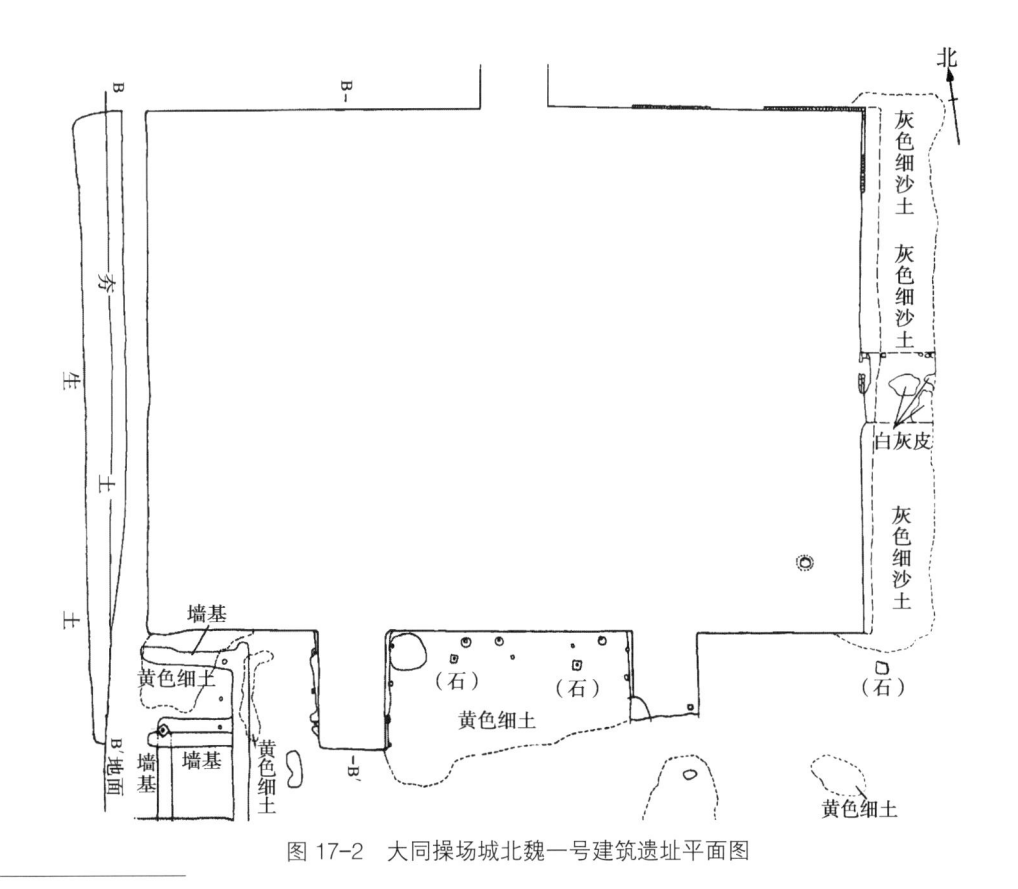

[1] 山西省考古研究所、大同市考古研究所、大同市博物馆、山西大学考古系：《大同操场城北魏建筑遗址发掘报告》，《考古学报》2005年第4期。

城明堂遗址所见的夯土台基作法一致[1]，也是中国中世纪都城大型建筑通行的作法。

东西两阶制是周代高等级建筑的通行作法[2]，因东西分列两侧，故称东阶、西阶，东阶又称阼阶，西阶则称宾阶，是主人与客人分别出入的路径，以示尊卑有别，其渊源久矣。河南偃师二里头商代早期宫殿遗址（图17-3）[3]、湖北黄陂盘龙城商代宫殿基址F2（前殿，图17-4）[4]已见有双阶形式，前者面阔八间，进深三间，这一双数开间的大型殿堂建筑建在一个巨大的夯土台基之上，杨鸿勋先生将其复原为一组双阶建筑[5]，并认为"这是目前所知中国最原始的宫廷建筑实例"[6]。《礼记·内则》曰："世子生，则君沐浴朝服，夫人亦如之，皆立于阼阶，西乡。世妇抱子，升自西阶，君名之，乃

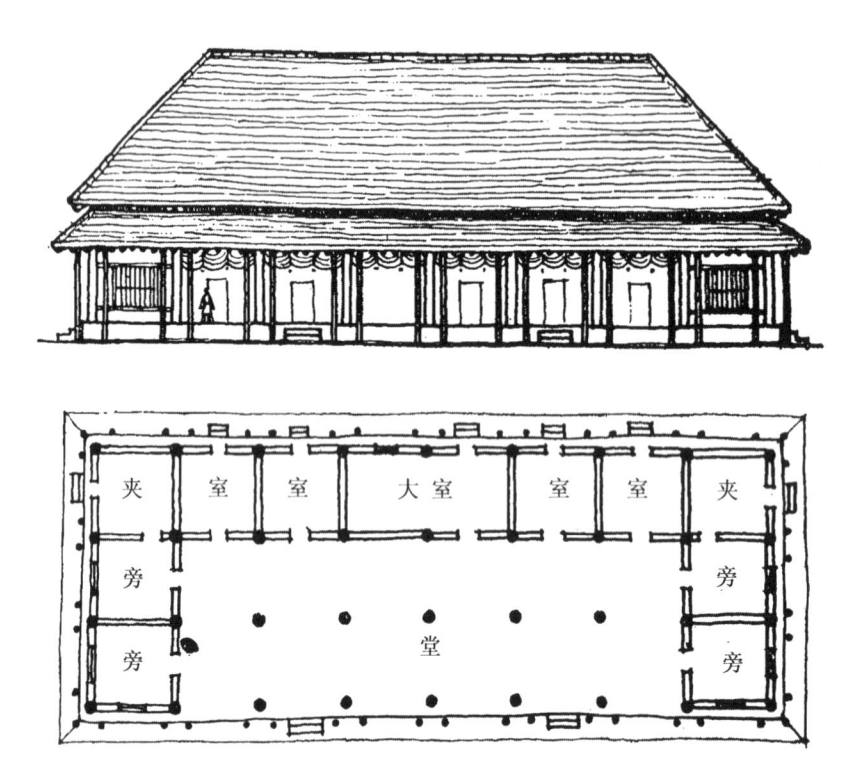

图17-3　河南偃师二里头早商城址主体殿堂平面图及复原图

---

[1] 王银田、曹臣明、韩生存：《山西大同市北魏平城明堂遗址1995年的发掘》，《考古》2001年第3期。
[2] 徐良高、王巍：《陕西扶风云塘西周建筑基址的初步认识》，《考古》2002年第9期。
[3] 中国科学院考古研究所二里头工作队：《河南偃师二里头早商宫殿遗址发掘简报》，《考古》1974年第4期。
[4] 杨鸿勋：《盘龙城商方国宫殿建筑复原研究》，《盘龙城》，北京：文物出版社，2001年。
[5] 杨鸿勋：《初论二里头宫室的复原问题——兼论"夏后氏世室"形制》，《建筑考古学论文集》，北京：文物出版社，1987年。
[6] 杨鸿勋：《从盘龙城商代宫殿遗址谈中国宫廷建筑发展的几个问题》，《文物》1976年第2期。

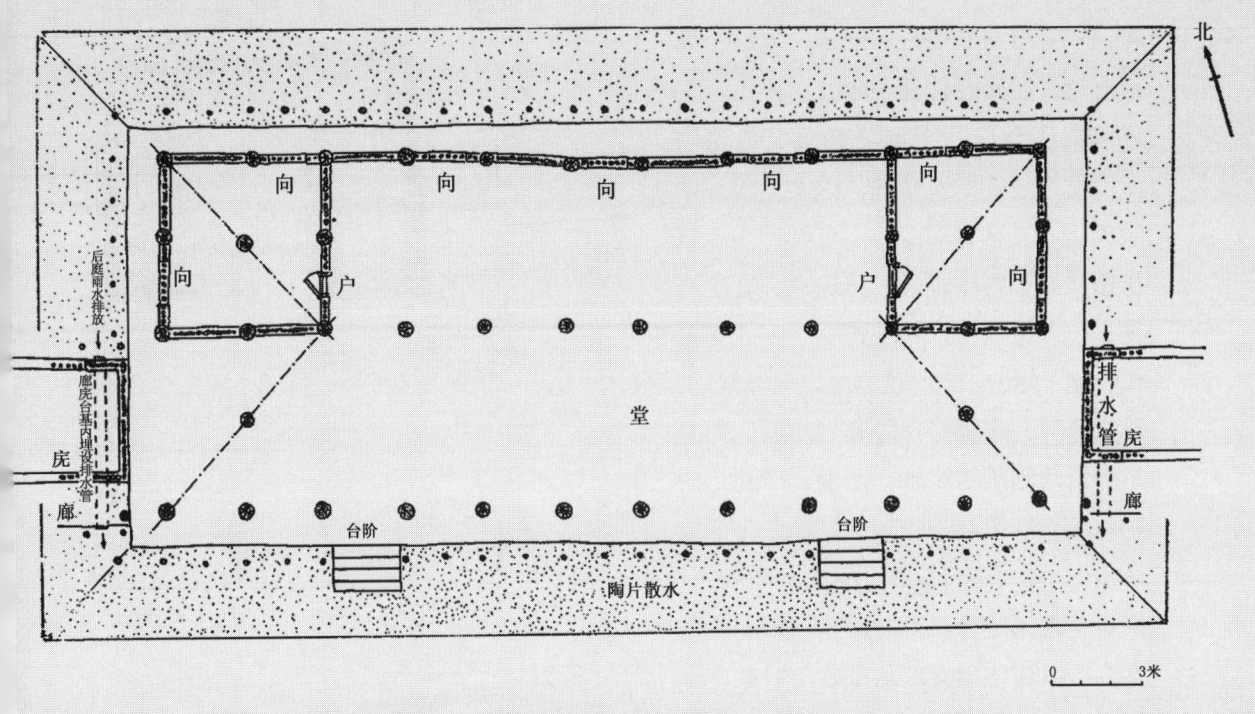

图 17-4　湖北黄陂盘龙城商代宫殿基址 F2 平面图

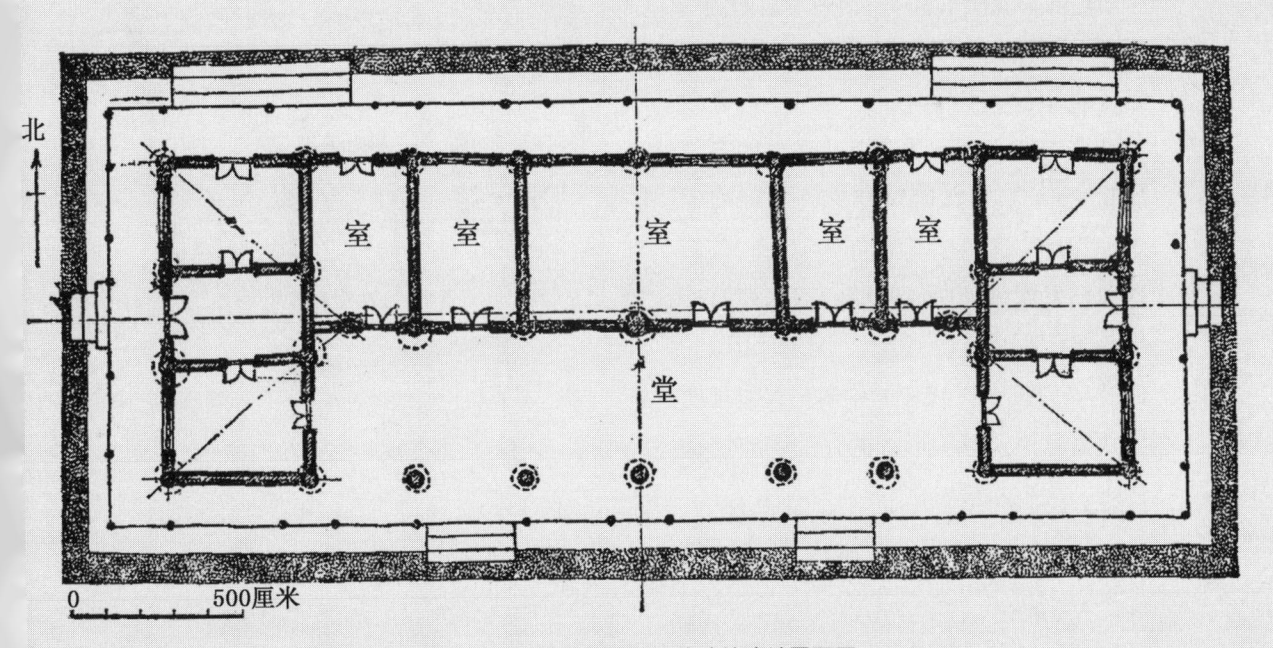

图 17-5　陕西扶风西周召陈建筑遗址平面图

降。"[1]《尚书·顾命》记载，周成王驾崩之后，在路寝传《顾命》于康王，礼仪肃穆庄严，"大辂在宾阶面，缀辂在阼阶面，……四人綦弁，执戈上刃夹两阶戺。一人冕执刘，立于东堂，一人冕执钺，立于西堂。一人冕执戣，立于东垂。一人冕执瞿，立于西垂。一人冕执锐，立于侧阶"[2]。这里由内向外叙述，层次分明，阼阶与宾阶分列殿前，殿之东、西两侧阶称东垂、西垂，殿北之阶则称侧阶，孔安国传："侧阶，北下立阶上"，从"四人綦弁，……夹两阶戺"来看，南侧定为双阶，而非三阶。但先秦高等级建筑确有殿前设置三阶的，如《礼记·明堂位》"昔者周公朝诸侯于明堂之位，天子负斧依南乡而立，三公，中阶之前，北面东上"[3]，中阶之两侧尚有东阶与西阶，共三阶。《考工记》"夏后氏世室，堂修二七，广四修一，五室三四步，四三尺，九阶"，夏之世室即后世之明堂，"九阶"郑玄注云"南面三，三面各二"[4]，殿前亦为三阶。陕西扶风已发现多处西周时期的双阶建筑遗址，如召陈（图17-5）[5]、云塘（图17-6）[6]、齐镇（图17-7）[7]等，足以证明周代宫殿建筑双阶形式的存在，亦可证

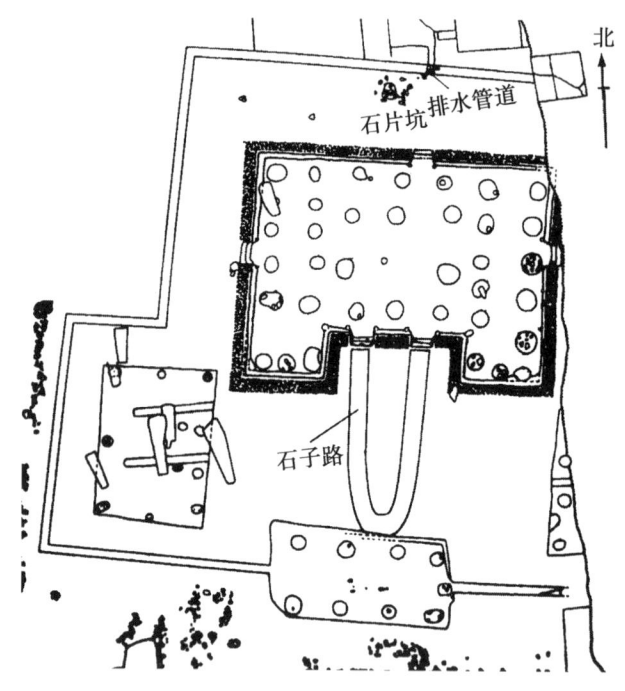

图 17-6 陕西扶风西周云塘建筑遗址平面图

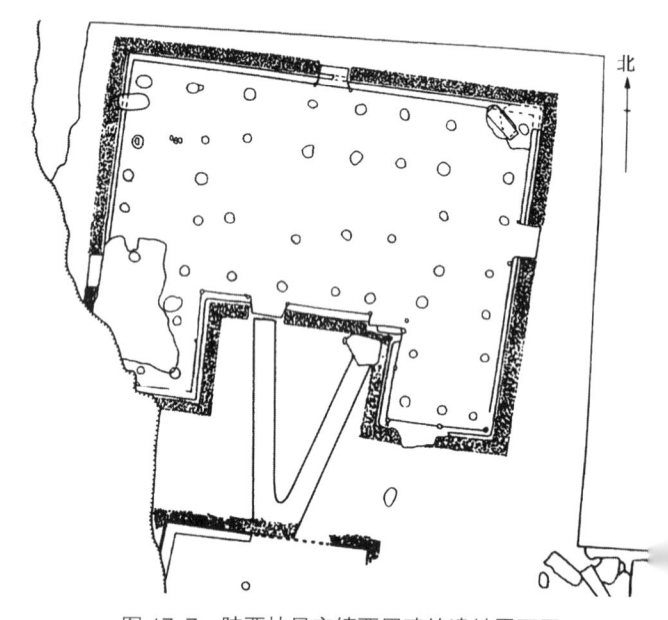

图 17-7 陕西扶风齐镇西周建筑遗址平面图

---

[1]（汉）郑玄注，（唐）孔颖达疏：《礼记正义》卷二八，《十三经注疏》，北京：中华书局，1980年。
[2]（唐）孔颖达疏：《尚书正义》卷一八，《十三经注疏》，北京：中华书局，1982年。
[3]（汉）郑玄注，（唐）孔颖达疏：《礼记正义》卷三一，《十三经注疏》，北京：中华书局，1980年。
[4]（汉）郑玄注，贾公彦疏：《周礼注疏》卷四一，《十三经注疏》，北京：中华书局，1982年。
[5] 陕西周原考古队：《扶风召陈西周建筑群基址发掘简报》，《文物》1981年第3期。
[6] 陕西周原考古队：《陕西扶风县云塘、齐镇西周建筑基址1999—2000年度发掘报告》，《考古》2002年第9期。
[7] 陕西周原考古队：《陕西扶风县云塘、齐镇西周建筑基址1999—2000年度发掘报告》，《考古》2002年第9期。

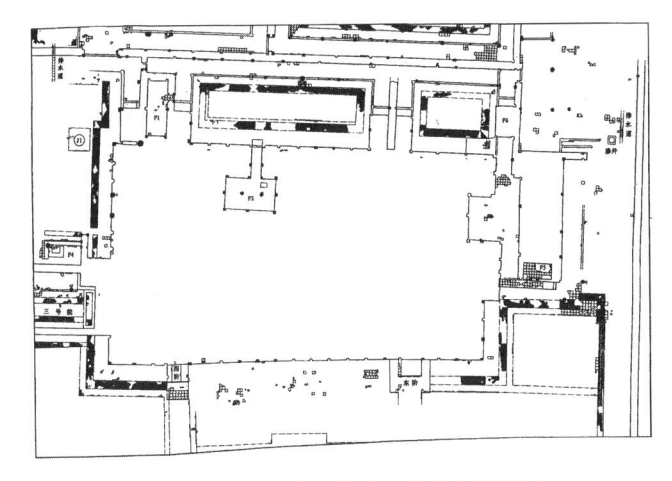

图 17-8　汉长安城桂宫二号遗址平面图

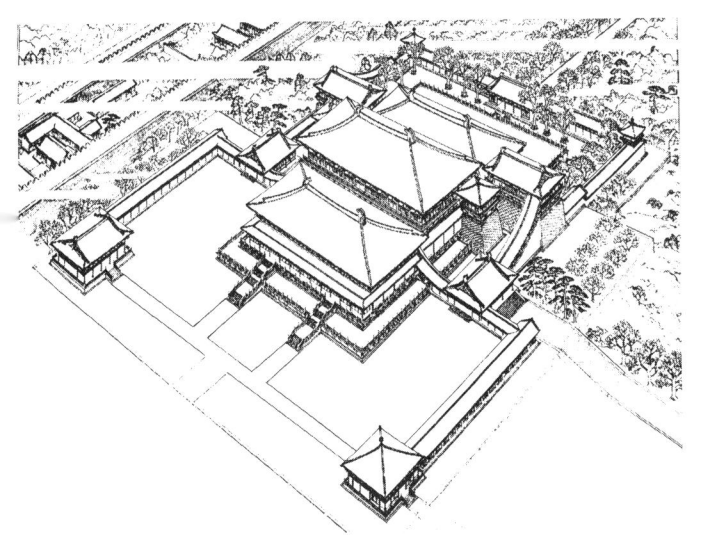

图 17-9　唐大明宫麟德殿复原图

文献记载之不谬。扶风召陈西周建筑遗址群共发掘建筑基址15座，编号F1~F15，其中F5位于遗址群南端居中处，是遗址群中建筑开间最宽者，东西8间，总面阔28米，南北进深3间，深12.8米。杨鸿勋先生将其复原为"四阿瓦顶"的双阶建筑[1]，而云塘与齐镇的建筑夯土台基正面（南面）都发现了东西两阶的遗迹。

秦汉以后以至于隋唐，双阶建筑在都城中一直存在，历代文献皆有记载。考古发现的汉唐时期宫殿遗址中已见有多例设置双阶：如汉长安城桂宫二号遗址（图17-8）[2]、唐大明宫麟德殿遗址（图17-9）[3]、清思殿遗址（图17-10）[4]、含元殿遗址（图17-11）[5]、兴庆宫六号遗址（图17-12）[6]，以及渤海上京龙泉府第一宫殿遗址（图17-13）[7]和隋唐长安城青龙寺佛殿遗址（编号为3号遗址，图17-14、15）[8]等。汉长安城桂宫建于汉武帝对长安城的大规模建设

---

[1] 杨鸿勋：《西周岐邑建筑遗址初步考察》，《文物》1981年第3期。
[2] 中国社会科学院考古研究所、日本奈良国立文化财研究所：《汉长安城桂宫二号建筑遗址发掘简报》，《考古》1999年第1期；《西安汉长安城桂宫二号建筑遗址》，载国家文物局：《1998中国重要考古发现》，北京：文物出版社，2000年。
[3] 中国科学院考古研究所：《唐长安大明宫》，北京：科学出版社，1959年；杨鸿勋：《唐大明宫麟德殿复原研究》，载《中国考古学研究》编委会：《中国考古学研究——夏鼐先生考古五十年纪念论文集》（二），北京：科学出版社，1986年。
[4] 马得志：《唐长安城发掘新收获》，《考古》1987年第4期。
[5] 马得志：《1959—1960年唐大明宫发掘简报》，《考古》1961年第7期。
[6] 马得志：《唐长安兴庆宫发掘记》，《考古》1959年第10期。
[7] 傅熹年主编：《中国古代建筑史》第2卷，北京：中国建筑工业出版社，2001年。
[8] 中国社会科学院考古研究所西安唐城队：《唐长安青龙寺遗址》，《考古学报》1989年第2期。

时期，为长安五大宫殿区之一，是武帝为后妃们修建的寝殿。麟德殿为大明宫内规模最大的宫殿之一，位于太液池西的高地上，由前后相接的三座大殿组成，是宫中举行宴会、使臣来朝以及宰相奏事之所，前殿面阔 11 间，宽 58 米，进深 4 间，东西阶址都已发现。清思殿为唐敬宗所建，"用铜镜三千片，黄白金薄十万番"[1]，建筑极其豪华，"殿堂广约 7 间，进深约 5 间，殿的北侧有砖砌踏步二"[2]。含元殿则是大明宫的正殿，位于大明宫南北中轴线的南端，重大庆典、朝会多在此举行，东西面阔 11 间，宽 75.9 米，南北进深 4 间，深 41.3 米，夯土台基正面设双阶。兴庆宫原是唐玄宗李隆基为太子时的藩邸，玄宗继位后改为兴庆宫，后设置朝堂并在此听政，其六号基址是兴庆宫遗址发掘揭露出的十余座建筑基址中

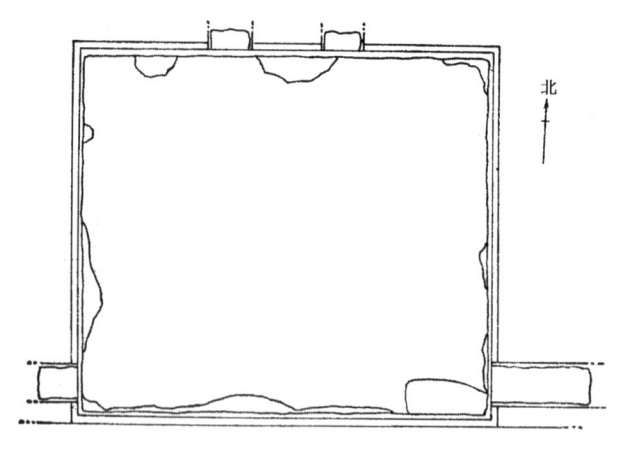

图 17-10　唐大明宫清思殿遗址平面图

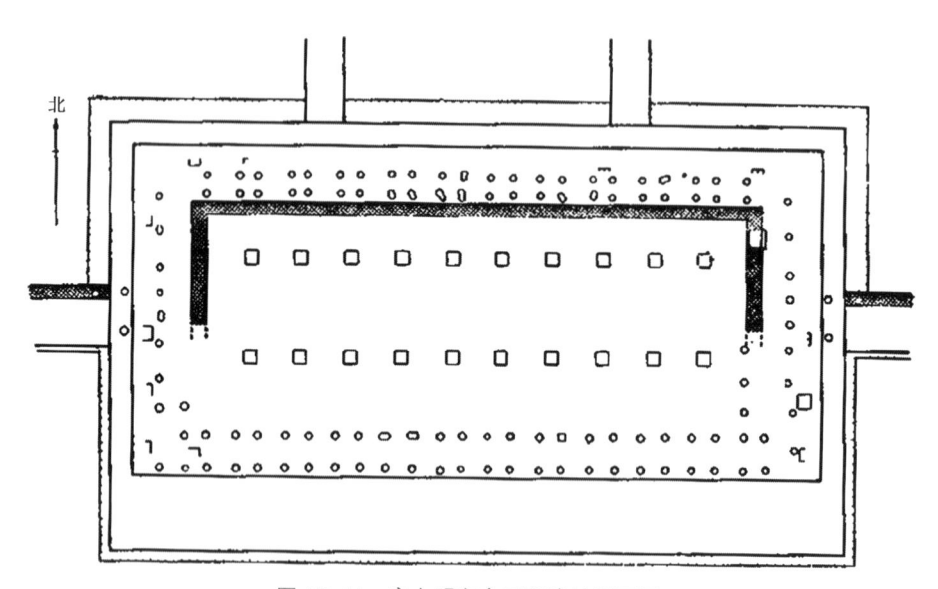

图 17-11　唐大明宫含元殿遗址平面图

---

[1]《旧唐书》卷一五三。
[2] 马得志：《唐长安城发掘新收获》，《考古》1987 年第 4 期。

规模最大的,据推测可能是平面呈"日"字形的廊类建筑,其中间的横廊向南的一面有两座门,各有延出的砖砌台阶一个,显然是双阶建筑。渤海上京龙泉府则是仿长安城布局建造的,位于宫城正门以北中轴线上的第一宫殿遗址为宫中主要殿堂之一,可能就是上京永兴宫中的永兴殿,其夯土台基明显高于其北侧的其他殿址,东西面阔11间,宽56米,南北进深4间,深27米,台基南面有二阶,北面正中一阶[1]。除唐长安青龙寺3号佛殿遗址外,其余几处皆属都城中的重要宫殿。唐长安青龙寺即隋灵感寺,殿址(3号遗址)地层分为早晚两期,早期基址建于隋代,沿用至唐,可能毁于唐武宗灭佛;晚期基址建于唐武宗灭佛之后,早晚两期的佛殿基址皆为双阶形制。青龙寺是唐长安

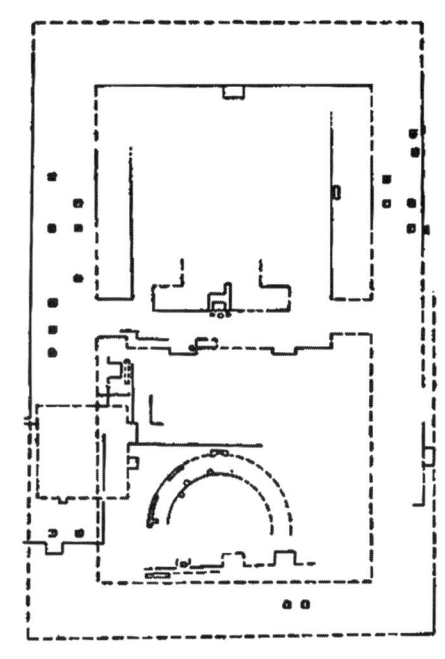

图17-12 唐长安城兴庆宫六号遗址平面图

的著名寺院,其面积占新昌坊的四分之一,是日本佛教密宗的祖庭。9世纪初至中叶,日本曾派遣大批学问僧到唐朝求法,著名的入唐八家中就有空海、圆行、圆仁、惠远、圆珍、宗睿六人曾在青龙寺受法,著名的弘法大师空海和尚回国后创立了真言宗,可见青龙寺绝非普通寺庙可比。主要佛殿采用双阶的建筑形式,应是南北朝以来佛寺建筑宫廷化的体现,是模仿宫殿的结果。此外,双阶建筑也随着中日文化的交流东传日本,奈良平城京大极殿前的"拥壁"以及京都平安京大极殿的龙尾坛正是受唐长安宫殿建筑的影响建造的,前贤对此已有论述[2],此不赘述。

依文献记载,曹魏洛阳太极殿、北魏平城太和殿,以及近人依据文献复原的东魏高欢庙[3],都是双阶建筑。据《水经注·漯水条》载:平城宫的太极殿"东堂东接太和殿,殿之东阶下有一碑"[4],此处言太和殿有东阶,则必有西阶,该殿为双阶无

---

[1] 李殿福:《渤海上京永兴殿考》,《北方文物》1988年第4期;傅熹年主编:《中国古代建筑史》第2卷,北京:中国建筑工业出版社,2001年。上京龙泉府不仅宫殿、苑囿的布局及街道名称效仿唐长安城,而且设置夹墙和廊庑,大量使用琉璃瓦,尤其是在宫殿及佛殿建筑中大量使用减柱法,这种首见于唐长安城大明宫麟德殿的技术的使用,说明龙泉府的建筑不仅仿自唐长安城,更有可能有中原的建筑师直接参与了这一都城的规划、设计与建设。
[2] 王仲殊:《论日本古代都城宫内大极殿龙尾道》,《考古》1999年第3期。
[3] 傅熹年主编:《中国古代建筑史》第2卷,北京:中国建筑工业出版社,2001年。
[4] (北魏)郦道元注,(民国)杨守敬、熊会贞疏,段熙仲点校,陈桥驿复校:《水经注疏》卷一三《漯水》,南京:江苏古籍出版社,1989年。

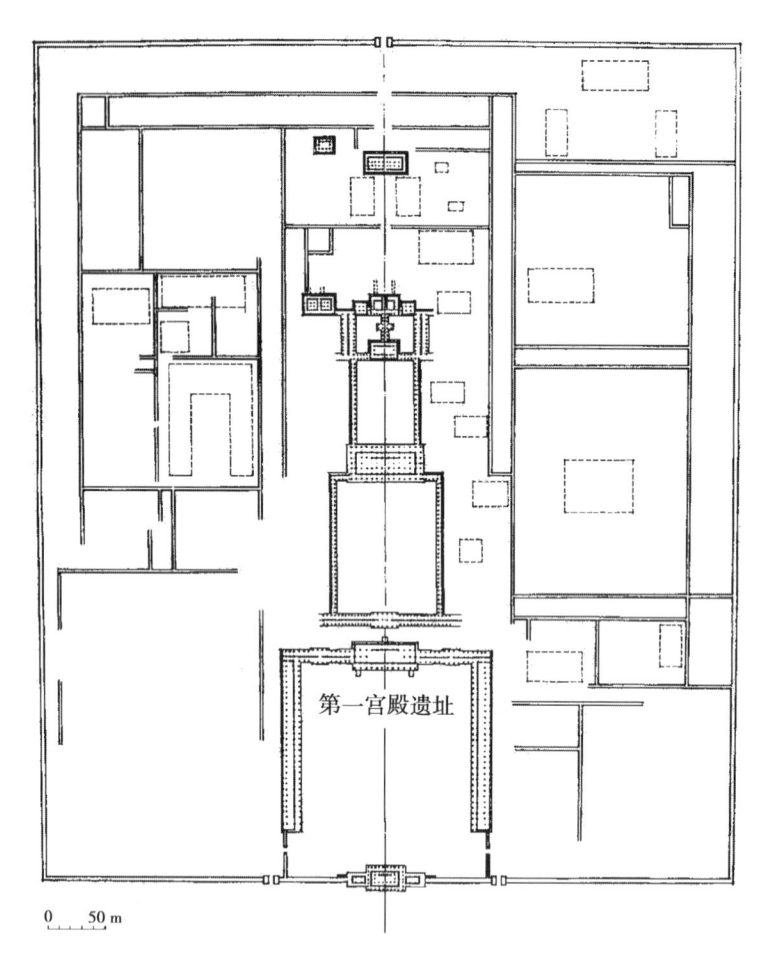

图 17-13　渤海上京龙泉府第一宫殿遗址平面图

疑。《魏书·文成文明皇后冯氏传》载：太和十四年（490），正当盛年、两度临朝听政的文明皇太后冯氏崩于太和殿，孝文帝随即设祔祭于此[1]，估计太和殿是冯氏生前临朝之所，是北魏平城的主要宫殿之一，建于太和元年（477）。此太和殿西临平城宫正殿太极殿之东堂，"东北接紫宫寺，南对承贤门，门南即皇信堂"[2]，这是平城宫殿区中继太极殿第一条南北轴线东侧的第二条南北向轴线，其位置在平城宫中央区域的南端。

北魏洛阳也有双阶建筑。《魏书·贾粲传》记"灵太后、肃宗同升于宣光殿，左右

---

[1]《魏书》卷一三《文成文明皇后冯氏传》。
[2]（北魏）郦道元注，（民国）杨守敬、熊会贞疏，段熙仲点校，陈桥驿复校：《水经注疏》卷一三《漯水》，南京：江苏古籍出版社，1989年。

248　回望桑干

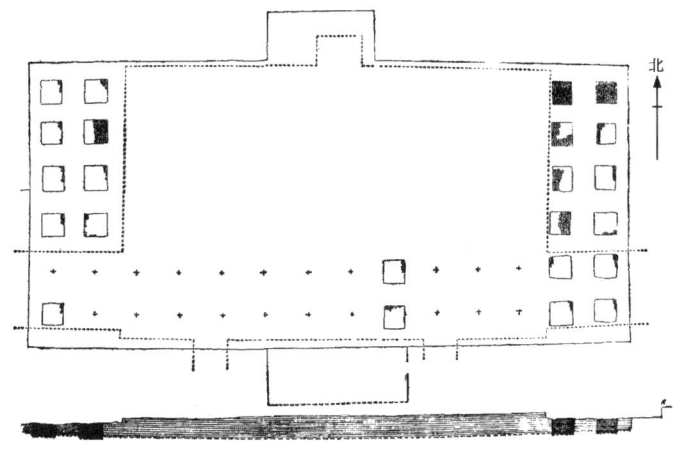

图 17-14 隋唐长安城青龙寺佛殿早期遗址平、剖面图

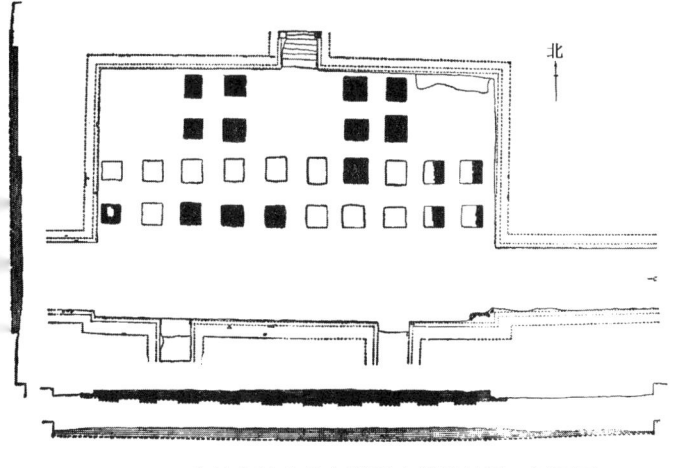

图 17-15 唐长安城青龙寺佛殿晚期遗址平、剖面图

侍臣俱立西阶下"[1]，不仅说明宣光殿设有双阶，而且东、西阶所反映的尊卑关系与西周时期完全相同。宣光殿为洛阳宫城中的重要宫殿之一，灵太后的很多政治活动曾在此进行，并最终被废于此。永安三年（530）孝庄帝欲杀尔朱荣，"乃伏侃等十余人于明光殿东。其日，荣与天穆并入，坐食未讫，起出。侃等从东阶上殿，见荣、天穆出至中庭，事不果"[2]，明光殿也设有双阶。《魏书·崔光传》载，正始年间，"有物出于太极之西序，……菌生宾阶轩坐之正"，可证太极殿西序设有双阶[3]。北魏洛阳太极殿是否设置双阶不得而知，但据考，魏晋洛阳城的太极殿"正面设左右两个升殿的踏步"[4]。《魏书·蒋少游传》记孝文帝"于平城将营太庙、太极殿，遣少游乘传诣洛，量准魏晋基趾"[5]，所以效仿魏晋洛阳太极殿的北魏平城太极殿很可能也是双阶。

此外，南朝建康城的太极殿[6]、北周太庙[7]等皆为双阶建筑，说明汉唐时期高等级建筑中的双阶形式一直延续不断。

[1]《魏书》卷九四。
[2]《北史》卷四八。
[3]《魏书》卷六七。
[4] 傅熹年主编：《中国古代建筑史》第2卷，北京：中国建筑工业出版社，2001年。
[5]《魏书》卷九一。
[6]《魏书》卷九八："使虎贲中郎将潘淑领百人屯太极殿西阶以防之。"说明建康城之太极殿为双阶建筑。
[7]《北史》卷一〇："宣皇帝讳赟，字乾伯，武帝长子也。母曰李太后。武成元年，生于同州。保定元年五月丙午，封鲁国公。建德元年四月癸巳，武帝亲告庙，冠于阼阶，立为皇太子。"

城址、佛寺及墓葬 | 北魏平城 | 明堂、操场城建筑遗址、佛寺　249

（三）

在北魏京城所在地大同，到目前为止经正式发掘并能确认其原来名称的北魏建筑遗址仅明堂一处，它与操场城北魏一号建筑遗址具有诸多相似之处。

第一　两处遗址都由地表挖坑起夯的方法筑成，这类基址往往是作为大型建筑的夯土台基使用的。平城明堂遗址的中心建筑是一个直径42米的夯土台基（图17-16），与操场城一号建筑遗址东西宽44.4米的规模十分接近。平城明堂建于孝文帝太和十五年（491），当时的国家天文台——灵台也设在这里，作为孝文帝礼制改革的重要内容备受重视，是当时重要的皇家工程，也是都城最为重要的礼制建筑之一。建成次年即太和十六年，孝文帝就曾两次莅临，并在这里进行祭祀、敬老、布政事、观云物等各种礼仪活动。此外，两处夯土台基的夯筑方法与技术相同，夯层厚度接近，夯窝深3~5厘米，夯窝直径7~10厘米，应该是采用相同的半圆形夯具筑成的，这样的夯具曾在平城明堂遗址的发掘中出土过2件[1]。

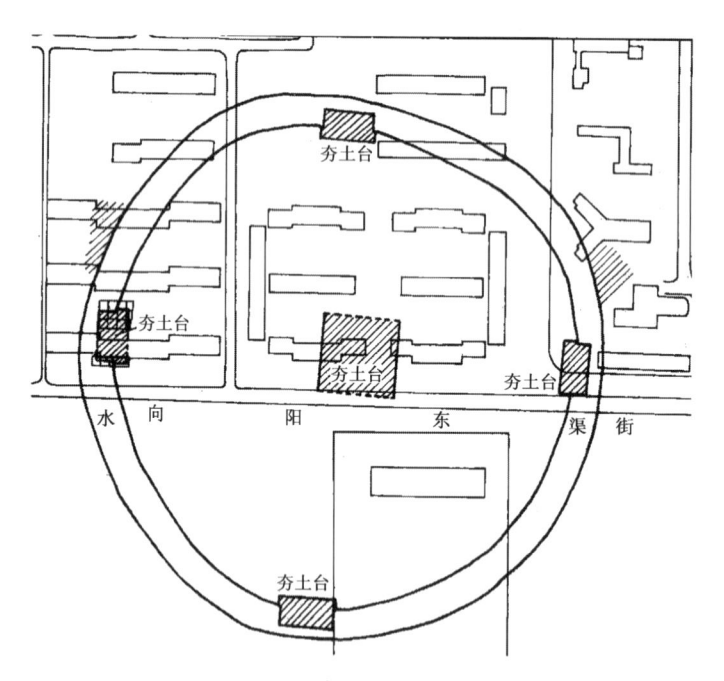

图17-16　北魏平城明堂遗址平面图

[1]　王银田、曹臣明、韩生存：《山西大同市北魏平城明堂遗址1995年的发掘》，《考古》2001年第3期。

第二　操场城北魏一号建筑遗址发掘出土了多种瓦当，包括文字瓦当、莲花纹瓦当与莲瓣化生佛瓦当、兽面瓦当等，共计8类10种规格。其中小规格的兽面瓦当发现最多，这种形制的瓦当也曾在平城明堂遗址的发掘中发现，二者特征基本相同：制作十分规整，表面经磨光，边缘较宽、较高，当面模印兽首，獠牙外露，瞪目狰狞。操场城一号遗址标本直径16.3、缘宽2.5厘米[1]，明堂西门遗址标本直径16.8、缘宽2.3~2.4厘米[2]，明堂南门遗址标本直径17厘米[3]，考虑到陶质器物在制作过程中陶泥含水量的差异，两处遗址所见的兽面瓦当应该是按照同样的规格制作的。只是兽面图案的细部有微小的差别，所以可以断定不是用相同的模具制作的。平城明堂遗址仅见2件莲花纹瓦当，此外全部为兽面瓦当，说明当时建筑主要使用的是后者。

操场城北魏一号建筑遗址出土的诸多瓦当中，"万岁富贵"、"传祚无穷"、莲花纹、莲瓣化生佛瓦当都见于方山永固陵遗址[4]，"传祚无穷"瓦当也曾出土于云冈石窟第9、10窟窟前遗址[5]和第3窟顶部以及云冈西部山顶[6]。其年代皆相当于云冈石窟二期，即献文帝拓跋弘与孝文帝元宏执政时期。"万岁富贵"瓦当在桑干河中游册田水库南岸的北魏制陶遗址地面大量存在[7]。方山永固陵整个工程开始于太和三年，直至太和十五年才全部结束，云冈石窟第9、10窟也开凿于孝文帝时期[8]，故以上瓦当的风格应该是孝文帝时期的特征。"大代万岁"瓦当以往曾有完整的器物出现[9]，原出土地点不详，但纵观瓦当整体风格，与以上文字瓦当特征一致，只是规格稍大些。只有"皇魏万岁"瓦当与"永口寿长"瓦当与以上瓦当不同，这类瓦当以往在其他地区尚未发现，制作粗糙，年代特征不明，考虑到操场城北魏一号建筑遗址夯土台基存在早晚期的地层叠压关系，这两种瓦当也可能时间略早些，但目前尚无确切证据，待考。

---

[1] 山西省考古研究所、大同市考古研究所、大同市博物馆、山西大学考古系：《大同操场城北魏建筑遗址发掘报告》，《考古学报》2005年第4期。
[2] 王银田、曹臣明、韩生存：《山西大同市北魏平城明堂遗址1995年的发掘》，《考古》2001年第3期。
[3] 刘俊喜、张志忠：《北魏明堂辟雍遗址南门发掘简报》，载山西省考古研究所等：《山西省考古学会论文集》（三），太原：山西古籍出版社，2000年。
[4] （日）水野清一、长广敏雄编著：《云冈石窟·附录1·大同附近调查记》，日本写真印刷株式会社，1952~1956年。
[5] （日）水野清一、长广敏雄著，王银田译：《云冈发掘记一》，载山西省考古学会等：《山西省考古学会论文集》（二），太原：山西人民出版社，1994年。
[6] （日）水野清一、长广敏雄著，曹臣明译：《云冈发掘记二》，载山西省考古学会等：《山西省考古学会论文集》（二），太原：山西人民出版社，1994年。
[7] （日）水野清一：《大同西册田考古记》，大东亚学术协会：《学艺》，1944年2月号。
[8] 宿白：《云冈石窟分期试论》，《考古学报》1978年第1期。
[9] 左雁、张海啸：《山西大同出土北魏〈大代万岁〉当》，《中国文物报》1999年1月10日。

值得注意的是，操场城北魏一号建筑遗址多次发现表面涂红彩的白灰皮，但不知其原来是否为装饰地面之用。据朱启星先生研究，秦汉直至宋代，帝王宫殿中有将地面涂以红彩的习俗，称"丹墀"或"赤墀"。《说文》："墀，涂地也，从土犀声。《礼》，天子赤墀。"段玉裁注曰："汉未央殿青琐丹墀，后宫则玄墀而彤庭也。"[1]《宋书·百官志上》曰："以丹朱色地，谓之丹墀。"[2]秦都咸阳一号遗址以及汉长安城长乐宫4号建筑遗址已有发现[3]。

邺城、汉魏洛阳城、北朝长安城和六朝建邺建康城尚未见宫殿遗址的发掘报告，故难以进行更进一步的比较。应当指出的是，汉、唐两代国势强盛，财力雄厚，宫殿建筑自然宏伟高大，绝非北魏平城可比。汉魏洛阳城已钻探出的大量宫殿基址中，正殿太极殿基址东西长100米，南北宽60米，现存夯土台基厚达6米，因设计理念的不同（如前所述），规模也大于平城的建筑[4]。通过以上分析可以看出，大同操场城北魏一号建筑遗址位于北魏平城宫殿区中，其建筑采用双阶这种高等级建筑的形制，建筑使用的材料与永固陵和云冈石窟两处皇家工程的建筑材料一致，而且很可能采用了"丹墀"这种宫殿地面装饰，这些信息都暗示了这一建筑的性质应该属宫殿建筑，其年代则应在北魏平城期的较晚阶段，即献文帝与孝文帝时期。

三、佛 寺
——从日本东京书道博物馆藏北魏《神麚四年造塔记》谈起

2005年12月下旬，应日本国立京都大学人文科学研究所冈村秀典教授的邀请，笔者赴该所进行学术交流，并在本州各地参观考察，其间在国立历史民俗博物馆上野祥史博士、东京女子大学大川裕子博士的陪同下参观了东京书道博物馆。该馆位于东京都台东区根岸2丁目10番4号，是由日本著名书法家、收藏家、油画家中村不折先生（1866～1943）于1936年以自己的住宅作为馆址创建的私立博物馆（现为公立博物馆）。该馆主要收藏中国历代文物，包括甲骨、青铜器、陶器、玉器、石碑、造像、古砖、瓦当、玺印、封泥、镜铭、法帖、墨迹，以及经卷和敦煌吐鲁番文书等，是研究中国和日本书法史的重要场所，颇为学界所重视。晚清甲午战争时期，中村曾作为战地记者来到

---

[1]（汉）许慎撰，（清）段玉裁注：《说文解字注》十三篇下，上海：上海古籍出版社，1981年。
[2]《宋书》卷三九。
[3] 朱启星：《说丹墀》，《中国文物报》2005年12月2日。
[4] 中国科学院考古研究所洛阳工作队：《汉魏洛阳城初步勘察》，《考古》1973年第4期。

图 17-17　日本东京书道博物馆藏北魏神䴥四年造塔记

中国，其间广泛搜集中国金石碑刻等文物，庋藏宏富。其馆藏珍品中不乏如熹平石经、正始石经、唐武则天时期的印刷品《妙法莲花经》残卷，以及多种版本的《淳化阁帖》（包括最早的夹雪本）等稀世珍宝。在展出的大量汉魏六朝时期的砖石铭刻中，笔者竟意外发现了一块很小的铭文砖，说明牌标注为"北魏神䴥四年造塔记砖"，此前从未见诸报道。因该馆展厅中不许拍照，笔者只得现场抄录文字。近来经日本东京女子大学大川裕子博士联系，该馆提供了相关信息和照片（图 17-17）[1]。现摘录铭文于下：

神䴥四年辛未二月朔
造舍利塔七级平城长
庆寺万岁昇平年丰民
乐苴倩昙云译大藏真
经卅部香泥木石其固

---

[1] 按照作者与东京书道博物馆签署的合同书要求，笔者可以免费发表该造像砖图片一次。

若山以镇太平结塔□
恬净劝缘僧永慈为记

铭文内容十分简单。据日方提供的资料，铭文砖是日本昭和时代（1926~1989）初期中村不折收集的，但具体的流传经过不明。书道博物馆在所有书籍、简介上都未发表该资料。铭文砖为北方常见的易熔黏土烧成的青砖。砖长16.1厘米，宽15.5厘米，厚4.3厘米，有阴刻方形界格。铭文竖行，自右向左读，砖一侧平面刊刻铭文7行，每行9字，共计63字，个别字稍显漫漶。隶书体，个别文字刊刻不甚规整，文字周围皆素面无纹饰，背面及侧面亦无文字或花纹。"昇"字现简化为"升"，但古汉语中"昇""升"并存，文意略有区别。此处"昇"字上面为"日"，下面"升"则写作左上、右下各加一点，而删除顶部的一撇，与隋陈常墓志"升"字写法一致，类似的写法还有晋乐安光砖志（在"升"字右下方加一点）、齐李夫人崔宣华墓志等[1]。"石"字上面横笔和"口"之间加有一点，联系文意"香泥木石，其固若山"，当释为"石"，明涿州石经山琬公塔院碑也有相同的写法[2]；此外，齐石信墓志之"石"也与此字字形相近，石信墓志在此位置刻作一短竖笔；魏义桥石像碑则在"石"字顶上加一短横[3]。

由以上铭文可知，北魏平城曾建有佛寺——长庆寺，寺内建有七级舍利塔，寺内或塔内藏有大藏真经三十部，为僧苴倩、昙云所译；铭文是由僧人永慈撰写的。此平城长庆寺以及铭文提及的三位僧人苴倩、昙云和永慈不见于任何北朝文献，也不见载于《高僧传》和《续高僧传》等佛教典籍。

神䴥是北魏第三个皇帝世祖太武帝拓跋焘的年号，神䴥四年为公元431年。砖铭起始记"神䴥四年辛未二月朔"，联系其后文意，此纪年可能是七级舍利塔的完工时间。佛教初传中国，佛寺仍沿袭印度及中亚风习，往往以佛塔为中心布局。北魏时期佛塔本身虽然已中国化，在布局上吸收了部分官式建筑的特点，但以塔为中心的布局依旧，称之为"塔寺"。在佛塔外围，佛殿、僧房等建筑环列其周，云冈石窟诸多中心塔柱洞窟正是这一现实的反应。大型佛寺尤其如此，如洛阳永宁寺[4]，高层佛塔成为寺中最重要的建筑物，塔的建成也常常成为当时京城的一大盛事。神龟元年（518）冬，尚书令、任城王澄有感于洛阳城中佛寺泛滥的局面，曾在奏折中说："遣府司马陆昶、属崔孝芬，

---

[1] 秦公：《碑别字新编》，北京：文物出版社，1985年。
[2] 秦公：《碑别字新编》，北京：文物出版社，1985年。
[3] 秦公：《碑别字新编》，北京：文物出版社，1985年。
[4] 中国社会科学院考古研究所：《北魏洛阳永宁寺1979—1994年考古发掘报告》，北京：中国大百科全书出版社，1996年。

都城之中及郭邑之内检括寺舍，数乘五百，空地表刹，未立塔宇，不在其数。"[1]从中不难看出，当时北魏洛阳的重要寺庙皆设置有塔，洛阳城中至少有五百多座塔，可谓佛塔林立，而无塔的寺庙其地位显然较低些。这些当是从平城继承而来的，平城佛寺亦当如此。长庆寺塔高达七级，是文献记载中京都平城的第二座七级佛塔，另一座即著名的永宁寺七级佛塔。据《魏书·释老志》（以下简称《释老志》）记载：天安二年（467）"其岁，高祖诞载。于时起永宁寺，构七级佛图，高三百余尺，基架博敞，为天下第一"[2]，是平城的最高建筑。长庆寺舍利塔早于永宁寺塔36年，是永宁寺塔修建之前平城境内最高的建筑。由于佛塔的建设难度大、施工周期长，所以在以塔为中心的佛寺建设中，塔可能是整个佛寺建设过程中最先开工的，也是最后完工的，塔的完工时间极有可能就是寺院建成的时间。北魏时期建设的几处大型佛寺，文献记载的建寺时间并不明确是开工时间还是竣工时间，两处分别位于平城和洛阳的最大的皇家佛寺永宁寺皆是如此。一般说来，大型工程难以在当年完工。以洛阳永宁寺为例，据《洛阳伽蓝记·城内》记载，洛阳永宁寺为熙平元年（516）灵太后胡氏所立也[3]。《魏书·崔光传》云：（熙平）"二年（517）八月，灵太后幸永宁寺，躬登九层佛图"[4]。显然熙平元年不可能是始建时间，而应是完工时间，因为如此浩大的工程不可能在一年甚或几个月之内完成。也有明确记载开工和完工时间的，如《洛阳伽蓝记·城东》："永熙元年（532）平阳王入纂大业，始造五层塔一所。……至二年二月五日，土木毕功。"[5]如此看来，笼统地说建寺时间者，往往应指佛寺建成时间。

早在东晋兴宁二年（364），沙门慧力于京城建康瓦官寺造多宝石塔，说明佛寺中已有立石塔的先例。北魏时期有"曹天度造千佛石塔"，据石塔底座上的石刻题记，是天安元年（466）造于平城的，为九层石雕塔，残高2米[6]。但平城长庆寺七级塔不大可能是石雕塔，因为后者一般会直接称作"石塔"，而木塔则不一定明确称"木塔"，而径称"塔"。

太武帝灭法在太平真君七年（446），晚于砖铭纪年15年。太武帝在灭佛诏书中说"有司宣告征镇诸军、刺史，诸有佛图形像及胡经，尽皆击破焚烧"[7]，寺塔也在被毁之

---

[1]《魏书》卷一一四。
[2]《魏书》卷一一四。
[3]（魏）杨衒之撰，周祖谟校释：《洛阳伽蓝记校释》卷一，北京：中华书局，1963年。
[4]《魏书》卷六七。
[5]（魏）杨衒之撰，周祖谟校释：《洛阳伽蓝记校释》卷二，北京：中华书局，1963年。
[6] 史树青：《北魏曹天度造千佛石塔》，《文物》1980年第1期；韩有富：《北魏曹天度造千佛石塔塔刹》，《文物》1980年第7期。
[7]《魏书》卷一一四。

列，平城长庆寺可能毁于这次灭法，故北朝文献无相关记载传世。太武帝灭法虽因当时留守平城的太子晃"缓宣诏书，远近皆豫闻知，得各为计"，使僧众"多亡匿获免，在京邑者，亦蒙全济。金银宝像及诸经论，大得秘藏"，但"土木宫塔，声教所及，莫不毕毁矣"[1]。《高僧传·释昙始》记载这次灭法时说："毁灭佛法。分遣军兵，烧掠寺舍，统内僧尼，悉令罢道。其有窜逸者，皆遣人追捕，得必枭斩。一境之内，无复沙门。"[2]这次灭法活动最大的影响莫过于对佛寺建筑的毁坏，平城长庆寺自当难免。

铭文"大藏真经"是对佛经的泛称，这里并未确指所译何经。魏晋南北朝时期译经者多为西域胡人，或具有西域背景的汉人，如洛阳永宁寺"译场之壮丽世未曾有。当时译经之僧人，为昙摩流支、法场、菩提流支、勒那摩提、佛陀扇多、瞿昙般若流支等六人"[3]，基本上是来自南、北天竺的胡僧。苴倩、昙云译经达三十部之多，应是两位精通佛经的僧人，极有可能是来自西域的胡人。但早期译经常常采用两人合译的方式，一人为胡人，一人为汉人。后一种可能性也很大，在目前无其他证据的前提下似难以作出准确判断。

"万岁昇平，年丰民乐"是作为舍利塔建成的吉兆而加以渲染的，放置三十部大藏真经或许正是建此舍利塔的起因。

此《神䴥四年造塔记》是目前所见北魏平城时代最早的石刻文字，比此前最早的太平真君四年（443）《嘎仙洞祝文刻石》[4]早12年；比文成帝兴安三年（454）《韩弩真妻王亿变墓碑》[5]早23年；比文成帝和平二年（461）《皇帝南巡之颂》碑[6]早30年；比新近发现的大同太延元年（435）破多罗太夫人壁画墓[7]出土的漆器文字也早4年。因此，该铭文不仅可以补早期魏碑文字的缺憾，而且对魏碑书法艺术形成、演变的研究也颇有益处。

鲜卑早期历史主要见于《后汉书·乌桓鲜卑列传》《三国志·乌丸鲜卑东夷传》《晋书》和《魏书·序纪》等文献，但其中没有记载立国前鲜卑与佛教的关系。据《释老志》记载："魏先建国于玄朔，风俗淳一，无为以自守，与西域殊绝，莫能往来。故浮图之教，未之得闻，或闻而未信也。"鲜卑人接触佛教在魏晋时期，"及神元与魏、晋通

---

[1]《魏书》卷一一四。
[2]（梁）释慧皎撰，汤用彤校注，汤一玄整理：《高僧传》卷一〇，北京：中华书局，1992年。
[3] 汤用彤：《汉魏两晋南北朝佛教史》，北京：中华书局，1955年。
[4] 米文平：《鲜卑石室的发现与初步研究》，《文物》1981年第2期。
[5] 殷宪：《大同魏碑述略》，《书法丛刊》1999年第1期。
[6] 张庆捷：《北魏文成帝"南巡碑"碑文考证》，《考古》1998年第4期。
[7] 大同市考古研究所：《山西大同沙岭北魏壁画墓发掘简报》，《文物》2006年第10期；赵瑞民、刘俊喜：《大同沙岭北魏壁画墓出土漆皮文字考》，《文物》2006年第10期。

聘，文帝久在洛阳，昭成又至襄国，乃备究南夏佛法之事。太祖平中山，经略燕赵，所逕郡国佛寺，见诸沙门、道士，皆致精敬，禁军旅无有所犯"。鲜卑人是受汉民影响而接受佛教的。拓跋珪天兴元年（398）下诏："'其敕有司，于京城建饰容范，修整宫舍，令信向之徒，有所居止。'是岁，始作五级佛图、耆阇崛山及须弥山殿，加以缋饰。别构讲堂、禅堂及沙门座，莫不严具焉。"[1] 这是平城最早的佛寺。另据《辩正论》：道武帝曾于虞虢之地造十五级浮图，起开泰、定国二寺，写一切经，铸千金像，召三百名僧，每月法集[2]。北魏立国之初，佛教就受到重视。在建立寺庙的同时，还成立了官方的佛教管理机构，"皇始中（396～398），赵郡有沙门法果，诫行精至，开演法籍。太祖闻其名，诏以礼征赴京师。后以为道人统，绾摄僧徒"[3]。这是北魏有僧官之始。道人统乃中央僧官机构监福曹（太和二十一年改为昭玄）之首长，文成帝又于兴安元年（452）设都维那于道人统之下[4]。不久之后，"和平初，师贤卒。昙曜代之，更名沙门统"[5]。佛教管理机构的设置，说明道武帝时期北魏境内尤其是平城一带僧侣数量已然不少，而且佛教在当时社会所扮演的角色已经引起当权者的重视。

道武帝之后，北魏历代帝王无不高度重视佛教，即使是曾经残酷灭法的太武帝拓跋焘，也曾在北魏时期的佞佛活动中起过推波助澜的作用，其他帝王更不必说。太延（435～440）中太武帝占领佛教昌盛的凉州，"徙其国人于京邑，沙门佛事皆俱东，象教弥增矣"[6]。之后经太武帝短暂的灭佛，高宗文成帝重兴佛教，修复寺宇。释门广被，凡度僧尼三万余人，其间开始了规模宏大的云冈石窟的开凿。孝文帝时硕德高僧四方云集，所度僧尼一万四千人[7]。到太和初，"京城内寺新旧且百所，僧尼二千余人，四方诸寺六千四百七十八，僧尼七万七千二百五十八人"。北魏平城开创了中国古代都城大规模营造佛寺的先例，影响深远。迁都洛阳后，"延昌中（512～515），天下州郡僧尼寺，积有一万三千七百二十七所，徒侣逾众"。"正光（520）已后，天下多虞，王役尤甚，于是所在编民，相与入道，假慕沙门，实避调役，猥滥之极，自中国之有佛法，未之有也！"[8] 洛阳佛宇最盛时多达1 367所。后来到了孝静帝天平元年（534）迁都邺城，洛阳残破，仍余佛寺421所[9]。据《辩正论》载，北魏时期国家大寺47所，其王公贵

---

[1]《魏书》卷一一四。
[2]《乾隆大藏经》卷九十《辩正论》卷三，台湾：华藏净宗学会出版，2003年。
[3]《魏书》卷一一四。
[4] 龙显昭：《中国古代宗教管理体制源流初探》，《中华文化论坛》2000年第4期。
[5]《魏书》卷一一四。
[6]《魏书》卷一一四。
[7]《乾隆大藏经》卷九十《辩正论》卷三，台湾：华藏净宗学会出版，2003年。
[8]《魏书》卷一一四。
[9]（魏）杨衒之撰，周祖谟校释：《洛阳伽蓝记校释》卷五，北京：中华书局，1963年。

室五等诸侯寺839所，百姓造寺3万余所，总度僧尼200万人[1]，形成了中国历史上的第一次佛教高潮，以至于官修史书中出现了专门记载宗教的章节《魏书·释老志》。此外，平城近郊营建规模庞大的石窟寺——云冈石窟，也对后续都城的规划建设产生了影响，诸如北魏洛阳与龙门石窟、邺城与响堂山石窟、晋阳与天龙山石窟、唐东都洛阳与龙门石窟等。

平城时代都城中汇集了大批高僧大德，如释玄高、昙始、玄畅、法果、惠始、师贤、昙曜、道进、僧超、法存、昙度、佛陀禅师等等；建立佛寺一百余处，但见于文献记载的佛寺却十分稀少，现略考如下：

1. 五级佛图、耆阇崛山、须弥山殿、讲堂、禅堂及沙门座

建于天兴元年（398），官寺，是北魏平城最早的佛寺。据《释老志》记载，天兴元年（398）"始作五级佛图、耆阇崛山及须弥山殿，加以缋饰。别构讲堂、禅堂及沙门座，莫不严具焉"。以上可能包括三座佛寺，即五级佛图、须弥山殿和耆阇崛山。五级佛图和须弥山殿是用寺院中的主要建筑命名寺院的，具有早期佛寺的命名特征。佛图也称浮图、浮屠，为佛陀的音译，意译为净觉，也是寺塔的别名。《释老志》记载平城"起永宁寺，构七级佛图，高三百余尺"，即为例证。五级佛图当是寺院中以五层佛塔为主要建筑的佛寺，这也从一个侧面反映了北魏时期佛寺布局的主要特征。耆阇崛山，又作只阇崛山、耆阇多山、崛山，意译作灵鹫山、鹫头、灵山，位于中印度摩羯陀国首都王舍城之东北，为著名的佛陀说法之地，法显《佛国记》[2]和玄奘《大唐西域记》对此山皆有详细记载，后者称"鹫峰"[3]。有学者研究认为，此处耆阇崛山即文献中的灵岩山，今名武州山，就是云冈石窟所在之处。这里以耆阇崛山代指云冈石窟最早的洞窟，也就是那里的佛寺[4]。讲堂、禅堂及沙门座则是以上佛寺的附属建筑。

2. 长庆寺

见东京书道博物馆藏北魏《神麚四年造塔记》，如前述，此从略。

3. 八角寺

不知始建何时，太武帝太延（435～440）时仍存在，高僧惠始生前曾居此寺。惠始俗姓张，清河人，据《释老志》载，惠始曾在长安"观习经典""三辅有识多宗之"，并得到了刘裕子义真及僚佐的敬重，在关中具有很高声望。"世祖初平赫连昌，得沙门惠始。……统万平，惠始到京都。"太武帝平赫连昌在始光三年（426），北魏大举

---

[1]《乾隆大藏经》卷九十《辩正论》卷三，台湾：华藏净宗学会出版，2003年。
[2]（晋）法显：《佛国记》，北京：中华书局，1991年。
[3]（唐）玄奘撰，章巽校点：《大唐西域记》，上海：上海人民出版社，1977年。
[4] 辛长青：《云冈石窟与耆阇崛山——关于云冈石窟开凿年代的新说》，《大同日报》2006年12月8日第11版。

攻夏，克长安，兵临统万城，掠万余家而回。次年（427），占领夏都统万，赫连昌逃往上邽。始光五年（428），北魏攻上邽，赫连昌被擒[1]。"初平赫连昌"当指始光三年（426）事，惠始应是随着被掠的万余家一起从统万城来到平城的，在平城期间得到了太武帝的尊敬，太延（435～440）年间终于八角寺，并葬于该寺，"至真君六年（445），制城内不得留瘗，乃葬于南郊之外"[2]，说明八角寺位于平城城内，但确切位置不明。

4. 五级大寺

《魏书》诸本"级"作"缎"，《册府元龟》卷五一、《广弘明集》卷二作"级"，中华书局标点本《魏书》校勘记认为："按五级，指寺之塔，也即称此寺为'五级寺'。卷七五《尔朱兆传》见晋阳五级寺，《高僧传》卷五《释道安传》见长安五级寺，亦名五重寺，虽非一地，可以类比。"平城永宁寺"构七级佛图"亦可为证，则五级大寺当必有五级塔，名为大寺，该寺在平城理应是规模很大的佛寺。据《释老志》："兴光元年（454）秋，敕有司于五级大寺内，为太祖已下五帝，铸释迦立像五，各长一丈六尺，都用赤金二十五万斤。"[3] 显然此寺为官寺。为帝王立像，正如沙门法果所言："太祖明睿好道，即是当今如来，沙门宜应尽礼，遂常致拜。"他还曾对人说："能鸿道者人主也，我非拜天子，乃是礼佛耳。"[4] 开创了出家人拜世俗帝王的先例。

5. 永宁寺

据《释老志》，天安二年（467）"高祖诞载。于时起永宁寺"，此当为佛寺始建时间，该寺专为拓跋宏降生而建，为京都平城最大的佛寺、官寺。遗址至今未发现。《水经注》记载其位于平城南部。寺内有七级佛塔，"高三百余尺，基架博敞，为天下第一"[5]，既是平城的最高建筑，可能也是当时北魏境内的最高建筑。孝文帝上任后屡次在此活动，"承明元年（476）八月，高祖于永宁寺设太法供，度良家男女为僧尼者百有余人，帝为剃发，施以僧服，令修道戒，资福于显祖。……太和元年（477）二月，幸永宁寺设斋，赦死罪囚。三月，又幸永宁寺设会，行道听讲，命中、秘二省与僧徒讨论佛义，施僧衣服、宝器有差"[6]。迁都后也曾在洛阳建永宁寺，为熙平元年（516）灵太后胡氏所立，位置在宫前阊阖门南一里御道西[7]。"灵太后亲率百僚，表基立刹。佛图

---

[1]《魏书》卷九五。
[2]《魏书》卷一一四。
[3]《魏书》卷一一四。
[4]《魏书》卷一一四。
[5]《魏书》卷一一四。
[6]《魏书》卷一一四。
[7]（魏）杨衒之撰，周祖谟校释：《洛阳伽蓝记校释》卷一，北京：中华书局，1963年。

九层，高四十余丈，其诸费用，不可胜计。"[1]此寺极尽奢华，仍为洛阳最大佛寺，孝武帝永熙三年（534）寺塔焚毁，同年迁都于邺，北魏王朝结束，寺遂废。该寺遗址已经勘探和发掘[2]，布局清晰。平城与洛阳的两处永宁寺位置相同，皆位于宫城南，从笔者前文对平城明堂遗址和洛阳永宁寺的对比，说明洛阳建筑受平城影响十分明显，洛阳永宁寺也当保留着平城永宁寺的部分特点，这对后者的研究将不无裨益[3]。

6. 天宫寺

始建年代不详，具体位置不明。由《释老志》可知，天安二年（即皇兴元年，467）孝文帝元宏诞生时该寺已存在，这一年建了永宁寺，并"又于天宫寺，造释迦立像。高四十三尺，用赤金十万斤，黄金六百斤。皇兴（467～471）中，又构三级石佛图。榱栋楣楹，上下重结，大小皆石，高十丈，镇固巧密，为京华壮观"[4]。从佛像的巨大规模以及寺庙的奢华程度来看，此寺也应是官寺。

《水经注》记载洛阳永宁寺塔"基方十四丈"，实际发掘所见塔基呈正方形，每边长38.2米[5]，每尺折合0.272 86米，则天宫寺释迦立像高43尺，合11.73米，此高度与云冈石窟中的第一大窟第3窟主佛像（10米）、第13窟主佛像（13米）接近，著名的第20窟露天大佛高也不过14米[6]，可见天宫寺释迦立像之巨大，所以该寺应是平城佛寺中一座非常重要的寺庙。但三级石佛图高十丈，合27.286米，似乎不合情理，或不止三级，或高度有误。

7. 鹿野佛图

始建年代不详，献文帝拓跋弘当政期间（466～471）已建成，官寺。现存遗迹位于大同市马军营乡小石子村大沙沟北1.5公里处[7]，在市区西北方向，东南距今大同市区北部的操场城北魏一号建筑遗址7.16公里。现存为开凿于山崖南麓的一组小型石窟，东西长30米，尚存洞窟11个，包括居中的造像窟和分列其左右两侧的10个禅窟。崖面遗留的梁孔显示，窟前曾有木构建筑，但时代不详[8]。

---

[1]《魏书》卷一一四。
[2] 中国社会科学院考古研究所：《北魏洛阳永宁寺1979—1994年考古发掘报告》，北京：中国大百科全书出版社，1996年。
[3] 王银田：《北魏平城明堂遗址研究》，《中国史研究》2000年第1期；《北魏平城明堂遗址再研究》，中国魏晋南北朝史学会等：《北朝研究》第二辑，北京：北京燕山出版社，2001年。
[4]《魏书》卷一一四。
[5] 中国社会科学院考古研究所：《北魏洛阳永宁寺1979—1994年考古发掘报告》，北京：中国大百科全书出版社，1996年。
[6] 中国美术全集编辑委员会：《中国美术全集·雕塑编·云冈石窟雕刻》，北京：文物出版社，1988年。
[7] 国家文物局：《中国文物地图集·山西分册》，北京：中国地图出版社，2006年。
[8] 李治国、刘建军：《北魏平城鹿野苑石窟调查记》，云冈石窟文物保管所：《中国石窟·云冈石窟》（一），北京：文物出版社、日本：平凡社，1991年。

据《魏书·太祖纪》载，天兴二年（399）道武帝拓跋珪在平城北郊"以所获高车众起鹿苑"，"鹿野佛图"之寺名因建于平城鹿野苑而得名，"鹿野""鹿苑"皆"鹿野苑"之简称。据《魏书·显祖纪》载，皇兴四年（470）"十有二月甲辰，幸鹿野苑、石窟寺"[1]，则该寺建于皇兴四年以前。《释老志》曰："高祖践位，显祖移御北苑崇光宫，览习玄籍。建鹿野佛图于苑中之西山，去崇光右十里，岩房禅堂，禅僧居其中焉。"[2] "岩房禅堂"的记载与现存的石窟是吻合的。《南齐书·魏虏传》也曾记载："宏父弘禅位后，黄冠素服，持戒诵经，居石窟寺。"[3] "佛图"有佛、佛塔或佛寺之意，此处当指佛寺，而非石窟中雕刻的图画[4]。如"灵太后幸永宁寺，躬登九层佛图"[5]。"凡宫塔制度，犹依天竺旧状而重构之，从一级至三、五、七、九。世人相承，谓之'浮图'，或云'佛图'。"[6] "佛图"当"佛塔"解。"晋世，洛中佛图有四十二所矣。"[7] "今制诸州郡县，于众居之所，各听建佛图一区。"[8] 后两例中"佛图"当即"佛寺"之意。

北魏高允《鹿苑赋》曰："命匠选工，刊兹西岭。注诚端思，仰模神影。庶真容之仿佛，耀金晖之焕炳。即灵崖以构宇，竦百寻而直正。缅飞梁于浮柱，列荷华于绮井。图之以万形，缀之以清永。若祇洹之瞪对，孰道场之涂回，嗟神功之所建，超终古而秀出，实灵祇之协赞，故存贞而保吉。凿仙窟以居禅，辟重阶以通术。……尽敬恭于灵寺，遵晦望而致谒。"[9] 此赋虽属应景拍马之作，但一则说明鹿野佛图为石窟佛寺，二则说明当时鹿野佛图规模不小。

8. 建明寺

据《释老志》："承明元年（476）八月，高祖于永宁寺，设太法供，度良家男女为僧尼者百有余人，帝为剃发，施以僧服，令修道戒，资福于显祖。是月，又诏起建明寺。"[10] 估计此寺在平城，此外不见任何其他有关文献。

9. 皇舅寺

建于孝文帝和冯太后理政期间，位置在平城郭城内偏南处，冯晋昌造。据《魏

---

[1]《魏书》卷六。
[2]《魏书》卷一一四。
[3]《南齐书》卷五七。
[4]《北魏平城鹿野苑石窟调查记》认为"'鹿野佛图'是指石窟雕刻释迦在波罗奈国鹿野苑说法的形象"，非也。李治国、刘建军：《北魏平城鹿野苑石窟调查记》，云冈石窟文物保管所：《中国石窟·云冈石窟》（一），北京：文物出版社、日本：平凡社，1991年。
[5]《魏书》卷六七。
[6]《魏书》卷一一四。
[7]《魏书》卷一一四。
[8]《全后魏文》卷二，（清）严可均校辑：《全上古三代秦汉三国六朝文》，北京：中华书局，1965年。
[9]（唐）释道宣：《广弘明集》卷二九上，《文津阁四库全书》，北京：商务印书馆，2005年。
[10]《魏书》卷一一四。

书·冯熙传》，熙字晋昌，文明太后之兄，故名皇舅寺。冯氏为皇后，使人外出寻访，将游走于华阴、河东二郡间的冯熙找到并带回京都平城。文明太后临朝之后，熙一门皆贵，封爵昌黎王，除车骑大将军、开府、都督、洛州刺史、侍中、太师，深得孝文帝和冯太后信任，家财巨万。冯熙"信佛法，自出家财，在诸州镇建佛图精舍，合七十二处，写一十六部一切经"[1]。皇舅寺就建造于这一时期。

皇舅寺的位置从《水经注》的记载中可大致作出判断：平城跨如浑水而建，如浑水在平城北苑外的远郊分为两条河流向南流，其中一条水西出，南流进入北苑中，之后经平城西郭内，又向南流，屈迳平城县故城之南，分别向南流经皇舅寺西和永宁七级浮图之西，最后又南流远出郊郭。此水为如浑水的西支流，皇舅寺位于平城县故城南的郭城之内、如浑水西支流东侧、永宁寺和明堂之北。

据《水经注》记载，皇舅寺也是以五层佛塔为中心的布局，装饰奢华，"其神图像皆合青石为之，加以金银火齐，众彩之上，炜炜有精光"[2]。皇舅寺有法师僧义，"高祖时，沙门道顺、惠觉、僧意、惠纪、僧范、道弁、惠度、智诞、僧显、僧义、僧利，并以义行知重"[3]。僧义"行恭神畅，温聪谨正，业茂道优，用膺副翼，可都维那，以光贤徒"[4]，任该寺都维那，统理僧众诸事。

10. 思远寺

位于平城北郊方山（现称西寺梁山）南坡下的二级阶地北侧，建于太和三年（479），官寺。1981年曾经发掘，遗址平面呈南北向长方形，坐北朝南，包括上下两层平台和踏道，实心体回廊式塔基位于遗址近中央处，塔基北侧为佛殿、僧房基址，山门基址在上层平台南端[5]。发现的建筑基址全部位于上层平台，推测该佛寺的主要建筑当位于这里。但下层平台面积更大，下层平台外围就是佛寺的外墙，理应还有其他建筑，但因尚未进行考古发掘，地面也没有留下明显的遗迹，地下情况不明。遗址总面积约5 214平方米[6]。思远佛寺的平面布局和洛阳永宁寺[7]基本一致，两座寺院平面都是南北向长方形，佛塔皆位于寺庙近中央处，佛殿位于塔的北面。思远佛寺在上层平台的西北角发现了僧房遗址，且发现有火炕、灶台和灰烬等与生活有关的

---

[1]《魏书》卷八三。
[2] (北魏) 郦道元注，(民国) 杨守敬、熊会贞疏，段熙仲点校，陈桥驿复校：《水经注疏》卷一三《漯水》，南京：江苏古籍出版社，1989年。
[3]《魏书》卷一一四。
[4] (唐) 释道宣：《广弘明集》卷二四，《文津阁四库全书》，北京：商务印书馆，2005年。
[5] 大同市博物馆：《大同北魏方山思远佛寺遗址发掘报告》，《文物》2007年第4期。
[6] 此数字是笔者根据《大同北魏方山思远佛寺遗址发掘报告》中的平面图结合文字计算出来的。
[7] 中国社会科学院考古研究所：《北魏洛阳永宁寺1979—1994年考古发掘报告》，北京：中国大百科全书出版社，1996年。

遗存[1]，但洛阳永宁寺文献记载的僧房楼观一千余间至今尚未发现，思远佛寺僧房的发现或许对洛阳永宁寺的研究会有所启示。以上二寺的最大区别在于思远佛寺设计为二层平台，这应是后者迁就地形所作出的选择，并不具有普遍意义。

  思远佛寺北侧山顶上即为文明太后冯氏永固陵，两者直线距离约800米，永固陵附近有孝文帝虚宫万年堂以及其他建筑遗址。佛寺所在山坡下则是行宫灵泉宫和灵泉池，所以思远佛寺历来被认为是规模宏大的冯太后陵园的重要组成部分。据《魏书·高祖孝文帝纪》记载，太和三年（479）八月孝文帝"幸方山，起思远佛寺"[2]。《魏书·文成文明皇后冯氏传》曰："太后与高祖游于方山，顾瞻川阜，有终焉之志。因谓群臣曰：'舜葬苍梧，二妃不从。岂必远祔山陵，然后为贵哉！吾百年之后，神其安此。'高祖乃诏有司营建寿陵于方山，又起永固石室，将终为清庙焉。太和五年起作，八年而成，刊石立碑，颂太后功德。"[3] 宿白先生认为："墓地和佛寺结合起来，是冯氏墓园的布局特点。冯氏系北燕冯弘孙女，北燕提倡佛教，5世纪后半叶，冯氏及其兄熙佞佛，广建佛寺，方山墓地既为冯氏所自择，墓园兴建又正当冯氏听政时期，因此估计富有佛教色彩的墓园布局，很有可能出自冯氏本意。由于冯氏在北魏的特殊地位和当时'今以陵万世所仰'的有意安排，所以这种墓寺结合的作法，影响到北朝晚期统治集团的陵墓，甚至影响到北朝以后。"[4] 虽墓寺结合不无可能，但我们认为另一种可能性更大，即思远佛寺和永固陵并无直接关系。首先，没有任何文献记载两者有关，《魏书》《北史》和《水经注》记载思远佛寺和永固陵的文字前后接近，是因为二者空间上相距很近，工程动工的时间也相距不远，思远佛寺工程的动工仅比永固陵早两年。另据山西省考古研究所近年在方山的调查，方山顶部外围设有围墙（山顶较平，故名方山），围墙之内筑有永固陵、万年堂以及其他相关建筑，显然是一组独立的建筑单元；思远佛寺则在此围墙之外，而且是在位于山顶陵墓区的山坡下面。有关冯太后葬礼的文字记载中也不见有任何佛教色彩，且整个北魏王朝帝后葬礼都与佛教无涉。最早记录陵墓与佛寺组合的例证见《洛阳伽蓝记·白马寺》"明帝崩，起祇洹于陵上"[5]，似乎是将祇洹建在陵墓区之内，但有关汉明帝与佛教的关系带有浓重的附会成分，难以令人信服。北朝晚期帝后瘞葬与佛寺有关的确有二例，即西魏文帝皇后乙弗氏和大丞相高欢。乙弗氏虽贵为皇后，但文帝迫于柔然威胁，另娶柔然主阿那瓌的长女为后（即悼后），先令乙弗后出家为尼，大统

---

[1] 思远佛寺僧房位置在报告的平面图上标在上层（报告称之为第二层）平台西北角，文字却说在下层（报告称之为第一层）平台，据报告作者胡平先生说，该报告文字部分有误。
[2]《魏书》卷七。
[3]《魏书》卷一三。
[4] 宿白：《盛乐、平城一带的拓跋鲜卑、北魏遗迹——鲜卑遗迹辑录之二》，《文物》1977年第11期。
[5]（魏）杨衒之撰，周祖谟校释：《洛阳伽蓝记校释》卷四，北京：中华书局，1963年。

六年（540），柔然大兵压境，无奈将其赐死，"凿麦积崖为龛而葬……废帝时，合葬于永陵"[1]。麦积崖即保存至今的麦积山石窟寺。乙弗后先前的这种葬法与其曾出家为尼有关，是按僧尼的葬法处置的。高欢于武定五年（547）去世，据《资治通鉴》记载："虚葬齐献武王于漳水之西，潜凿成安鼓山石窟佛寺之旁为穴，纳其柩而塞之，杀其群匠。及齐之亡也，一匠之子知之，发石取金而逃。"[2]据传高欢瘗葬在北响堂山石窟之北洞里面的洞穴中，这里也确发现有洞穴，其大小足以容纳一棺[3]，但《通鉴》的记载更像是传说，更像是由于这一洞穴引发出来的，而《北齐书·神武纪》载："葬于邺西北漳水之西，魏帝临送于紫陌。……陵曰义平。"[4]并未与佛寺关联，不管高欢还是乙弗氏，陵墓区尚未发现与佛寺组合一处的线索。

《释老志》不记在永固陵建思远佛寺，却说"于方山太祖营垒之处，建思远寺"，也说明该寺与永固陵无关。北魏初年拓跋珪就曾在此建营垒，按"营垒"指军营周围的防御性构筑物，即堡垒。《六韬·军略》："设营垒，则有天罗、武落、行马、蒺藜。"[5]《宋书·武帝纪》："冠军将军柳元景前锋至新亭，修建营垒。"[6]方山顶部是一处适合"神其安此"的风水宝地，方山周围更是一处军事重地、交通要道，由此南下可直达京都平城，北出塞上即为草原，通漠南或旧都盛乐，北魏时期当是人流较多的地方[7]，思远佛寺的设立可能与此有关。事实上，冯氏墓园不仅不见佛教因素，文献记载其葬俗具有更为古老的鲜卑遗风，这应是由墓葬文化的滞后性所决定的。

据《广弘明集》卷二四载孝文帝《以僧显为沙门都统诏》，僧显曾主持思远寺[8]，"高祖时，沙门道顺、惠觉、僧意、惠纪、僧范、道弁、惠度、智诞、僧显、僧利，并以义行知重"[9]。僧显身为高僧，孝文帝时曾任沙门统[10]。

平城的"思远佛寺"之名极易使人联想到"思燕佛寺"，冯太后曾"立思燕佛图于

---

[1]《北史》卷一三。
[2]《资治通鉴》卷一六〇。
[3] 李裕群：《北朝晚期石窟寺研究》，北京：文物出版社，2003年。
[4]《北齐书》卷二。
[5] 唐书文：《六韬·三略译注》，上海：上海古籍出版社，2006年。
[6]《宋书》卷六。
[7] 北魏平城通往北方的道路主要有三条：西路顺武州川河岸西行，经今右玉县杀虎口至旧都盛乐，西渡君子津到鄂尔多斯高原，再西过河西走廊至西域；东路东出张家口，向东或北，经今北京或河北坝上通往东北或进入内蒙古草原东部；中路由平城沿如浑水北上，此路恰经方山下，是平城通往漠南，并经今呼和浩特北面的白道北上武川到漠北的交通干道。
[8]（唐）释道宣：《广弘明集》卷二四，《文津阁四库全书》，北京：商务印书馆，2005年。
[9]《魏书》卷一一四。
[10]《全后魏文》卷五，太和十七年《立僧尼制诏》，严可均校辑：《全上古三代秦汉三国六朝文》，北京：中华书局，1965年。

龙城"[1]，故址即今辽宁朝阳北塔位置[2]。文明太后冯氏祖父乃北燕国主冯弘，父亲冯朗也曾在北燕宫中为官，降魏后因事被诛。龙城曾是北燕都城，是冯太后祖父发迹之地，冯氏把龙城的这座佛寺命以"思燕"，曲折地表达着一份特殊的情感，平城佛寺取名"思远"，与"思燕"或许具有相同的意味。

11. 方山石窟寺

方山不仅有思远佛寺，还有"方山石窟寺"。《魏书·高祖纪》载太和八年（484）"秋七月乙未，行幸方山石窟寺"[3]。方山石窟寺仅见以上一条文献，此外不见其他记载。因方山至今未发现石窟寺的任何线索，也有人推想"行幸方山石窟寺"应理解为"行幸方山、石窟寺"，即是两个地点，后者指今云冈石窟。云冈石窟，北魏时称武州山石窟寺或灵岩，《魏书》有关平城记事，如若称"石窟寺"，则一般应指云冈石窟。《魏书·显祖纪》记载献文帝皇兴四年（470）"十有二月甲辰，幸鹿野苑、石窟寺"。此石窟寺也应是指云冈石窟。鹿野苑[4]距云冈石窟不远，可以在同一天行幸；而云冈石窟和方山分别位于平城的西、北两个方向，相距近百里，且沿途多山水，道路崎岖，行动颇有不便，同一日出幸两地似有难度，所以笔者认为此次所幸为一处地点，即方山石窟寺，只是目前尚未发现而已。《魏书》见有一条记载：太和四年（480）八月甲辰，幸方山，戊申，幸武州山石窟寺[5]，其间相隔四天。严耕望先生曾注意到太和八年（484）秋七月乙未孝文帝行幸方山石窟寺一事，并根据《资治通鉴》永明二年同日所记"魏主如武州山石窟寺"[6]，认为此处当指武州山石窟寺[7]。

12. 报德寺

太和四年（480）春，孝文帝下诏罢鹰师曹，以其地为太后冯氏立报德寺。官寺。鹰师曹的设置仅见于北魏，这与鲜卑人来自草原的生产、生活习性有关。鹰师指驯鹰之人，是一种古老的职业，北方狩猎、游牧民族历来多重驯鹰，历经魏晋北朝，中原人也受北方游牧民族影响，至隋代，隋炀帝曾"征天下鹰师，悉集东京，至者万余人"[8]。

---

[1]《魏书》卷一三。
[2] 辽宁省文物考古研究所等：《朝阳北塔考古发掘与维修工程报告》，北京：文物出版社，2007年。
[3]《魏书》卷七。
[4] 李治国、刘建军：《北魏平城鹿野苑石窟调查记》，云冈石窟文物保管所：《中国石窟·云冈石窟》（一），北京：文物出版社、日本：平凡社，1991年。
[5]《魏书》卷七。
[6]《资治通鉴》卷一三六。
[7] 严耕望：《魏晋南北朝佛教地理稿》，上海：上海古籍出版社，2007年。是书第五章《东晋南北朝佛教城市与山林》注28："八年七月乙未作'行幸方山石窟寺'，似若方山亦有石窟寺者。盖此前太和三年起文石室于方山，五年建永固石室于方山，故此条'方山石窟寺'有为方山石室之可能。但《通鉴》一三六齐永明二年同日，作'武州山石窟寺'，是年即魏太和八年，故似仍以指武州山石窟寺为正。盖方山在城北，武州山在城西，孝文前此出幸，多由方山西至武州山石窟，此次盖亦由方山西至武州山，史文省略耳。"
[8]《隋书》卷三。

鹰师曹执掌鹰师驯鹰，专供皇室、贵戚狩猎之用。拓跋宏3岁丧母，自幼得到文明太后冯氏抚养，感情笃深。太和四年（480），14岁的拓跋宏下诏："'朕以虚寡，幼纂宝历，仰恃慈明，缉宁四海，欲报之德，正觉是凭。诸鸷鸟伤生之类，宜放之山林。其以此地为太皇太后经始灵塔。'于是，罢鹰师曹，以其地为报德佛寺。"[1]这一行为折射出鲜卑人入主中原后，经长期与汉民族融合，其固有的游牧经济形态在逐步弱化。北魏洛阳也有报德寺，"报德寺，高祖孝文皇帝所立也，为冯太后追福，在开阳门外三里"[2]。可看作是平城报德寺的延续。

13. 紫宫寺

始建年代不详，位于平城宫，官寺。据《水经注》卷一三载："太和殿之东北接紫宫寺，南对承贤门，门南即皇信堂。"[3]太和殿为平城宫正殿之一，冯太后生前临朝之所，这里位于平城宫殿区东侧第二条南北向轴线上，其位置在平城宫中央区域的南端[4]。该寺建在宫殿区内，是北魏时期皇室佞佛的产物。《南齐书·魏虏传》也曾记载："（元）宏尤精信，粗涉义理，宫殿内立浮图。"[5]说明平城确有于宫中建立佛寺的情况。紫宫本为星官名，指紫微垣，也常用以代指帝王宫禁或神话中天帝的居室。左思《咏史》之五曰："列宅紫宫里，飞宇若云浮。"[6]紫宫寺的名称应与其位于宫禁之中有关。

14. 祇洹舍

位于平城东郭外，钳耳庆时建于太和年间（477~499，其中494年以前为都平城时期）。钳耳庆时即王遇，《魏书》有传。王遇，字庆时，冯翊李润镇羌。爵宕昌公，曾任吏部尚书等职。迁洛后在宣武帝元恪初，兼将作大匠，光禄大夫。"遇性巧，强于部分。北都方山灵泉道俗居宇及文明太后陵庙，洛京东郊马射坛殿，修广文昭太后墓园，太极殿及东西两堂、内外诸门制度，皆遇监作。"[7]王遇为文明太后所宠，前后赐以奴婢数百人以及马牛等，十分富有。他精于佛教建筑，在平城时期曾多次参与立寺开窟，宿白先生推测云冈石窟中雕饰繁缛的第9、10双窟就是他主持开凿的[8]。《水经注》卷一三曰："东郭外，太和中，阉人宕昌公钳耳庆时立祇洹舍于东皋，椽瓦梁栋，台壁棁陛，尊容圣像，及床坐轩帐，悉青石也。图制可观，所恨惟列壁合石，疏而不密。庭中

---

[1]《魏书》卷一三。
[2]（魏）杨衒之撰，周祖谟校释：《洛阳伽蓝记校释》卷三，北京：中华书局，1963年。
[3]（北魏）郦道元注，（民国）杨守敬、熊会贞疏，段熙仲点校，陈桥驿复校：《水经注疏》卷一三《漯水》，南京：江苏古籍出版社，1989年。
[4] 王银田：《试论大同操场城北魏建筑遗址的性质》，《考古》2008年第2期。
[5]《南齐书》卷五七。
[6]《文选》卷二一。
[7]《魏书》卷九四。
[8] 宿白：《云冈石窟分期试论》，《考古学报》1978年第1期。

有《祇洹碑》，碑题大篆，非佳耳。"[1] 皋，同皋，即高之意，应指平城之东如浑水东岸为高坡，后称无忧坡。

周祖谟先生曾在《洛阳伽蓝记校注·景林寺》中为"祇洹精舍"加注："祇，佛典中作祇。祇洹精舍，梵言 Jetavanavihār，出《贤愚经》卷十。昔舍卫国王波斯匿有大臣名曰须达，居家巨富，财宝无限，好布施，赈济贫乏及诸孤老，时人称之曰给孤独长者。须达以国王太子祇陀之园为佛立精舍，因名太子祇陀树给孤独园。祇洹即祇陀，皆一语之异译。"[2] "祇洹舍"应是"祇洹精舍"的略称，本意指禅房内的修法处所[3]，南北朝时也用来代指佛寺，为寺名，如梁元帝萧绎《金楼子·后妃篇》记载，梁宣修容"在荆州起禅林、祇洹等寺"[4]，可为证。

15. 石祇洹舍并诸窟室

位于今云冈石窟西，尼寺，具体地点尚存争议。《水经注》曰："武周川水又东南流，水侧有石祇洹舍并诸窟室，比丘尼所居也。其水又东转，迳灵岩南。"[5] 今云冈石窟以西较为集中的北魏石窟群主要有焦山石窟[6]和鲁班窑石窟[7]两处，由于文献记载简练，石祇洹舍并诸窟室究竟是哪处尚难定夺，或许是泛指今焦山石窟和鲁班窑石窟以及云冈石窟以西诸小型石窟，从名称分析，应属石窟寺无疑。

16. 武州山石窟寺

今称云冈石窟，北魏时称武州山（或武周山）石窟寺或灵岩，或径称石窟寺，"云冈"之名始于明嘉靖[8]。位于今大同市区西18公里处的武州山，窟前邻近武州川水（现称十里河）。始建年代虽尚存争议，但多数学者认同宿白先生观点，以"昙曜五窟"的开凿年代和平元年（460）为起始，正光（520~525）以后工程结束。主要大型洞窟为中央政府开凿，中西部小窟为迁洛之后民间所凿。云冈石窟为千古大作，研究成果颇多，兹不赘矣。

---

[1] （北魏）郦道元注，（民国）杨守敬、熊会贞疏，段熙仲点校，陈桥驿复校：《水经注疏》卷一三《㶟水》，南京：江苏古籍出版社，1989年。
[2] （魏）杨衒之撰，周祖谟校释：《洛阳伽蓝记校释》卷一，北京：中华书局，1963年。
[3] 《洛阳伽蓝记》卷一："景林寺，在开阳门内御道东。……寺西有园，多饶奇果。春鸟秋蝉，鸣声相续。中有禅房一所，内置祇洹精舍，形制虽小，巧构难比。"（魏）杨衒之撰，周祖谟校释：《洛阳伽蓝记校释》卷一，北京：中华书局，1963年。
[4] 《金楼子》，《文津阁四库全书》，北京：商务印书馆，2005年。
[5] （北魏）郦道元注，（民国）杨守敬、熊会贞疏，段熙仲点校，陈桥驿复校：《水经注疏》卷一三《㶟水》，南京：江苏古籍出版社，1989年。武周川即武州川。
[6] 辛长青：《关于〈水经注〉记录云冈之疏证》，云冈石窟文物研究所：《云冈百年论文选集》，北京：文物出版社，2005年。
[7] 陆屹峰、员海瑞：《云冈石窟尼寺考》，《文物季刊》1989年第1期。
[8] 阎文儒：《云冈石窟的开创和题材分析》，《社会科学辑刊》1980年第5期。

此外，东京书道博物馆还存有太平真君三年（442）《鲍纂造塔记》，据敦煌研究院赵声良先生称，文字刻在一座塔基的础石正面，两侧刻供养人像[1]。但笔者尚未见到有关资料或实物，不知是否有关于平城佛寺的记载。

严耕望先生在论及北魏平城时代佛教时曾指出："按魏都平城时代，为亚洲盛国，西域诸国，相继来朝，从事朝贡贸易，僧徒亦乐东来弘法。魏之君主，或精诚信向，或为凝聚民心，而大崇佛法，凡所建制，规模宏丽，不但远过前朝，亦为南都建康所未闻。豪家大族，亦从而施舍，北魏高宦富室之有家僧盖不始于都洛时代也。上下崇佛如此，故僧徒所聚，定复不少，此观《释老志》列举前期各帝时代著闻僧名，已可征知。"[2]

平城时代是中国佛教文化形成的第一次高峰，曾几何时，京都平城佛塔林立，僧侣云集，诵经之声不绝，然时过境迁，如今只剩几处石窟残寺，上百处佛寺难觅踪影，文献钩沉难得十之一二，吾辈任重道远矣。

---

[1] 赵声良：《书道博物馆及藏品简介》，载（日）中村不折著、李德范译：《禹域出土墨宝书法源流考》，北京：中华书局，2003年。
[2] 严耕望：《魏晋南北朝佛教地理稿》，上海：上海古籍出版社，2007年。

18 / 辽代大同壁画墓、华严寺

一、壁画墓

大同，是我国北方著名的历史文化名城，因其特殊的地理位置，辽、金两代的西京设于此，形成了古代大同独特而又灿烂的历史文化。从20世纪50年代至今，大同市的几代考古工作者曾先后发掘、清理数十座辽墓，其中壁画墓就有近20座。本文试着归纳这些壁画墓的材料，略作一些分析与探讨。

（一）

自后晋石敬瑭会同元年（938）割燕云十六州给契丹后，大同始划入辽地。"初为大同军节度，重熙十三年（1044）升为西京。……统州二、县七"[1]，辖地包括今大同市和雁北地区的天镇、阳高、左云、怀仁，内蒙古自治区的凉城和丰镇二县以及河北的怀安、阳原县的部分地区。就目前已发表的材料看，这一地域所发现的辽代壁画墓，主要包括大同城东马家堡1座[2]、城北卧虎湾7座（其中一座材料未发表）、西南郊十里铺2座、新添堡2座[3]、城南纸箱厂1座，以及经济管理干部学校、铁十七局大院、煤气公司气源厂等数座（材料均未发表），共计近20座（图18-1），大致分布在辽西

---
[1]《辽史》卷四一。
[2] 张秉仁：《大同城东马家堡发现一座辽壁画墓》，《文物》1962年第2期。
[3] 大同市文物陈列馆：《山西大同卧虎湾四座辽壁画墓》，《考古》1963年第8期；山西省文管会：《山西大同郊区五座辽壁画墓》，《考古》1960年第10期；边成修：《大同西南郊发现三座辽代壁画墓》，《文物》1959年第7期；谢廷琦：《大同新添堡辽代许从赟壁画墓》，《大同文史资料》第14辑，1986年。

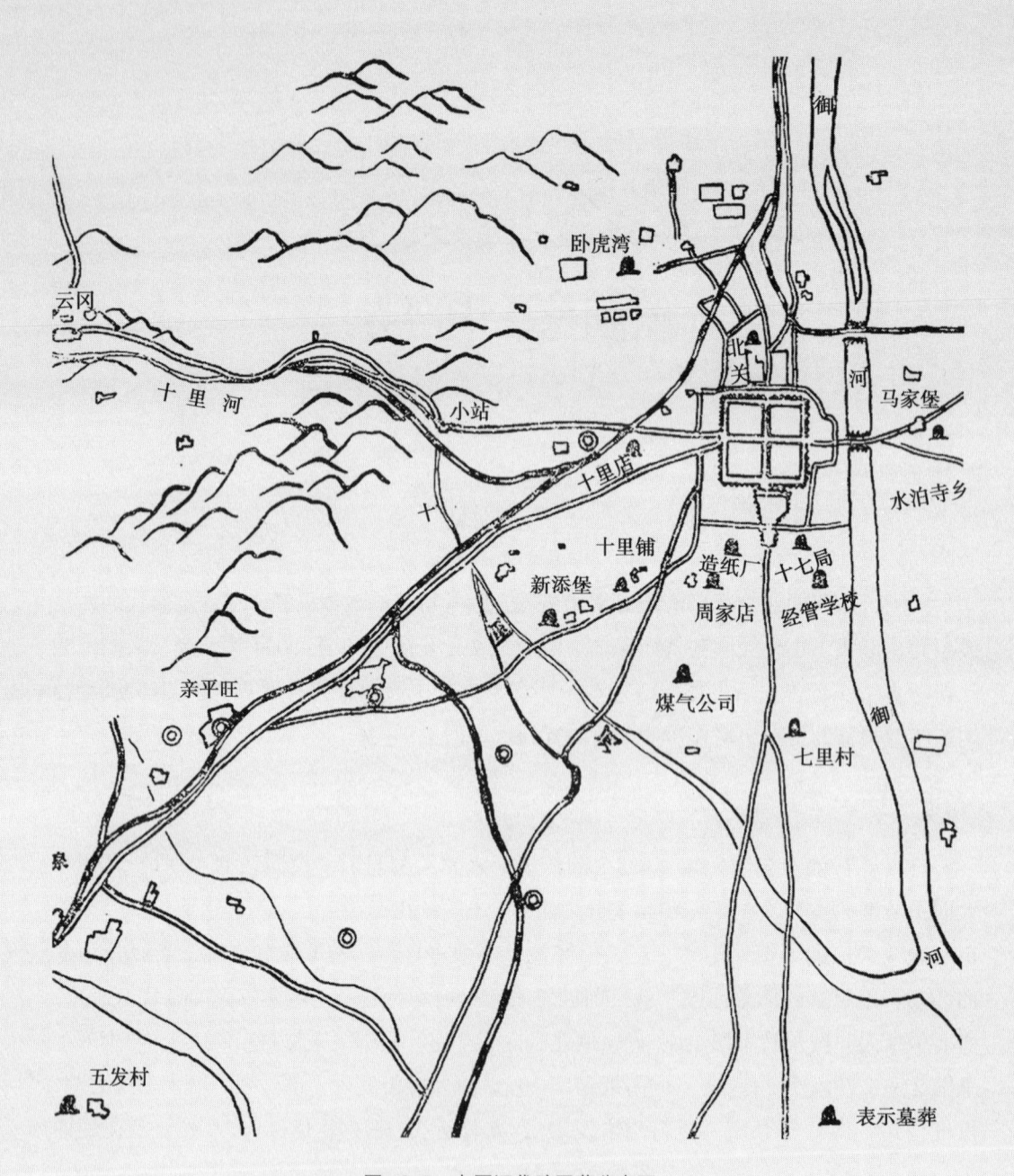

图 18-1 大同辽代壁画墓分布图

京城的近郊[1]。

墓葬形制均为砖券单室墓，南北向，墓室平面呈圆形，穹窿顶，墓室北侧大多有半圆形棺床。绝大多数的墓室直径都在1.5米左右，极少超过2米。由于墓室狭小，甬道也都很短。墓道分作斜坡与台阶式两种，前者占绝大多数。壁画就绘在墓壁和墓顶的白灰面上，有的墓在棺床上或墓道两侧也绘有壁画。甬道一般不见壁画。

出土器物主要包括明器与日用炊食器两类，且数量不多。其他器物很少见。如1957年发掘的十里铺M27，坐北朝南，墓室平面呈圆形，底径1.45米，通高1.75米，整个墓室及甬道皆用单面条形沟纹砖单层砌券。墓室北有棺床，半径0.75米，高0.2米，甬道长0.4米。墓道为阶梯式，计7级，全长2.8米。棺床大约占去墓室面积的一半。棺床正中为1件黄白釉刻花瓷罐，内装骨灰，口用白瓷碟覆盖。骨灰中有铜钱8枚。骨灰罐前有涂白地朱绘莲花纹砖3块，两侧的2块为方形，中间的1块为长方形，其上置白瓷碗、碟各1件，筷子1双；紧靠棺床东西两壁下，发现有2堆腐朽的纸灰[2]。比十里铺M27规模略大的新添堡M29出土器物稍多，其中碗、盘、锅等炊食类器物占绝大多数，此外还有4枚涂有彩色的河卵石。

已发掘的大同辽代壁画墓中，规模最大的莫过于新添堡出土的辽大同军节度使许从赟夫妇合葬墓。该墓为仿木结构建筑的砖砌单室墓，坐北朝南，甬道南口上用砖砌出墓门楼，墓室平面呈圆形，穹窿顶，高5.2米，底径4.92米。出土文物20余件，其中除6件造型规整的"制药工具"外，其余多为明器。

由于墓主人生前的地位不同，墓室面积的大小相差较大，但其墓葬的形制则几乎是一样的，且全部采用火葬。到目前为止，尚未发现双室或多室的墓葬，墓形仅平面圆形一种。不管是许从赟这样的上层官僚，还是一般中小地主（如新添堡M29）都采用单室砖墓。墓主人生前地位的高低，我们似乎只能从这一单室的面积上略微看出一点眉目。从时间跨度来看，有辽一代，这种砖砌单室、穹窿顶、短甬道、墓室平面呈圆形的墓葬一直沿用不衰，这一特点与同期的没有壁画的墓葬是一致的。

在辽代，这里的劳动人民死后一经火化，骨灰就会装入陶罐，挖一浅坑，草草埋入地下了事。大凡属中小地主及官僚阶层的，总有一砖砌墓室，或绘有壁画，或无壁画，但墓形是一样的。这点在大同发现的辽墓中表现得十分突出，大同以外的其他地区，不论是东北、内蒙古、北京的辽墓，还是长江南北的宋墓，多墓室比比皆是，天井也常常见到；墓室不仅有圆形，还有六角形、八角形、方形、长方形等多种，形制远比大同辽

---

[1] 保存至今的明清大同城即辽大同府城故址，只是辽城略大，城墙位置略有变动。
[2] 山西省文管会：《山西大同郊区五座辽壁画墓》，《考古》1960年第10期。

墓丰富。以北京南郊赵德钧墓为例，赵氏乃后唐降将、卢龙军节度使，墓有九室，各墓室均有影作立柱、砖砌斗拱、直棂窗、门楣，推测九座墓室原来都有壁画，发掘时仅存三幅；依壁画内容与随葬器物看，各墓室的功能是不同的。该墓合葬于应历八年（958）[1]。同为辽代早期墓葬，原后唐上层官僚、"契丹国故大同军节度使……领军卫上将军兼御史大夫"[2]、"太保"[3]许从赟墓则仅有一圆形墓室，底径不到5米。赤峰大营子辽驸马赠卫国王墓（葬于应历九年，959），结构复杂，墓室宏大，虽经盗掘，仍出土有文物2100多件，包括金银器、玛瑙器、丝绣织品、服饰、成组的马具，不同种类的武器和各式生活用具等等[4]，实用具占相当比例。与许氏墓相比，可以看出，这种流行于契丹上层的奢侈之风及其丧葬制度与西京地区是不同的。由此看来，辽代的大同人似乎更崇尚节俭与实用。随葬器物除几件陶质明器外，一般只有为数不多的几件生前日用炊食器。这除了质朴的地方传统外，恶劣的自然环境致使经济较为落后，置办简单而实用的随葬品不会给家庭带来重大负担；同时与使用纸扎和以壁画代替部分实物也有一定关系。

（二）

大同辽墓壁画多画在墓室周壁及顶部，甬道或涂有白灰层，但尚未发现绘有任何图案的。这与其他地区于甬道两侧画门卫或门神明显不同。在已发掘的墓葬中，墓道绘有壁画的仅大同市经济管理干部学校M2（位于南关）一例。该墓在墓门两侧与墓道东西两壁拐角处，分别用土红色绘出立柱，柱上绘由额、阑额及护斗、一斗三升拱等，并与墓道两壁的相同壁画连接。其余墓的墓道均不见壁画。

墓室壁画的布局很有规律，这一点不论是辽代早期墓还是辽代晚期墓都是一致的，即因不同的壁画内容由上至下分为三层。穹窿顶一般绘天象图，画有日月星辰，或象征日、月的金乌、桂树和玉兔，这一部分往往剥落严重；中间一层一般绘在立墙上端和起券处，内容为斗拱、枋、檐等建筑图案，简单些的只绘护斗与一斗三升拱、柱头枋，其下即是壁画的主要内容所在，这层壁画全部绘在墓室的直壁上。构图上的特点是用绘制的立柱将壁画分成几个既互有联系又单独成幅的单元。立柱大多绘制4根，分别绘在墓室的东北、西北、东南、西南四角，于是将壁画隔成4个部分，其中南壁的墓门两侧组成一幅。此外，也有绘6根或8根立柱的。

---

[1] 北京市文物工作队：《北京南郊辽赵德钧墓》，《考古》1962年第5期。
[2] 谢廷琦：《大同新添堡辽代许从赟壁画墓》，《大同文史资料》第14辑，1986年。
[3] 《辽史》卷六。
[4] 前热河省博物馆筹备组：《赤峰县大营子辽墓发掘报告》，《考古学报》1956年第3期。

下层壁画组成了墓室壁画的主要内容，而且早期与晚期也颇为不同。但到目前为止，大同地区辽代早期壁画墓发现较少，见诸报道者仅乾亨四年（982）许从赟夫妇合葬墓一例。由于材料所限，我们很难把握大同辽代早期壁画墓的全貌，但笔者观察大同所出晚唐与金初墓葬，结合现有资料，初步归纳大同辽代早期壁画墓大致有如下特点：墓形同晚期相差不大，墓室平面也多为圆形，所绘立柱以6根或8根为主，上、中层壁画内容同晚期大致相同，下层壁画绘男侍女婢、门窗之类，较之晚期要简单些，尤其是晚期壁画程式化的特点尚未形成，所以各壁面很难有较为固定的内容。由多人组成的画面难以见到，此时的绘画技法也远不及晚期成熟。

重熙以后的大同辽代晚期壁画墓，已经形成了一定的格局，这主要表现在下层壁画的布局及画面内容上。由于大同辽代壁画墓绝大多数属晚期墓葬，所以对从早期到晚期发展的中间环节目前还不清楚。晚期壁画墓最显著的特点可以概括为"程式化"，墓室各面的壁画都有较为固定的内容。南壁甬道口东西两侧各画一人，或为男仆，或为女婢，或是门神；甬道口对面的北壁为墓室的正面，中间画屏风，上以花卉湖石之类点缀，屏之上方垂以帷幔，两侧各立一侍者，或男或女，或男女各一人，此"开芳宴"画面中墓主人绝不出现。南北两壁画面是晚期壁画中变化最小的。西壁主要表现"出行"场面，有的墓在出行图中配有宴饮等内容；东壁是四壁画面中较为灵活的，它以表现宴饮、备膳为主，偶尔也有"散乐"，但常常增加一些表现现实生活的内容，如衣架、衣服、剪刀、猫狗之类。东西两壁另一明显的特点是每幅壁画均分上、下层，利用俯视的角度增加了画面的纵深感，体现了辽代民间画工对于透视原理的理解与运用。卧虎湾M6为大安九年（1093）小型火葬墓，圆形墓室"顶部绘有东日西月及星球、云气"，四隅以朱色绘四柱，柱头上有斗拱。甬道口两侧各画一门卫。北壁中间绘花石围屏3条，上悬帷幔，围屏两旁绘两女侍，一人叉手侧立，一人双手捧盏托，作侍候主人状。西壁绘车马出行图，方向朝墓门；图中有轿车一辆，"辕前旁系黄驼，辕后旁系一黄犬。下面中间绘朱色菱形隔扇门，左下角绘盆架、脸盆，右下角绘喂马木槽"。东壁绘家庭生活图，上绘衣架一个，架上有3件衣衫，1套袄、裤，两侧各立一侍者，一人双手捧托盘，一人双手捧托盒。下面中间绘朱色菱形隔扇门，左扇微启，门中立一侍女，作开门状。左下绘一老翁，执杖立于门旁，右下绘一女侍，执幡立于门旁[1]。该墓东壁壁画是利用透视原理较为成功的范例。从分为三层的画面看，最上一层表现的是墓主人院内，衣架上是洗过正在晾晒的衣服；中间一层是院门，其中启门少女的点缀更增添了画面的情趣；下面一层表现的是院外，执杖者与执幡者两人分立门旁。画面从俯视的角度

---

[1] 大同市文物陈列馆：《山西大同卧虎湾四座辽代壁画墓》，《考古》1963年第8期。

进行构图,具有较强的纵深感,体现了辽代画工对透视原理的理解与运用已经达到了较为成熟的水平。

大同辽墓壁画的绘画技法同上京、中京、南京的辽墓及宋墓所见相同,即人物用单线勾勒轮廓,平涂敷色,门窗、桌、器皿内的水果等敷色不勾轮廓,花卉用晕染法。

（三）

从以上的叙述,我们不难看出,大同辽代壁画墓有其自身的特点,与上京、中京的契丹人墓葬和其南的宋墓既有相同之处,也有互异之处。即便与南京（今北京）一带的辽代壁画墓相比,也多有不同。有的特点则是在其他地区所不见的。如前所述,大同辽代晚期壁画墓的最大特点是"程式化"。这一特点一方面限制了画家的随意想象,增加了壁画题材的局限性,使一些宋、辽壁画中的随意之作,如北京百万庄辽墓中一女仆在灶前烹饪劳作的情景[1]、赵德钧墓壁画中揉面做饭的场面（或反映契丹人生活场景的草原风情）,如昭乌达盟娄子店放牧图[2]等画面在大同难以见到。但另一方面内容大致相同的题材,又使画面的构图与画师的表现技法更趋完美。我们常常可以看到这些画面的处理十分精致,构图中虚实结合,层次上错落有致,人物互相呼应,表情也十分传神,是辽代艺术品中不可忽视的一部分。

辽代晚期墓中非常普遍地在墓室营建中采用影作砖雕的技法,雕砌出柱、斗拱和桌椅等,而这种情况在大同更多地见于晚唐到辽初的墓中,辽代晚期墓中则用彩色壁画取而代之。山西南部的侯马市曾发掘大批金代墓,墓中常常见到精美的砖雕艺术品,而大同金墓中仅是用彩色壁画,砖雕技法仍然不见,可见大同辽金壁画墓有着自身的变化规律。

与东北、内蒙古发现的辽墓壁画相比,大同辽墓壁画多反映居室生活,生活场景最远不离庭院大门,多是反映室内生活的。而辽宁、内蒙古的不少墓葬壁画则反映了室外生活场景,如法库叶茂台辽墓[3]壁画中的骑猎图、喀喇沁旗娄子店1号墓西壁的放牧图[4],反映了一种粗犷豪放的风格,这除了生活环境的不同外,也在一定程度上反映了不同地域群体的性格。上京、中京辽墓壁画的出行图与归来图分别绘在墓道两壁,场面大,人物多。大同辽墓壁画早期不见出行图,晚期有出行图而无归来图,且规模小,反映了当时的出殡较为简单。另外,上京、中京墓葬壁画常绘有山水画,而大同基本上不见。

---

[1] 北京市文物工作队:《北京西郊百万庄辽墓发掘简报》,《考古》1963年第3期。
[2] 项春松:《辽宁昭乌达地区发现的辽墓绘画资料》,《文物》1979年第6期。
[3] 辽宁省博物馆等:《法库叶茂台辽墓记略》,《文物》1975年第12期。
[4] 项春松:《辽宁昭乌达地区发现的辽墓绘画资料》,《文物》1979年第6期。

与宋墓壁画相比，则又可明显看出大同辽墓壁画的不同之处。后者常见髡发人物像，近半数的墓室棺床上绘有彩色地毯，有形似毡帐的墓室，出行图中常见有驼车等。这些均反映出一种不同于传统汉人农耕文化的塞外风情。尤其不同的是，宋墓壁画中"开芳宴"为夫妇对坐宴饮场面[1]，而大同辽墓壁画中的"开芳宴"则隐去了墓主人夫妇，只在帷幔两侧各立一侍者，这是大同辽墓壁画中非常独特的现象，这一现象一直沿用至大同金代壁画墓中。

综观大同辽代壁画墓，我们总的印象是：它既受北方契丹文化的影响，又受宋文化的影响，加之本地文化、习俗传统模式的制约，在宋、辽时期的墓葬壁画遗存中具有自己独特的风格。

二、华严寺[2]

（一）

"佛法入中国，始于东汉，盛于南北朝，元魏起自北国，入主中夏，宣武之世专上释氏，普修梵宇。云中号为平城，乃其旧都，故所见为独多。"[3]北魏是古代大同宗教文化的极盛时期，佛教尤为繁荣。降及辽代，契丹人信仰佛教，比之鲜卑人有过之而无不及。天复二年（902），辽太祖始置龙化州（内蒙古自治区翁牛特旗以西），此时已创建了开教寺[4]，足证至迟到公元9世纪末年，契丹人已开始信佛。辽太祖曾诏左仆射韩知古建碑龙化州大广寺以记功德，此时的龙化州，寺院已不止一处。神册三年（918）春正月，辽太祖命人攻云州及西南诸部，不久诏建孔子庙、佛寺和道观。辽太祖又于天显二年（927）攻陷信奉佛教的女真族渤海部，以所获僧崇文等五十人归西楼（今内蒙古自治区林东），建天雄寺以居之，以示天助雄武，帝室常常前往天雄寺礼佛并举行各种佛事，佛教信仰已在宫廷贵族间流行[5]。会同元年（938），契丹人取得了原本佛教就十分盛行的燕云十六州，更促进了辽代佛教的发展。圣宗、兴宗、道宗三朝时佛教臻于极盛。道宗本人就著有《华严经随品赞》十卷及《发菩提心戒本》二卷。"北朝皇帝好佛法，能自讲其书。每夏季辄会诸京僧徒及其群臣，执经亲讲，所在修盖寺院，度僧甚

---

[1] 宿白：《白沙宋墓》，北京：文物出版社，1957年。
[2] 合著者：曹彦玲。
[3] 明万历十一年碑《重修善化寺记》，现存大同善化寺三圣殿内。
[4] 《辽史》卷一。
[5] 《辽史》卷一。

众。"[1]"一岁而饭僧三十六万,一日而祝发三千"[2],圣宗以后的几代皇帝继续在北京房山雕刻规模宏大的石经。圣宗、兴宗、道宗三朝编成了著名的《契丹藏》。辽代墓葬多骨灰葬,石棺往往刻有经文,其他随葬文物常常饰以与佛教内容相关的装饰纹样,辽代中晚期,佛教的传播已遍及民间,且已深深地渗透到人们的日常生活中,影响着人们对世界、对人生、对未来的认识。位于今山西大同旧城区西南隅的辽金古刹华严寺就是在这样的社会背景下修建的。"清宁八年(1062)建华严寺,奉安诸帝石像、铜像"[3],同年十二月癸未,道宗洪基幸西京,亲往拜谒。华严寺名沿用至今未改。1961年3月4日,华严寺被国务院公布为第一批全国重点文物保护单位。

（二）

古人有认为华严寺建于唐代者,如明成化元年(1465)《重修大华严禅寺感应碑记》称"肇自李唐",明崇祯十五年(1642)《重修大华严寺碑记》载"始建于隋唐之间",明万历九年(1581)《上华严寺重修碑记》则称"李唐时尉迟敬德增修"。清康熙十二年(1673)《重修大同府上华严寺大殿暨添造禅堂廊庑记》[4]曰:"唐贞观时重修,一碑虽在而未载创始之源。考时稽史则肇自拓跋氏无疑尔。"按:寺内树碑记载寺院兴建的作法始于唐代北方寺庙;再则入唐以来,官府与民间先后在山西境内广建庙宇,佛事颇盛。依上述碑文"一碑惟在而未载创始之源",推测华严寺原来曾有一通唐碑,记载唐贞观时重修华严寺一事（尽管当时未必名"华严寺"）,可惜此碑后来遗失了。唐末五代,战火颇仍,该寺也难逃烽燹。至于华严寺的初建年代,或许并非"肇自李唐",而应更早。早于李唐说的史料仅见于康熙十二年碑《重修大同府上华严寺大殿暨添造禅堂廊庑记》,认为"肇自拓跋氏（即北魏）无疑",不过此说明确是"考时稽史",是作者的推测。依《辽史·地理志·西京道》载"元魏宫垣占城之北面,双阙尚在",及近年田野考古调查所知,现华严寺所处的位置当在北魏平城宫城南、郭城内偏西南处,即《水经注》所记的如浑西水流经地。《水经注》在记如浑西水时就曾提到这一带有皇舅寺与永宁寺[5]。据《魏书·释老志》记,自文成帝兴光年间（454～455）至孝文帝太和（477～500）时期,"京城内寺新旧且百所,僧尼二千余人,四方诸寺六千四百七十八,

---

[1]（宋）苏轼:《栾城集》卷四二,上海:上海古籍出版社,1987年。
[2]《辽史》卷二六。
[3]《辽史》卷四一。
[4] 详见附表,亦见于道光《大同县志·艺文上》,但该书碑名不符,录文有误。（清）黎中辅纂,许殿玺校注,大同市地方志办整理:《大同县志》,太原:山西人民出版社,1992年。
[5] 如浑西水的确切位置目前尚有争议,难以定论,所以北魏平城永宁寺的确切位置目前也难以推定。明正德《大同府志》卷四认为南堂寺即北魏永宁寺,"在府城东南"。究竟在何处,仍有待于将来的考古发掘。

僧尼七万七千二百五十八人"[1]，京城内已是佛寺林立。北魏晚期六镇之乱以后，至东魏、北齐以至于隋，平城经济、文化凋敝，社会动荡。随着突厥的进犯，烽烟又起，往昔的建筑大都摧毁，成为"荒郊处处生荆棘"[2]的荒凉之地。唐代重视修建佛寺，北魏之残存遗址在贞观、开元时重作修复，应当是顺理成章的。但北魏平城内的百所寺庙多无具体方位记载，所以很难考证它是北魏平城的哪座寺庙了。上华严寺大雄宝殿曾于20世纪90年代落架大修，可惜没有对大殿基址进行任何考古发掘，错过了一次绝好的机会。

有关华严寺最早的有确切纪年的史料，是华严寺薄伽教藏殿内槽当心间左右两侧四椽栿底的题字："推诚竭节功臣、大同军节度、云弘德等州观察处置等使，荣禄大夫、检讨太尉，同政事门下平章事、使持节云州诸军事、行云州刺史、上柱国、弘农郡开国公、食邑肆仟户、食实封肆百户、杨又玄"（彩图27），"维重熙七年岁次戊寅玖月甲午朔十五日戊申时建"（彩图28）。薄伽教藏殿是华严寺现存最早的建筑。杨又玄，《辽史》无传，只在《辽史·圣宗纪》有零星记载。杨氏乃统和十六年（998）进士，开泰七年（1018）知详覆院，至迟到太平二年（1022）任枢密副使，太平五年（1025）任吏部尚书、参知政事兼"枢密使"，太平七年（1027）"知贡举"。辽代官制，官分南、北，以国制治契丹，以汉制待汉人，既得燕云十六州之后，乃用唐制，复设南面三省、六部、台、院、寺、监、诸卫、东宫之官；汉人枢密院，本兵部之职，掌汉人兵马之政，初兼尚书省。《辽史》所载之杨又玄，官位显赫，是南面朝官中的要人，加之辽代官职中，出身进士者并不多，杨氏之显赫可见。而薄伽教藏殿题记所见杨氏官职，既无"进士第"的记载，官位也较《辽史》所记偏低，而此题记的时代又晚于《辽史》所记的年代，所以我们怀疑此二杨氏未必是同一人。

华严寺现存金、元、明、清、民国历代碑幢志石共记21通（详见附表），由此可粗略观察该寺自辽以来的兴衰沿革。

华严寺，亦名"大华严寺"，现分为上寺和下寺。据梁思成先生考察，上寺主殿大雄宝殿为金代建筑，下寺薄伽教藏殿为辽代遗构，另有海会殿辽代建筑遗址一处，其余则建于清代及近现代。据此推测，原建于华严寺的北魏寺庙，入唐以后，必已残破不堪，故"唐贞观时重建"。但此时的华严寺，其建制与规模远不及初唐所建的善化寺（唐代称开元寺），唐开元二十六年（738）全国各州郡各建一大寺，皆赐"开元寺"称

---

[1]《魏书》卷一一四。
[2]（唐）张嵩：《云中古城赋》，（清）黎中辅纂，许殿玺校注，大同市地方志办整理：《大同县志》，太原：山西人民出版社，1992年。

号，不选华严寺而选中了善化寺，正可说明这一点。辽重熙七年（1038）建成今薄伽教藏殿，整个佛寺并未形成规模。《辽史·地理志》称"清宁八年（1062）建华严寺，奉安诸帝石像、铜像"，实为增建、扩建，显然有诸多大型建筑，包括九间之殿、七间之殿及薄伽教藏殿与海会殿等五间之殿。这时的华严寺，建筑鳞次栉比，规模宏大，薄伽教藏殿皮藏有宏幅巨帙《契丹藏》，加之又有诸帝后石像、铜像，这里既是一处参禅礼拜和储存经藏的佛教道场，还兼有皇室祖庙的性质，而收藏辽代以国家力量创刻的佛教经典又是其一项主要功能。据金大定二年（1162）《大金国西京大华严寺重修薄伽教藏记》（以下简称《金碑》）载："至天眷三年（1140）闰六月间，则有众中之尊者：僧录通悟大师、济慈广达大师、通利大德通义大师、辨慧大德妙行大师、泊首座义普、二座德祚等，因游历于遗址之间，更相谓曰：曩者，我守司徒大师，秀出群伦，兴弘三宝，需教雨而润民苗，鼓化风而薰佛种，岂特人天上仰之，亦惟在上者师之。爰出官财，建此梵宇，壮丽严饰，稀世所有。"据此分析，清宁八年建华严寺是由官方出资的，而具体负责此项工程的则是僧人守司徒大师（俗名与法号缺）[1]。

辽天祚帝保大元年（1121），金人大举进攻辽境，郡县所失几半，次年春西京大同失守。据《金碑》载："天兵一鼓，都城四陷，殿阁楼观，俄而灰之。唯斋堂、厨库、宝塔、经藏及守司徒大师影堂存焉。"梁思成先生据《金碑》所记，"依地点、面积、结构三点推论，疑今之海会殿，为辽守司徒大师影堂所改称者"[2]，而海会殿的建筑特征，经梁先生考察又确认为辽代无疑。我们认为此说尚有值得商榷之处。影堂，奉祀先人遗像之所，释氏借此二字谓安置佛祖真影之堂舍[3]，故也称真堂。影堂流行于唐、五代至宋代，唐宋文献多有记载。或设单个禅师的影堂，或设绘有多人的真堂[4]。唐雍陶诗曰："秋磬数声天欲晓，影堂斜掩一灯深。"[5]马世长先生考证莫高窟第17窟藏经洞为洪辩的影堂[6]，唐张彦远《历代名画记》卷三："万安观，公主影堂东北小院南行，屋门外北壁，李昭道画山水。"[7]段成式《寺塔记》记长安城长乐坊安国寺有"禅师法空影堂"[8]，敦煌文书亦多关于影堂、真堂的记载，并有用于影堂的写真像传世。守司徒

---

[1] 梁思成、刘敦桢《大同古建筑调查报告》："辽世界名器最滥，沙门空三公之位者，据《辽史·兴宗本纪》，有惠鉴，授检讨太尉，守志、志福曾著《释摩诃衍论通玄钞》四卷，似为当时高僧，第诸人事迹俱无可考，不知此寺之守司徒大师，为守志、志福，抑此外另有其人也。"北京：中国营造学社，1933年。
[2] 梁思成、刘敦桢：《大同古建筑调查报告》，北京：中国营造学社，1933年。
[3] 丁福宝：《佛学大辞典》，北京：文物出版社，1984年。
[4] 姜伯勤：《敦煌艺术宗教与礼乐文明》，北京：中国社会科学出版社，1996年。
[5] 雍陶七绝《宿大彻禅师故院》："竹房谁继生前事，松月空悬过去心。秋磬数声天欲晓，影堂斜掩一灯深。"见《全唐诗》卷五一八，北京：中华书局，1985年。
[6] 马世长：《关于敦煌藏经洞的几个问题》，《文物》1978年第12期。
[7] 张彦远：《历代名画记》卷三，北京：人民美术出版社，1963年。
[8] 段成式、黄休复、佚名：《寺塔记 益州名画录 元代画塑记》，北京：人民美术出版社，1964年。

大师影堂应是于大师圆寂后建于该寺的，以颂其功德，则此建筑与斋堂、厨库一样，是华严寺的附属性建筑，规模不会很大，不大可能是20世纪50年代已拆毁的五间大殿海会殿。保大之后，华严寺的主要建筑几乎全被烧光。《金碑》称，天眷三年（1140）僧录通悟大师等人"率先出己之净财，仍化同居之清众，暨诸外内信心之流，加之援助，乃仍其旧址，而特建九间、七间[1]之殿，又构成慈氏、观音、降魔之阁，及会经、钟楼、三门、垛殿。不设期日，巍乎有成。其左右洞房，四面廊庑，尚厥如也。其费十千余万"。这是辽建华严寺以来首次大规模的修治，也是规模最大的一次。时至今日，除面阔九间的大雄宝殿外，其余金代建筑已荡然无存。

至元十年（1273）《西京大华严寺佛日圆照公和尚碑铭并序》[2]称，金灭后，华严寺"院门牢落，庭宇荒凉，官物人匠车甲绣女充牣寺中，至是并今起之，移局他处"，但华严寺仍不失为云中巨刹，只是暂时被各色人等挤占。僧慧明主持重修，"大殿、方丈、厨库、堂寮，朽者新之，废者兴之，残者成之，有同创建本寺……金铺佛焰，丹漆门楹，供设严然，粹容赫焕。香灯灿列，钟鼓一新。……又于市面创建浴室、药局、塌房，及凭住房廊近百余间，以赡僧费"，这是辽金以来元代第一次大规模修建华严寺。

"元末屡经兵燹，倾圮特甚，惟正殿岿然独存。"（成化元年《重修大华严禅寺感应碑记》）入明以来，已再无大德修治。"洪武三年（1370），改大殿为大有仓。二十四年，即教藏置僧纲司，复立寺。"[3]宣德、景泰间修增两庑、丈室等僧众用房，"及构天花棋枰，彩绘檐栱……补葺墙阶"（成化元年《重修大华严寺感应碑记》），这在明代大约已是最得力的一次修缮了。万历初，上华严寺首次铺设砖砌甬道，台上亦首次加设石栏，并立木枋，置寺巷之东，枋下建石桥，铸洪钟，建禅堂。万历九年（1581）《上华严寺重修碑记》开始明确称为上华严寺。就目前史料所见，两寺分治的时间应在成化至万历初之间。

清顺治五年（1648）十二月，明降将姜瓖据大同城复叛清；次年秋，清军进逼，大同惨遭屠城（《重修大同镇城碑记》）。"市井丘墟，宅舍瓦砾；绀宇琳宫，鞠为茂草"，华严寺遂罹池鱼之祸（康熙十二年《重修大同府上华严寺大殿暨造禅堂廊庑记》）。顺治

---

[1]《金碑》记："乃仍其旧址，而特建九间、七间之殿。"梁思成先生《大同古建筑调查报告》（北京：中国营造学社，1933年）将"七间"误作"五间"，后人亦多以讹传讹。笔者曾仔细辨认原碑，确系"七间"无疑。

[2] 此碑现存于薄伽教藏殿内。碑末刊"大元国至元十年岁起昭阳作噩季春……立"。行文中提及僧慧明旧事，有"乙巳年""庚戌中"的记载。元代享祚甚短，仅有大三年（1310）为庚戌年，梁思成先生在《大同古建筑调查报告》（北京：中国营造学社，1933年）中据此将"庚戌"定为至大三年，进而推定"重修工程必在此后数年内举行"，将碑文内容推后一周六十甲子，即六十年。按碑立于至元十年（1273），"庚戌"则是南宋淳祐十年，即公元1250年。其时金已灭国16年，下距忽必烈建大元国尚有21年，大同此时属蒙古国统治。

[3]（清）吴辅宏纂辑：《大同府志》卷一五，大同市地方志办公室整理重印，2007年。

九年（1652）县治复，于康熙初年"遂兴土木之工，缺露者补葺完固，剥落者垩饰庄严。匾额牌联，门窗墙壁，咸焕其彩，殿台之前新建小坊三楹，台之下伽蓝、配殿之侧，南北各添造禅堂、斋室五间。东西隙地，另盖香积库司之所。自山门、天王殿以至雄殿，朱碧焜煌，宛然化乐宫宇"（康熙十二年《重修大同府上华严寺大殿暨造禅堂廊庑记》）。此后乾隆、嘉庆、光绪及民国，累朝都有修缮，但皆小修小补，无大建树。

（三）

华严寺坐西朝东，与三代以来沿袭数千年的坐北朝南的取向不同。山西各地寺观因地形所限不乏东向者，如浑源悬空寺、五台佛光寺、万荣后土庙等等。然华严寺东向与地形无关。《旧五代史·契丹传》曰："其俗旧随畜牧，素无邑屋，得燕人所教，乃为城郭宫室之制于漠北，距幽州三千里，名其邑曰西楼邑，屋门皆东向，如车帐之法。"[1]《新五代史·契丹传》亦云："契丹好鬼而贵日，每月朔旦，东向而拜日。其大会聚、视国事，皆以东向为尊，四楼门屋皆东向。"[2]《辽史·百官志》"辽俗东向而尚左，御帐东向"[3]，《辽史·地理志》记载上京临潢府的昭德、宣政二殿与毡庐，皆东向。华严寺东向，源于契丹旧俗，又恰与佛教崇尚相合。现存上、下华严寺二正殿，即大雄宝殿与薄伽教藏殿皆东向。

（一）薄伽教藏殿

建于辽重熙七年（1038），金、元、明、清各代都曾修葺，最近的一次大修于1987～1990年进行。薄伽为薄伽梵之略，是世尊释迦牟尼梵名。"薄伽教藏"意为贮藏佛藏之所。

大殿建于凸字形台基后部。台基为夯土筑就，表面包砖。殿面阔五间（25.6米），进深八架椽，共四间（18.41米）。正面中央三间各施格子门六扇，北面当心间中央辟小窗一扇，从墙砖的砌法及其上"天宫楼阁"的位置看，此处原来应辟有后门，后封堵而设一直棂窗。九脊顶，与其他同时代建筑相比，该殿殿顶坡度较缓，而两山出际颇远。原鸱吻一为金代，另一个可能是明代重修殿顶时所制。现存二吻乃近年大修期间由太原订制。经实测，其用"材"与宋《营造法式》相同，其"梁"的高厚与《营造法式》相去甚远。柱网配列很有特色，当心间仅两枚金柱，左右次间不仅有前后金柱，还有一个分心柱，这样既合理地分担了殿顶重量，又扩大了殿内的活动空间，是我国古代木构建筑中使用"减柱法"较早的一例。外檐柱头为双抄重栱，计心造五铺作，式样简练。补

---

[1]《旧五代史》卷一三七。
[2]《新五代史》卷七二。
[3]《辽史》卷四五。

间铺作皆一朵，栌斗下承蜀柱，转角铺作加抹角拱，都颇具特色。辽代西京文化深受唐文化影响，在墓葬壁画、出土文物等诸多方面都有所反映。薄伽教藏殿之创建早于《营造法式》六十余年，在建筑方面亦承袭唐制较多。大殿台基前有辽寿昌元年（1095）六角形陀罗尼石经幢1件[1]，非本寺原物。

薄伽教藏殿内，环列壁藏及天宫楼阁共计38间。不同于《营造法式》中的三层，它为二层，应是天宫楼阁的早期形式。下层为经柜，便于存取经藏；上层设龛供佛。上下两层斗拱计有18种之多，其中柱头铺作为双抄双下昂七铺作，是现知辽代斗拱中最复杂的一种，殿后壁当心间悬"天宫楼阁"5间，与左右壁藏上层连接，玲珑之致。该小木作建筑，系模仿实体木构建筑按比例缩小的制作，实为辽代建筑的精品，为目前国内仅见。

殿内中央设凹字形砖台，台上有彩塑31尊（彩图29）。其中前端较小的两尊坐佛疑为后世补塑，其余29尊风格相同，如出一人之手。既有丰满圆润、端庄安详的大唐风韵，又不乏浓郁的生活气息、富于个性的宋代特色，为辽代作品无疑。1964年郭沫若先生参观该寺后提笔留言："下华严寺薄伽法藏塑像，乃九百二十六年前故物……余以为较太原晋祠圣母殿塑像为佳。"郑振铎先生在《西行书简》中也对该塑像倍加赞美。佛坛中央端坐三尊主佛，以主佛为中心配置四大菩萨、协侍、供养童子、四天王等像，构成一堂诸佛讲经的生动场面。三尊主佛，近年多释为竖三世佛，即过去佛——燃灯佛，现在佛——释迦牟尼佛，未来佛——弥勒佛[2]。按《金碑》"因礼于药师佛坛，乃睹其薄伽教藏，金壁严丽，焕乎如新"，其中有药师佛，则三尊主佛应是横三世佛，即中座为本尊释迦牟尼佛，左侧为东方琉璃药师佛，右侧为西方极乐世界阿弥陀佛。今内槽阑额上，南北两尊主佛前分别立有明崇祯五年小匾，分别书"南正尊释迦牟尼佛""北正尊毗卢遮那佛"[3]，那么中央应是卢舍那佛，此为法身、报身、应身之三身佛。三尊主佛呈跏趺坐于莲台上，佛座为回马头形牲灵座，属密教，为辽金盛行密教故。背光内侧饰网目纹，类似于辽宁义县奉国寺大雄宝殿七佛背光及梁底彩绘，平綦绘飞天，皆辽代旧物，诸菩萨或婀娜、或娴淑，造型生动传神。

---

[1] 梁思成先生在《大同古建筑调查报告》中未提及此经幢，或为此后从它处迁来的。
[2] 山西云冈石窟文物保管所：《华严寺》，北京：文物出版社，1980年。其前言据《金碑》"乃三世诸佛"，将三尊主佛释为竖三世佛。原碑文称"薄伽教藏者，乃三世佛，十六菩萨，声闻罗汉，一切圣贤言行之总录也"。则此处意在经藏，不在塑像。
[3] 杨爱珍：《大同辽代华严寺东向的原因及其题记和造像》，《辽金史论集》（一），上海：上海古籍出版社，1987年。文中曾提到三尊主佛"前有木牌书'释迦'、'药师'、'弥陀'三佛的名字。今已取消三佛名木牌"。这里的木牌若指明崇祯五年匾，一则文字不同，二则此匾目前仍存有两块。若另有木牌，查梁思成《大同古建筑调查报告》无此记载，且当时的照片也不见主佛前有木牌。新中国成立以来一直在此工作的几位老同志都对此木牌无任何印象，不知作者此说何据。

（二）大雄宝殿

1953年在该大殿梁上发现"天眷三年"题记，与《金碑》所记吻合，为金代遗构无疑。殿面阔九间（53.75米），进深五间（29米），建在4米高的巨大台基上，为现存古代木构宗教单体建筑中规模最大者。单檐四柱，举折平缓，"高大逾横"[1]，古朴雄宏。殿前有辽大康二年（1076）八角陀罗尼石经幢。

该殿平面柱网配置大胆采用"减柱法"，比常规的九间十柱减少内槽金柱12根，使殿内佛座配列与礼佛活动都大为方便，建筑更趋适用。外檐斗拱双抄重拱五铺作，当心间补间铺作用60度斜拱，左右梢间用45度斜拱，颇富变化。殿顶鸱吻及门版装饰古朴凝重，皆金代原物。

值得注意的是该殿在诸多方面都保留有辽代建筑的形制，如高大的月台、平面柱网的配置、斜拱的形状与位置、木构件多用锛砍的制作手法等，不能排除金代重建时大量使用辽代原构件的可能。

大雄宝殿内现存32尊造像，为明代雕塑作品[2]。大殿中央佛坛上端坐五尊金身如来大佛，佛高3.1米，莲花宝座高2.9米，佛像面相扁平，肉髻顶上有桃状宝珠，背光装饰复杂，纹络细腻、繁琐。中间佛像顶饰金翅鸟形象，有密教背光特色，与元以来西藏地区佛像属同一系统，与中原传统佛教颇异。关于正中五尊佛像，据明成化元年（1465）《重修大华严禅寺感应碑记》载，了然禅师"募缘四方，历二年，遂造金像三尊，由京师遥请至此。……宣德二年（1427）孟夏之月，迎佛入城"，该碑称此像为"毗卢三像"。此后资宝和尚任华严寺主持，"化缘塑像二尊，共辏为五如来"，即现存中央五尊佛像。依碑文所记，资宝于澄涓没后继任主持，资宝则没于景泰五年（1454），那么后二尊塑像应成于正统至景泰初。查此五佛，中央三尊为木雕，两侧二尊为泥塑。泥塑与碑文"塑像"吻合，则三尊木雕应即"毗卢三像"，即以毗卢遮那为法身的"三身佛"，其安置应是中央为法身佛毗卢遮那，左右分别为报身佛卢舍那与释迦牟尼，或卢舍那居中而毗卢遮那与释迦牟尼分列左右。资宝所塑二尊则放置于三身佛的两侧，这样就将原设之毗卢三尊布局改为五方佛。若按密教划分，则此五佛应属金刚界之五方五智佛。其五佛名号按《菩提心论》以"东因"次序排列，应该是：东方大圆镜智阿閦佛，南方平等性智宝生佛，西方妙观察智阿弥陀佛（即接引佛），北方成所作智不空成就佛，中央法界智毗卢遮那佛。五佛在佛学上表达着佛法无边的寓意。五佛排列，明显

---

[1] 梁思成、刘敦桢：《大同古建筑调查报告》，北京：中国营造学社，1933年。
[2] 《大同古建筑调查报告》："然协侍中有数尊，虽迭经后世涂饰，略失原形，而权衡比例及姿态、神情，犹能辨为辽金旧制。"然据我们观察、对比，此协侍与"辽金旧制"相去甚远，其时代定为明代更妥。

是以中国传统文化中的主尊居中位列置的。依各佛手印考察,则中间三佛为毗卢三尊,则五方佛的排列,自北而南应该是东、南、中、北、西。

五佛南北两侧坛基上侍立着二十天王彩塑,此乃佛法会时的参加者。其年代无文献可考。观其服饰、面相,应属明代作品。明初大殿改作大有仓后,原塑像遭到破坏。宣德以后,僧了然、资宝先后作五尊佛像,推测此二十天王像应是在这期间塑成的。天王像身高2.8米,身体前倾15°,以示尊侍佛陀,且增强了宗教气氛。塑像神情不一,姿态各异,属明塑中的上品。其排列顺序如下:

大梵天王	多闻天	增长天	金刚密迹	散脂大将	大功德天	坚牢地神	鬼子母神	日宫天子	娑竭龙王
五方佛	帝释尊天	持国天	广目天	摩醯首罗天	大辩才天	韦陀天将	菩提树神	摩利支天	月宫天子	阎摩罗天

其排序与宋行霆《诸天传》列次完全一致,或即据此而塑[1]。

大雄宝殿内四壁,满绘21幅巨型壁画。东壁一角有两处墨书题记,"云中钟楼西街兴荣魁董画甫(铺)信心弟子画工董安"(彩图30)"云中钟楼西街兴荣魁信心弟子画工董安"(彩图31),为清光绪十六年(1890)本地画工绘制。壁画高6.4米,总长136.8米,面积共计875.2平方米。画面共绘人物五千余,色彩艳丽,保存完好,规模之大在全国寺观壁画中颇为罕见。面积仅次于芮城永乐宫壁画。

东墙北侧绘佛本生故事,用数十组画面以连环画的形式,展示了佛教创始人释迦牟尼从出生到成道的传记。东墙南侧分别绘净土宗"西方十六观",西方三圣及准提菩萨。北墙、南墙和西南角共绘壁画九铺,用以表现《华严经》的"七处九会",即释迦牟尼成道之初的第三个七天,在七个地方分九次讲《华严经》的场面。西墙七铺,由北而南:第一铺绘《华严经》善财童子五十三参,分五十多组,以连环画的形式描绘了善财童子游历一百一十城,拜访五十三位老师,聆听如何修菩萨道,怎样成正等正觉,从而学到五十三种本领;第二铺为释迦牟尼初转法轮;第三铺为禅宗祖嗣图;第四铺为华严三圣;第五铺为禅宗祖嗣图;第六铺为药师佛;第七铺南海观音、千手千眼十八面观音菩萨,为密教内容。

---

[1] (宋)行霆:《重编诸天传》,载李鼎霞、白化文:《佛教造像手印》,北京:北京燕山出版社,2000年。

壁画始绘年代未详。从小部分泥皮剥落所露痕迹来看，今存画底之下至少还有一层旧壁画，只因残露甚微，无从考证其年代。今所见者，为清末重绘。虽为民间画师所绘，且内容庞杂，但整个壁画构图得当，气势宏伟，结构严谨，颇具章法。壁画为重彩工笔画，使用矿物质颜料，色彩艳丽，经久不变。许多题材甚为罕见，估计其粉本来源，可能有一部分为明代以前绘在壁上的原画。

辽清宁八年（1062）建寺之初，有"诸帝石像、铜像"，金世宗于大定六年（1166）至西京并幸华严寺，"观故辽诸帝铜像，诏主僧谨视之"[1]。《元史·石天麟传》载"辽国主后铜像在西京者，今尚有之"[2]，则此像元代仍在。乾隆《大同府志》"像在北阁下，已失所在"。光绪《山西通志》所载较详："华严寺……寺中北阁下铜石像数尊，相传辽帝后像。……凡石像五，男三女二；铜像六，男四女二。内一铜人衮冕帝王之像，垂足而坐，余皆巾帻常服危坐。"[3]这是有关这批铜石像的最晚纪录。《山西通志》刊于光绪十八年（1892），则铜像、石像应该是此后至民国期间遗失的。

（四）

今"薄伽教藏殿"名，见于该殿清康熙二十七年（1688）匾"薄伽教藏"。考大定二年《金碑》已有此名："睹其薄伽教藏，金壁严丽，焕乎如新。唯其教本错杂而不完……"文中"教本"显然指经，从"金壁严丽"的描述看，"薄伽教藏"应是指建筑。同碑"唯斋堂、厨库、宝塔、经藏，洎守司徒大师影堂存焉"，则"经藏"指薄伽教藏殿无疑。可见，此殿的初名一直与贮存佛经有关。辽代圣宗、兴宗、道宗三朝一直致力于编修《契丹藏》[4]，"及辽重熙间（1032~1055）复加校正，通制为五百七十九帙[5]。则有《太保太师入藏录》，具载之云。今此大华严寺，从昔以来亦有时教典矣"。杨又玄建薄伽教藏殿，用以专门保存《契丹藏》。在《契丹藏》的编修过程中，各地纷纷建藏经殿，然保存至今者，独此薄伽教藏殿一处，其珍贵可见。

薄伽教藏殿皮藏的《契丹藏》至金代已大量佚失，《金碑》称："唯其教本错杂而不完，考其编目，遗失过往。遂潜运于悲心，庶重兴于教藏，若弃其遗本，愍家之旧物；

---

[1]《金史》卷六。
[2]《元史》卷一五三。
[3]（清）王轩等纂修：《山西通志》卷五七，北京：中华书局，1990年。
[4] 张畅耕、毕素娟：《论辽朝大藏经的雕印》，《中国历史博物馆馆刊》1986年第9期。
[5]《契丹藏》雕印于燕京（今北京）。据北京大觉寺咸雍四年（1068）碑《阳台山清水院藏经记》载"咸雍四年……及募同志助办印大藏经，凡五百七十九帙"（向南：《辽代石刻文编》，石家庄：河北教育出版社，1995年），则《契丹藏》五百七十九帙最终雕成于咸雍年。薄伽教藏殿成于重熙七年（1038），其时《契丹藏》本藏四百八十帙已完工，该殿即是为此而建。

拟补以新经，虑字之讹错。绅绎再三，皆不若择其同一者补而完之。"僧慈慧大师"遍历乎州城、郡邑、乡村、岩谷之间，验其厥目，从而采之。或成帙者，或成卷者。有叫赎者，有奉施者。朝寻暮阅，曾不惮其劳；日就月将，益渐盈其数。岁历三周，迄今方就。其卷轴式样，新旧不殊，字号诠题，先后如一"。可见金代重集的藏经，仍为《契丹藏》。金灭后，"藏教零落甚多，或写或补，并令周足"。元初，这批藏经仍基本完好。然以后诸碑不再提及所藏藏经，亦无任何其他文献论及此事，则元以后藏经散失情况不明。

薄伽教藏殿现存明清经书共1 713函、18 203册。共分六部分，即：

（一）《大清重刻龙藏》。720函，7 200册。本藏依《千字文》排函次，今失色、厥、猷、勉四函，计40册。本藏为御制。"清雍正十三年四月二十五日奉旨钦定入藏华严会本悬谈""乾隆元年正月十一日起陆续交出""乾隆二年三月二十一日奉旨照历朝年代次第一体编入字号""乾隆三年十二月十五日工竣"，则本藏自雍正十三年四月至乾隆三年十二月历时三年又八个月才刊印完毕，1952年由天镇县慈云寺移入。

（二）《万历诸藏经》。无首尾，不知原有函数、册数，亦不明原藏名，以其刊印于万历，今姑名之。今存133函，1 700册。本藏款式适度，刻印俱佳，而装帧极为精美。1952年由雁北某县移入。

（三）《江南报恩寺造藏》。无首尾，原有函数、册数无考，今存638函，6 328册。"江南布政司前王君宠经房造"，失原藏名，今依刊行处所为名。"清康熙十一年，海明于四月二十二日，四人大同起，到江南报恩寺造藏，水陆，十一月初一日回城，于十二月请众看藏一周，仍于十二年四月初八日闭关六载，阐阅大藏，添写补校正。"可知海明得此藏经，殊大不易。此藏运回大同后，即入下华严寺藏经柜，是下寺固有的一套藏经。本藏原有700余函，惜1958年以前下寺为一小学长期占用，在1953年大同文管会成立以前，学校长期撕取经书粘房屋顶棚与墙壁，所失全由于此。

（四）《道藏》。148函，1 855册。原有函数、册数无考。也按《千字文》排函次。本藏刊刻年代不一，有明正统、嘉庆、万历年，拼凑而成，但皆明版无疑。本藏原藏四老沟玉龙洞，1952年移入。

（五）《零本永乐藏经》。仅存3册，牌记书"明永乐十七年（1419）印行"。失原藏名，唯今存三册均题有"大方广佛华严经卷"字样。七彩细绫封皮，图案优美，字工而刻精，富有明代造经特色。

（六）明万历至清代各式杂经。74函，1 117册。其经种、版印、年代各不相同，20世纪50年代本地文物部门从应县、广灵、阳高、左云、右玉、浑源各县收集，入藏下寺[1]。

---

[1] 陈顺烈：《下寺所藏藏经鉴定检定书》，1979年油印本。

表 18-1 大同华严寺碑石

名　　称	时　代	现存地
大金国西京大华严寺重修薄伽教藏记	金大定二年（1162）	薄伽教藏殿内南侧
西京大华严寺佛日圆照明公和尚碑铭并序	元至元十年（1273）	薄伽教藏殿内北侧
释迦如来成道记	明成化元年（1465）	大雄宝殿内北侧
重修大华严寺感应碑记	明成化元年（1465）	大雄宝殿内南侧
上华严寺重修碑记	明万历九年（1581）	大雄宝殿内南侧
重修大华严寺增建禅堂记	明万历十一年（1583）	上寺大殿碑亭内
重修海会殿记	明万历四十三年（1615）	海会殿遗址西南角
重修下华严寺碑记	明崇祯五年（1632）	下寺大殿碑亭内
重修大华严寺碑记	明崇祯十五年（1642）	上寺碑亭内
重修大同镇城碑记	清顺治十三年（1656）	上寺山门内
重修大同府上华严寺大殿暨天造禅堂廊庑记	清康熙十二年（1673）	上寺碑亭内
重修上寺碑记	清乾隆五十九年（1794）	（二块）上寺上门左右各一
重修下华严寺碑记	清道光十六年（1836）	下寺碑亭内
上华严寺开光碑记	清光绪十一年（1885）	上寺山门檐下
重修上华严寺碑记	清光绪十六年（1890）	上寺山门檐下
重修上华严寺碑记	清光绪十八年（1892）	上寺山门檐下
重修下华严寺碑记	民国十六年（1927）	下寺大殿前北侧
重修上华严寺碑记	民国二十五年（1936）	上寺山门檐下
经幢	辽大康二年（1076）	上寺大殿前
经幢	辽寿昌元年（1095）	下寺大殿前

彩图 1　孝文帝"万年堂"石雕门框
照片为作者拍摄、线描图为曹臣明绘制

彩图 2　石雕供养龛

照片为大同博物馆提供、线描图为曹臣明绘制

彩图 3　大同轴承厂北魏
　　　　建筑遗址出土银碗
　　　　　大同博物馆提供

彩图 4　大同轴承厂北魏建筑遗址出土八曲银杯
　　　　　大同博物馆提供

彩图 5　李贤墓出土鎏金银壶瓶
　　　　《文物》1985 年第 11 期

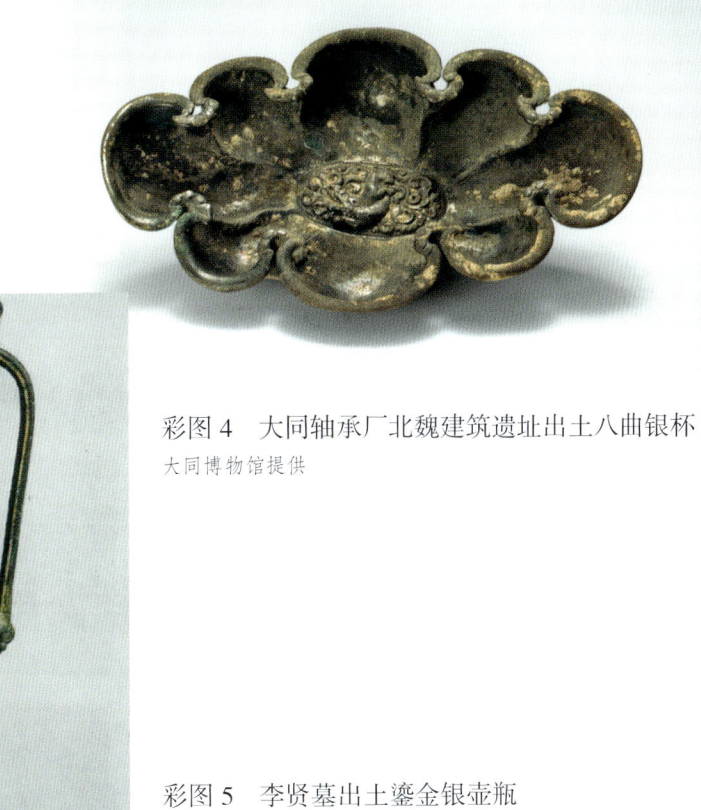

彩图 6　北燕冯素弗墓出土
浅蓝色圈足碗
《文物》1973 年第 3 期

彩图 7　大同南郊北魏墓出土
磨花玻璃碗
《正倉院の故鄉——中国の金・銀・がテス展》

彩图 8　日本东京国立博物馆藏
玻璃碗
作者拍摄

彩图 9　李贤墓出土淡绿色
　　　　凸圆纹玻璃碗
《文物》1985 年第 11 期

彩图 10　咸阳国际机场出土
　　　　　淡绿色碗
《陕西新出土文物选萃》

彩图 11　天镇县文管所藏波斯银币
作者拍摄

彩图 12　古蒙谷伊和淖尔北魏墓 M1 出土鎏金铜铺首
内蒙古自治区考古研究所宋国栋提供

彩图 13　太原北齐徐显秀墓墓门额雕绘兽面
《北齐徐显秀墓》

彩图 14　大同南郊北魏墓群 M107 人骨及下颌托出土状况
《大同南郊北魏墓群》

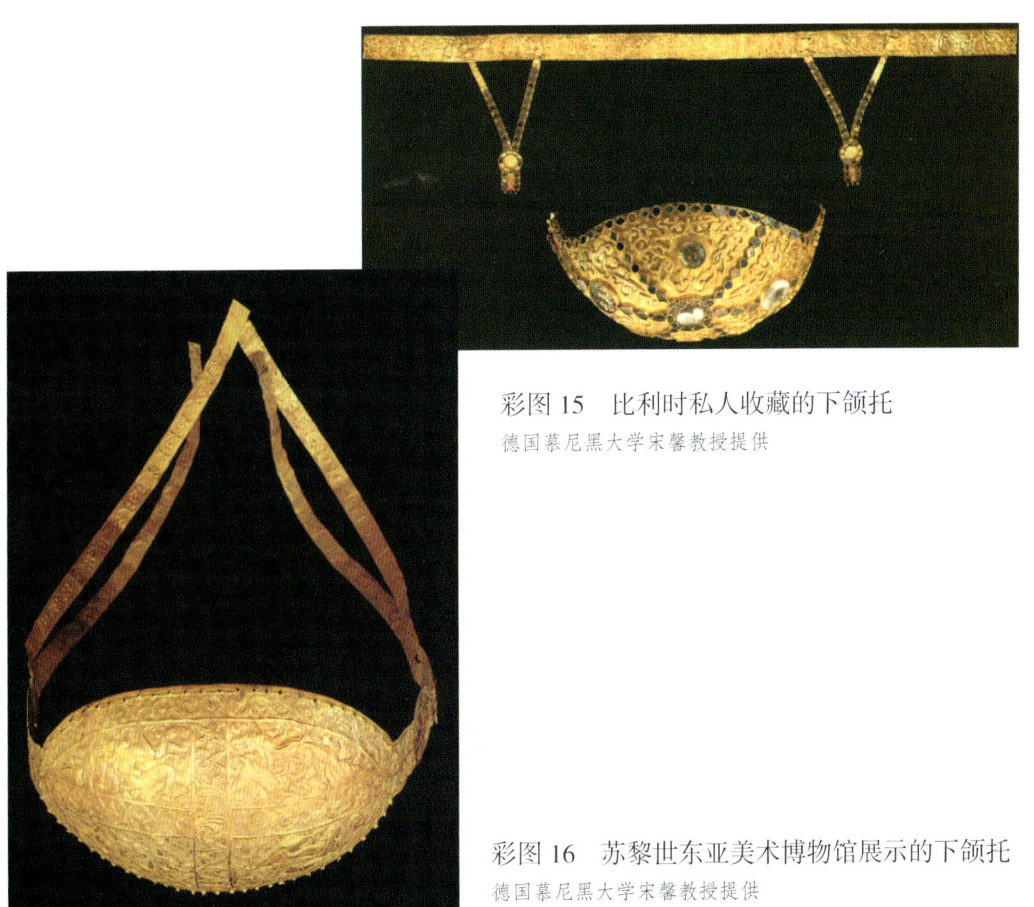

彩图 15　比利时私人收藏的下颌托
德国慕尼黑大学宋馨教授提供

彩图 16　苏黎世东亚美术博物馆展示的下颌托
德国慕尼黑大学宋馨教授提供

彩图 17 大同七里村北魏墓
M6 出土玻璃碗
大同市考古研究所古顺芳提供

彩图 18 大同齐家迎宾大道 M16 出土
蓝色半透明玻璃壶
大同市考古研究所古顺芳提供

彩图 19 云冈石窟第 18 窟弟子像
《中国美术全集·云冈》

彩图 20　大同雁北师院
M2 出土胡人杂技俑（部分）
大同市考古研究所高峰提供

彩图 21　大同云波里路北魏壁画墓
墓室东壁下层壁画中的胡人奏乐场
景
《文物》2011 年第 12 期

彩图 22　大同文瀛路北魏壁画墓
北侧棺床立面胡人牵驼图
《文物》2011 年第 12 期

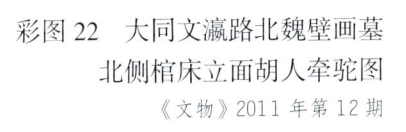

彩图 23　北魏平城明堂遗址南侧（南门）夯土台基外侧的砌石
作者拍摄

彩图 24　北魏平城明堂遗址南侧（南门）夯土台基外侧的砌石
作者拍摄

彩图 25　云冈石窟第 20 窟露天大佛膝前下方的石砌墙和石踏步
作者拍摄

彩图 26　云冈石窟第 20 窟露天大佛膝前下方的石砌墙
作者拍摄

彩图 27　大同华严寺薄伽教藏殿
内梁架题记之一
大同华严寺文管所张海啸提供

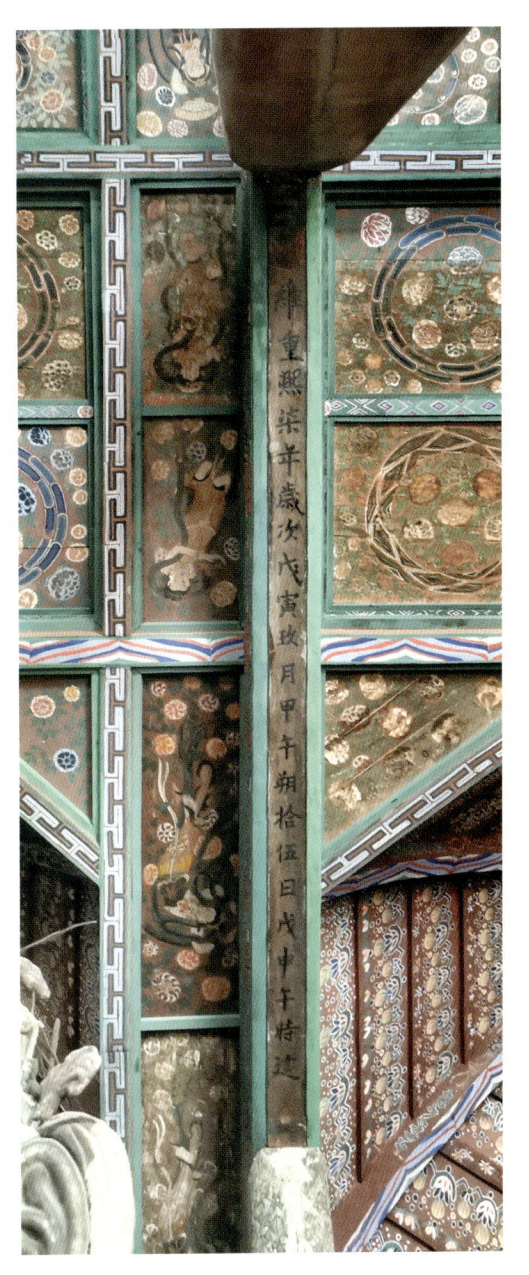

彩图 28　大同华严寺薄伽教藏殿
内梁架题记之二
大同华严寺文管所张海啸提供

彩图 29　大同华严寺薄伽教藏殿内彩塑
大同华严寺文管所张海啸提供

彩图 30　大同华严寺大雄宝殿壁画题记之一
大同华严寺文管所张海啸提供

彩图 31　大同华严寺大雄宝殿壁画题记之二
大同华严寺文管所张海啸提供

附录 彩图 1 阳高县汉高柳城北墙东段夯土
作者拍摄

附录 彩图 2 朔州市汉阴馆城东城墙
作者拍摄

附录 彩图 3 朔州市汉阴馆城城墙夯窝
作者拍摄

附录 彩图 4 大同市吴官屯汉代城址北墙断面
作者拍摄

附录 彩图5 大同县小坊城东北角台遗址
作者拍摄

附录 彩图6 大同县小坊城北墙夯窝
作者拍摄

附录 彩图7 灵丘县故城东城墙
作者拍摄

附录 彩图8 右玉县中陵故城东城墙及古中陵川
作者拍摄

附录 彩图 9 右玉县中陵故城地表汉代陶片
作者拍摄

附录 彩图 10 代县广武城东墙
作者拍摄

附录 彩图 11 宁武县苗庄古城北墙及马面
作者拍摄

附录 彩图 12 宁武县苗庄古城隔墙夯土
作者拍摄

附录 彩图13 偏关县百草坪古城
作者拍摄

附录 彩图14 阳高县高柳城北的雁门山
作者拍摄

附录 彩图15 明代雁门关城下通往忻定盆地的山路
作者拍摄

附录 彩图16 朔州市山阴县广武汉墓群
作者拍摄

附录3

山西汉代城址

一

山西地处黄土高原东缘，地貌属山地型高原，东屏太行山与河北为邻，西、南隔黄河与陕西、河南相望，北接蒙古高原与内蒙古自治区接壤。山西境内在东侧太行山与西侧吕梁山之间，从北到南依次有大同盆地、忻定盆地、太原盆地、临汾盆地、运城盆地五个面积宽阔的山间盆地。根据全省地形，可分为三个区域：东部山地区、西部高原区、中部盆地区。除中南部的盆地和谷地海拔较低外，大部分地区海拔在700米以上，属大陆性气候，四季与昼夜温差较大，季节分明。

《尚书·禹贡》载"禹别九州"[1]，山西属冀州，是中国最早开发的地区之一；因山西大部分地区在西周、春秋时期为晋国地域，故称"晋"；战国时，韩、赵、魏三家分晋，又称"三晋"；又因位于黄河以东，秦汉至唐宋时期称"河东"；元代设河东山西道；因山西位于太行山之西故，"山西"名称沿用至今。

秦灭六国，"分天下以为三十六郡"[2]，在山西设五郡二十一县。汉初封魏王豹于山西中南部；魏灭后山西主要为韩王信所领；之后刘恒被封代王，山西大部属代国领地；直至武帝北伐匈奴，山西全境为汉王朝直接统领。汉武帝元封五年（前106）全国设13州刺史部，并州刺史部监9郡，其中6郡在山西：雁门郡、太原郡、上党郡、代郡大部、西河郡小部分，以及山西西南部属司隶部的河东郡。依《汉书·地理志》所记

---

[1]（唐）孔颖达疏：《尚书正义》卷六，《十三经注疏》，北京：中华书局，1982年。
[2]《史记》卷六。

平帝元始二年（2）政区设置，雁门郡治善无，辖14县（今山西有12县）；代郡治代县，辖18县（今山西有10县）。太原郡治晋阳，辖21县；上党郡治长子，辖14县；河东郡治安邑，辖24县，此三郡所辖县尽在山西省境内。西河郡先治平定（今内蒙古自治区伊盟杭锦旗霍洛柴登古城）[1]，后迁离石，辖36县，其中16县无考，今山西境内可考者8县。以上6郡共辖127县，其中可考在山西者共计89县。

东汉废除王莽政区建制，全国郡县多有省并，山西境内有76县，分属8郡国，即雁门郡治阴馆，辖14县，今山西有13县；代郡治高柳，辖11县，今山西有6县；定襄郡治善无，辖5县，今山西有2县；太原郡治晋阳，辖16县；上党郡治壶关，辖13县；河东郡治安邑，辖20县，全在今山西境内；西河郡治离石，辖13县，其中3县无考，今山西可考者5县；常山国都元氏县，今山西有1县。综合以上，山西共计有东汉8郡国所辖76县[2]。

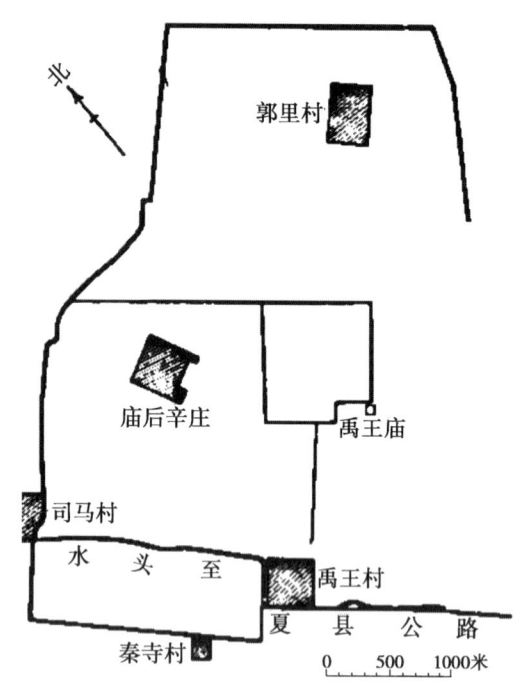

附录 图3-1 夏县战国至汉代安邑城

山西目前已经发现的两汉时期各类古城址共计72座，约占全国已发现的汉代古城址的1/9多[3]。包括郡城5座，即阳高县东汉高柳城（西汉高柳县治，东汉代郡治此，郡县同治；附录 彩图1)[4]、朔州市东汉雁门郡治阴馆故城（西汉阴馆县治，东汉郡县同治；附录 彩图2、3）、右玉县旧城关西汉雁门郡善无故城（西汉雁门郡治、善无县治，东汉定襄郡治、善无县治)[5]、太原晋阳古城（两汉太原郡与晋阳县均治此）、运

---

[1] 内蒙古文物工作队等：《内蒙古自治区文物考古工作的重大成果》，《文物》1977年第5期。
[2] 山西省史志研究院：《山西通史》，太原：山西人民出版社，2001年。
[3] 张继海先生于2006年6月出版的《汉代城市社会》一书中说已发现汉代城址有200多座，见张继海《汉代城市社会》，北京：社会科学文献出版社，2006年。徐龙国先生在《北方长城沿线地带秦汉边城初探》一文中，提到全国已发现的汉代城址约为600多座，见《汉代考古与汉文化国际学术研讨会论文集》，济南：齐鲁书社，2006年。这两组数据相差悬殊，就笔者掌握的资料，仅山西、河北、内蒙古、甘肃四省区的汉代古城址数量已超出200座，今以徐说为据。
[4] 方连宝：《高柳城址初探》，《文物世界》2005年第5期。
[5] 支配勇等：《怀仁日中城即汉剧阳城代公新平城考》，《黄河文化论坛》第9辑，北京：中国戏剧出版社，2003年。

城夏县禹王城（两汉河东郡治与安邑县治，附录 图3-1）[1]。县城25座（不包括郡县同治的城），县治以下城邑42座。其中大同市9座：大同城区汉平城县故城[2]、云冈镇吴官屯城址（附录 彩图4）[3]、大同县小坊城（附录 彩图5、6）和平邑城[4]、广灵平舒县故城、灵邱灵丘县故城（附录 彩图7）、阳高县高柳城、左云县武州故城、浑源崞县故城[5]。朔州市12座：即右玉县善无故城、中陵故城[6]（附录 彩图8、9）与沃阳县故城，山阴县永静城与故驿城[7]，应县繁畤故城[8]，朔城区马邑县故城、楼烦县故城、阴馆县故城、祝家庄城址，怀仁县东昌城和剧阳县故城（附录 图3-2）[9]。忻州市13座：代县广武县故城（附录 彩图10）、神池县北沙城城址、宁武县苗庄古城址（附录 彩图11、12）[10]、五台滤泗县故城、定襄阳曲县故城、繁峙县卤城故城、静乐县赵王城城址、岢岚县梁家会城址和梁家会北城址、偏关县吴城城址、百草坪城址（附录 彩图13）、

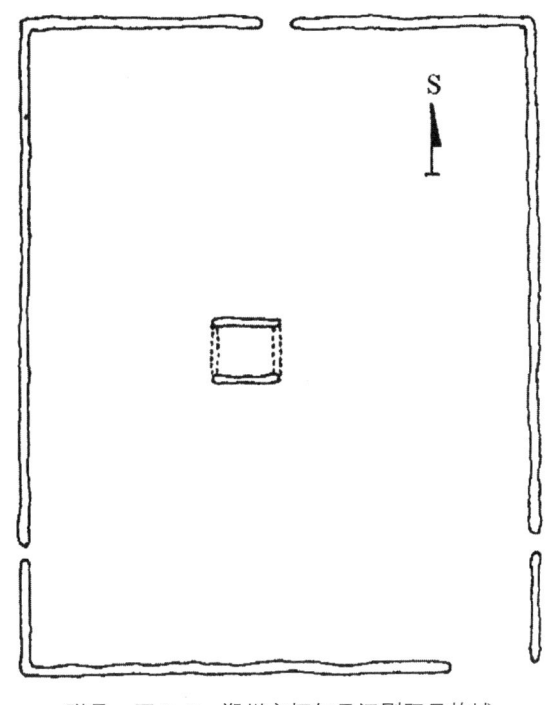

附录 图3-2 朔州市怀仁县汉剧阳县故城

---

[1] 陶正刚等：《古魏城和禹王古城调查简报》，《文物》1962年第4、5期；中国科学院考古研究所山西工作队：《山西夏县禹王城调查》，《考古》1963年第9期；张童心：《禹王城遗址》，载山西省考古研究所：《山西考古四十年》，太原：山西人民出版社，1994年。
[2] 曹臣明：《汉代平城县遗址初步调查》，载山西省考古研究所等：《山西省考古学会论文集》（三），太原：山西古籍出版社，2000年。
[3] 曹臣明：《大同市西郊吴官屯古城遗址调查》，《文物季刊》1996年第4期。
[4] 张志忠：《秦汉代郡平邑城址初探》，《文物世界》2009年第1期。
[5] 山西省文物工作委员会等：《山西浑源毕村西汉木椁墓》，《文物》1980年第6期。
[6] 山西省考古研究所、暨南大学历史系考古专业：《山西右玉县中陵古城的调查与试掘》，《考古》2011年第10期。
[7] 傅振伦：《山阴县城南古城勘查记》，《雁北文物勘察团报告》，中央人民政府文化部文物局出版，1951年。
[8] 该城址是1940年8月日本京都大学水野清一先生在对应县辽代木塔进行调查时发现的，调查资料于2006年由水野清一先生的后继者冈村秀典先生发表在《云冈石窟·遗物篇》一书中，文中有陶器类遗物，无城址。见（日）冈村秀典编：《云冈石窟·遗物篇》，（日本）朋友书店，2006年。
[9] 支配勇：《怀仁日中城即汉剧阳城代公新平城考》，《黄河文化论坛》第9辑，北京：中国戏剧出版社，2003年。
[10] 郭银堂等：《宁武苗庄古城及长城考》，载山西省考古研究所：《山西省考古学会论文集》（三），太原：山西古籍出版社，2000年。

教官咀城址、校场城址。太原市 2 座：晋源区晋阳古城、阳曲县狼孟城址。晋中市 6 座：和顺县北关城址、平遥县南北庄城址与五里庄城址、昔阳县东冶头城址、榆次区砖窑街城址[1]、榆社县辉沟城址。阳泉市 2 座：郊区平坦垴城址、平定县新城遗址（疑为汉上艾县治所）。吕梁市 13 座：岚县秀容古城，方山皋狼县故城，贯家塔城址，汾阳县李家沟城址，岚县隋城遗址，临县曜头城址，柳林县青龙城址、穆村城址、隰城县故城、坪上城址和堡上城址，兴县古城岭城址，中阳县庞家会城址。临汾市 5 座：洪洞县韩侯城址，杨县故城[2]，襄汾临汾县故城[3]，永固城址与陶寺城址。晋城市 2 座：沁水县王离城、阳城濩泽县故城。运城市 8 座：即芮城县杨家寨城址、东陌城址、北垣城址，万荣汾阴县故城[4]，闻喜县上郭古城和大马城址[5]，夏县禹王城，新绛长修县故城。以上除郡县级城址外，其余 42 座汉代城址多难以确定其古名称，详情见《山西汉代古城址统计表》。

二

郦道元《水经注序》引《玄中记》曰："天下之多者水也，浮天载地，高下无不至，万物无不润。"[6] 自古人类文明都与河流紧密相连：古埃及与尼罗河，古印度与恒河，古巴比伦与幼发拉底河及底格里斯河；中国古城中的西安有泾、渭、灞河等"八水绕长安"之说；洛阳位于洛水之阳；建康建邺城西傍长江，南濒秦淮；晋阳古城东临汾河，南面晋水，凡此种种。新疆境内诸绿洲国家无不沿河建立城堡，甚至其国运的盛衰皆与河流息息相关。《管子·乘马》曰："凡立国都，非于大山之下，必于广川之上，高毋近旱而水用足，下毋近水而沟防省。因天材，就地利，故城郭不必中规矩，道路不必中准绳。"[7] 梁启超先生也曾指出，凡人群第一期文化，必依河流而起，此万国之同也。经考察，山西汉代古城址基本上是沿山西南北几条大的河流分布的，一般位于河流的二级或三级阶地上。

山西北部以大同盆地为中心，西侧、北侧为吕梁山脉的北端管涔山及其余脉，东、

---

[1] 王玉山：《山西榆次市郊发现古城遗址及古墓葬》，《文物》1955 年第 1 期。
[2] 张德光：《山西洪洞古城的调查》，《考古》1963 年第 10 期。
[3] 山西省文物管理委员会侯马工作站：《山西襄汾赵康附近古城址调查》，《考古》1963 年第 10 期。
[4] 杨富斗：《山西万荣县发现古城遗址》，《考古》1959 年第 4 期。
[5] 陶正刚：《山西闻喜的"大马古城"》，《考古》1963 年第 5 期。
[6] （北魏）郦道元注，（民国）杨守敬、熊会贞疏，段熙仲点校，陈桥驿复校：《水经注疏》，南京：江苏古籍出版社，1989 年。
[7] 黎翔凤撰，梁运华整理：《管子校注》卷一，北京：中华书局，2004 年。

南为太行山脉的北段恒山；盆地中央是呈西南—东北走向的河流桑干河，汉代称治水[1]。雁门郡和代郡古城大多分布于治水两岸，这些古城包括：阴馆、汪陶、班氏、平邑、狋氏以及位于今河北省境内的阳原、桑干、下落等；其余位于治水支流的古城有：桑干水侧（今恢河）的马邑，崞川水（今浑河）沿岸的崞县、繁畤、剧阳，如浑水（今御河）及其支流武州川（今十里河）沿岸的武州故城、吴官屯古城、平城，桑干河一级支流坊城河岸边的小坊城，祁夷水（今壶流河）沿岸的平舒、代县、当城，位于雁门水[2]沿岸的高柳城，雁门水右岸支流一侧的于八里城址。关于西汉雁门郡治善无的确切位置，考古学界一般以为即今老右玉城，该城位于古中陵川（今苍头河）东侧，上游的汉中陵县城址至今尚存，中陵川水沿城址东南侧穿过[3]。此外，还有位于滱水（今唐河）东岸的灵丘城。

忻定盆地与大同盆地以恒山相隔，滹沱河由盆地北部西南流，至盆地中央后折向东流，在河北、天津汇聚多条河流后流入渤海。滹沱河汉代称虖池河，沿岸的汉代古城有卤城、葰人、广武、原平、阳曲等，进入中下游后有更多的郡国县城分布于支干流沿岸，但在山西境内，虖池河夹于恒山与五台山的崇山峻岭之间，忻定盆地的面积也不大，河流东折后又进入太行山狭谷，所以太原郡所辖县城在该流域的密度远不及治水流域。太原郡所辖城主要集中于汾水沿岸，在汾水源头，有雁门郡的楼烦、埒县；在汾水中下游，城市最为密集，依次有太原郡的汾阳、晋阳、大陵、平陶、兹氏，西河郡的平周，河东郡的龢县、杨县、襄陵、临汾、长修、皮氏、汾阴，太原郡的榆次、阳邑、祁县、京陵、中都、邬县，界休也当距离汾水不远。汾河是流经山西境内最长的河流，流域内土地肥沃，水量充沛，适宜耕种，历来是人口密集之地，两汉时期也是经济、文化发达地区，城市也设置较多。

河东郡另一城市密集区位于涑水（今涑水河）沿岸，这条呈东北—西南走向的河流，在今永济汇入黄河，沿岸有左邑、闻喜、安邑、猗氏、解县、蒲反六座县城，此外，河东郡南部黄河北岸还有河北（今芮城）、大阳（今平陆）、垣县（今垣曲南）等县城。

上党郡的郡城、县城多分布于浊漳水沿岸[4]。浊漳水因支流众多，水量充沛，成为山西东南部城市与人口较为密集的地区，沿河城市有涅县、襄垣、潞县、长子、屯留、

---

[1] 今桑干河上游共有两条河流，一为恢河，发源于宁武县境内海拔2 603米的管涔山，为桑干河的主流；另一条为黄水河，即古治水，二水在今应县境内会合后称桑干河。此后有几条大的支流先后汇入，有浑河（古称崞川水）、御河（古称如浑水）、壶流河（古称祁夷水），在河北省涿鹿后合洋河（古称于延水）后，东南流经北京、天津入渤海。此桑干河下游，北京至天津段又称永定河，天津市区以下称海河。
[2] 雁门水今称南洋河，下游汇入洋河，即《水经注》之于延水，雁门水经阳高段又称黑水河。
[3] 中陵川今称苍头河，向北流出山西进入内蒙古后称浑河，在和林格尔南面西南流，汇入黄河。
[4] 浊漳水今称浊漳河，其上游分南北两支，北支古称涅水，今称浊漳北源，南支为浊漳水主流，亦称浊漳水，今称浊漳南源，该河有一支流古称绛水。南北两支汇合后在魏郡与清漳水合流，经邺城后东北流入虖池河。

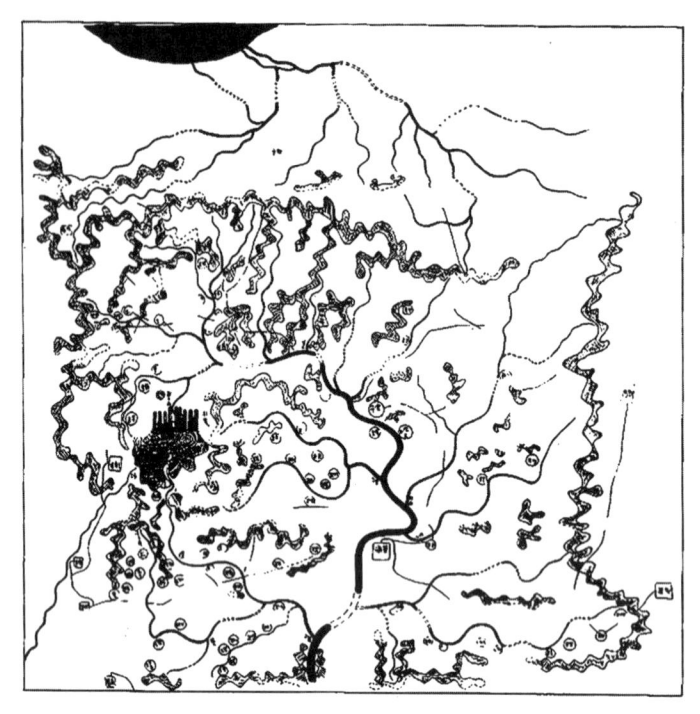

附录 图3-3 西汉马王堆3号墓出土《地形图》

壶关、余吾，此外，清漳水（今称清漳河）上游有沾县，下游有魏郡的涉县。沁水（今沁河）沿岸有谷远（今沁源）、猗氏（今安泽）、阳阿以及河东郡的端氏县。泫水（今丹水）沿岸有泫氏、高都，两河流下游近黄河处，更是河内郡与河南郡郡城、县城最为密集的区域[1]。

　　山西汉代古城址多数位于地势较为平坦的河流二、三级阶地上，也有少数城址位于陡峭的山坡上，如近年发现的宁武县苗庄古城。该城址所处位置接近桑干河、汾河二水的源头，是桑干河流域进入汾河流域的重要通道，由此向北经中陵、善无，出杀虎口可达内蒙古中南部，向东沿桑干河进入大同盆地，东南临近忻定盆地，可通山西中南部或河北，至今一条长城横亘于古城东西两侧，显示出其十分重要的战略地位。该城址东侧紧邻今桑干河的主流恢河。位于云冈石窟附近的吴官屯古城也是一座山城，该城位于武州川北岸的山坡上，居高临下而建，南面临近河岸边。武州川南北两侧是纵深数十公里的山地，沿武州川可从大同盆地经武州、善无、沃阳抵达内蒙古中南部，它是秦汉时期除长安北面的直道以外，另一条从中原通向大漠的交通干道，魏晋北朝时期更成为拓跋

---

[1] 因山西大多数汉代县城尚待发现，本章对于汉代古城址位置的认定主要依据文献，如《史记》《汉书》《后汉书》《水经注》《山西通志》和各地方志等，因考证具体古城址位置非本文重点所在，故文中不论及确认每一古城位置的依据。

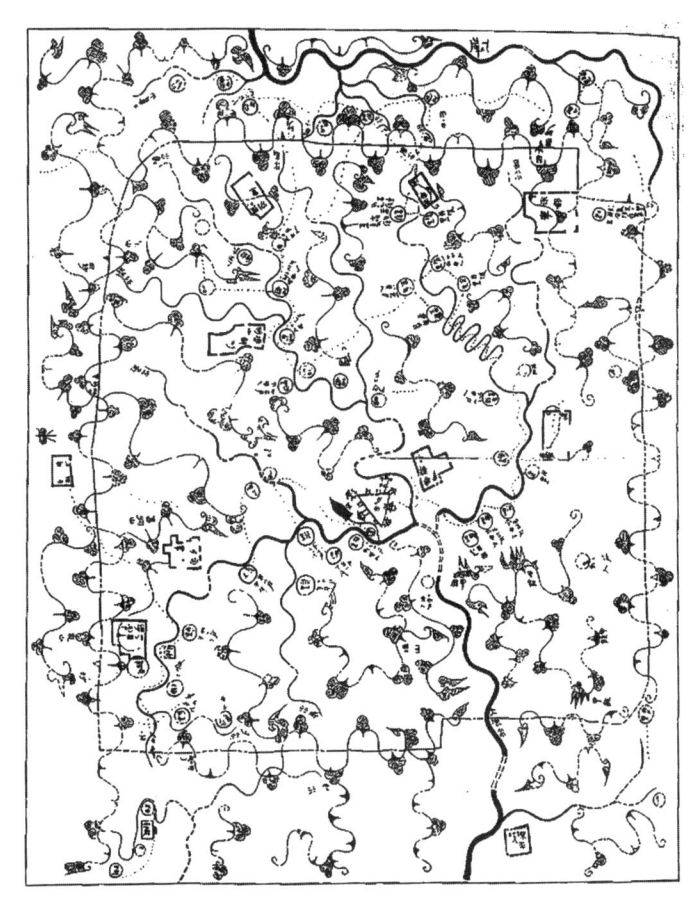

附录　图 3-4　西汉马王堆 3 号墓出土《驻军图》

鲜卑往来盛乐与平城之间的官道。吴官屯古城扼守武州川，战略意图十分明显。据史料记载，秦始皇四次东巡，曾有两次路过山西：第三次东巡（始皇三十二年，前 215），归途经渔阳郡（今北京密云西南）、上谷郡（郡治沮阳，今河北怀来县东南）、代郡（郡治代县，今河北蔚县）、雁门郡（善无），至云中郡（托克托），南下经上郡（郡治肤施，今陕西榆林县东南）沿直道返回咸阳，显然从代郡至雁门郡需途径武州川。秦始皇最后一次东巡（始皇三十七年，前 210），返回路线从恒山郡西入井陉关至太原郡，再经雁门郡、云中郡，从直道返回咸阳，走的仍然是武州川这条交通干道。

长沙马王堆 3 号墓为西汉初期墓葬，墓中出土的《地形图》（附录　图 3-3）中标有居民地 80 处，《驻军图》（附录　图 3-4）中标有居民地 58 处，所显示的县城与邑里等居民点也都沿江河分布[1]。

---

[1] 湖南省博物馆等：《长沙马王堆二、三号汉墓第一卷·田野考古发掘报告》，北京：文物出版社，2004 年。

以上所言山西汉代古城址分布较多的地区，也是山西史前遗址分布密集的区域，按照目前已发现的新石器时代遗址的密集程度排序，依次为汾河流域、滹沱河流域、桑干河流域、漳河沁河流域、涑水河流域，此外，山西南部黄河沿岸也有较多的分布。这种分布上的相似性并非偶然，而是源于自然地理因素：这些河流周围有肥沃的土地，丰茂的植被，充足的水源和物产，这些都是人类生存所必备的条件，说明这里自古就是适宜人类生存的地方。进入文明社会之后，交通对于人类显得愈益重要，而早期的交通路线往往是沿着河谷地带设置的。

由于自然条件与社会经济状况差异很大，汉代的城市发展水平和地区分布极不均衡。除四川盆地以外，当时全国大多数城市分布于黄河中下游地区，主要包括：位于泾河、渭河流域的关中平原；三河地区——河东、河内、河南，即今汾河流域、太行山东南部平原及豫西伊洛河平原；华北平原区和山东[1]。《史记·货殖列传》曰："夫三河在天下之中，若鼎足，王者所更居也，建国各数百千岁，土地小狭，民人众，都国诸侯所聚会。"[2] 山西多数地区处于这一区域之中。

三

中国古代第一次筑城高峰出现在新石器时代晚期至国家政权建立初期，这时中国正处于所谓尧舜禅让时期的原始民主制城邦阶段[3]，一方面部族间战争、掠夺以及防止来自自然界野兽的侵害和洪水的威胁，构筑高大城墙非常必要；另一方面，人类的社会形态和技术进步足以构筑高大城墙，至今在黄河、长江流域已发现史前至夏的古城址近60座，其中尤以黄河中下游居多[4]。春秋至战国初期，中国进入历史上的第二次筑城高峰，这一时期是中国中古以前典型的城邦国家时期[5]。经过西周时期的大规模分封，其弊端开始显现，春秋以来，诸侯割据，战争频仍，作为最重要的防卫设施，城池的大规模修筑十分必要；又由于攻城战术的进步，各国对城池的设防要求也日益提高；加之铁器的使用，耕作的改良，经济快速发展，社会财富急剧增加，为大规模筑城提供了必要的物质条件，于是各地纷纷筑城。《墨子》对城防问题有详细阐述，《墨子·备城门》：

---

[1] 陈代光：《中国历史地理》，广州：广东高等教育出版社，1997年。
[2] 《史记》卷一二九。
[3] 日知：《古代城邦史研究》，北京：人民出版社，1989年。
[4] 曲英杰：《古代城市》，北京：文物出版社，2003年。
[5] 杜正胜：《周代城邦》，台北：联经出版事业公司，1979年。

"凡守围城之法，厚以高，壕池深以广。"[1]东周时期守城甚至成为一种专门的战术，正是这一历史现象的表白。西汉则是中国古代的第三次筑城高峰，汉代经济的发展为这一筑城高峰奠定了物质基础。又由于西汉统一王朝建立了众多严密的行政机构，完整的郡、县行政区划设置也需要城池作为保障。《汉书·高帝纪》：高祖"六年（前201）冬十月，令天下县邑城"，师古注曰："县之与邑，皆令筑城"[2]，政府诏令全国大规模建立城郭，至西汉末，全国有县1587个[3]，达到中古以前城市数量的最高峰[4]。东汉王符在《潜夫论·浮侈篇》中说，当时天下有"百郡千县，市邑万计"[5]，说明汉代由于农业与商业的发展，城市建设空前高涨，成为汉代经济、社会发展的重要特征。

历史学界一般认为，汉代属城市国家，人口的三成以上甚至六、七成住在城里[6]，中日学者都有这样的认识[7]，但从考古发现的情况来看，县以下的城址数倍于县城，无城郭的聚落又数十倍于县以下的城址，而且有的聚落面积甚至大于当时的中等城市，如右玉县牛心堡遗址，面积达90万平方米，古城遗址达72万平方米。汉代人口多居于城郭中的说法明显有夸大的成分。据笔者不完全统计，桑干河流域今山西境内，汉代共设有县城16个，目前已发现的两汉各级古城址共计17座，但今已发现的汉代乡、里、亭等性质的聚落遗址共有290处之多，后者全不见城郭，山西中、南部的情况也与此类似。再如马王堆3号汉墓出土的《地形图》中绘有8个县城，用方框符号表示；乡里级居民地可以辨认的有72个，用圆圈符号表示，其中"深平"为诸圆圈中最大的。在同墓出土的《驻军图》中，此"深平"改用方框符号表示，并将文字标记为"深平城"[8]。据曹学群先生研究，《驻军图》的制作年代晚于《地形图》[9]，说明《地形图》中用圆圈表示的"深平"在《驻军图》中已由原来的一个较大的邑修筑为城。可见方形或

---

[1] 吴毓江撰，孙启治点校：《墨子校注》卷一四，北京：中华书局，1993年。
[2] 《汉书》卷一。
[3] 《汉书》卷二八。
[4] 如果按照文献记载，则两晋南北朝时期设置的县当更多，若剔除其中大量的虚置、侨置的郡县，实际设置的县当少于西汉，但目前尚无这一时期设县的确切统计数字。
[5] 《后汉书》卷四九。
[6] 张继海：《汉代城市社会》，北京：社会科学文献出版社，2006年。
[7] 宫崎市定的论点见张继海《汉代城市社会》（北京：社会科学文献出版社，2006年）。何兹全先生在《中国古代社会形态演变过程中三个关键性时代》（《历史研究》2000年第2期）一文中指出："汉代城市人口是非常多的。'耕者不能半'，大约接近事实。可以大略地说，汉代城市人口大约占总人口的40%左右。战国、秦汉是城市国家，人口一般可以说是由城区向外辐射的。那时全国5 000万人口，大约居住在现在内地人烟稠密的10亿人口居住的地区，人口围着城市居住，远离城郭的地区，人口是越来越少的。汉代人说到农民流亡，不说'离开农村'，都是说'离其城郭'、'亡去城郭'、'前去城郭'。盖汉代人口多居住在城郊和城区辐射区以内也。"
[8] 湖南省博物馆等：《长沙马王堆二、三号汉墓第一卷·田野考古发掘报告》，北京：文物出版社，2004年。
[9] 曹学群：《论马王堆古地图的绘制年代》，《马王堆汉墓研究文集》，长沙：湖南出版社，1994年。

长方形图例有代表"城"的含义，圆圈所代表的邑、里大多非城，无城郭。以上两幅地图中，一般邑里仍用圆圈表示，并标注文字"某某里"，《地形图》中的县城全用方形或长方形框表示，《驻军图》中较大的图标全用直线组成的几何图案表示，这些图案有三角形、方形、长方形、凸字形、一角内凹的不规则长方形等，共有7种之多，这显然不是统一的图标，而只能是按照城郭的实际外形轮廓勾勒出来的。这类"图标"内填的文字有"周都尉军""周都尉别军""徐都尉军""徐都尉别军""司马得军""桂阳郡军"，从文字分析是军事营垒。三角形城堡内注有"箭道"字样，城堡上设有五个箭楼和四个望台，并有"复道"与前方的工事相连接。在众多里一级小型图标中，仅有2个用长方形框，框内文字为"故官""龀障"，学者已注意到"故官"在《地形图》上原"龀道"的位置，应是原来的县一级衙署，"龀障"则可能是一座小型障城。圆圈图例表示的聚落十分密集，这种不同图例的分布很能说明问题：在条件适宜的地方，一般的聚落存在较多，聚落的分布较为密集；城市的分布则不然。这与考古发现的汉代城址和聚落的分布是吻合的。当然我们也注意到，除都城与郡国、县城以外，尚有部分城址遗存，如上文所言宁武的苗庄古城与大同吴官屯古城等，但这样的城址数量远少于无城郭的聚落，从其所处位置来看，大多地处战略要冲，具有鲜明的军事色彩，与马王堆《驻军图》中的军事城堡一致，而大多数县以下聚落如邑、里、乡、聚、亭等并不见城郭。

四

山西汉代古城址依据外形轮廓可分为六种：长方形、方形、"日"字形、梯形、圆形和不规则形。在已发现的全部72座不同等级的城址中，11座平面形制不明；其余61座城址中，以长方形城址最多，共45座，方形次之，为11座，"日"字形2座，梯形1座，圆形1座，不规则形1座。长方形城址与"日"字形城址合计47座，占77%，方形城址占18%，其他类型占5%。不同外形的选择主要与地貌环境有关。因中国绝大多数古城为夯土筑城，夯筑使用的木版为长条形，适宜沿直线推进，故以四边形最为适宜。四边形中以正方形的面积最大，但限于周边环境，很难有恰巧适合的距离，所以古城总是以长方形最多见，其次是正方形。两座"日"字形城址分别是右玉中陵故城与宁武的苗庄古城[1]，外轮廓其实接近长方形，东西较长，南北较短；城中设有一条隔

---

[1] 该城址的外轮廓并不规整，城址分东西两部分，其间设隔墙，东城外形呈梯形，西城平面为方形，且无南墙。

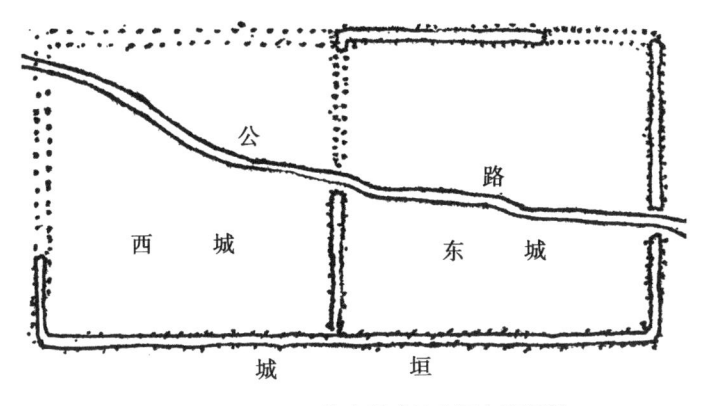

墙，将城一分为二，形似横置的"日"字形。此二城始建于汉，汉代以后废弃，但未像大多数汉代城址一样往往沿袭周、秦旧城，应该是真实反映了汉代城址的布局形制。位于江苏省盱眙县的秦汉东阳县城就是典型的横"日"字形古城址，古城正南北方向，东西二城间设隔

附录 图3-5 江苏省盱眙县秦汉东阳县城

墙，二城皆接近正方形，东城稍大于西城（附录 图3-5）[1]。汉长安城武库遗址四周设封闭的围墙，俨然是一座独立的城；围墙也是横置的"日"字形，即在长方形的围墙中设置隔墙，东西长710米，南北宽322米（附录 图3-6）。汉长安城武库始建于汉高祖时期，废弃于更始末年的赤眉军起义，为西汉遗存[2]。再如河北怀来县大古城村附近的大古城，疑即秦汉上谷郡沮阳县故城（上谷郡亦治此），也是东西并列的二城，东城方形，小而规整；西城较大，外形为不规则形（附录 图3-7）[3]。汉代这种"日"字

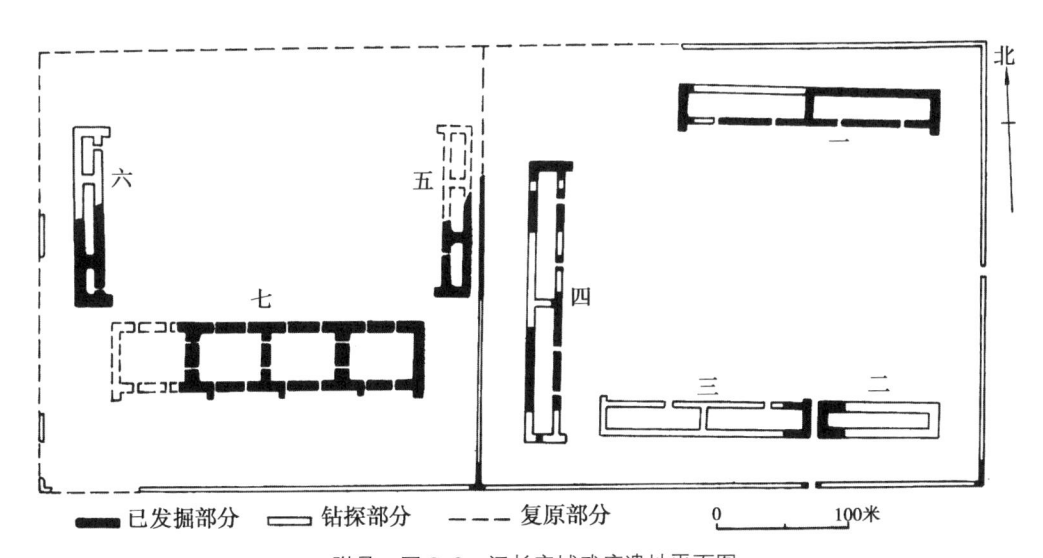

附录 图3-6 汉长安城武库遗址平面图

[1] 尤振尧：《秦汉东阳城考古发现与有关问题的探析》，《中国考古学会第五次年会论文集》，北京：文物出版社，1988年。
[2] 中国社会科学院考古研究所：《汉长安城武库》，北京：文物出版社，2005年。
[3] 安志敏：《河北怀来大古城村古城址调查记》，《考古》1955年第3期。

形城，可能源于先秦以前流行的小城大郭制度[1]，筑于战国时期的河北易县燕下都即为"日"字形城[2]。《世本》张澍补注引《吴越春秋》曰："鲧筑城以卫君，造郭以守民。"[3]据尤振尧先生调查，东阳古城当地百姓称东城为内城，西城为外城；考古发掘也证实，东城存在衙署建筑遗存，西城则可能为一般平民所居。新疆境内也偶见有"日"字形城，如位于新疆西部阿克苏地区乌什县的古力瓦克古城[4]和位于新疆东部巴里坤的大河故城，前者年代不明，后者根据地表散布的遗物分析时代为唐代，疑即文献记载的唐伊吾军甘露川[5]。

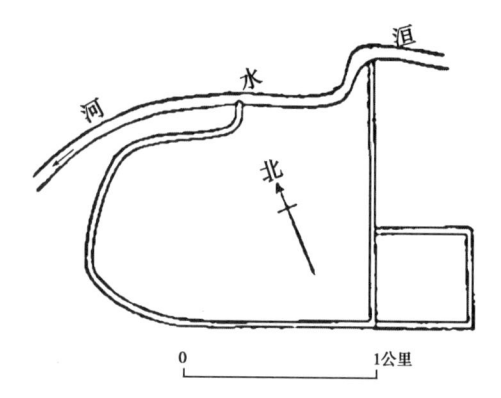

附录 图3-7 河北怀来县大古城村汉代古城址

圆形城址之一例是位于洪洞县万安镇韩侯村西的韩侯城址，平面圆形，直径约100米。目前已知我国最早修筑城墙的古城是城头山古城，城址平面就是较为规整的圆形，外圈直径325米，位于湖南省澧县西北约10公里的徐家岗，距今6 000多年[6]。山东费县方城镇防故城平面呈椭圆形，时代为龙山、东周至汉代[7]。此外，椭圆形城址还有河北蔚县汉代王城[8]。东吴孙权所筑的镇江铁瓮城也是平面呈椭圆形的城址，位于镇江市区北固山南峰土山之上[9]。

平面圆形的城池多见于西方，希腊青铜时代晚期伯罗奔尼撒半岛的迈锡尼城就曾设置有圆形石砌围墙，形成圆形城堡；据说特洛伊古城也是圆形；古罗马著名的庞贝城就是一座近椭圆形的城市。中亚、西亚地区也曾发现有圆形城址，如位于今伊拉克的哈特拉古城，建于公元前4～前3世纪，城市整体呈圆形，由石块堆砌而成，四面各有一个城楼，城墙上还建有城堡和塔楼，十分坚固，是帕提亚帝国的要塞。大夏都城巴克特里亚也有圆城。新疆是我国圆形城址发现最多的地区，如轮台县卓尔库特古城[10]、拜城县

---

[1] 杨宽先生对小城大郭制度有详细的论述，见杨宽：《中国古代都城制度史研究》，上海：上海人民出版社，2003年。
[2] 河北省文化局文物工作队：《河北易县燕下都故城勘查和试掘》，《考古学报》1965年第1期。
[3] 张澍稡集补注本《世本》卷一，（汉）宋衷注，秦嘉谟等辑：《世本八种》，北京：商务印书馆，1957年。
[4] 阿克苏地区文管所：《阿克苏地区柯坪、乌什两县文物调查》，《新疆文物》1986年第2期。
[5] 哈密地区文管所：《巴里坤大河故城调查》，《新疆文物》1987年第3期。
[6] 湖南省文物考古研究所：《澧县城头山新石器时代遗址发掘报告》，北京：文物出版社，2007年。
[7] 防城考古工作队：《山东费县防故城遗址的试掘》，《考古》2005年第10期。
[8] 蔚县博物馆：《代王城城址调查报告》，《文物春秋》1997年第3期。
[9] 据顾野王《舆地志》："吴大帝孙权所筑，周回六百三十步，开南、西二门，内外皆固以砖壁。"刘建国：《镇江铁瓮城遗址保护与利用刍议》，《中国文物报》2006年2月24日第8版。
[10] 《轮台县文物调查》，《新疆文物》1991年第2期。

赛里木古城[1]、库车唐王城附近的黑太克沁古城[2]和硝里汉那古城[3]、营盘古城、麦德克城、孔路克阿旦城以及民丰县尼雅古城、洛浦县阿克斯皮尔古城、阿克考其喀然克古城等等[4]，时代多属汉唐时期。

圆城曾流行于中亚和西亚，因中亚、西亚圆城皆晚于希腊的圆城，有专家推测东方的圆城可能是亚历山大东征后希腊文化传播的结果[5]。但这种影响可能仅及我国新疆地区，与西域城池的构筑方式不同。内地古代城墙皆为夯土版筑而成，夯土最宜沿直线修筑，而圆形城墙需夯筑出一定弧度，施工效率较低，且不利于防守，故较为少见。内地圆城与西域圆城无关，应该是独立发展的结果，且一直未成为内地城池的主流形制。

梯形城址仅1座，即临县白文镇曜头村东的曜头城址。该城址位于黄河一级支流湫水河东岸台地上，依山势而建，外形呈不规则梯形，显然是迁就地形的结果。另一方面，该城始建于战国，沿用至汉，几条城墙也可能是不同年代的遗存，但因城址尚未进行考古发掘，这里只能是猜测。位于昔阳县冶头镇东冶头村的东冶头城址，平面呈不规则形，该城城墙保存较差，从春秋沿用至汉代，不规则外形也应与不同年代的夯筑有关。

已知的5座郡城中，善无故城布局不明，城址上被一明代城堡叠压。汉代晋阳城虽然一直被认为就是位于今太原市区西南部的晋阳古城，但至今尚未得到考古材料的支持。据多年主持晋阳古城发掘工作的常一民研究员说，在已经连续7年多的晋阳古城调查发掘工作中，至今尚未找到汉代文化层，汉代遗物发现极少。汉代城址附近一般均有大型墓葬区，但晋阳城附近的汉墓并不多见，已发现的古墓多是北齐和唐代的。太原市汉墓发现最集中的地点在晋阳古城东北20公里处的尖草坪，但这里不见古城址，汉代晋阳城的位置很难说已经得到确认。高柳城在现阳高县城关镇李官屯村，位于县城东北2.5公里处，城址周围地势平坦，城北面对东西连绵、陡峭的雁门山（附录　彩图14），因地表遗迹破坏严重，直到近年才由遗址所在地阳高县文管所的方连宝先生发现，城址所处位置与文献记载基本吻合，可惜地面遗迹所剩无几。该城为东西向长方形，东西长1050米，南北宽600米，面积约63万平方米。阴馆城位于朔州市东夏关城村至里仁村一带，城北临治水，南背句注山。该山系恒山与云中山的衔接处，是大同盆地通往山

---

[1] 李文永：《1972年拜城县文物古迹调查简报》，《新疆文物》2004年第2期。
[2] 黄文弼：《塔里木盆地考古记》，北京：科学出版社，1958年。
[3] 张平：《库车唐王城调查》，《新疆文物》2003年第1期。
[4] 新疆文物考古研究所：《和田地区文物普查资料》，《新疆文物》2004年第4期。
[5] 林梅村：《寻找楼兰王国》，北京：北京大学出版社，2009年。

西中南部最为捷近的地方，南北纵跨约20公里，中有句注塞，其间两山夹峙，山径迂回曲折，为东周时天下九塞之一，战国时"赵襄子逾句注而破并代以临胡貉"[1]，山北的阴馆城与山南的广武城南北呼应，把守着这条交通干道（附录　彩图15）。经实地勘察，阴馆城除北墙地表不见以外，东墙和南墙各有一小部分保留，西墙现存尚有1.5公里，墙基宽10~12米。墙体夯筑，夯层厚0.06~0.09米。城址平面略呈方形，边长约1 000米，面积约100万平方米。地面散见布纹板瓦、绳纹筒瓦、素面青砖及水波纹陶片等，城内曾出土大量铜镞和汉五铢（资料均未发表，实物现存朔州市博物馆）。城东、南、西三面皆发现有汉墓群——广武汉墓群，众多高大的封土至今耸立地表，该汉墓群被列为国家重点文物保护单位（附录　彩图16）。因南面山洪的冲积，城址大部分被泥沙覆盖。现存五座郡城中，以河东郡治安邑保存较好。城址位于夏县西北7.5公里处的禹王村至郭里村一带，由大城、中城和小城组成。中城位于大城西南部，被认为是秦汉河东郡治所，平面略呈方形，面积约600万平方米。城之西、南两墙分别沿用大城的西墙和南墙的一部分，北墙长约1 522米。墙体夯筑，夯层厚约0.08米。1991年曾在城内发掘，清理遗迹有灰坑、陶窑、水井、道路等，出土有各类陶罐、盆、筒瓦、瓦当、砖、货币、陶范、半两陶模等，并曾发现冶铸遗址[2]。安邑今称禹王城，据传夏禹曾在此居住，故名，是东周时的魏国都城，因整个城址规模巨大，杨宽先生认为中城原是魏都安邑的"城"，大城则是魏都安邑的"郭"[3]，汉代沿用其"城"，而弃其"郭"，这种城郭结构符合东周时期中原地区诸侯城的布局规律，笔者认同此说。

以上5座郡城中，3座城址的面积分别为63万平方米、100万平方米和600万平方米，相差悬殊，但面积明显大于一般县城，尤其是禹王城中城的面积达600万平方米，与汉广武城相当，是山西汉代城址中最大的。汉河东郡治安邑之所以如此之大，首先是因为它地处河东富庶之地，这里自仰韶文化以来是传统的农业区，土地肥沃，交通便利，西汉时邻近都城长安，城址西南20余公里处有中国内陆最大的盐湖——河东盐池。《汉书·地理志》载："河东土地平易，有盐铁之饶，本唐尧所居。"[4]河东盐池亦称解池，地处运城盆地南部、中条山北麓，面积130平方公里。该盐池形成于新生代第四纪。对该盐池的开发至迟不晚于西周[5]，春秋战国时期该盐池已声名远扬，汉代其盐

---

[1]《史记》卷一一〇。
[2] 黄永久：《禹王城遗址发现的铸币范》，载山西省考古学会等：《山西省考古学会论文集》（二），太原：山西人民出版社，1994年；张童心等：《禹王城地坑式陶窑发掘简报》，载山西省考古学会等：《山西省考古学会论文集》（二），太原：山西人民出版社，1994年。
[3] 杨宽：《中国古代都城制度史研究》，上海：上海人民出版社，2003年。
[4]《汉书》卷二八。
[5] 卫斯：《河东盐池开发时代考》，《中国社会经济史研究》1983年第4期。

已远销豫、鲁、冀、甘、陕等地，成为国家赋税的重要来源，也为地方经济的发展积累了财富。河东郡又是两汉时期山西人口最为密集的地区，按《汉书·地理志》西汉元始二年（2）户籍统计，河东郡总人口 962 012，县均人口 40 121，两项指标均占山西各郡县首位，河东郡人口占全山西总人口的 37.87%；东汉全国人口有所减少，黄河流域人口减少幅度更大，以《后汉书·郡国志》所载永和五年（140）统计，河东郡总人口 570 803，县均人口 28 540，也占山西各郡人口首位，河东郡人口占全山西总人口的 45.29%。另一方面，汉河东郡治沿用了魏国都城安邑，而东周诸侯国都一般较大，城郭皆备，这些城入汉以后大多数只是被局部利用，汉安邑正是利用了原魏安邑的内城部分。

山西汉代县城面积最大者为广武故城，面积达 600 万平方米。该城址位于今忻州市所辖代县城西 4 公里处的古城村西，平面呈长方形，东西长约 3 000 米，南北宽约 2 000 米，现东墙尚存，墙体夯筑，墙基宽约 19 米，采用平夯筑成，断面上有清晰的水平线，夯层厚 0.07～0.11 米，残高 3～4 米，东墙中南段个别地段高达 7 米。北墙也有部分保留，墙基宽 24～25 米，明显比东墙厚实，南墙与西墙地面以上部分多已不存。采集有汉代的粗绳纹板瓦、筒瓦、篮纹板瓦、瓦当、砖等残片，并有战国陶豆、盆、夹砂灰陶鬲等陶片。此城初筑于战国，汉高祖三年（前 204）始置广武县，北魏熙平间（516～517）迁于上馆城（今县城），原城遂废[1]。山西汉代县城规模仅次于广武城的是五台的滹沲县故城，位于五台县台城镇古城村东北约 1 公里处，平面呈长方形，墙体夯筑，南北长约 1 460 米，东西宽约 1 150 米，面积达 168 万平方米。现存东墙残长约 600 米，残高约 6.5 米。地表散见砖瓦残件。曾出土有铜马衔、铜剑、箭头等。此为汉代滹沲县治所在[2]。

现存山西 24 座县城中，共有 17 座可以大概计算出城址面积，基本上可以 40 万平方米作为一个标尺，高于此面积的城址有 9 座，占 52.94%，除前文提及的广武县治和滹沲县故城为特例外，其余城址面积在 40～80 万平方米之间，如应县繁畤故城 80 万平方米，洪洞杨县故城 75 万平方米，其他在 40～56 万平方米之间，有右玉县中陵故城、沃阳故城、临汾市临汾故城、新绛长修故城、阳城濩泽故城。其余城址面积在 1.5～34 万平方米之间，这些古城址有怀仁县剧阳故城，面积 34 万平方米；平定新城遗址，疑为上艾县故城，面积 25 万平方米；左云县武州故城 15 万平方米。其余全在 8 万平方米以下，这些城址包括灵丘县灵丘故城，8 万平方米；广灵县平舒故城，6 万平方米；阳

---

[1] 国家文物局：《中国文物地图集·山西分册》，北京：中国地图出版社，2006 年。
[2] 国家文物局：《中国文物地图集·山西分册》，北京：中国地图出版社，2006 年。

曲狼孟故城，6.48万平方米。山西最小的汉代县治城址为柳林隰城县故城，位于柳林县穆村镇杨家坪村东北约2.5公里处，平面呈长方形，东西长约150米，南北宽约100米，面积仅1.5万平方米，现存东墙残段，残长约20米。

郡县以下的城址多不见于文献记载，这些城址面积相差同样悬殊，它们的等级、功能、隶属关系、始筑时间、延续时间、人口构成等方面都各不相同，情况可能较为复杂。全部42座县以下城址中，有38座可以计算出面积，其中超过80万平方米的共有8座，占21.05%，这一面积大于多数山西汉代县城的面积，最大的是位于神池县长畛乡北沙城村附近的北沙城，该城平面方形，边长约2 000米，面积近400万平方米。其次是位于临县白文镇曜头村的曜头城址，平面呈不规则梯形，东西最长约2 000米，南北最宽约1 000米，面积约160～180万平方米。柳林县穆村城址和静乐县赵王城城址面积皆为150万平方米。面积在10～80万平方米之间的城址有14座，占36.84%；10万平方米以下的城址有16座，占42.11%，规模大小皆相去甚远。位于中阳县宁乡镇庞家会村东的庞家会城址，平面呈长方形，东西长约70米，南北宽约40米，面积仅2 800平方米；位于偏关县万家寨镇教官咀村的教官咀城址，平面呈长方形，南北长约50米，东西宽约30米，面积1 500平方米，为目前山西发现的最小的汉代城址。

山西汉代古城址由于破坏严重，门址数量和位置大多不明。两汉大型城址，其城门设置会多些，西汉长安城和东汉雒阳城作为都城皆设12座城门。地方大型郡国都邑，城门设置最多的是位于河北省北部蔚县境内的代王城，该城址平面呈椭圆形，东西长3 400米，南北宽2 200米，全城周长达9 265米，共有9座城门、11座马面[1]。该城大约修筑于汉初，曾为西汉代国都邑、两汉代郡郡治（东汉曾一度迁郡治于高柳），是西汉初年北方重要的大型城池。根据城墙豁口位置判断，山西汉代中小型城址大概有以下几种情况：由于城址多方形或长方形，中型城址一般在四面城墙中央开四门，如闻喜县瓯底镇的大马城，平面近方形，东西长约998米，南北宽约980米，四面各设一门，外围护城河。但有的城门不全部居中，如怀仁县金沙滩镇的剧阳县故城，平面长方形，南北长850米，东西宽400米，四面各设一门，北门设在北墙正中，东、西门位于东、西两墙偏南处，南门则位于南墙东侧，即城的东南角。柳林县三交镇坪上城址，平面长方形，东西长约1 000米，南北宽约500米，东墙南部设一门。当然，从该城址的规模分析，不可能仅此一个门。小型城址则只设二门甚至一门，设置二门的城往往根据城邑周围地形和交通状况，或南北开门，或东西开门，如大同县西坪镇小坊城，平面长方形，东西宽350米，南北长445米，东、西墙各有一城门，外设护城河。山阴县马营庄乡故

---

[1] 蔚县博物馆：《代王城城址调查报告》，《文物春秋》1997年第3期。

驿城，平面长方形，南北长875米，东西宽750米，南北二城墙中央各开一个城门。据《水经注·汾水》载，狼孟县故城"旧断涧为城，有南、北门，门阙故壁尚在"[1]。襄汾县陶寺古城平面长方形，东西长约100米，南北宽约80米，北墙中央设一门，外围护城河。偏关县天峰坪镇校场古城，平面长方形，南北长约150米，东西宽约135米，南墙中部设一门。

发现护城河的城址共6座，除右玉县中陵故城为汉代县城外，其余全部是郡县级以下的城，分别是：大同县小坊城、静乐县赵王城、平遥县南北庄城、襄汾县陶寺城址、闻喜县大马城。东周时城邑设置护城河已很普遍，山西汉代大中型城也应当是有护城河的。从近来我们在中陵故城的调查情况看，此城址城墙外侧地表不见任何护城河的痕迹，经钻探，发现现存的三面城墙外皆有护城河。当然，山城原本就不可能有护城河。

山西汉代古城址发现马面很少，目前地面仍然保留马面的仅苗庄古城址一座；经钻探，中陵故城已证实有马面存在。据《中国文物地图集·山西分册》，苗庄古城址的年代从汉代持续到北朝，但笔者在对该城址的调查中并未发现北朝遗存，郭银堂等人在《宁武苗庄古城及长城考》一文中也未提及有北朝遗存[2]，不知该条目的撰写是否确有依据。由于没有进行考古发掘，马面的修筑时代不明，但从目前地面所见遗物判断，汉代的可能性最大。出于军事防务的需要，北方长城沿线的汉代边城设置马面的古城很多，甘肃、陕西、内蒙古、河北等地均已先后发现，以往认为"马面……至迟不晚于西汉已在内蒙古西部地区长城沿线古城开始使用"[3]，但近年来内蒙古的考古工作者在赤峰市松山区初头朗镇三座店自然村发现的青铜时代夏家店下层文化城墙外侧发现大量马面[4]，说明马面起源甚早。紧邻内蒙古的山西在汉代古城中出现马面是很自然的事，尤其是在西汉前期，这里曾是防御匈奴人的边防前哨。但在汉武帝击败匈奴人以后，山西在两汉多数时间内并不处于边防前线，尤其是山西中南部，所以山西汉城在军事防务方面的特点不及北部内蒙古、陕北、甘肃长城沿线的边城突出，而且城址面积也明显大于这些边城。

此外，山西汉代城址中尚未发现用砖包砌城墙的作法，四川广汉发现的东汉雒县城址局部已有用砖包砌的现象[5]，这可能与西南地区气候潮湿，不利于夯土城墙的保存有

---

[1] （北魏）郦道元注，（民国）杨守敬、熊会贞疏，段熙仲点校，陈桥驿复校：《水经注疏》卷六，南京：江苏古籍出版社，1989年。
[2] 郭银堂等：《宁武苗庄古城及长城考》，载山西省考古研究所等：《山西省考古学会论文集》（三），太原：山西古籍出版社，2000年。
[3] 李兴盛：《内蒙古卓资县三道营古城调查》，《考古》1992年第5期。
[4] 内蒙古文物考古研究所：《赤峰市松山区三座店遗址2005年度发掘简报》，《内蒙古文物考古》2006年第1期。
[5] 沈仲常等：《四川广汉发现的东汉雒城遗迹》，《中国考古学会第五次年会论文集》，北京：文物出版社，1988年。

关，但这种作法在全国尚属罕见，中原地区魏晋时期邺城开始出现城墙局部用砖包砌的作法[1]。山西汉代城址中发现瓦很多，而发现砖较少。

在中国，很多文明时代的城市往往是由远古时期的大型聚落发展而来的，所以承载了远古和上古时期大型聚落选址的一些特征，如邻近水源、资源丰富、交通便利、易于防守等等。也正是由于选址的科学与合理，这些城市一直沿用至今。

附录 表3-1 山西汉代古城址统计表

序号	名称	位置	平面形状及规模	隶属郡县	备注
1	平城县故城	大同市区操场城	方形或长方形。	雁门郡平城县	
2	吴官屯城址	大同市矿区吴官屯村	长方形。东西450米，南北长度不明。		《文物季刊》1996年第4期。
3	小坊城	大同县西坪镇小坊城村东北800米	长方形。东西435米，南北437米，东西墙各有城门，外有护城河。		《山西大同小坊城遗址的调查试掘与收获》，《中国文物报》2011年10月21日4版。
4	平邑城	大同县许堡乡东水地村西	方形。东西460米，南北460~480米，外有护城河。	西汉平邑县治，东汉北平邑县治。属代郡	《文物世界》2009年第1期。
5	崞县故城	浑源县西毕村古城洼	长方形。	汉雁门郡崞县	《文物》1980年第6期。
6	平舒县故城	广灵县作疃乡百疃南堡村西南	长方形。东西200米，南北300米。	代郡平舒县	
7	灵丘县故城	灵丘县武灵镇麻嘴村	长方形。东西400米，南北200米。	代郡灵丘县	
8	高柳城	阳高县城关镇李官屯村	长方形。东西1 050，南北600米。	西汉高柳县东汉代郡治所	《文物世界》2005年第5期。
9	武州故城	左云县云兴镇古城村北	长方形。东西500米，南北300米。	雁门郡武州县	
10	善无故城	右玉县旧城关		西汉雁门郡治善无县治，东汉定襄郡善无县治	

---

[1]（北魏）郦道元注，（民国）杨守敬、熊会贞疏，段熙仲点校，陈桥驿复校：《水经注疏》卷一〇，南京：江苏古籍出版社，1989年。

续表

序号	名称	位置	平面形状及规模	隶属郡县	备注
11	中陵故城	右玉县威远镇西南 2.5 公里	"日"字形。实测东西 884 米，南北 553 米。	西汉雁门郡中陵县，东汉定襄郡中陵县	《山西右玉县中陵古城的调查与试掘》，《考古》2011 年第 10 期。
12	沃阳县故城	右玉县李达窑乡破虎堡村东约 1 公里	长方形。东西长 1 000 米，南北 500 米。	西汉雁门郡沃阳县	
13	永静城	山阴县北周庄镇永静城村东南约 1 公里	长方形。东西残长 295 米，南北残长 160 米。		
14	故驿城	山阴县马营庄乡故驿村东北 500 米	长方形。南北 875 米，东西 750 米。南北二城墙中央各有一个城门。		《山阴县城南古城勘查记》，《雁北文物勘察团报告》。
15	繁畤故城	应县镇子梁乡城下庄村东北	长方形。东西长约 1 120 米，南北宽约 720 米。	雁门郡繁畤县	
16	祝家庄城	朔州市朔城区小平易乡祝家庄村西北约 500 米			
17	马邑故城	朔州市朔城区		雁门郡马邑县	《文物》1987 年第 6 期。
18	梵王寺城	朔州市朔城区窑子头乡梵王寺村西北约 500 米	长方形。北墙残长约 370 米，西墙残长约 1 330 米。	疑即汉楼烦县	《黄河文化论坛》第 9 辑。
19	阴馆县故城	朔州市滋润乡夏官城村北	方形。边长 1 000 米。	两汉雁门郡阴馆县治，东汉雁门郡治	
20	东昌城址	怀仁县河头乡东昌城村东约 500 米	方形。边长 1 000 米。		
21	剧阳县故城	怀仁县金沙滩镇日中城村西南约 400 米	长方形，四面各设一门。南北 850 米，东西 400 米。	汉雁门郡剧阳县	《黄河文化论坛》第 9 辑。
22	广武县故城	代县阳明堡镇古城村西约 200 米	长方形。东西约 3 000 米，南北约 2 000 米。	太原郡广武县	
23	苗庄古城	宁武县余庄乡苗庄村东北约 300 米	不规则"日"字形。外轮廓呈长方形，东西二城相连。北墙外设马面。东西长约 1 000 米，南北宽约 400 米。		《山西省考古学会论文集》(三)。

续表

序号	名称	位置	平面形状及规模	隶属郡县	备注
50	曜头城址	临县白文镇曜头村	不规则梯形。东西最长约2 000米，南北最宽约1 000米。		
51	青龙城址	柳林县柳林镇青龙村	长方形。东西1 000米，南北400米。		
52	穆村城址	柳林县穆村镇穆村	长方形。东西长约1 500米，南北宽约1 000米。		
53	隰城故城	柳林县穆村镇杨家坪村东北2.5公里	长方形。东西长约150米，南北宽约100米。	汉代隰城县治所	
54	坪上城址	柳林县三交镇坪上村	长方形，东墙南部设一门。东西长约1 000米，南北宽约500米。		
55	堡上城址	柳林县穆村镇堡上村	长方形。东西长约300米，南北宽约100米。		
56	古城岭城址	兴县东会乡寨上村东100米	方形。边长约200米。		
57	庞家会城址	中阳县宁乡镇庞家会村东500米	长方形。东西长约70米，南北宽约40米。		
58	韩侯城址	洪洞县万安镇韩侯村西1 000米	圆形。直径约100米。		
59	杨县故城	洪洞县曲亭镇范村、敬村一带	长方形。东西长约1 300米，南北宽约580米。	河东郡杨县县治	《考古》1963年第10期。
60	永固城址	襄汾县永固乡永固村西1 500米	长方形。东西长约334米，南北宽约314米。		
61	陶寺城址	襄汾县陶寺乡陶寺村西南700米	长方形，北墙中部设一门，有护城河。东西长约100米，南北宽约80米。		
62	临汾县故城	襄汾县赵康古城	大小城相套，小城可能是汉城，位于大城北部中央，东西660~700米，南北700米。	汉临汾县治	《考古》1963年第10期。

续表

序号	名称	位置	平面形状及规模	隶属郡县	备注
63	王离城址	沁水县郑庄镇王必村北500米	面积约20万平方米。		
64	濩泽县故城	阳城县固隆乡泽城村北100米	长方形。南北长约800米，东西宽约500米。	汉河东郡濩泽县治	
65	杨家寨城址	芮城县东垆乡杨家寨村北约1.5公里	长方形。南北长约80米，东西宽约50米。		
66	东陌城址	芮城县西陌镇东陌村南约100米	方形。边长约150米。		
67	北垣城址	芮城县风陵渡镇北垣村			
68	汾阴古城	万荣县荣河镇庙前村北约500米		汉汾阴县治	《考古》1959年第4期。
69	上郭古城址	闻喜县桐城镇上郭村	面积约7.5万平方米。		
70	大马城	闻喜县畖底镇东大马村北	近方形，四面各设一门，外围护城河。东西长约998米，南北宽约980米，周长3 920米。		《考古》1963年第5期。
71	禹王城	夏县禹王乡禹王村	城址分大城、中城、小城和禹王庙四部分，中城为汉城，平面略呈方形，边长约1 522米。	两汉河东郡治与安邑县治	《文物》1962年第4、5期。
72	长修故城	新绛县古交镇泉掌村北500米	长方形。东西长约800米，南北宽约600米。	西汉河东郡长修县治	

注：本表凡不另注出处者，资料多出自《中国文物地图集·山西分册》，此外有少量尚未发表的资料。

参考文献

古籍

《史记》，北京：中华书局，1959年。
《汉书》，北京：中华书局，1972年。
《后汉书》，北京：中华书局，1965年。
《三国志》，北京：中华书局，1959年。
《晋书》，北京：中华书局，1996年。
《宋书》，北京：中华书局，1974年。
《南齐书》，北京：中华书局，1972年。
《梁书》，北京：中华书局，1973年。
《魏书》，北京：中华书局，1974年。
《北齐书》，北京：中华书局，1972年。
《周书》，北京：中华书局，1971年。
《北史》，北京：中华书局，1974年。
《南史》，北京：中华书局，1975年。
《隋书》，北京：中华书局，1973年。
《旧唐书》，北京：中华书局，1975年。
《新唐书》，北京：中华书局，1975年。
《旧五代史》，北京：中华书局，1976年。
《新五代史》，北京：中华书局，1974年。
《宋史》，北京：中华书局，1977年。
《辽史》，北京：中华书局，1974年。
《金史》，北京：中华书局，1975年。
《元史》，北京：中华书局，1976年。

《十三经注疏》，北京：中华书局，1982年。
（汉）毛苌、郑玄注，（唐）孔颖达疏：《毛诗正义》，《十三经注疏》，北京：中华书局，1982年。
（汉）郑玄注，（唐）孔颖达疏：《礼记正义》，《十三经注疏》，北京：中华书局，1982年。
（唐）孔颖达疏：《尚书正义》，《十三经注疏》，北京：中华书局，1982年。
（汉）郑玄注，贾公彦疏：《周礼注疏》，《十三经注疏》，北京：中华书局，1982年。
（汉）何休撰：《春秋公羊传解诂》，台北：新兴书局，1964年。
杨伯峻编著：《春秋左传注》，北京：中华书局，1981年。
（汉）毛苌、郑玄注，（唐）孔颖达疏：《毛诗注疏》，上海：上海古籍出版社，2013年。

郭丹、程小青、李彬源译注：《左传》，北京：中华书局，2012年。
许维遹：《吕氏春秋集释》，北京：中国书店，1985年。
缪文远：《战国策新校注》，成都：巴蜀书社，1987年。
吴毓江撰，孙启治点校：《墨子校注》，北京：中华书局，1993年。
黎翔凤撰，梁运华整理：《管子校注》，北京：中华书局，2004年。
王贻梁、陈建敏：《穆天子传汇校集释》，上海：华东师范大学出版社，1994年。
唐书文：《六韬·三略译注》，上海：上海古籍出版社，2006年。
何宁：《淮南子集释》，北京：中华书局，1998年。
袁珂校注：《山海经校注》，成都：巴蜀书社，1992年。
（汉）宋衷注，秦嘉谟等辑：《世本八种》，北京：商务印书馆，1957年。
黄晖：《论衡校释（附刘盼遂集解）》，北京：中华书局，1990年。
（汉）应劭撰，王利器校注：《风俗通义校注》，北京：中华书局，1981年。
（汉）许慎撰，（清）段玉裁注：《说文解字注》，上海：上海古籍出版社，1981年。
（汉）许慎著，徐铉等校：《说文解字》，上海：上海古籍出版社，2007年。
（清）王聘珍撰，王文锦点校：《大戴礼记解诂》，北京：中华书局，1983年。
（清）陈立撰，吴则虞点校：《白虎通疏证》，北京：中华书局，1994年。
（清）王念孙著，钟宇讯点校：《广雅疏证》，北京：中华书局，1983年。
（晋）法显：《佛国记》，北京：中华书局，1991年。
何清谷：《三辅黄图校释》，北京：中华书局，2005年。
（晋）干宝撰，汪绍楹校注：《搜神记》，北京：中华书局，1979年。
（南朝宋）刘敬叔撰，范宁校点：《异苑》，北京：中华书局，1996年。
（北魏）郦道元注，（民国）杨守敬、熊会贞疏、段熙仲点校，陈桥驿复校：《水经注疏》，南京：江苏古籍出版社，1989年。
（魏）杨衒之撰，周祖谟校释：《洛阳伽蓝记校释》，北京：中华书局，1963年。
（梁）萧统：《锦带书》，《丛书集成初编》本，北京：中华书局，1985年。
（梁）释僧佑撰，苏晋仁、萧炼子点校：《出三藏记集》，北京：中华书局，1995年。
（梁）释慧皎撰，汤用彤校注，汤一玄整理：《高僧传》，北京：中华书局，1992年。
（梁）宗懔撰，宋金龙校注：《荆楚岁时记》，太原：山西人民出版社，1987年。
（梁）孙柔之：《瑞应图记》，《丛书集成续编》本，上海：上海书店出版社，1994年。
（梁）顾野王：《大广益会玉篇》，庆长9年刊，日本京都大学藏本。
《宋本玉篇》，北京：中国书店，1983年。
（梁）萧统编，（唐）李善注：《文选注》卷二，《影印文渊阁四库全书》第1329册，台北：台湾商务印书馆，1986年。
（梁）萧统编，（唐）李善注：《文选》，北京：中华书局，1977年。
（梁）萧统编，（唐）李善注：《文选》，上海：上海古籍出版社，1986年。
（清）严可均校辑：《全上古三代秦汉三国六朝文》，北京：中华书局，1965年。
（唐）玄奘、辩机著，季羡林等校注：《大唐西域记校注》卷二，北京：中华书局，2000年。
（唐）玄奘撰，章巽校点：《大唐西域记》，上海：上海人民出版社，1977年。
（唐）释道宣：《广弘明集》，《文津阁四库全书》，北京：商务印书馆，2005年。

（唐）张彦远：《历代名画记》，北京：人民美术出版社，1963年。
（唐）段成式著，杜聪点校：《酉阳杂俎》，济南：齐鲁书社，2007年。
（唐）段成式撰，曹中孚校点：《酉阳杂俎》续集卷五《寺塔记》上，上海：上海古籍出版社，2012年。
（唐）道宣：《续高僧传》，台北：文殊出版社，1988年。
（唐）道宣撰，郭绍林点校：《续高僧传》，北京：中华书局，2014年。
（唐）段公路：《北户录》，《文津阁四库全书》，北京：商务印书馆，2005年。
（唐）孙思邈：《备急千金要方》，北京：人民卫生出版社，1955年。
（唐）孙思邈：《备急千金要方》，《文津阁四库全书》，北京：商务印书馆，2006年。
（唐）刘恂：《岭表录异》，北京：中华书局，1985年。
（唐）李吉甫著，贺次君点校：《元和郡县图志》，北京：中华书局，1983年。
（唐）徐坚等著：《初学记》，北京：中华书局，1962年。
（唐）佚名：《三辅旧事》，（汉）赵岐等撰，（清）张澍辑，陈晓捷注：《三辅决录·三辅故事·三辅旧事》，西安：三秦出版社，2006年。
（唐）林宝撰，岑仲勉校记：《元和姓纂》，北京：中华书局，1994年。
（唐）释慧琳、（辽）释希麟：《正续一切经音义·续一切经音义》，上海：上海古籍出版社，1986年。
段成式、黄休复、佚名：《寺塔记 益州名画录 元代画塑记》，北京：人民美术出版社，1964年。
（唐）杜环著，张一纯笺注：《经行记笺注》，北京：中华书局，1963年。
穆根来、汶江、黄倬汉译：《中国印度见闻录》，北京：中华书局，1983年。
（唐）李林甫等修：《唐六典》，北京：中华书局，1992年。
《全唐诗》，北京：中华书局，1960年。
（宋）沈括：《梦溪笔谈》，北京：商务印书馆，1973年。
（宋）洪迈著，鲁同群、刘宏起点校：《容斋随笔·容斋三笔》，北京：中国世界语出版社，1995年。
（宋）李焘：《续资治通鉴长编》，北京：中华书局，2004年。
（宋）李昉、李穆、徐铉等：《太平御览》，北京：中华书局，1960年。
（宋）许洞：《虎钤经》，《中国兵书集成》，北京：解放军出版社、沈阳：辽沈书社，1992年。
（宋）苏轼：《栾城集》，上海：上海古籍出版社，1987年。
（宋）周密撰，吴企明点校：《癸辛杂识》，北京：中华书局，1988年。
（宋）王应麟：《玉海》，《影印文渊阁四库全书》，台北：台湾商务印书馆，1986年。
（宋）朱弁：《曲洧旧闻》，《历代史料笔记丛刊》，北京：中华书局，2002年。
（宋）周密著，李小龙等评注：《武林旧事》，北京：中华书局，2007年。
（宋）范成大撰，严沛校注：《桂海虞衡志校注》，南宁：广西人民出版社，1986年。
（宋）范成大撰，孔凡礼点校：《范成大笔记六种》，北京：中华书局，2002年。
（宋）钱易撰，黄寿成点校：《南部新书》，北京：中华书局，2002年。
（宋）孟元老撰，邓之诚注：《东京梦华录》，北京：中华书局，1982年。
（宋）王辟之：《渑水燕谈录》，《丛书集成初编》本，中华书局，1985年。

（宋）张镃：《南湖集》，《丛书集成初编》本，北京：中华书局，1985年。
《西湖老人繁胜录》，《四库全书存目丛书》史部第247册，济南：齐鲁书社，1996年。
（宋）王明清：《挥麈录》，《四部丛刊》本，上海：商务印书馆，1936年。
（宋）郭茂倩：《乐府诗集》，北京：中华书局，1979年。
（宋）郑樵撰，王树民点校：《通志二十略》，北京：中华书局，1995年。
（宋）邓名世撰，王力平点校：《古今姓氏书辩证》，南昌：江西人民出版社，2006年。
（宋）吴自牧：《梦粱录》，杭州：浙江人民出版社，1980年。
（宋）赵彦卫撰，傅根清点校：《云麓漫钞》，北京：中华书局，1996年。
（宋）杨万里著，王琦珍整理：《杨万里诗文集》，南昌：江西人民出版社，2006年。
（宋）欧阳忞：《舆地广记》，北京：国家图书馆出版社，2017年。
（宋）乐史著，王文楚整理：《太平寰宇记》，北京：中华书局，2007年。
（宋）司马光：《资治通鉴》，北京：中华书局，1956年。
（元）马端临：《文献通考》，北京：中华书局，1986年。
（元）纳新：《河朔访古记》，《文津阁四库全书》，北京：商务印书馆，2005年。
（元）李志常：《长春真人西游记》，《丛书集成初编》本，北京：中华书局，1985年。
（元）耶律楚材撰，李文田注：《西游录注》，北京：中华书局，1985年。
（元）耶律楚材撰，谢方点校：《湛然居士文集》，北京：中华书局，1986年。
（元）高德基：《平江记事》，《丛书集成初编》本，北京：中华书局，1985年。
（元）王实甫著，王季思校注：《西厢记》，上海：上海古籍出版社，1978年。
（元）忽思慧撰，刘玉书点校：《饮膳正要》，北京：人民卫生出版社，1986年。
（元）李好文：《长安志图》，《文津阁四库全书》，北京：商务印书馆，2006年。
（元）骆天骧：《类编长安志》，《续修四库全书》，上海：上海古籍出版社，2002年。
浙江省中医研究所、湖州中医院校：《医方类聚》，北京：人民卫生出版社，1981年。
（明）罗贯中：《残唐五代史演义传》，北京：宝文堂书店出版，1983年。
（明）宋应星著，钟广言注释：《天工开物》，香港：中华书局，1978年。
（明）焦竑撰，顾思点校：《玉堂丛语》，北京：中华书局，1981年。
（明）刘崧：《槎翁诗集》，《文津阁四库全书》第410册，北京：商务印书馆，2005年。
《永乐大典》，台北：世界书局，1977年。
（明）马欢：《瀛涯胜览》，北京：中华书局，1985年。
（明）罗日褧著，余思黎点校：《咸宾录》，北京：中华书局，1983年。
（明）李时珍：《本草纲目》，北京：人民卫生出版社，1978年。
（明）陈诚等著，余思黎等点校：《西域行程记、西域番国志、咸宾录》，北京：中华书局，2000年。
（明）蒋一葵：《长安客话》，北京：北京古籍出版社，1980年。
（明）杨慎：《丹铅摘录》，《文津阁四库全书》第282册，北京：商务印书馆，2005年。
（明）顾起元：《说略》，《文津阁四库全书》第320册，北京：商务印书馆，2005年。
（明）吕震等：《宣德鼎彝谱》，北京：中华书局，1985年。
（明）梅膺祚：《字汇》，《续修四库全书》，上海古籍出版社，2002年。
（明）高濂：《遵生八笺》，《文津阁四库全书》，商务印书馆，2006年。

参考文献　313

（明）朱棣：《普济方》，《文津阁四库全书》，商务印书馆，2006年。
（明）正德《大同府志》，大同市地方志办公室整理，1987年。（内部发行）
（明）郭勋辑：《雍熙乐府》，《续修四库全书》集部第1740册，上海：上海古籍出版社，2002年。
《明一统志》，《文津阁四库全书》第161册，北京：商务印书馆，2005年。
（清）薛允生等：《唐明律合编》，北京：中国书店，1990年。
（清）屈大均：《广东新语》，台北：广文书局，1978年。
（清）吴绮等撰，林子雄点校：《清代广东笔记五种·岭南风物记》，广州：广东人民出版社，2006年。
（清）李调元辑：《南越笔记》，北京：中华书局，1985年。
（清）朱彝尊辑录：《明诗综》，北京：中华书局，2007年。
（清）陈元龙：《格致镜原》，台北：商务印书馆，1972年。
（清）陈元龙：《格致镜原》，上海：上海古籍出版社，1992年。
（清）刘於义监修：《陕西通志》，《文津阁四库全书》第185册，北京：商务印书馆，2005年。
（清）谢启昆修：《广西通志》，《文津阁四库全书》第189册，北京：商务印书馆，2005年。
（清）钱泳著，张伟校点：《履园丛话二·秦汉瓦当》，北京：中华书局，1979年。
《乾隆大藏经》，台湾：华藏净宗学会出版，2003年。
（清）王昶：《金石萃编》，《石刻史料新编》（一），台北：新文丰出版公司，1977年。
怀仁县志编纂办公室：《怀仁县新志》，周子君、杨尚文注释，1988年。（内部发行）
（清）和珅等：《大清一统志》，《影印文渊阁四库全书》，台北：台湾商务印书馆，1986年。
（清）吴辅宏纂辑：《大同府志》，大同市地方志办公室整理重印，2007年。
（清）黎中辅纂，许殿玺校注，大同市地方志办整理：《大同县志》，太原：山西人民出版社，1992年。
（清）王轩等纂修：《山西通志》，北京：中华书局，1990年。
山西省史志研究院编：《山西通志》卷四八，北京：中华书局，2001年。
《清实录》，北京：中华书局，1985年。
（清）胡思敬：《国闻备乘》，上海：上海书店出版社，1997年。
佚名辑：《宣统政纪》，《近代中国史料丛刊》三编·第一七九册，台北：文海出版社，1989年。
（清）许指严撰、张国英点校：《十叶野闻》，北京：中华书局，2007年。
（清）顾祖禹撰，贺次君、施和金点校：《读史方舆纪要》，北京：中华书局，2005年。
（清）毛凤枝：《关中石刻文字新编》，《续修四库全书》第909册，上海：上海古籍出版社，2002年。
民国《江阴县续志》，《中国地方志集成》，南京：江苏古籍出版社，1991年。
程锡恒总纂修：《续临漳县志》，1936刊本。
武树善：《陕西金石志》，民国二十三年（1934）。
《道藏》，北京：文物出版社、上海：上海书店、天津：天津古籍出版社，1988年。
张继禹主编：《中华道藏》，北京：华夏出版社，2004年。
山西省地方志编纂委员会办公室：《山西概况》，太原：山西人民出版社，1985年。
陈直：《三辅黄图校证》，西安：陕西人民出版社，1980年。
《中国大百科全书·考古学》，北京：中国大百科全书出版社，1986年。

考古报告

宿白：《白沙宋墓》，北京：文物出版社，1957年。

河南省文化局文物工作队：《邓县彩色画像砖墓》，北京：文物出版社，1958年。

黄文弼：《塔里木盆地考古记》，北京：科学出版社，1958年。

中国科学院考古研究所：《唐长安大明宫》，北京：科学出版社，1959年

山西云冈石窟文物保管所：《华严寺》，北京：文物出版社，1980年。

中国社会科学院考古研究所：《唐长安城郊隋唐墓》，北京：文物出版社，1980年。

广州市文物管理委员会等：《广州汉墓》，北京：文物出版社，1981年。

吉林省文物考古研究所编：《榆树老河深》，北京：文物出版社，1987年。

宁夏固原博物馆：《固原北魏墓漆棺画》，银川：宁夏人民出版社，1988年。

西安半坡博物馆等：《姜寨——新石器时代遗址发掘报告》，北京：文物出版社，1988年。

黑龙江省文物考古研究所：《平洋墓葬》，北京：文物出版社，1990年。

广州市文物管理委员会等：《西汉南越王墓》，北京：文物出版社，1991年。

河北省文物研究所：《燕下都》，北京：文物出版社，1996年。

罗丰：《固原南郊隋唐墓地》，北京：文物出版社，1996年。

山西省考古研究所等：《太原晋国赵卿墓》，北京：文物出版社，1996年。

中国社会科学院考古研究所：《北魏洛阳永宁寺1979—1994年考古发掘报告》，北京：中国大百科全书出版社，1996年。

吉林省文物考古研究所等：《集安高句丽王陵——1990~2003年集安高句丽王陵调查报告》，北京：文物出版社，2004年。

湖南省博物馆等：《长沙马王堆二、三号汉墓第一卷·田野考古发掘报告》，北京：文物出版社，2004年。

魏坚：《内蒙古地区鲜卑墓葬的发现与研究》，北京：科学出版社，2004年。

山西省考古研究所等：《太原隋虞弘墓》，北京：文物出版社，2005年。

北京大学考古文博学院等：《都兰吐蕃墓》，北京：科学出版社，2005年。

国家文物局：《中国文物地图集·山西分册》，北京：中国地图出版社，2006年。

山西大学历史文化学院等：《大同南郊北魏墓群》，北京：科学出版社，2006年。

山西省考古研究所等：《北齐东安王娄睿墓》，北京：文物出版社，2006年。

湖南省文物考古研究所：《澧县城头山新石器时代遗址发掘报告》，北京：文物出版社，2007年。

辽宁省文物考古研究所等：《朝阳北塔考古发掘与维修工程报告》，北京：文物出版社，2007年。

南京大学历史系考古专业等：《鄂城六朝墓》，北京：科学出版社，2007年。

大同市考古所等：《大同雁北师院北魏墓群》，北京：文物出版社，2008年。

南越王宫博物馆筹备处等：《南越宫苑遗址：1995、1997年考古发掘报告》，北京：文物出版社，2008年。

中国社会科学院考古研究所：《汉魏洛阳故城南郊礼制建筑遗址》，北京：文物出版社，2010年。

著作

考古类

梁思成、刘敦桢：《大同古建筑调查报告》，北京：中国营造学社，1933年。

孙文青：《南阳汉画像汇存》，南京：金陵大学文化研究所，1937年。

中央人民政府文化部文物局：《雁北文物勘察团报告》，中央人民政府文化部文物局出版，1951年。

王琎等：《中国古代金属化学及金丹术》，上海：中国科学图书仪器公司，1955年。

赵万里：《汉魏南北朝墓志集释》，北京：科学出版社，1956年。

刘敦桢：《中国古代建筑史》，北京：中国建筑工业出版社，1980年。

梁思成：《清式营造则例》，北京：中国建筑工业出版社，1981年。

陈述辑校：《全辽文》，北京：中华书局，1982年。

秦公：《碑别字新编》，北京：文物出版社，1985年。

冯钟平：《中国园林建筑》，北京：清华大学出版社，1988年。

马雍：《西域史地文物丛考》，北京：文物出版社，1990年。

赵超：《汉魏南北朝墓志汇编》，天津：天津古籍出版社，1990年。

马炳坚：《中国古建筑木作营造技术》，北京：科学出版社，1991年。

山西省考古研究所：《山西考古四十年》，太原：山西人民出版社，1994年。

向南：《辽代石刻文编》，石家庄：河北教育出版社，1995年。

李文杰：《中国古代制陶工艺研究》，北京：科学出版社，1996年。

刘庆柱：《古代都城与帝陵考古学研究》，北京：科学出版社，2000年。

罗宗真：《魏晋南北朝文化》，北京：学林出版社、上海：上海科技教育出版社，2000年。

信立祥：《汉代画像石综合研究》，北京：文物出版社，2000年。

傅熹年主编：《中国古代建筑史》第2卷，北京：中国建筑工业出版社，2001年。

临朐县博物馆：《北齐崔芬壁画墓》，北京：文物出版社，2002年。

马承源：《中国青铜器研究》，上海：上海古籍出版社，2002年。

魏存成：《高句丽遗址》，北京：文物出版社，2002年。

李裕群：《北朝晚期石窟寺研究》，北京：文物出版社，2003年。

曲英杰：《古代城市》，北京：文物出版社，2003年。

杨宽：《中国古代都城制度史研究》，上海：上海人民出版社，2003年。

施安昌：《火坛与祭司鸟神》，北京：紫禁城出版社，2004年。

贺云翱：《六朝瓦当与六朝都城》，北京：文物出版社，2005年。

罗新、叶炜：《新出魏晋南北朝墓志疏证》，北京：中华书局，2005年。

云冈石窟文物研究所：《云冈百年论文选集》，北京：文物出版社，2005年。

云冈石窟研究院：《2005年云冈国际学术讨论会论文集·研究卷》，北京：文物出版社，2006年。

中国社会科学院考古研究所：《汉长安城武库》，北京：文物出版社，2005年。

陈直：《关中秦汉陶录》，北京：中华书局，2006年。

申云艳：《中国古代瓦当研究》，北京：文物出版社，2006年。

林梅村：《寻找楼兰王国》，北京：北京大学出版社，2009年。

张庆捷：《民族汇聚与文明互动——北朝社会的考古学观察》，北京：商务印书馆，2010年。

王连龙：《新见北魏墓志集释》，北京：中国书籍出版社，2013年。

张光直：《中国青铜时代》，北京：生活·读书·新知三联书店，2013年。

中国社会科学院考古研究所等：《邺城考古发现与研究》，北京：文物出版社，2014年。

历史类

吴承洛：《中国度量衡史》，上海：商务印书馆，1937年。
汤用彤：《汉魏两晋南北朝佛教史》，北京：中华书局，1955年。
唐长孺：《魏晋南北朝史论丛》，北京：生活·读书·新知三联书店，1955年。
陈直：《两汉经济史料论丛》，西安：陕西人民出版社，1958年。
臧晋叔：《元曲选》，北京：中华书局，1958年。
王国维：《观堂集林》，北京：中华书局，1959年。
马长寿：《乌桓与鲜卑》，上海：上海人民出版社，1962年。
姚薇元：《北朝胡姓考》（修订本），北京：中华书局，1962年。
魏秀梅编：《清季职官表》，台北：中研院近代史研究所，1977年。
杜正胜：《周代城邦》，台北：联经出版事业公司，1979年。
陈垣：《陈垣学术论文集》，北京：中华书局，1980年。
冯承钧编：《西域地名》，北京：中华书局，1980年。
王仲荦：《北周地理志》，北京：中华书局，1980年。
王仲荦：《魏晋南北朝史》，上海：上海人民出版社，1980年。
庄吉发：《清代史料论述》（二），台北：文史哲出版社，1980年。
黄文弼：《西北史地论丛》，上海：上海人民出版社，1981年。
唐长孺：《魏晋南北朝史论拾遗》，北京：中华书局，1983年。
杜石然、范楚玉等：《中国科学技术史稿》，北京：科学出版社，1985年。
陈佳荣等：《古代南海地名汇释》，北京：中华书局，1986年。
钱锺书：《管锥编》，北京：中华书局，1986年。
日知：《古代城邦史研究》，北京：人民出版社，1989年。
王钟翰：《清史新考》，沈阳：辽宁大学出版社，1990年。
叶公贤、王迪民：《印度美术史》，昆明：云南人民出版社，1991年。
许作民：《安阳古今地名考》，郑州：中州古籍出版社，1992年。
姜伯勤：《敦煌吐鲁番文书与丝绸之路》，北京：文物出版社，1994年。
宋镇豪：《夏商社会生活史》，北京：中国社会科学出版社，1994年。
姜伯勤：《敦煌艺术宗教与礼乐文明》，北京：中国社会科学出版社，1996年。
陈国符：《中国外丹黄白法考》，上海：上海古籍出版社，1997年。
陈代光：《中国历史地理》，广州：广东高等教育出版社，1997年。
林梅村：《汉唐西域与中国文明》，北京：文物出版社，1998年。
荣新江：《中古中国与外来文明》，北京：生活·读书·新知三联书店，2001年。
山西省史志研究院：《山西通史》，太原：山西人民出版社，2001年。
张星烺编著，朱杰勤校订：《中西交通史料汇编》（二），北京：中华书局，2003年。
Б. А. 李特文斯基主编，马小鹤译：《中亚文明史》第三卷，北京：中国对外翻译出版公司、联合国教科文组织，2003年。
姜伯勤：《中国祆教艺术史研究》，北京：生活·读书·新知三联书店，2004年。
马长寿：《碑铭所见前秦至隋初的关中部族》，桂林：广西师范大学出版社，2006年。
逯耀东：《从平城到洛阳——拓跋魏文化转变的历程》，北京：中华书局，2006年。

张继海：《汉代城市社会》，北京：社会科学文献出版社，2006年。
周伟洲：《敕勒与柔然》，桂林：广西师范大学出版社，2006年。
严耕望：《魏晋南北朝佛教地理稿》，上海：上海古籍出版社，2007年。
张淑一：《先秦姓氏制度考索》，福州：福建人民出版社，2008年。
诸伟奇：《黄生全集》，合肥：安徽大学出版社，2009年。
张小贵：《中古华化祆教考述》，北京：文物出版社，2010年。
伊斯拉菲尔·玉苏甫、安尼瓦尔·哈斯木：《西域饮食文化史》，乌鲁木齐：新疆人民出版社，2012年。

其他

丁福宝：《佛学大辞典》，北京：文物出版社，1984年。
刘正埮等：《汉语外来词词典》，上海：上海辞书出版社，1984年。
河北植物志编辑委员会：《河北植物志》，石家庄：河北科学技术出版社，1986年。
中国科学院中国植物志编辑委员会：《中国植物志》，北京：科学出版社，1986年。
刘勇民：《维吾尔药志》，乌鲁木齐：新疆科技卫生出版社，1999年。
史有为：《外来词：异文化的使者》，上海：上海辞书出版社，2004年。
田建保：《中国扁桃》，北京：中国农业出版社，2008年。

图录

文素松编，何日章校：《瓦削文字谱》，1930年思简楼影印本。
文宥：《四川汉代画像选集》，北京：群联出版社，1955年。
出土文物展览组：《"文化大革命"期间出土文物》第1辑，北京：文物出版社，1972年。
山西省文物工作委员会：《山西出土文物》，北京：文物出版社，1980年。
山西云冈石窟文物保管所：《华严寺》，北京：文物出版社，1980年。
山西省地名委员会等：《山西古建筑通览》，太原：山西人民出版社，1986年。
黄明兰：《洛阳北魏世俗石刻线画集》，北京：人民美术出版社，1987年。
中国美术全集编辑委员会：《中国美术全集·雕塑编·云冈石窟雕刻》，北京：文物出版社，1988年。
李发林：《齐故城瓦当》，北京：文物出版社，1990年。
云冈石窟文物保管所：《中国石窟·云冈石窟》，北京：文物出版社、东京：株式会社平凡社，1991—1994年。
金申：《中国历代纪年佛像图典》，北京：文物出版社，1994年。
焦智勤：《邺城印陶集》，北京：文雅堂椎拓，1997年。
新疆文物管理委员会等：《中国石窟·克孜尔石窟》，北京：文物出版社，1997年。
西安市考古研究所：《陕西新出土文物选萃》，重庆：重庆出版社，1998年。
赵力光：《中国古代瓦当图典》，北京：文物出版社，1998年。
李安保、崔正森：《山西古塔》，太原：山西人民出版社，1999年。
梁章凯：《邺城古陶文五十品》，杭州：西泠印社，1999年。
李鼎霞、白化文：《佛教造像手印》，北京：北京燕山出版社，2000年。

项阳、陶正刚：《中国音乐文物大系·山西卷》，郑州：大象出版社，2000年。
关善明：《中国古代玻璃》，香港：香港中文大学文物馆，2001年。
张宝玺：《嘉峪关酒泉魏晋十六国时期墓壁画》，兰州：甘肃人民美术出版社，2001年。
呼和浩特市博物馆：《杨鲁安藏珍馆藏品菁华》，北京：文物出版社，2002年。
内蒙古自治区文物考古研究所：《内蒙古出土瓦当》，北京：文物出版社，2003年。
陕西历史博物馆等：《花舞大唐春——何家村遗宝精粹》，北京：文物出版社，2003年。
南京市博物馆：《六朝风采》，北京：文物出版社，2004年。
太原市文物考古研究所：《北齐徐显秀墓》，北京：文物出版社，2005年。
国家文物局：《中国文物地图集·山西分册》，北京：中国地图出版社，2006年。
中国社会科学院考古研究所等：《邺城文物菁华》，北京：文物出版社，2014年。
中国社会科学院考古研究所等：《云冈石窟》第2卷，北京：科学出版社，2014年。
齐国故城遗址博物馆：《齐国故城遗址博物馆藏青铜器精品》，北京：文物出版社，2015年。
大同北朝艺术研究院编著、张庆捷主编：《北朝艺术研究院藏品图录·青铜器·陶瓷器·墓葬壁画》，北京：文物出版社，2016年。

论文

章鸿钊：《中国用锌之起源》，《科学》1923年第8卷第3号。
章鸿钊：《洛氏中国伊兰卷金石译证（地质专报乙种第三号）》三《伊兰之矿物金属及宝石篇·鍮石》，北平：农商部地质调查所，1925年。
章鸿钊：《再述中国用锌之起源》，《科学》1925年第9卷第9号。
宿白：《〈大金西京武州山重修大石窟寺碑〉校注——新发现的大同云冈石窟寺历史材料的初步整理》，《北京大学学报（人文科学版）》1956年第1期。
夏鼐：《咸阳底张湾隋墓出土的东罗马金币》，《考古学报》1959年第3期。
黄士斌：《汉魏洛阳城出土的有文字的瓦》，《考古》1962年第9期。
邵友诚：《汉魏洛阳城出土瓦削文字补谈》，《考古》1963年第5期。
王世仁：《汉长安城南郊礼制建筑（大土门村遗址）原状的推测》，《考古》1963年第9期。
夏鼐：《河北定县塔基舍利函中波斯萨珊朝银币》，《考古》1966年第5期。
中国社会科学院考古研究所洛阳工作队：《汉魏洛阳城一号房址和出土的瓦文》，《考古》1973年第4期。
杨鸿勋：《从盘龙城商代宫殿遗址谈中国宫廷建筑发展的几个问题》，《文物》1976年第2期。
夏鼐：《赞皇东魏李希宗墓出土的拜占庭金币》，《考古》1977年第6期。
孙培良：《略谈大同市南郊出土的几件银器和铜器》，《文物》1977年第9期。
宿白：《盛乐、平城一带的拓跋鲜卑、北魏遗迹——鲜卑遗迹辑录之二》，《文物》1977年第11期。
马世长：《关于敦煌藏经洞的几个问题》，《文物》1978年第12期。
宿白：《云冈石窟分期试论》，《考古学报》1978年第1期。
夏鼐：《近年中国出土的萨珊朝文物》，《考古》1978年第2期。
方鹏钧、张勋燎：《山东苍山元嘉元年画象石题记的时代和有关问题的讨论》，《考古》1980年第3期。

崔璿：《石子湾北魏古城的方位、文化遗存及其它》，《文物》1980年第8期。
韩有富：《北魏曹天度造千佛石塔塔刹》，《文物》1980年第7期。
史树青：《北魏曹天度造千佛石塔》，《文物》1980年第1期。
阎文儒：《云冈石窟的开创和题材分析》，《社会科学辑刊》1980年第5期。
佟柱臣：《嘎仙洞拓跋焘祝文石刻考》，《历史研究》1981年第6期。
米文平：《鲜卑石室的发现与初步研究》，《文物》1981年第2期。
孙淑芸、韩汝玢：《中国早期铜器的初步研究》，《考古学报》1981年第3期。
肖兴华：《云冈石窟中的乐器雕刻》，《中国音乐》1981年第2期。
杨鸿勋：《西周岐邑建筑遗址初步考察》，《文物》1981年第3期。
张畅耕、解廷琦：《白登考》，《晋阳学刊》1981年第4期。
马雍：《北魏封和突墓及其出土的波斯银盘》，《文物》1983年第8期。
夏鼐：《北魏封和突墓出土萨珊银盘考》，《文物》1983年第8期。
卫斯：《河东盐池开发时代考》，《中国社会经济史研究》1983年第4期。
张福康等：《中国古琉璃的研究》，《硅酸盐学报》1983年第11卷第1期。
安家瑶：《中国的早期玻璃器皿》，《考古学报》1984年第4期。
孙守道、郭大顺：《论辽河流域的原始文明与龙的起源》，《文物》1984年第6期。
陈全方：《周原出土陶文研究》，《文物》1985年第3期。
安家瑶：《北周李贤墓出土的玻璃碗——萨珊玻璃器的发现与研究》，《考古》1986年第2期。
杨鸿勋：《唐大明宫麟德殿复原研究》，载《中国考古学研究》编委会：《中国考古学研究——夏鼐先生考古五十年纪念论文集》（二），北京：科学出版社，1986年。
张畅耕、毕素娟：《论辽朝大藏经的雕印》，《中国历史博物馆馆刊》1986年第9期。
熊存瑞：《隋李静训墓出土金项链、金手镯的产地问题》，《文物》1987年第10期。
吴焯：《北周李贤墓出土鎏金银壶考》，《文物》1987年第5期。
杨爱珍：《大同辽代华严寺东向的原因及其题记和造像》，《辽金史论集》（一），上海：上海古籍出版社，1987年。
杨鸿勋：《初论二里头宫室的复原问题——兼论"夏后氏世室"形制》，《建筑考古学论文集》，北京：文物出版社，1987年。
尤振尧：《秦汉东阳城考古发现与有关问题的探析》，《中国考古学会第五次年会论文集》，北京：文物出版社，1988年。
李殿福：《渤海上京永兴殿考》，《北方文物》1988年第1期。
陆屹峰、员海瑞：《云冈石窟尼寺考》，《文物季刊》1989年第1期。
张克：《北魏瓦削文字考》，《文博》1989年第2期。
丁进军：《清末部分八旗都统履历》，《历史档案》1989年第4期。
孙机：《固原北魏漆棺画研究》，《文物》1989年第9期。
陈公柔、张长寿：《殷周青铜容器上兽面纹的断代研究》，《考古学报》1990年第2期。
初师宾：《甘肃靖远新出东罗马鎏金银盘略考》，《文物》1990年第5期。
马忠理：《磁县北朝墓群——东魏北齐陵墓兆域考》，刘心长、马忠理主编：《邺城暨北朝史研究》，石家庄：河北人民出版社，1991年。
李学勤：《良渚文化玉器与饕餮纹的演变》，《东南文化》1991年第5期。

宿白：《平城实力的集聚和"云冈模式"的形成与发展》，云冈石窟文物保管所编：《中国石窟·云冈石窟》（一），北京：文物出版社、东京：平凡社，1991年；后收入宿白《中国石窟寺研究》，北京：文物出版社，1996年。

李秀辉、韩汝玢：《青海都兰吐蕃墓葬出土金属文物的研究》，《自然科学史研究》1992年第3期11卷。

王铎：《北魏洛阳规划及其城史地位》，《华中建筑》1992年第2期。

吴焯：《青海道述考》，《西北民族研究》1992年第2期。

周卫荣：《我国古代黄铜铸钱考略》，《中国钱币论文集》（2），北京：中国金融出版社，1992年。

臧振：《玉琮功能刍议》，《考古与文物》1993年第4期。

饶宗颐：《说鍮石——吐鲁番文书札记》，《饶宗颐史学论著选》，上海：上海古籍出版社，1993年。

马雍、王炳华：《阿尔泰与欧亚草原丝绸之路》，张志尧主编：《草原丝绸之路与中亚文明》，乌鲁木齐：新疆美术摄影出版社，1994年。

曹学群：《论马王堆古地图的绘制年代》，《马王堆汉墓研究文集》，长沙：湖南出版社，1994年。

韩汝玢、柯俊：《姜寨第一期文化出土黄铜制品的鉴定报告》，柯俊：《中国冶金史论文集》（二）（《北京科技大学学报》增刊），北京：北京科技大学，1994年。

杭侃：《云冈第20窟西壁坍塌的时间与昙曜五窟最初的布局设计》，《文物》1994年第10期。

刘庆柱：《战国秦汉瓦当研究》，《汉唐与边疆考古研究》第1辑，北京：科学出版社，1994年。

殷宪：《云冈石窟造像题记及其意义》，《北朝研究·云冈研究专号》1994年2—3期合刊。

卢连成：《草原丝绸之路——中国同域外青铜文化的交流》，上宫鸡南、朱士光编：《史念海先生八十寿辰纪念学术文集》，西安：陕西师范大学出版社，1996年。

钱国祥：《汉魏洛阳城出土瓦当的分期与研究》，《考古》1996年第10期。

林梅村：《中国境内出土带铭文的波斯和中亚银器》，《文物》1997年第9期。

孙淑云、韩汝玢：《甘肃早期铜器的发现与冶炼、制造技术的研究》，《文物》1997年第8期。

李方元、俞梅：《北魏宫廷音乐考述》，《中国音乐学》1998年第2期。

齐东方：《萨珊式金银多曲长杯在中国的流传与演变》，《考古》1998年第6期。

张庆捷：《北魏文成帝"南巡碑"碑文考证》，《考古》1998年第4期。

刘绪：《方山二陵的发掘与文明皇后的评价》，山西省博物馆八十年编委会：《山西博物馆八十年》，太原：山西人民出版社，1999年。

全锦云：《试论"天圆地方"式建筑的缘起》，《北京文博》1999年第2期。

孙机：《建国以来西方古器物在我国的发现与研究》，《文物》1999年第10期。

王仲殊：《论日本古代都城宫内大极殿龙尾道》，《考古》1999年第3期。

王秋方：《〈孔庙、国子监全图〉考》，《中国历史博物馆馆刊》1999年第1期。

殷宪：《大同魏碑述略》，《书法丛刊》1999年第1期。

张庆捷：《〈南巡碑〉中的拓跋职官》，《中国史研究》1999年第2期。

曹臣明：《汉代平城县遗址初步调查》，载山西省考古研究所等：《山西省考古学会论文集》（三），太原：山西古籍出版社，2000年。

安家瑶：《玻璃考古三则》，《文物》2000年第1期。

郭银堂等：《宁武苗庄古城及长城考》，载山西省考古研究所等编：《山西省考古学会论文集》

（三），太原：山西古籍出版社，2000年。

何兹全：《中国古代社会形态演变过程中三个关键性时代》，《历史研究》2000年第2期。

罗丰：《北周李贤墓出土的中亚风格鎏金银壶——以巴克特里亚金属制品为中心》，《考古学报》2000年第3期。

龙显昭：《中国古代宗教管理体制源流初探》，《中华文化论坛》2000年第4期。

李力：《北魏洛阳永宁寺塔塑像的艺术与时代特征》，载巫鸿：《汉唐之间的宗教艺术与考古》，北京：文物出版社，2000年。

王银田：《北魏平城明堂遗址研究》，《中国史研究》2000年第1期。

王银田：《北魏平城明堂遗址再研究》，《北朝研究》第一辑，北京：北京燕山出版社，2000年。

殷宪：《大同北魏明堂瓦刻文字考略》，载山西省考古研究所等编：《山西省考古学会论文集》（三），太原：山西古籍出版社，2000年。

田立坤：《三燕文化墓葬的类型与分期》，载巫鸿：《汉唐之间文化艺术的互动与交融》，北京：文物出版社，2001年。

杨鸿勋：《盘龙城商方国宫殿建筑复原研究》，《盘龙城》，北京：文物出版社，2001年。

戴逸：《〈清史稿〉的纂修及其缺陷》，《清史研究》2002年第1期。

江伊莉、刘源：《商代青铜器纹饰的象征意义与人兽变形》，《殷都学刊》2002年第2期。

李梅：《中原地区莲花纹瓦当的类型与分期》，《文物春秋》2002年第2期。

徐良高、王巍：《陕西扶风云塘西周建筑基址的初步认识》，《考古》2002年第9期。

赵向群：《北魏太武帝时期的西域经济战略》，《文史哲》2002年第3期。

张畅耕、宁立新等：《魏都平城考》，《黄河文化论坛》第9辑，北京：中国戏剧出版社，2002年。

支配勇等：《怀仁日中城即汉剧阳城代公新平城考》，《黄河文化论坛》第9辑，北京：中国戏剧出版社，2002年。

陈良伟：《洛阳出土隋唐至北宋瓦当的类型学研究》，《考古学报》2003年第3期。

王光尧：《关于青花起源的思考》，《故宫博物院院刊》2003年第5期。

王雁卿：《北魏平城瓦当考略》，《文物世界》2003年第6期。

赵声良：《书道博物馆及藏品简介》，（日）中村不折著、李德范译：《禹域出土墨宝书法源流考》，北京：中华书局，2003年。

张庆捷：《北齐徐显秀墓出土的嵌蓝宝石金戒指》，《文物》2003年第10期。

陈志强：《我国所见拜占庭铸币相关问题研究》，《考古学报》2004年第3期。

兰彦平等：《巴旦杏的研究现状及开发利用前景》，《林业科学研究》2004年第5期。

孙莉：《萨珊银币在中国的分布及功能》，《考古学报》2004年第1期。

王志高：《六朝瓦当的发现及初步研究》，《东南文化》2004年第4期。

辛长青：《关于〈水经注〉记录云冈之疏证》，云冈石窟文物研究所：《云冈百年论文选集》，北京：文物出版社，2005年。

杜潇利等：《中华扁桃提取液抗肿瘤作用的实验研究》，《兰州大学学报（医学版）》2005年第4期。

方连宝：《高柳城址初探》，《文物世界》2005年第5期。

鲁晓帆：《唐幽州诸坊考》，《北京文博》2005年第2期。

王银田：《萨珊波斯与北魏平城》，《敦煌研究》2005 年第 2 期。

伊斯拉菲尔·玉苏甫、安尼瓦尔·哈斯木：《从考古发现看古代新疆园艺业》，《新疆文物》2005 年第 1 期。

朱启星：《说丹墀》，《中国文物报》2005 年 12 月 2 日。

安家瑶、刘俊喜：《大同地区的北魏玻璃器》，张庆捷等：《4～6 世纪的北中国与欧亚大陆》，北京：科学出版社，2006 年。

戴志强：《中国古代黄铜铸钱历史的再验证——与麦克·考维尔等先生商榷》，《戴志强钱币学文集》，北京：中华书局，2006 年。

龚国强：《由铭文砖瓦谈唐长安城宫城的砖瓦之作》，《汉代考古与汉文化国际学术讨论会论文集》，济南：齐鲁书社，2006 年。

李文瑛：《新疆尉犁营盘墓地考古新发现及初步研究》，殷晴主编：《吐鲁番学新论》，乌鲁木齐：新疆人民出版社，2006 年。

刘建国：《镇江铁瓮城遗址保护与利用刍议》，《中国文物报》2006 年 2 月 24 日第 8 版。

宋馨：《北魏平城期的鲜卑服》，张庆捷等：《4～6 世纪的北中国与欧亚大陆》，北京：科学出版社，2006 年。

辛长青：《云冈石窟与耆阇崛山——关于云冈石窟开凿年代的新说》，《大同日报》2006 年 12 月 8 日第 11 版。

徐龙国：《北方长城沿线地带秦汉边城初探》，《汉代考古与汉文化国际学术研讨会论文集》，济南：齐鲁书社，2006 年。

殷宪：《大同地区出土唐代墓志中的大同城》，中国魏晋南北朝史学会等：《魏晋南北朝史论文集》，成都：巴蜀书社，2006 年。

赵一德：《晖福寺碑赏析（并注）》，云冈石窟研究院编：《2005 年云冈国际学术研讨会论文集·研究卷》，北京：文物出版社，2006 年。

赵瑞民、刘俊喜：《大同沙岭北魏壁画墓出土漆皮文字考》，《文物》2006 年第 10 期。

蔡鸿生：《"粟特人在中国"的再研讨》，陈春声主编：《学理与方法——蔡鸿生教授执教中山大学五十周年纪念文集》，香港：博士苑出版社，2007 年。

顾赟：《扬州出土的"姜莫书"与"舒宴"印小议——兼论西汉时期的女官制度》，《东南文化》2007 年第 5 期。

焦智勤：《邺城瓦当分期研究》，《殷都学刊》2007 年第 2 期。

石云涛：《北魏中西交通的开展》，《社会科学辑刊》2007 年第 1 期。

余太山：《〈穆天子传〉所见东西交通路线》，上海社会科学院历史研究所编：《第二届传统中国研究国际学术讨论会论文集（一）》，上海：上海人民出版社，2007 年。

王戎：《"姜莫书"与"徐宴"印的释读商榷——兼说西汉后宫女官》，《中国文物报》2007 年 11 月 21 日。

赵昆雨：《云冈石窟乐舞雕刻研究》，《敦煌研究》2007 年第 2 期。

王银田：《试论大同操场城北魏建筑遗址的性质》，《考古》2008 年第 2 期。

吴桂兵：《两晋时期建筑构件中的兽面研究》，《东南文化》2008 年第 4 期。

张志忠：《秦汉代郡平邑城址初探》，《文物世界》2009 年第 1 期。

万雄飞、白万田：《朝阳老城北大街出土的 3—6 世纪莲花瓦当初探》，《东北亚考古学论丛》，北京：科学出版社，2010 年。

张庆捷：《大同操场城北魏太官粮储遗址初探》，《文物》2010 年第 4 期。

冯恩学：《下颌托——一个被忽视的袄教文化遗物》，《考古》2011 年第 2 期。

宋杰：《东晋南朝时期寿春地区的水战》，《首都师范大学学报（社会科学版）》2011 年第 3 期。

王汝意、张海英：《翼城唐代〈郑太子寿墓碑〉》，《文物天地》2011 年第 2 期。

张鹤泉：《北魏前期诸王虚封地改封考》，《古代文明》2011 年第 5 卷第 1 期。

徐洁：《北魏洛阳与南朝建康莲花纹瓦当特征初探》，《美术大观》2012 年第 9 期。

刘东平：《"晖福寺碑"相关问题蠡测》，《文博》2013 年第 5 期。

赵君平：《北魏〈王遇墓志〉释略》，《书法丛刊》2013 年第 5 期。

张世明：《清末贻谷参案研究》，《中国人民大学学报》2014 年第 4 期。

罗丰：《固原北魏漆画棺墓葬年代的再确定》，德国慕尼黑大学编：*Early Medieval North China: Archaeological and Textual Evidence*（《从考古与文献看中古早期的中国北方》），Edited by Shing Muller, Thomas O.Hollmann, and Sonja Filip, 2019 年。

译著及外文文献
专著及图录

（日）水野清一、长广敏雄编著：《云冈石窟》，日本写真印刷株式会社，1952—1956 年。

（日）大阪市立美术馆：《大阪市立美术馆藏品选集》，ナニワ印刷株式会社，1986 年。

（日）大原美术馆：《大原美術館・Ⅵ・東洋の美術》，平和写真印刷株式会社，1986 年。

（日）奈良国立博物馆：《シルクロート・仏教美術伝来の道》，美術出版デザインセンター制作，1988 年。

（日）サリアニデイ：《シルクロードの黄金遺宝——シバルガン王墓発掘記》，加藤九祚訳，東京：巖波書店，1988 年。

（日）茨城县立历史馆编：《大阪市立美术馆所藏・中国的美术・雕刻与绘画》，1990 年。

（英）帕瑞克・纽金斯著，顾孟潮、张百平译：《世界建筑艺术史》，合肥：安徽科学技术出版社，1990 年。

（日）NHK 大阪放送局：《正倉院の故郷——中国の金・銀・ガラス展》，日本写真印刷株式会社，1992 年。

（日）前田正名著，李凭等译：《平城历史地理学研究》，北京：书目文献出版社，1994 年。

（日）出光美术馆：《北京大学サックラ—考古芸術博物館所蔵 中国の考古学展 北京大学考古学系発掘成果》，東京：平凡社，1995 年。

（日）大阪市立美术馆编：《中国の石仏——荘厳存为祈ん》，日本写真印刷株式会社，1995 年。

（日）丹波康赖撰，赵明山等注释：《医心方》，沈阳：辽宁科学技术出版社，1996 年。

（韩）国立清州博物馆：《韩国古代的文字和符号遗物》，2000 年。

（美）劳费尔撰，林筠因译：《中国伊朗编》，北京：商务印书馆，2001 年。

（美）戴尔・布朗主编，王淑芳译：《波斯人 帝国的主人》，北京：华夏出版社、南宁：广西人民出版社，2002 年。

（英）罗森：《中国古代的艺术与文化》，北京：北京大学出版社，2002 年。

（伊朗）贾利尔・杜斯特哈赫选编，元文祺译：《阿维斯塔——琐罗亚斯德教圣书》，北京：

商务印书馆，2005 年。

（英）玛丽·博伊斯著，张小贵译：《伊朗琐罗亚斯德教村落》，北京：中华书局，2005 年。

（日）冈村秀典编：《云冈石窟·遗物篇》，（日本）朋友书店，2006 年。

（日）圆仁：《入唐求法巡礼行记》，桂林：广西师范大学出版社，2007 年。

（英）裕尔撰，（法）考迪埃修订，张绪山译：《东域纪程录丛——古代中国闻见录》，北京：中华书局，2008 年。

（日）林巳奈夫：《神与兽的纹样学——中国古代诸神》，北京：生活·读书·新知三联书店，2009 年。

（韩）李妵恩：《北朝装饰纹样》，北京：故宫出版社，2014 年。

论文

（日）水野清一：《大同西册田考古记》，大东亚学术协会编《学芸》，1944 年 2 月号。

（日）林巳奈夫：《中国先秦時代の馬車》，《東方學報》第 39 册。

（日）林巳奈夫：《鋪首、兽鐶の若干種をめぐって》，《東方學報》第 57 册，1985 年。

（日）谷一尚：《正倉院白瑠璃碗の源流—その技術法的伝統の継承と創造》，《岡山市立オリエント美術館研究紀要 5》，岡山市立オリエント美術館，1986 年。

宿白：《中国古代の金銀器とがテス器》，殷稼：《中国で発見された古代のガラス》，（日）NHK 大阪放送局：《正倉院の故郷—中国の金·銀·ガラス展》，日本写真印刷株式会社，1992 年。

（韩）朴汉济：《木兰诗的时代——北魏孝文帝时期对柔然战争》，《五松李公范先生停年纪念东洋史论丛》，韩国知识产业社，1993 年。

（日）长广敏雄：《云冈石窟初、中期的特例大窟》，《中国石窟·云冈石窟》（二），北京：文物出版社、东京：平凡社，1994 年。

（日）水野清一、长广敏雄著，王银田译：《云冈发掘记一》、曹臣明译：《云冈发掘记二》，载山西省考古学会等编：《山西省考古学会论文集》（二），太原：山西人民出版社，1994 年。

（德　）Mueller, "Shing, Chin-straps of the Early Northern Wei: New Perspectives on the Trans-Asiatic Diffusion of Funerary Practices," *Journal of East Asian Archaeology* 2003, 5, (1—4):27—71.

（日）中島信久：《日本の亜鉛需給状況の歴史と変遷》，《金属資源レポート》，2006 年。

（日）冈村秀典、向井佑介：《云冈石窟寺的考古学研究》，《日本东方学》第 1 辑，北京：中华书局，2007 年。

（日）清水昭博：《日本の文字瓦》，（日本）国土館大学文化遺産研究プロジェクト：《文化遺産学研究》No.4。

（美）A.G. 温莱著，师焕英译：《文明太后与方山永固陵》未刊稿。

学位论文

苏全有：《清末邮传部研究》，华中师范大学 2005 年博士学位论文。

徐国栋：《北魏平城时代的砖瓦研究》，山西大学 2009 年硕士学位论文。

王飞峰：《高句丽瓦当研究》，韩国高丽大学 2013 年博士学位论文。

（越）邓鸿山：《越南北部 11—14 世纪的砖瓦与屋脊装饰材料》，吉林大学 2013 年博士学位论文。

插图、插表索引

图 1-1	聚类分析所得树状图	10
图 2-1	元淑墓志：大同博物馆提供	14
图 2-2	高琨墓志：大同博物馆提供	18
图 2-3	晖福寺碑局部：西安碑林博物馆刘东平提供	21
图 2-4	南京油坊桥南朝墓出土画像砖拓片：《六朝风采》	27
图 2-5	阳高县延兴六年陈永墓砖模印花纹：作者拍摄	28
图 2-6	司马金龙墓出土石雕棺床纹饰（局部）：作者拍摄	29
图 2-7	敦煌石窟发现的北魏刺绣供养人像：《文物》1972年第2期	29
图 3-1	穆瑜墓志盖：北朝艺术博物馆提供	36
图 3-2	穆瑜墓志：北朝艺术博物馆提供	37
图 3-3	穆瑜妻陆氏墓志盖：北朝艺术博物馆提供	38
图 3-4	穆瑜妻陆氏墓志：北朝艺术博物馆提供	39
图 4-1	北齐马头墓志：北朝艺术博物馆提供	46
图 5-1	辽许从赟墓志盖：大同博物馆提供	51
图 5-2	辽许从赟墓志：大同博物馆提供	52
附录 图 1-1	李殿林墓志1：北朝艺术博物馆提供	59
附录 图 1-2	李殿林墓志2：北朝艺术博物馆提供	60
图 7-1	佛头：大阪市立美术馆藤冈穣提供	84
图 7-2	胁侍菩萨龛像：大阪市立美术馆藤冈穣提供	85
图 7-3	菩萨头像：大阪市立美术馆藤冈穣提供	85
图 7-4	佛头：大阪市立美术馆藤冈穣提供	86
图 7-5	残千佛：京都大学文学部菱田哲郎提供	86
图 7-6	残坐佛：京都大学文学部菱田哲郎提供	86
图 7-7	供养天头像：京都大学文学部菱田哲郎提供	87
图 7-8	佛头：京都大学文学部菱田哲郎提供	87
图 7-9	胁侍菩萨头像：京都大学文学部菱田哲郎提供	87
图 7-10	禅定坐佛像：京都大学文学部菱田哲郎提供	88
图 7-11	佛头：《中国の石仏—荘厳存为祈ん》	89
图 7-12	佛头：《中国の石仏—荘厳存为祈ん》	89
图 7-13	佛头：《中国の石仏—荘厳存为祈ん》	89
图 7-14	佛头：《中国の石仏—荘厳存为祈ん》	89

图 7-15	供养人头像：《中国の石仏—荘厳存为祈ん》	89
图 7-16	飞天：《中国の石仏—荘厳存为祈ん》	90
图 7-17	拱形龛侧的石虎：《中国の石仏—荘厳存为祈ん》	90
图 7-18	佛头：《中国の石仏—荘厳存为祈ん》	91
图 7-19	佛头：《中国の石仏—荘厳存为祈ん》	91
图 7-20	佛头：《中国の石仏—荘厳存为祈ん》	91
图 7-21	石雕手臂：《中国の石仏—荘厳存为祈ん》	92
图 7-22	石雕棺床：曹臣明绘图	96
图 8-1	战国秦汉瓦当	114

1~3：《中国古代瓦当图典》 4~7：《中国古代瓦当图典》 8：作者拍摄 9~10：《云冈石窟》

图 8-2	云冈石窟第 5 窟窟门顶部雕刻	118
图 8-3	大同北魏明堂遗址出土瓦文：《考古》2001 年第 3 期	120
图 8-4	广州市南越国水闸遗址出土戳印瓦文"阿平"：广州南越国水闸遗址博物馆陈列，作者拍摄	123
图 8-5	洛阳出土北魏瓦文：《瓦削文字谱》	124
图 8-6	邺城出土东魏北齐瓦文：《考古》1963 年第 1 期	128
图 8-7	南京钟山一号坛类建筑遗址出土砖铭：《2001 中国重要考古发现》	130
图 13-1	大同南郊北魏墓群 M116 铜鎏金铺首：《大同南郊北魏墓群》	151
图 13-2	宁夏固原北魏漆棺墓出土鎏金铺首：《固原北魏墓漆棺画》	151
图 13-3	大同轴承厂遗址出土铜鎏金铺首：《考古》1983 年第 11 期	151
图 13-4	大同北朝艺术研究院藏铜鎏金铺首：大同北朝艺术博物馆提供	152
图 13-5	英国维多利亚和阿尔伯特博物馆藏北魏铜铺首：《东方学报》第五十七册	152
图 13-6	交脚菩萨纹铜铺首：《东方学报》第五十七册	153
图 13-7	内蒙古伊和淖尔北魏墓 M2 出土鎏金铜铺首：内蒙古自治区考古研究所宋国栋提供	153
图 13-8	大同全家湾北魏和平二年壁画墓出土铜铺首：《文物》2015 年第 12 期	154
图 13-9	大同南郊 M238 出土木质铺首印痕：《大同南郊北魏墓群》	154
图 13-10	日本出光美术馆藏畏兽纹铺首：《东方学报》第五十七册	154
图 13-11	大同北魏宋绍祖墓石椁外壁雕刻铺首：《大同雁北师院北魏墓群》	156
图 13-12	太原北齐娄睿墓门楣石刻彩绘兽面纹：《北齐东安王娄叡墓》	156
图 13-13	云冈石窟第 8 窟兽面纹：《北朝装饰纹样》	156
图 13-14	云冈石窟第 7 窟石刻兽面纹：《北朝装饰纹样》	156
图 13-15	龙门石窟古阳洞石刻兽面纹：《北朝装饰纹样》	157
图 13-16	洛阳出土北魏石棺床腿部雕刻兽面纹：《洛阳北魏世俗石刻线画集》	157
图 13-17	美国旧金山亚洲艺术博物馆藏北魏石棺雕刻兽面纹：《东方学报》第五十七册	157
图 13-18	瑞士苏黎世瑞特堡博物馆藏北魏石棺雕刻兽面纹：《东方学报》第五十七册	157
图 13-19	宋绍祖墓石椁后部外侧雕刻铺首：《大同雁北师院北魏墓群》	158
图 13-20	洛阳永宁寺遗址出土北魏兽面纹瓦当：《北魏洛阳永宁寺 1979—1994 年考古发掘报告》	158
图 13-21	洛阳元昭墓志盖石刻怪兽：《东方学报》第五十七册	159

图 13-22	洛阳北魏石棺怪兽线刻画：《洛阳北魏世俗石刻线画集》	159
图 13-23	宋绍祖墓石椁南壁雕刻铺首：《大同雁北师院北魏墓群》	160
图 13-24	宋绍祖墓石椁南壁雕刻铺首：《大同雁北师院北魏墓群》	160
图 13-25	洛阳北魏元谧墓石棺雕刻铺首：《洛阳北魏世俗石刻线画集》	161
图 13-26	河北赵县隋安济桥石雕栏板兽面纹：《中国古代建筑史》第 2 卷	163
图 13-27	安徽当涂"天子坟"东吴墓出土的神人驭龙银饰片：《大众考古》2016 年第 7 期	166
图 13-28	山西榆社北魏方兴画像石棺图案：山西博物院厉晋春提供	166
图 13-29	战国中期兽面纹铜器：《神与兽的纹样学》	167
图 14-1	大同南郊北魏墓群 M107 下颌托：《大同南郊北魏墓群》	171
图 14-2	新疆民丰县尼雅遗址 95MNI 号墓地 M8 男尸的绢质下颌托：《新疆民丰县尼雅遗址 95MNI 号墓地 M8 发掘简报》	172
图 14-3	雅典发现的公元前祭祀陶瓶陈尸哭丧仪式："Chin-straps of the Early Northern Wei: New Perspectives on the Trans-Asiatic Diffusion of Funerary Practices," *Journal of East Asian Archaeology* 2003, 5,（1—4）: 27—71.	173
图 14-4	固原唐代史道德墓发现的下颌托：《文物》1985 年第 11 期	175
图 15-1	大同南郊北魏墓群 M107 出土巴旦杏和枣核：作者拍摄	180
图 15-2	大同南郊北魏墓群 M107 出土巴旦杏、铜盘等遗物原状：《大同南郊北魏墓群》	181
图 15-3	吐鲁番阿斯塔那 M320 出土巴旦杏：新疆文物考古研究所研究员安尼瓦尔·哈斯木提供	181
图 15-4	巴旦杏树：《饮膳正要》	183
附录 图 2-1	日本冈山东方美术馆藏萨珊波斯玻璃碗：由该博物馆提供	190
附录 图 2-2	隋虞弘墓石雕：《太原隋虞弘墓》	193
图 16-1	北魏司马金龙墓出土石雕棺床前立板浮雕伎乐拓片局部：作者拍摄	211
图 16-2	巴基斯坦北部洪扎河畔岩石上发现的汉文题记"大魏使谷魏龙今向迷密使去"：《西域史地文物丛考》	213
图 17-1	大同操场城北魏一号建筑遗址位置示意图：曹臣明绘制	235
图 17-2	大同操场城北魏一号建筑遗址平面图：《考古学报》2005 年第 4 期	241
图 17-3	河南偃师二里头早商城址主体殿堂平面图及复原图：《考古》1974 年第 4 期	242
图 17-4	湖北黄陂盘龙城商代宫殿基址 F2 平面图：《盘龙城》	243
图 17-5	陕西扶风西周召陈建筑遗址平面图：《文物》1981 年第 3 期	243
图 17-6	陕西扶风西周云塘建筑遗址平面图：《考古》2002 年第 9 期	244
图 17-7	陕西扶风齐镇西周建筑遗址平面图：《考古》2002 年第 9 期	244
图 17-8	汉长安城桂宫二号遗址平面图：《考古》1999 年第 1 期	245
图 17-9	唐大明宫麟德殿复原图：《中国考古学研究——夏鼐先生考古五十年纪念论文集》（二）	245
图 17-10	唐大明宫清思殿遗址平面图：《考古》1987 年第 4 期	246
图 17-11	唐大明宫含元殿遗址平面图：《考古》1961 年第 7 期	246
图 17-12	唐长安城兴庆宫六号遗址平面图：《考古》1959 年第 10 期	247
图 17-13	渤海上京龙泉府第一宫殿遗址平面图：《中国古代建筑史》第 2 卷	248

图 17-14	隋唐长安城青龙寺佛殿早期遗址平、剖面图：《考古学报》1989 年第 2 期	249
图 17-15	唐长安城青龙寺佛殿晚期遗址平、剖面图：《考古学报》1989 年第 2 期	249
图 17-16	北魏平城明堂遗址平面图：《考古》2001 年第 3 期	250
图 17-17	日本东京书道博物馆藏北魏神䴥四年造塔记：日本东京书道博物馆提供	253
图 18-1	大同辽代壁画墓分布图：曹臣明绘制	270
附录　图 3-1	夏县战国至汉代安邑城：《山西夏县禹王城调查》	288
附录　图 3-2	朔州市怀仁县汉剧阳县故城：《黄河文化论坛》	289
附录　图 3-3	西汉马王堆 3 号墓出土《地形图》：《长沙马王堆二、三号汉墓第一卷田野考古发掘报告》	292
附录　图 3-4	西汉马王堆 3 号墓出土《驻军图》：《长沙马王堆二、三号汉墓第一卷田野考古发掘报告》	293
附录　图 3-5	江苏省盱眙县秦汉东阳县城：《中国考古学会第五次年会论文集》	297
附录　图 3-6	汉长安城武库遗址平面图：《汉长安城武库》	297
附录　图 3-7	河北怀来县大古城村汉代古城址：《考古》1955 年第 3 期	298

表 2-1	元素谱系表	15
表 8-1	北朝瓦当类型表	插页
表 17-1	太和新政	232
表 18-1	大同华严寺碑石	286
附录　表 3-1	山西汉代古城址统计表	304

后 记

桑干河发源于晋西北宁武县的管涔山,东北流经大同盆地,是大同境内最主要的河流,下游为永定河与海河。桑干河古称治水、漯水,流域内保存着众多旧石器时代以来的古文化遗存,各种文化异彩纷呈,灿烂辉煌。家父于1950年从老家崞县(今称原平市)崞阳镇来到大同,我于是在大同出生、在大同成长。1982年从山西大学考古专业毕业后我回到大同,此后在大同市博物馆工作多年,后调入山西大学历史文化学院考古系任教,再后来南下广州到暨南大学历史系工作,客居岭南至今已16年矣。

唐代诗人贾岛有一首脍炙人口的七绝《渡桑干》:"客舍并州已十霜,归心日夜忆咸阳。无端更渡桑干水,却望并州是故乡。"故乡让人魂牵梦萦,乡愁使人割舍不下。因探望年逾九旬的父母,我每年都会回几趟大同;直至近年,我还在桑干河畔进行考古调查与发掘,这片热土给了我生活,给了我机会与选择,也给了我灵感与激情。

在临近退休之际感慨颇多。一路走来,得到众多同事、同行、同学、师生、亲友的诸多帮助,内心充满感激之情。在调入暨南大学几个月后偶遇一帮长跑爱好者,于是参与其中而不能自拔,此后一起多次参加各地的马拉松比赛,全都顺利完赛,最好成绩甚至达到4小时46分。运动使我在繁忙的教学科研活动中保持了充足的体力,我由衷地感谢这些生活充满阳光的跑友。

书名"廻望桑干"四字辑自三方北朝墓志,"廻"出自北齐《库迪廻洛墓志》,"望"出自北魏《辛祥墓志》,"桑""干"二字皆出自北魏《李榘兰墓志》,此"干"字或被释为"千",该志文曰"带山之阳,背河之干",《诗·魏风·伐檀》"置之河之干兮",《水经注》"河干两湄,太和十年累石结岸,夹塘之上,杂树交荫,郭南结两石桥,横水为梁"。"干"当为水边之意,释作"千"显然有误。

本书各篇文章写作于不同时间,原文体例各不相同,按照编辑要求,这次出版对全书注释进行了全面核对,并统一了体例,工作量很大。其间我的学生郑晓琪、曲旋和张笑妍承担了大量工作,已经走向工作岗位的饶晨、王亮、李杲和正在复旦读博的谭嘉伟也都热心相助,部分难以找到的图书也曾得到诸多同事、朋友、同行的帮助,董书珩、郭文昱和沈泽婷三位学生也参与了最终样书的校对，在此一并表示感谢！编辑缪丹女士从书名到全书结构体例都提出了宝贵的建议，对整个书稿的编辑投入了大量心血，令人钦佩，在此也深表谢忱。

2021 年 5 月 18 日于广州沙溪

附记　各小节初出处如下：

拓跋鲜卑在平城

《试论大同南郊北魏墓的族属》，载中国魏晋南北朝史学会编：《北朝研究》第六辑，北京：科学出版社，2008年。

北魏｜元淑、高琨、王遇、丹阳王

《元淑墓志考释——附北魏高琨墓志小考》，《文物》1989年第8期。

《〈王遇墓志〉再考》，载楼劲主编《魏晋南北朝史的新探索——中国魏晋南北朝史学会第十一届年会暨国际学术研讨会论文集》，北京：中国社会科学出版社，2015年。

《丹扬王墓主考》，《文物》2010年第5期。

东魏｜穆瑜及夫人陆氏

《东魏高唐县开国男穆瑜及夫人陆氏墓志考释》，《暨南史学》第11辑，桂林：广西师范大学出版社，2015年。

北齐｜马头

《北齐〈马头墓志〉考释》，载殷宪主编《北朝艺术研究院藏品图录·墓志》，北京：文物出版社，2016年。

辽代｜许从赟

《辽许从赟墓志略考》，《文物世界》2009年第6期。

清代｜李殿林

《李殿林墓志考释》，《中国国家博物馆馆刊》2016年第5期。

鍮石

《论"鍮石"》，《敦煌研究》2009年第4期。

石雕

《流散在日本的云冈石窟雕像》，《中国历史博物馆馆刊》1999年第1期。

《北魏石雕三品》，《文物》2004年第6期。

瓦当与瓦文

《北朝瓦当研究》，《北朝艺术研究院藏品图录·砖瓦瓦当》，北京：文物出版社，2016年。

《北朝瓦文考略》，《华夏考古》2013年第1期。

金银铜器
《北朝时期丝绸之路输入的西方器物》，载张庆捷等主编《4～6世纪的北中国与欧亚大陆》，北京：科学出版社，2006年。

玻璃器
《北朝时期丝绸之路输入的西方器物》，载张庆捷等主编《4～6世纪的北中国与欧亚大陆》，北京：科学出版社，2006年。

金银币
《北朝时期丝绸之路输入的西方器物》，载张庆捷等主编《4～6世纪的北中国与欧亚大陆》，北京：科学出版社，2006年。

旖旎首饰
《北朝时期丝绸之路输入的西方器物》，载张庆捷等主编《4～6世纪的北中国与欧亚大陆》，北京：科学出版社，2006年。

铺首衔环
《北朝时期的兽面纹——以铺首衔环为例》，载德国慕尼黑大学编：*Early Medieval North China: Archaeological and Textual Evidence*（《从考古与文献看中古早期的中国北方》），Edited by Shing Muller，Thomas O. Hollmann，and Sonja Filip，2019年。

下颌托
《再议"下颌托"》，《暨南史学》第九辑，桂林：广西师范大学出版社，2014年。

巴旦杏
《"巴丹"考》，《边疆考古研究》第16辑，北京：科学出版社，2014年。

大同南郊北魏墓群的外来文化因素
《出土器物所显示的外来文化因素》，载山西大学历史文化学院等：《大同南郊北魏墓群》，北京：科学出版社，2006年。

丝绸之路上的北魏平城
《丝绸之路与北魏平城》，《暨南大学学报（哲学社科版）》2014年第1期。

北魏平城Ⅰ明堂、操场城建筑遗址、佛寺
《北魏平城明堂遗址研究》，《中国史研究》2000年第1期。
《北魏平城明堂遗址再研究》，载中国魏晋南北朝史学会等编：《北朝研究》第二辑，北京：

北京燕山出版社，2000 年。

《论大同操场城北魏建筑遗址的性质》，《考古》2008 年第 2 期。

《北魏平城的佛寺——从日本东京书道博物馆藏北魏神䴥四年造塔记谈起》，《学习与探索》2010 年第 3 期。

辽代大同丨壁画墓、华严寺

《大同辽代壁画墓刍议》，《北方文物》1994 年第 2 期。

《大同华严寺研究》，《文物季刊》1999 年第 2 期。

山西汉代城址

《试论山西汉代城址》，载山西省考古研究所编《有实其积——纪念山西省考古研究所六十华诞文集》，太原：山西人民出版社，2012 年。

魏晋南北朝考古

◆ **光宅中原**
拓跋至北魏的墓葬文化与社会演进
倪润安　著

◆ **将毋同**
魏晋南北朝图像与历史
韦　正　著

◆ **葬之以礼**
魏晋南北朝丧葬礼俗与文化变迁
李梅田　著

◆ **纹样与图像**
中国南北朝时期的石窟艺术
［日］八木春生　著　姚　瑶　等译

◆ **回望桑干**
北朝、辽金考古研究
王银田　著

上海古籍出版社

图书在版编目(CIP)数据

回望桑干:北朝、辽金考古研究/王银田著.--
上海:上海古籍出版社,2022.6
 ISBN 978-7-5732-0127-0

Ⅰ.①回… Ⅱ.①王… Ⅲ.①文物-考古-研究-大同-北朝时代 ②文物-考古-研究-大同-辽金时代
Ⅳ.①K872.253

中国版本图书馆 CIP 数据核字(2021)第 250470 号

回望桑干
北朝、辽金考古研究
王银田 著

上海古籍出版社　出版发行

(上海市闵行区号景路 159 弄 1-5 号 A 座 5F　邮政编码 201101)
(1)网址:www.guji.com.cn
(2)E-mail:guji1@guji.com.cn
(3)易文网网址:www.ewen.co
山东韵杰文化科技有限公司印刷
开本 787×1092　1/16　印张 21.25　插页 15　字数 413,000
2022 年 6 月第 1 版　2022 年 6 月第 1 次印刷
ISBN 978-7-5732-0127-0
K·3073　定价:128.00 元
如有质量问题,请与承印公司联系